제5판

유아교육현장에서의

# 프로젝트 접근법

지 옥 정

창지사

# 머리말

'아동중심교육'이란 단어를 보물처럼 가슴에 품고 지냈던 학부 시절, 그러나 졸업 후 유아교사로서 1년, 2년 시간이 지날수록 과연 내가 하고 있는 것이 아동중심교육인지 내적 갈등은 깊어만 갔다. 시간이 흘러 박사과정에 있던 1991년 초, 이기숙 교수님 덕분에 Katz 교수님과 Chard 교수님의 *Engaging Children's Minds: The Project Approach* (1989)를 접했을 때 바로 이것이 내가 찾던 아동중심교육의 답일 수 있겠구나 싶어 가슴이 두근거렸던 기억이 난다. 이어 1993~1994년까지 미국 University of Illinois에 방문교수로 1년간 머물면서 프로젝트 접근법을 연구하였다. 이때 연구의 하나로 Chard 교수님의 *The Project Approach: A Practical Guide for Teachers*를 『프로젝트 접근법: 교사를 위한 실행지침서』(1995)로 번역하여 우리나라에 소개하였다. 이후 1995~1997년까지 청주 삼성어린이집(당시 명칭 새암어린이집) 원장을 겸임하면서 프로젝트 접근법을 우리나라 유아교육 현장에 적용할 수 있는 방안을 연구하였고, 그 결과로 1997년 『유아교육현장에서의 프로젝트 접근법』을 출간하였다. 당시 필자와 함께 아이디어를 내고, 그것을 수업에 적용해 보고, 사진 찍고, 녹음하고, 밤새 토론하고, 분석하는 등 열심히 연구에 임했었던 정애경·김경화·양철진·이영순·이주현 선생님(현재는 대부분 원장님으로 재직)이 생각나고 여전히 고마운 생각이 든다.

사실 『유아교육현장에서의 프로젝트 접근법』이 제5판까지 나올 수 있었던 데는 2003년부터 현재에 이르기까지 계속 프로젝트 접근법 연구 현장이 되어 준 충북자연사랑유아교육연구회 8개 원의 역할이 매우 컸다. 이 지면을 빌려 우성자·송향자·홍경선·김영수·이지영·장승옥·이미연·임진숙 원장님과 자료보완에 도움을 준 윤미라 선생님을 비롯한 각 원의 선생님들께 깊은 감사를 드린다.

이 책은 크게 4부로 구성되어 있다. 먼저 I부 '프로젝트 접근법에 관한 이론적 고찰'에서는 프로젝트 접근법의 뿌리가 무엇이며 어떤 특성을 가지고 있는지, 또 프로젝트 접근법이 학습자인 유아, 현 시대, 그리고 우리나라 국가수준 교육과정과 어떤 관련이 있는지 등을 기술하였다. 이어 II부 '프로젝트 접근법에서의 프로젝트 진행단계'에서는 프로젝트 주제 선정 후, 프로젝트 준비단계에서부터 마무리단계까지 전 과정을 구체적인 사례와 함께 제시하였다. 다음 III부 '프로젝트 접근법의 현장 적용 사례'에서는 **'신발' 프로젝트**와 **'종이' 프로젝트**를 보여 주었다. '신발' 프로젝트에서는 프로젝트 중 활동들이 어떻게 유기적으로 연계되어 가는지, 이때 교사와 유아의 역할은 무엇인지를 상세히 밝혀 놓았다. 그에 비해 '종이' 프로젝트에서는 같은 주제라도 여건과 상황이 다른 원들의 경우 어떻게 다르게 전개될 수 있는가를 제시하였다. 더불어 이 사례는 최근 전 세계적으로 크게 부각되고 있는 지속가능발전교육의 적용 사례라는 점에서도 의미가 있다. 마지막으로 IV부 '프로젝트 평가 및 효과적 적용을 위한 고려'에서는 평가 관련 사항을 다룸으로써 프로젝트가 계속 발전해 나갈 수 있는 방안을 제시하였고, 더 나아가 특별히 고려할 사항까지 살펴보았다.

제5판이 나오는 지금도 여전히 미흡하여 내놓기가 조심스럽다. 그러나 서로의 경험을 나누고 고민을 함께하는 가운데 좀 더 질 높은 교육에 한 걸음 다가설 수 있으리라는 믿음을 가지고 다시 출판에 임하였다. 지금까지 건강하게 일할 수 있는 힘과 능력을 주신 하나님, 이 자리에 오기까지 한결같은 마음으로 믿어 주고 지원을 아끼지 않는 가족, 늘 정성을 다해 함께해 주는 사랑하는 제자들에게 감사드린다. 끝으로 1997년 초판에서부터 2000년 제2판, 2009년 제3판, 2017년 제4판, 그리고 2022년 제5판에 이르기까지 늘 신실하게 출판에 임해 주신 창지사 나기영 부사장님을 비롯하여 편집진 여러분들께도 마음 다해 감사의 인사를 드린다.

2022년 2월

지 옥 정

# 차 례

PART I

# 프로젝트 접근법에 관한 이론적 고찰

THE PROJECT APPROAC

CHAPTER 1

# 프로젝트 접근법의 역사적 배경 및 특성

THE PROJECT APPROACH

## 1. 프로젝트 접근법의 역사적 배경

Katz와 Chard에 의해 1989년 처음 세상에 나온 The Project Approach는 국내외 교육계에 큰 반향을 불러 일으켰다. 필자는 The Project Approach를 '프로젝트 접근법'이란 단어로 번역하여 1995년에 우리나라에 소개하였는데, 이 방법의 주요 골자는 프로젝트를 통해 학습하도록 한다는 것이다. 그런데 Katz와 Chard가 자신들의 저서에서도 밝히고 있듯이 '프로젝트에 의한 학습'이라는 아이디어는 사실 그들의 창의적 발상은 아니었다. 그 아이디어나 실제 시도는 1919년에 Kilpatrick이 'The Project Method'라는 제목의 논문을 발표하기 훨씬 이전부터 찾아볼 수 있기 때문이다.

예를 들면 1830년경 Cobbet은 학교 교육이 실생활과는 동떨어진 주입식 교육이라는 점에 불만을 품고 자신의 가정에서 실생활에 필요한 내용을 오늘날의 프로젝트 학습과 유사한 방법으로 교육한 바 있다(Stewart, 1986). 이어 19세기 말에는 과학과의 실험 수업 방법 및 농업과의 실험연구 방법으로 프로젝트와 같은 변혁적 방법이 시도되기도 하였다(Tanner & Tanner, 1980). 그러다가 'project'란 용어가 교육에 처음으로 등장한 것은 1900년 컬럼비아 대학에서 학생들의 공작 학습에 프로젝트를 활용한 데서 비롯되었다. 그 후 1908년 매사추세츠에 있는 농업 학교에서 가정 학습 과제를 'home project'로 부르면서 '프로젝트'라는 용어가 일반화되기 시작하였다(김경식 외, 1993).

이런 흐름을 거쳐 프로젝트에 의한 학습을 교수의 중심 활동으로 삼고자 시도했던 대표적인 인물들로 Parker와 Dewey를 들 수 있다. Parker는 교사 위주의 기계적 수업 방법을 비판하고 Pestalozzi와 Fröbel이 제안한 바 있는 '자연에 따른 학습 방법'을 주장하면서 1875년부터 Quincy School에서 일명 'Quincy System'이라는 새로운 교육 방법을 시도하였다. 예를 들면, 말하기와 쓰기 교육은 아동들의 직접적 활동이나 경험 및 느낌을 중심으로 하고, 시리 교과는 학교 주변을 직접 견학하면서 주변의 지형을 스케치하거나 모형을 만들어 보는 식이었다(Tanner & Tanner, 1980). 그런가 하면 Dewey는 1886년에 세워진 자신의 실험학교에 사회생활과 같은 조건을 재현하고 실제 활동을 통한 학습을 하도록 하였다. 그 실험학교의 교육과정은 전통적인 교과목에 의한 것이 아니라 프로젝트 형식을 취하는 일련의 워크숍과 유사한 것이었다. 즉, 아동들이 프로젝트를 수행하면서 문제를 해결해 나가고 필요한 경우에 그때그때 산수, 읽기, 역사, 과학 등의 교과를 도입하는 식이었다. Dewey에게 있어 사고하는 방법의 학습이란 곧 문제 해결을 의미하는 것이었다.

이후 Kilpatrick은 1919년에 컬럼비아 대학 논문집인 Teacher's College Record에 낸 '프로젝트법(The project method: The use of the purposeful act in the educative process)'에서 '프로젝트에 의한 학습 활동'을 구체적으로 소개하였다. 이는 Dewey의 철학을 알기 쉽고 적용하기 쉽게 발전시킨 것이라고 할 만큼 Dewey의 영향을 많이 받은 것이었다. 그는 이 글에서 프로젝트의 본질을 '전심을 다하는 목적 추구 활동'이라고 정의함으로써 활동 목적이 프로젝트 전 과정에 걸쳐 중

추적인 역할을 하는 것이라고 설명하였다. 그러면서 목적 설정 과정에 학습자들이 능동적으로 참여함으로써 프로젝트 진행 과정에서 주체적인 역할을 수행하고 스스로 내적 동기화되어 활동에 전념하게 된다고 강조하였다.

Kilpatrick이 프로젝트법을 발표한 후 그것을 교육 실제에 적용하고 효과를 검증하고자 하는 많은 연구들이 수행되었는데, 그 대표적인 예로 Collings(1923)의 연구를 들 수 있다. 그는 4년간의 연구 수행 결과에서 아동교육과정을 생활의 필요나 문제에 기초하여 전적으로 프로젝트 중심으로 구성할 수 있다고 결론지었다. 그리고 그 증거로 프로젝트 교육과정을 통해 학습한 아동들이 전통적인 교과 위주로 구성된 교육과정에 의해 교육받은 아동들보다 전국 단위의 학업 성취도 검사에서 더 높은 점수를 얻었을 뿐 아니라, 학교에 대한 긍정적 태도 형성에도 더 효과적이었다고 보고한 바 있다. 이와 같이 Kilpatrick의 프로젝트법은 당시 단순한 교수 방법으로서의 의미를 넘어서 교육과정 구성 이론으로서의 의미도 갖고 있었던 것으로 보인다.

Rawciffe(1927)는 그의 저서 *Practical problem projects*(1924~1927)의 서문에서 프로젝트 활동을 하고 있는 교실을 방문했을 때 받은 느낌이 매우 진지하고 생동감 넘치는 것이었다고 묘사하면서, 1920년대에 들어 미국에서 프로젝트 학습 활동에 대한 관심이 크게 증가하고 있다고 보고하였다.

그러나 1920년대와 1930년대에 걸쳐 급성장을 보였던 미국의 진보주의 교육 운동은 1950년대에 학문 중심 교육과정이 대두되면서 쇠퇴하기 시작하였고, 프로젝트법 또한 관심 밖으로 밀려나기 시작하였다. Stephens(1974)는 '프로젝트법의 토대라 할 수 있는 아동중심의 진보주의 교육 운동은 효과를 검증받기도 전에 사라지고 말았다.'고 하였다. 그 실패 원인으로는 ① 일부 공립학교로 확산되기도 했지만, 주로 사립학교를 중심으로 한 운동에 그쳤다는 점 ② Dewey의 철학을 잘못 이해하고 적용하였다는 점 ③ '아동의 자유'에 대한 개념을 잘못 해석하였고, 반주지주의적 교육 운동이라고 평가받을 정도로 지나치게 무계획적 교육과정이 되었다는 점 ④ 학습 활동에 대한 충분한 강화가 없었다는 점 등을 지적하고, 또 하나의 결정적 약화 원인으로 소련에서 1957년에 이루어진 스푸트니크 인공위성 발사의 성공을 들었다.

이와 같은 원인과 함께 프로젝트법이 계속 발전하지 못하고 쇠퇴한 다른 측면에서의 원인은 교육과정 개발 이론으로서 갖는 적용상의 한계이다. 이에 대해 Tanner & Tanner(1980)는 프로젝트법의 가장 큰 위험성은 극단적인 아동중심으로 흘렀다는 점이라고 보았다. Kilpatrick의 본래 의도에 따르면, 프로젝트법은 아동 마음대로 자신의 교육과정을 결정하도록 하자는 것이 아니라 교사의 현명한 지도 하에 목적을 추구하는 활동을 이루어 나가도록 하자는 것이었다. 그런데 그의 의도와는 달리 당시 주로 초등학교를 중심으로 적용된 프로젝트법은 지나치게 아동 흥미 위주로 흘러 버림으로써 단편적이고 통일성이 없는 교육과정으로 전락하고 말았다는 것이다. 이와 같은 문제점으로 인해 프로젝트법은 교육과정 개발 이론으로 제안된 것이긴 하지만, 결국 많은 교수 방법 중의 하나에 불과한 것이 되고 말았다는 지적이다.

이후 학문 중심 교육과정이 강조되었으나 1960년대 말 미국에서 지나치게 정형화된 교육과정에 대한 비판과 함께 교육의 비인간화 현상을 우려하는 소리가 높아지면서 새로운 대안으로 자유학교운동(free school movement)이 등장하였다(은용기·길형석, 1992). 이런 움직임과 함께 1970년대에 들어와 교육의 적합성 문제가 제기되면서 프로젝트법에 대한 관심도 다시 대두되었다(김재복, 1987).

한편, 영국의 경우 프로젝트와 주제 중심 학습 방법(topic methods)이 1960년대에 초등의 비공식 학교(Informal School)를 중심으로 널리 수용되기 시작하였다(Leith, 1982). 이에 대해 Plowden 보고서에서는 프로젝트에 의한 학습 활동이 주로 비공식 학교에서 통합 교육과정 운영을 위한 방법으로 활용되고 있다고 하였다. 그러면서 프로젝트가 아동들의 흥미와 호기심을 자극할 뿐만 아니라, 교과목의 분절화를 최소화하여 아동의 인격 통합에 도움을 주고 있다고 그 가치를 높이 평가한 바 있다(Plowden Committee, 1967). 이외에도 프로젝트 활동에 관한 대규모 연구들(예 Leith, 1982; Bassey, 1978)도 그 당시 영국의 초등학교 학생들 대부분이 학습 시간의 상당 부분을 프로젝트 활동으로 보내고 있으며, 교사들 역시 일반적으로 프로젝트 활동의 중요성을 인식하고 이에 많은 시간을 할애하고 있다고 보고하면서 프로젝트 학습 방법을 옹호하였다.

그런데 프로젝트에 대해 긍정적 평가만 있던 것은 아니었다. Leith(1982)는 영국 비공식 학교에서의 프로젝트 또는 주제 중심 학습 방법에 대한 부정적인 측면을 다음과 같이 언급하고 있다. ① 과학 분야 등에서는 적용하기 어렵다 ② 아동의 지식과 기능을 확장하기보다는 반복적 활동이 되기 쉽다 ③ 활동의 효과를 객관적으로 평가하기가 어렵다 등이다. Kent(1968)와 Rance(1968) 등도 프로젝트에 의한 학습이 효율적으로 이루어지기 위해서는 그에 합당한 평가가 병행되어야 함을 강조하면서 평가 방법상의 문제점을 지적한 바 있다.

한편, 일반 교육 분야에서는 프로젝트법이 발표 당시와 같은 관심을 계속적으로 받지 못하였으나 유아교육 분야에서는 그 아이디어를 적용시키려는 노력이 꾸준히 진행되어 왔다. 그 구체적인 예로 'Bank Street Approach'를 들 수 있으며 이는 프로젝트 접근법과 매우 유사한 특성을 지니고 있다(Zimilies, 1987). 이런 역사적 배경 하에서 Katz와 Chard가 이전의 프로젝트법을 유아 및 초등 저학년 수준에 맞도록 재조직하여 1989년 *Engaging children's minds: The project approach*란 제목으로 세상에 내 놓은 것이다. 이후 2000년에 제2판, 2014년에 Katz, Chard, & Kogan이 함께 제3판을 출판하기에 이르렀다.

최근까지도 프로젝트 접근법에 대한 관심과 적용 노력은 국내외적으로 계속되고 있다. 특히 최근에는 유아기 지속가능발전교육(또는 지속가능성을 위한 유아교육)[1]의 적용 방법으로써 널리 활용되고 있다. 예를 들면 유네스코에서 유엔지속가능발전교육 10년의 최종 보고서로 내 놓은 *Shaping the future we want: UN Decade of Education for Sustainable Development(2005~2014) final report*(UNESCO, 2014)를 보면 유아기 지속가능발전교육의 모범적 사례로 우리나라에서 프로젝트 접근법을 적용

1) 유네스코를 중심으로 하여 많은 나라들은 대체로 '지속가능발전교육'(ESD: Education for Sustainable Development)이라는 용어를 사용하나 호주, 뉴질랜드, 스웨덴, 노르웨이 등에서는 '지속가능성을 위한 교육'(EfS: Education for Sustainability)이라는 용어를 더 보편적으로 사용한다. 연계하여 '지속가능성을 위한 유아교육'(ECEfS: Early Childhood Education for Sustainability)이란 용어를 많이 사용한다.

하여 행해진 '무심천' 프로젝트를 제시하고 있다. 이외에도 최근 '지속가능성을 위한 유아교육'의 바람직한 사례로 제시되고 있는 '공원' 프로젝트(지옥정, 2013), '종이 안 쓰는 날' 프로젝트(지옥정, 2014a), '아무 것도 사지 않는 날' 프로젝트(지옥정, 2014b), '환경' 프로젝트(Stuhmcke, 2015), '매봉공원' 프로젝트(Ji, 2015) '행복한 우리 반' 프로젝트(지옥정, 김경숙, 2020) 등이 모두 프로젝트 접근법을 적용한 사례이다.

## 2. 프로젝트 접근법의 개념 및 특성

### 가. 프로젝트 접근법의 개념 및 목적

#### 1) 개념

프로젝트 접근법에서 '프로젝트'란 '한 명 또는 그 이상의 유아가 이행하는 특정 주제에 대한 깊이 있는 탐구'이다. 중심 특성은 조사(investigation)이다(Katz, Chard, & Kogan, 2014, 3). 유아들은 혼자서 또는 친구(들), 교사와 함께 프로젝트 초기에 나온 질문이나 활동과정 중 새롭게 추가된 질문들에 대한 답을 찾기 위한 조사 활동 계획에 직접 참여하며, 계획 세운 것을 달성하기 위하여 다양한 활동과 노력을 며칠에서 몇 주 동안 지속해 나간다.

Katz, Chard, & Kogan(2014, 7)은 '프로젝트 접근법'이라는 용어 사용의 이유를 다음과 같이 두 가지로 들고 있다. 첫째, 프로젝트를 각 교육 기관의 여건과 상황에 따라 유아교육과정에 다양한 방법으로 통합할 수 있다는 점이다. 예를 들어 교사 대 유아 비율이나 프로그램 중점 목표가 무엇이냐에 따라 일주일 중 이틀 오후 시간에만 프로젝트 활동을 할 수도 있고, 계속하여 프로젝트 중심의 교육과정을 운영할 수도 있다. 둘째, 유아교육과 초등교육에 관한 접근의 하나로서 프로젝트 활동은 어떤 특별한 교수 기법이나 활동 또는 절차라기보다는 '교수·학습 방법'에 관한 것이다. 여기에서는 교사가 자기 반의 모든 어린이들뿐만 아니라 각 개별 어린이에 대한 책임이 있음을 강조한다. 즉, 교사는 각 어린이에 대한 정보에 기초해서 어린이들이 사람, 사물, 그리고 환경적 요인과 의미 있게 상호작용하도록 격려해 주어야 한다. 교수·학습 방법으로서 프로젝트 접근법은 어린이들이 활동의 계획, 발전, 평가에 능동적으로 참여할 것을 강조한다. 활동을 해 나가는 데 있어 어린이들의 주도성과 책임성을 중시하는 것이다.

### 2) 목적

프로젝트 접근법의 궁극적 목적은 어린이의 생생한, 성장하고 있는 정신을 강화하고 지원하는 것이다. 여기서 '정신'이란 지식, 기능, 이해, 호기심, 학습하고자 하는 성향뿐 아니라 사회적, 정서적, 도덕적, 심미적, 영적(spiritual) 민감성까지를 포함하는 개념이다. 보다 구체적으로 Katz, Chard, & Kogan(2014, 9~10)은 다음과 같이 프로젝트 접근법의 목적을 학습자에 대한 목적(①~⑤)과 교사에 대한 목적(⑥)으로 보았다.

① 몰입하여 활동하는 가운데 지력(intellectual powers)을 강화한다.
② 체계적 교수(systematic instruction)나 자발적 놀이를 통해 학습한 내용을 프로젝트 활동으로 보완하고 강화한다.
③ 학교에서의 학습과 유아의 삶이 분리되지 않도록 교육을 실제 생활과 연결시킨다.
④ 집단에 대한 소속감과 공동체 의식의 발달을 돕는다.
⑤ 민주사회의 유능한 일원으로 성장해 나가도록 한다.
⑥ 교사가 도전감을 가지고 자신의 일을 수행하도록 한다.

한편, Katz, Chard, & Kogan(2014, 14)은 프로젝트 접근법이 유아 및 초등학교 시기 어린이들의 학습에 다음과 같은 4가지 측면에서 도움이 된다고 주장하였다.

**첫째, 지식과 이해의 습득**(The acquisition of knowledge and understanding)

지식은 아이디어, 사실, 정보, 단순 개념, 복합 개념 및 도식(schemata)과 같은 것들로서, 프로젝트를 해 나가면서 자연스럽게 습득하게 된다.

**둘째, 기능의 습득과 숙달**(The acquisition and mastery of skills)

기능에는 사회적 역량(social competence: 차례 지키기, 협상하기, 문제 해결 방안 세우기 등), 의사소통 기능(communicative skill: 타인과의 의사소통, 추론 등) 학문적 기능(academic skill: 읽기, 쓰기, 셈하기 등)이 포함된다. 프로젝트 중 다른 사람들과 함께 활동하거나 기록하는 기회 등은 이와 같은 기능 습득에 직접적인 도움을 준다.

**셋째, 중요한 지적·사회적 성향의 강화**(The strengthening of important intellectual and social disposition)

성향이란 정신적 습성 또는 지속적으로 나타나는 행동 유형으로서 바람직한 성향(예 호기심을 가지고 탐구하려는 성향)과 바람직하지 않은 성향(예 문제가 생겼을 때 쉽게 포기해 버리는 성향)으로 나누어 볼 수 있다. 학습의 목표는 당연히 바람직한 성향의 계발이며, 특히 '계속적으로 학습하고자 하는 성향'의 계발이 중요하다(Katz, 1993). 프로젝트 중 스스로 하고 싶은 활동을 선택하면서 바람직한 성향이 강화된다.

**넷째, 중요한 느낌의 발달과 관리**(the development and management of important feelings)

느낌은 주관적인 정서 상태로서, 학습자가 자신을 능력 있고 가치 있는 존재, 소속된 집단에서 필요한 존재라고 느끼는 것이 중요하다. 이는 자아 존중감 내지는 긍정적인 자아 개념 형성에 직결되는 중요한 학습 목표이기 때문이다. 프로젝트 중 학습자는 자신의 학습 스타일과 강점에 따라 다양하게 집단에 공헌할 수 있는 기회를 가질 수 있고, 이런 과정을 통해 자존감이나 학습에 대한 유능감 등을 발달시키게 된다.

## 나. 프로젝트 접근법의 특성

Chard(1992b; 1994a), Katz, Chard, & Kogan(2014)의 글을 중심으로 프로젝트 접근법의 특성을 정리해 보면 다음과 같다.

**첫째, 일종의 교수·학습 방법**

프로젝트 접근법을 적용할 때 학습 내용은 교사에 의해 사전에 확정되는 것이 아니라 프로젝트 시작단계에서 교사와 유아에 의한 공동 주제망 형성 과정, 질문 작성 등을 거쳐 정해지게 되며, 프로젝트 진행 과정에서도 유아의 관심을 반영하여 그 내용이 수정되거나 새롭게 추가될 수 있다. 여기서 교수·학습 방법의 특성은 프로젝트 시작단계(1단계), 전개단계(2단계), 마무리단계(3단계)라는 구조적 특성에 따라 교사와 유아가 함께 능동적으로 참여한다는 점이다. 구조적 특성이란 프로젝트 각 단계를 〈표 1-1〉과 같이 프로젝트 활동의 전형적 요소인 토의, 현장활동, 표현, 조사, 전시로 구조화시켜 보는 것이다. 이와 같은 특성으로 인해 교사는 프로젝트 각 단계에 맞게 활동을 촉진시키는 역할을 수행할 수 있다. 한편, 만 4, 5세 유아들의 경우 프로젝트 단계별 활동 시간 비율은 시작단계에 약 25%, 전개단계에 약 50%, 마무리단계에 약 25% 정도이다(Chard, 1992b).

표 1-1 프로젝트 접근법의 구조적 특성

| 단계<br>활동 | 프로젝트 시작단계<br>(1단계) | 프로젝트 전개단계<br>(2단계) | 프로젝트 마무리단계<br>(3단계) |
|---|---|---|---|
| 토 의 | • 주제에 대한 이전 경험과 현재의 지식을 상호 공유하기 | • 현장 활동과 면담을 위한 준비<br>• 현장 활동 검토<br>• 2차적 자원으로부터의 학습 | • 프로젝트 전 과정을 주변 사람들과 나누기 위한 준비<br>• 프로젝트의 검토와 평가 |
| 현장<br>활동 | • 주제와 관련된 경험에 대해 부모와 함께 이야기 나누기 | • 조사를 위해 현장으로 나가기<br>• 교실이나 현장에서 전문가와의 면담 | • 외부 사람의 눈을 통한 프로젝트 평가 |
| 표 현 | • 이전 경험과 현재 지식을 교사나 친구들과 상호 공유하기 위하여 그리기, 쓰기, 극화놀이 등의 활동 | • 간단한 현장 스케치와 노트<br>• 새롭게 학습한 것을 그리기, 쓰기, 수 다이어그램(math diagram), 지도 작성하기 등으로 표현 | • 관심을 가진 다른 사람들에게 프로젝트에 대해 설명하기 위하여 활동의 모든 과정을 요약, 정리 |
| 조 사 | • 현재 지식에 기초하여 질문 만들기 | • 초기에 작성된 질문에 대한 조사<br>• 현장 활동과 책을 통한 연구<br>• 보다 발전되고 심화된 질문 제기 | • 새로운 질문에 대해 고찰 |
| 전 시 | • 주제에 대하여 개인적으로 표현한 것을 함께 보며 생각이나 지식을 상호 공유하기 | • 새로운 경험과 지식에 대해 표현한 것 상호 공유하기<br>• 프로젝트 활동에 대한 계속적인 보고 | • 프로젝트 전 과정을 통해 이루어진 학습 요약 |

출처: Chard(1994a). 프로젝트 접근법: 교사를 위한 실행 지침서(지옥정 역, 1995, 106).

### 둘째, 인격적 통합 강조

프로젝트 접근법에서는 학습의 전 영역이라고 할 수 있는 지식, 기능, 성향, 느낌의 상호 보완적이고 유기적인 관계를 통한 인격적 통합을 강조한다. 예를 들어 자발적인 내적 동기를 갖고 프로젝트 활동에 참여하는 과정에서, 유아들은 스스로 책을 찾아보게 되고 그런 과정에서 글을 읽고 싶어 하는 성향이 계발될 수 있다. 이와 같은 성향은 읽기 기능의 발달을 촉진하게 되며, 읽기 기능을 획득하게 되면 이것이 더욱 더 읽고자 하는 성향을 촉진하게 만드는 요인이 된다. 바로 이런 상호 호혜적인 관계와 상승 과정을 통해 유아의 지식은 증가하고, 그 과정과 결과에서 자신감과 만족감을 느낄 수 있게 된다. 즉, 지식, 기능, 성향, 느낌은 각각 독립적으로 발달되는 것이 아니라 상호 유기적인 관계 속에서 영향을 주고받으면서 발전하게 되는 것이다.

**셋째, 학습과정, 내용, 결과를 동일하게 강조**

프로젝트는 '특정 주제에 대한 깊이 있는 탐구'로서, 중심 특성은 조사이다. 즉, 학습자 스스로 제기한 질문의 답을 이렇게 저렇게 찾는 깊이 있는 탐구 활동이다. 이때 학습 내용이 가치 없는 것이라면 아무리 과정이 훌륭해도 바람직하지 않다. 마찬가지로 아무리 가치 있는 내용이라도 부적합한 과정 맥락 안에서 진행되거나, 아무리 훌륭한 결과물이 나왔다 하더라도 부적합한 내용과 과정으로 프로젝트가 진행되었다면 그 의미는 무산된다.

**넷째, 학습 내용 선정 시 발달적 적합성과 사회·문화적 적합성 중시**

프로젝트 접근법에서는 교사가 학급 유아들의 생활과 관심사를 교육에 적극 반영하는, 즉 지역적으로 적합하고(locally suitable), 문화적으로 적절한(culturally relevant) 교육이 되도록 노력하여야 한다. 최근 유아교육계에서 사회문화적으로 적합한 교육의 중요성을 인식하는 것은 주로 발달적 적합성을 강조해 오던 방향의 전환을 의미하는 것으로 프로젝트 접근법의 특성과 일치한다(William, 1997, 이기숙, 2000, 재인용).

**다섯째, 부모 및 지역사회 구성원들과의 협력적 관계 강조**

유아의 학습은 교육 기관에 입학하기 전 이미 가정에서부터 시작되었으며, 현재도 계속해서 가정의 영향을 받고 있으므로 효율적인 교육이 되기 위해서는 가정, 즉 부모와의 연계가 필요하다. 부모는 유아와 함께 프로젝트 주제에 관한 이야기를 나누고 활동에 필요한 자료나 물건을 수집하고 제공해 줄 수 있으며, 필요 시에는 전문가로서 함께 활동하고, 프로젝트의 마무리단계에서는 학습 결과를 유아와 함께 공유하는 역할을 하게 된다. 또한, 지역사회는 프로젝트 활동을 진행해 나가는 데 있어 필수적 요소인 현장 견학의 장으로서 뿐만 아니라 여러 가지 자원의 원천으로서 유아교육에 대한 책임을 함께 나눌 것이 강조되고 있다.

**여섯째, 적극적인 사고의 교류와 상호 작용 및 협동적 학습 강조**

Vygotsky(1978)의 논의에서도 볼 수 있듯이 유아의 학습은 교사 및 또래와의 관계 속에서 많은 영향을 받는다. 프로젝트 접근법에서는 유아들이 흥미 있는 주제에 대해 궁금한 것을 조사하고 탐구해 보는 중 자신이 사고할 수 있는 최고의 수준에서 교사와 친구들과 상호 작용하게 된다. 즉, 교사와 유아의 관계는 수직적 관계가 아닌 함께 생각을 나누고 학습해 나가는 협조적 관계인 것이다. 관련하여 교사에게 기대되는 역할은 조정자, 촉진자, 중재자, 함께하는 학습자이다.

CHAPTER 2

# 프로젝트 접근법 적용의 필요성

THE PROJECT APPROACH

프로젝트 접근법 적용의 필요성을 인간의 생리적 특성 및 유아발달 특성 측면, 시대적 요구 측면, 우리나라 국가수준 교육과정의 지향 방향 측면의 3가지로 나누어 살펴보고자 한다.

## 1. 인간의 생리적 특성 및 유아발달 특성 측면

### 가. 인간의 생리적 특성 측면

프로젝트에 의한 학습 활동은 학습자의 생리적 특성, 보다 구체적으로 인간 두뇌의 기능적 특성 및 유아 발달 영역의 상호 연관성(또는 통합성)에 비추어 볼 때 적합한 방법이다. 예를 들어 Caine & Caine(1990)은 바람직한 교수와 학습이 이루어지기 위해서는 인간의 두뇌가 학습에서 어떻게 기능하는가를 알아야 한다고 하면서, 뇌 기능 분석을 통한 '뇌 기반 접근법(Brain Based Approach)'을 제시한 바 있다. 이 접근법에서 그들이 제시한 12가지 원리 중 제5원리는 '학습에 있어서 정서와 인지는 분리될 수 없다.'는 것이며, 제6원리는 '인간의 뇌는 부분과 전체를 동시에 지각하며 부분과 전체는 개념적으로 상호 작용하기 때문에 학습은 실제적이고 전체적인 상황하에서 이루어질 때 가장 효율적'이라는 것이다. 결론적으로 그들은 의미 있는 학습을 위해서는 프로젝트처럼 교과목을 통합하고 능동적인 학습 과정을 장려해야 한다고 하였다.

그런가 하면 발달심리학자인 Gardner(2006)는 인간의 지능을 아홉 가지 유형으로 나눈 다중지능(multiple intelligences) 이론을 제시한 바 있다. 그것은 신체-운동 지능(bodily-kinesthetic intelligence), 언어지능(linguistic intelligence), 논리-수학 지능(logical-mathematical intelligence), 공간 지능(spatial intelligence), 음악 지능(musical intelligence), 자기성찰 지능(intrapersonal intelligence), 대인관계 지능(interpersonal intelligence), 자연 지능(naturalist intelligence), 실존 지능(existential intelligence)이다. 그에 의하면 각 개인은 누구나 이 아홉 가지 지능 중 한두 가지 영역에서 다른 사람보다 우수한 면을 가지고 있으므로, 이런 강점에 기초하여 학습하도록 허용해 줄 때에 가장 효과적인 학습이 가능하다. 다시 말해 학습자 모두에게 동시에 동일한 방법으로 학습하도록 하는 것은 바람직하지 못하며, 프로젝트 활동에서와 같이 각 사람의 강점에 기초해서 다양한 활동이 이루어지도록 하는 것이 효과적이라는 것이다.

## 나. 유아발달 측면

프로젝트 접근법에서 교육대상으로 가정하는 유아 연령은 만 4~8세 정도이다. 이 시기는 발달이 왕성하게 진행되는 시기로, 대부분의 유아는 생동감이 넘쳐 어른들의 제안에 열렬히 반응하고 친구들과 함께하는 활동에 열심히 참여하려고 하며, 새로운 기능도 활발하게 익히려고 한다(Katz, Chard, & Kogan, 2014, 9). 그런 만큼 어떤 내용과 방법으로 학습하는가는 유아의 발달에 중요한 영향을 미친다. 프로젝트 접근법 적용의 필요성을 유아발달 측면에서 살펴보면 다음과 같다.

먼저 유아기 신체 발달 측면이다. 유아기는 영아기에 비해 키와 몸무게 등의 성장 속도가 완만해지긴 하지만 아직도 신체성장이 매우 급속하게 이루어지는 시기로, 특히 대·소근육과 운동능력이 빠르게 발달한다. 그렇기 때문에 유아들은 가만히 앉아 교사의 이야기를 듣는 것보다는 활발히 움직이는 것을 좋아한다. 프로젝트는 유아들이 스스로 궁금한 것을 찾아 조사·탐구하고, 관찰하고 실험하며, 현장견학을 가고 전문가를 만나는 등 교사주도적인 수업보다 직접 움직이며 활동하는 비율이 높다.

다음으로 언어발달 측면이다. 영아기에 비해 유아기에는 사용어휘 수가 급격히 증가하고 문법에 대한 규칙을 이해하고 적용하여 정확한 문장을 사용하고 상대방과 의사소통을 활발히 할 수 있는 시기이다. 또한, 음성언어 이외에 읽기, 쓰기의 문자 언어 발달이 빠르게 이루어지는 시기이기도 하다. 이때 바람직한 언어지도 방법은 듣기, 말하기, 읽기, 쓰기가 통합적으로 이루어지도록 할 것, 유아에게 의미 있는 상황 속에서 학습하도록 할 것, 교사-유아, 유아-유아 간 언어적 상호작용 기회를 많이 가지도록 할 것 등이다. 이 시기 유아들 중에는 읽기나 쓰기를 할 수 있는 기능은 있는데 그런 것을 하기 싫어하는 경우가 있다. 즉, 읽거나 쓰기 성향이 떨어지는 유아들이 있는데 그런 경우 장기적으로 학습에 부정적인 영향을 미치는 것을 볼 수 있다. 프로젝트는 자신이 흥미 있는 것에 몰입하여 활동하는 가운데 말하고, 듣고, 읽고, 쓰고자 하는 성향이 증진될 수 있다.

그런가 하면 사회성 발달 측면에서, 유아기는 Erikson(1993)이 제시한 인간의 심리사회발달단계(psychosocial stages) 중 3단계(주도성 대 죄의식, 3~5세)와 4단계(근면성 대 열등감, 5~12세)에 걸쳐 있는 시기이다(http://www.simplypsychology.org/Erik-Erikson.html). 이 시기에는 자아의식이 더 분명하게 형성되는 시기인데, 가족뿐 아니라 교사, 친구들, 이웃사람들과 어떤 식으로 상호작용을 하는가가 자아의식 형성에 영향을 미치게 된다. 이때 긍정적인 경험을 많이 한다면 주도성과 근면성을 잘 발달시킬 수 있는 것이다. 프로젝트 활동 중 유아도 교사와 함께 학습내용과 활동방법을 정하는 데 주도적으로 참여하고, 스스로 성취한 것을 확인하는 과정을 통해 이 시기의 중요 과업인 주도성, 근면성을 내면화할 수 있으며, 동시에 사회 구성원으로서 필요한 능력을 획득할 수 있다.

다음으로, 정서발달 측면에서 살펴보면 유아기는 자아 존중감, 학습에 대한 유능감 형성을 해 나가는 중요한 시기이다. 자아 존중감이란 자신이 사랑받을 만한 가치가 있는, 소중한 존재라고 믿는 마음이다. 이 자아존중감은 이후의 학업 성취, 리더십, 위기극복능력, 대인관계 등 삶의 많은 영역에 영향을 미친다. 전술한 Gardner의 이론과 같이 프로젝트를 해 나가는 중 각 유아는 자기가 가진 강점 지능으로 프로젝트에 공헌하게 되고 그런 과정을 통해 '내가 이 집단에 꼭 필요한 존재'라는 자아 존중감을 발달시킬 수 있다. 그런가 하면 '학습에 대한 유능감'은 '나는 이 과업(또는 활동)을 잘해 낼 수 있다'고 믿는 것으로 '난 못해. 내가 어떻게 할 수 있겠어?'라고 생각하며 아예 시도 자체를 포기하는 '무력감'과 반대되는 개념이다. 프로젝트는 유아들의 과거 경험, 이해하고 있는 정도, 알고 싶어 하는 것에 기초하여 활동을 계획하고, 활동 과정 중에도 각 유아가 의미 있게 참여하도록 도우므로 학습에 대한 유능감을 발달시킬 수 있다(Katz, Chard & Kogan, 2014).

마지막으로 인지발달 측면을 Vygotsky(1978)의 근접발달지대 이론(Zone of Proximal Development)에 기초해 보면, 유아의 인지 발달이나 학습에 있어서 프로젝트 활동이 매우 의미 있음을 알 수 있다. 프로젝트 과정 중에는 교사와 친구들과 구체적인 목표를 세우고 이를 성취해 가는 과정에서 다양한 문제 상황에 접하게 되는데, 그 해결 과정에서 사고의 교류를 통한 근접발달지대 안에서의 학습이 활발하게 일어난다. Vygotsky가 근접발달지대와 관련지어 강조한 학습의 능동적 측면 및 사회적 상호 작용이 빈번하게 나타나는 것이다. 그에 따르면 바람직한 교육의 모습이란 학습자 개개인에게 의미가 있어야 하고, 교사 및 또래와의 능동적인 상호 작용 기회가 마련되어야 하며, 더 나아가 학습자에게 미칠 장기적인 영향까지를 고려해야 한다. 이와 관련하여 Rogoff(1990)는 유아기의 인지 발달 과정을 도제에 비유하면서, 또래 친구 또는 교사의 행동이나 말을 따라 하고 실습해 보는 과정에서 인지 발달이 촉진될 수 있다고 주장하였다. 그런가 하면 Corsard(1985)는 '발달과 변화를 위한 핵심적인 동기 요인은 갈등과 문제 해결'이라면서 교사와 학습자 또는 학습자 상호 간의 적극적인 상호 작용과 능동적 참여를 장려하였다. 이들의 주장은 주변 사람과 함께 활동하는 학습 상황, 공동 목적 추구를 통한 활발한 사고의 교류를 강조한 것으로서, 프로젝트 접근법에서 이야기하는 프로젝트의 특성과 상당 부분 일치한다.

## 2. 시대적 요구 측면

### 가. 4차 산업혁명시대에 필요한 역량 증진

'4차 산업혁명시대'는 현 시대를 대표하는 단어 중 하나이다. 세계경제포럼(World Economic Forum: WEF. 일명 '다보스포럼')의 창립자이자 집행위원장인 Schwab(1938~ )이 2015년 'Foreign Affair' 기고 글에서 '4차 산업혁명'이란 단어를 처음 사용하고 나서 채 10년도 지나지 않았는데, 이제 대중적으로 널리 알려진 단어가 된 것이다. 그렇다면 4차 산업혁명시대의 두드러진 특성은 무엇인가? 이에 대해 Schwab(2018)은 그의 대표적 저서 『클라우스 슈밥의 제4차 산업혁명(*Shaping the Fourth Industrial Revolution*)』에서 '기술, 기회, 파괴적 혁신'을 들었다. 그러면서 관련 단어들로 '가상현실과 증강현실, 인공지능, 드론, 적층 가공과 3D 프린터, 블록체인과 분산원정기술, 신경 기술, 사물인터넷' 등을 제시하였다. 실제로 이런 기술들은 이미 우리 생활 곳곳에 포진하고 있다. 유아교육 현장도 예외가 아니다. 3D 프린터로 뽑아 낸 유아용 모래놀이 교구, 동화를 구연해 주는 AI 로봇, 『꼬마곰 무르』와 같은 증강현실 그림책에 이르기까지 4차 산업혁명시대의 산물들이 다양하게 활용되고 있으니 말이다.

3D 프린터로 뽑은 모래놀이 교구

출처: 팀사이언스(2018. 8. 9.) https://m.blog.naver.com/teamscience3/221335518189

『꼬마곰 무르』 증강현실 그림책 활용 수업

출처: 아이림유치원.

그림 2-1 유아교육 현장에서 널리 활용되고 있는 4차 산업혁명의 산물들

3D 프린터만 해도 놀라운데, 심지어 이제는 4D 프린터 시대로 들어섰다. 4D 프린터는 설계된 조건(예: 열, 진동, 공기 등)이 충족되면 프린트된 결과물 스스로 모양을 바꾸는 '자가 변환(self transformation)'을 가능케 한다. 이와 같은 4D 프린터 적용 범위는 생활용품인 운동화에서부터 대형 건축물에 이르기까지 매우 광범위하다. 예를 들면 4D 프린터를 활용한 건물은 날씨, 시간대, 사람 수용도와 사회적 시나리오에 따라 적응할 수 있다(Papagianis, 2017).

이런 놀라운 기술력에 더해 우리나라의 경우 1인 1 스마트폰 시대가 되면서 생활 방식 자체가 완전히 바뀌고 있다. 예를 들면, 스마트폰 세대인 요즘 젊은이들은 상호작용 기반의 쇼핑 방식인 라이브 커머스[2)]로 모든 소비 활동을 한다. 불과 몇 십 년 전만 해도 상상하지 못했던 현상이다. 이런 현상은 기술의 발전과 함께 앞으로 더욱 가속화될 것이다. 이와 관련하여 최재붕(2019)은 '스마트폰 뇌에 연결한 채 살아가는 40억 신인류, 즉 포노 사피엔스(Phono Sapiens)들이 세계 소비 시

2) 라이브 커머스는 라이브 스트리밍(Live Streaming)과 커머스(Commerce)의 합성어로, 채팅으로 소비자와 소통하면서 상품을 소개하는 스트리밍 방송이다. 티브이 홈쇼핑과의 유사점은 실시간으로 상품 안내자가 제품을 설명하고 판매한다는 점이고, 그 차이점은 시청자가 직접 쇼호스트와 소통한다는 점이다(해시넷, 2021.9.30. http://wiki.hash.kr/index.php/라이브커머스).

장을 완전히 바꾸어 놓았고, 결과적으로 개인과 기업의 생활 방식이 혁신적으로 변화하고 있다고 평하였다.

4D 프린팅 기술로 기후 및 도로 조건 등에 따라 외관을 바꾸도록 설계된 차

출처: 한경 IT · 과학(2018.9.28.)
https://www.hankyung.com/it/article/2018092858071

[모션그래픽] MZ세대, 라이브 커머스로 쇼핑한다

출처: 전자신문(2021.3.19.)
https://m.etnews.com/20210319000020

**그림 2-2** 4차 산업혁명시대의 달라진 일상생활

세상이 이렇게 달라지고 있으므로 4차 산업혁명시대의 교육 역시 과거와는 달라져야 한다. 부각되는 점을 정리하면 크게 세 가지이다. 첫째, 인간 지능을 능가하는 AI(인공지능) 출현 가능성이 예측되는 반면 인간의 가치는 경시될 수 있다는 우려가 높아지고 있는 이때, 유아기부터 '인간'의 고유한 가치를 인식하고, 서로 존중하는 마음과 자세를 갖도록 하는 교육이 이루어져야 한다. 둘째, 가상공간에서의 관계 맺기를 현실세계에서의 관계 맺기보다 더 편하게 여기는 경향이 우세해지는 이때, 유아기부터 자아존중감과 더불어 주변 사람과 진실한 관계 맺기, 더불어 살아가는 태도, 공동체를 위해 헌신하는 자세 등을 길러 주어야 한다. 셋째, 4차 산업혁명시대에 필요한 역량이 강조되는 이때, 시대에 적절하게 대처하고 더 나아가 주도적으로 시대를 이끌어갈 수 있도록 창의성을 위시하여 역량 강화를 해 주어야 한다.

빠른 시대적 변화와 연계하여 Short(1991)는 이미 수십 년 전에 유아교육도 끊임없이 변화하는 정보화 시대에 부응하는 교육이 되어야 한다고 주장한 바 있다. Wing(1992) 역시 앞으로의 교육은 급변하는 사회의 요구에 반응하고 대처

할 수 있도록 '흥미 있는 질문 중심 학습법(The Interesting Questions Approach to learning)'이 되어야 한다고 주장하였다. 이 방법은 궁금한 것을 중심으로 학습자 스스로 조사, 탐구해 나가도록 하는 학습법으로, 프로젝트 접근법의 교육 원리와 매우 유사하다.

최근 이런 주장들에 더욱 힘을 싣는 연구들이 계속 나오고 있다. 예를 들면 류태호(2017)는 이 시대에는 창의성(Creativity), 협업능력(Collaboration), 비판적 사고 능력(Critical Thinking), 의사소통 능력(Communication)'과 같은 4C 역량을 길러 주어야 한다고 주장하였다. 동일 선상에서 '서울대학교 창의성 교육을 위한 교수 모임'(2018)에서는 '4차 산업 혁명 시대'의 바람직한 인재상으로 '창조형 인재'를 제시하면서 창의성을 이 시대 꼭 필요한 역량으로 강조하고 있다. 김태유와 김대륜(2017), Rose(2018) 역시 4차 산업혁명시대의 물결을 제대로 디기 위해서는 창의성과 뮤제 해결력, 더불어 살아가는 역량을 길러 주는 교육이 되어야 한다고 한 바 있다.

정리해 볼 때, 이 시대 교육에 요구되는 바는 학습자 스스로 생각하고 판단하며 창의적으로 문제를 해결하고, 다른 사람과 더불어 살아가며 협력할 수 있는 역량 증진임을 확인할 수 있다. 프로젝트 접근법은 이런 역량 증진을 가능케 하는 바람직한 교육방법이다. 프로젝트 접근법에서 궁극적으로 추구하는 바는 '학습자의 지력 강화'로, 학습자가 관심 갖는 주제에 몰입하여 능동적인 조사 탐구 활동(Katz, Chard, & Kogan, 2014)을 해 나갈 때 이런 역량들이 계발될 수 있다고 보기 때문이다.

## 나. 지속가능발전교육의 효과적 방법으로서의 프로젝트 접근법

코로나 상황과 더불어 최근 전 세계적으로 기후위기 및 지구 생태계의 지속가능성에 대한 우려가 점점 더 높아지고 있다. '기후위기 시대를 넘어 이젠 기후 비상시대'라는 표현까지 등장할 정도이다. 이와 관련하여 Wallas-Wells(2020, 340)는 "기후변화의 공격은 원자폭탄보다 더 전면적이다. 더 구석구석으로 퍼지기도 한다."라고 함으로써 작금의 기후위기 정도가 얼마나 심각하고 또 그 폐해가 얼마나 광범위한지 강조하고 있다. 대규모 자연 발화 산불, 예기치 못한 심각한 홍수, 극지방 빙하의 빠른 소실 등 최근 심해지고 있는 이상 현상 등은 이런 맥락에서 해석 가능하다. 이대로 간다면 불과 몇 십 년 후인 2099년, 지구는 거의 종말적 상황을 맞을 것이라는 시나리오(건국대 인류세인문학단, 2020)도 그런 위기감에서 나온 글이다.

기후위기나 환경오염, 생태계 파괴 문제는 단지 그 문제만으로 끝나지 않는다. 이런 문제들은 사회 · 경제적 불평등, 정치적 불안을 야기하는 주요 원인으로 작용하고, 다시 이런 문제들이 얽히고설키면서 더 심각한 환경오염과 생태계 파괴를 불러오는 등 악순환의 연결 고리는 점점 더 강해진다. 그리고 그 폐해를 지구 전체적으로 볼 때는 저개발국가, 한 국가 내에서는 저소득층이 가장 먼저 고스란히 받는다. 우리나라의 예를 들면 쪽방 촌에서 냉방기 없이 힘겹게 사는 사람들이 지구온난화에 따른 온열질환의 폐해를 가장 직접적으로 받게 되는 식이다. 물론 종국에 그 파국적 상황을 피할 수 있는 사람은 지구상에 아무도 없다.

지구 생태계가 위협받고 있는 이런 위험 상황에서 유엔은 1972년에 '하나뿐인 지구(Only One Earth)'라는 주제로 최초의 세계환경회의를 개최한 바 있고, 이후 지속적으로 지속가능발전을 위한 다각적 노력을 경주해 왔다. 그중 하나가 '지속가능발전교육(ESD: Education for Sustainable Development)'을 위한 노력이다(지옥정, 2014b). '지속가능발전'을 위해서는 무엇보다도 '교육'이 핵심적인 역할을 해야 한다고 보았기 때문이다. UNESCO를 선도기관으로 하고 실행되었던 2005~2014년까지의 '유엔지속가능발전교육 10년(UNDESD: United Nations Decade of Education for Sustainable Development)', 이어 2015~2019년까지 추진된 바 있는 '지속가능발전교육을 위한 국제 실천 프로그램(GAP on ESD: Global Action Plan on Education for Sustainable Development)', 이후 2020~2030년까지 추진되고 있는 '2030년을 위한 지속가능발전교육(ESD for 2030)'은 그런 맥락에서 계속된 교육사업들이다.

그림 2-3 ESD를 위한 지속적 노력(UNDESD ⇨ GAP on ESD ⇨ ESD for 2030)

유네스코(UNESCO, 2014)에서 강조하는 바는 지속가능발전교육(이하 ESD로 표기)을 출생 시부터 해야 한다는 것이다. 당연히 영유아기부터의 ESD가 중요하다는 것이 기본 입장이다. 그리고 이때 그 바람직한 방법으로 '프로젝트'를 들고 있다. 예를 들어 '유엔지속가능발전교육 10년 보고서(UNESCO, 2014)'에 유아기 ESD 모델로 제시된 '무심천 프로젝트'는 지역 내 중요 하천인 무심천 상류에 서식하는, 개체 수가 급감하고 있는 수달의 문제점에 대해 교사와 유아들이 가능한 해결방안을 모색하고 난 후, 실제로 그 해결을 위해 부모 및 지역사회 관계자들과 다각도로 협력한 과정을 보여주는 프로젝트이다.

그림 2-4 UNDESD 최종보고서와 무심천 프로젝트 마무리 행사 결과물

재론하자면 인류의 지속가능성이 위협받고 있는 이 시대, 유아들은 이제 성인들로부터 그저 '보호만 받아야 하는 존재'로 머물러서는 안 된다. 물론 유아는 마땅히 성인들로부터 최선을 다한 보호와 돌봄을 받아야 하는 존재이지만, 동시에 '미래 주역으로서 지속가능한 사회를 위해 함께 노력해야 하는 존재'이기도 한 것이다. 이것이 가능하도록 하는 방법은 '유아들이 흥미를 갖는 주제에 대한 프로젝트를 통해서'이다. 그리고 그런 프로젝트 주제는 먼저 지역사회와 관련된 것이 바람직하다. 전술한 '무심천' 프로젝트에서와 같이 지역사회 특정 장소, 지역사회 특산물, 또는 지역사회 축제나 연례행사 등이 그것이다. 예를 들어 제주도 유아교육기관의 경우라면 '도새기('돼지'의 제주도 방언)', 충북 보은 유아교육기관의 경우라면 '대추' 등이 될 수 있다. 이와 같은 주제로 프로젝트를 하다 보면, 지역사회 자연환경을 더 깊이 이해하는 동시에 지역사회 주민들의 삶과 직결되어 있는 사회 · 문화적 측면, 더 나아가 경제적 측면까지 연계하여 생각해 보는 기회를 가질 수 있다. 그러면서 지역사회를 더 깊이 이해하게 되고, 알고 이해한 만큼 더 사랑하게 되며 결과적으로 건강한 지역사회 주민의식을 갖추어 나가게 된다. 이는 유아에게만 국한된 것이 아니다. 유아와 함께 프로젝트에 참여한 유아교사, 유아부모, 지역사회 관계자 모두에게 자연적으로 따라오는 결과이기도 하다.

결론적으로 지역사회에 기반을 둔 프로젝트는 유아, 교사, 부모, 지역사회 관계자 모두가 참여하여 '건강한 지역사회'를 만들어 가면서 지역주민의식을 증진시켜 갈 수 있는 효과적인 방법이다. 이런 지역사회 주민들이 모이고 모이면 건강한 지구 생태계를 지켜갈 수 있을 것이다.

## 3. 우리나라 국가수준 교육과정의 지향 방향 측면

현재 우리나라 유·초등교육 현장에서 적용되고 있는 교육과정은 유치원의 경우 '2019 개정 누리과정(교육부, 2019)', 어린이집의 경우 '제4차 표준보육과정(3~5세는 누리과정)(보건복지부, 2020)', 그리고 초등학교의 경우 '2015 개정 초등학교 교육과정(교육부, 2015)'이다. 이와 같은 국가수준 교육과정의 지향 방향과 프로젝트 접근법의 지향 방향은 상당 부분 공통점을 가지고 있다. 이에 대해 살펴보자.

### 가. 2019 개정 누리과정

유치원과 어린이집 3~5세 연령 유아들에게 적용된 2019 개정 누리과정은 '3~5세 유아를 위한 국가수준의 공통 교육과정'으로, 특히 '유아·놀이중심'을 강조한다. 교육과정의 목적은 "유아가 놀이를 통해 심신의 건강과 조화로운 발달을 이루고 바른 인성과 민주 시민의 기초를 형성하는 데에 있다." 이를 실현하기 위한 목표는 다음과 같다(교육부, 2019, 31).

**교육목표**

가. 자신의 소중함을 알고, 건강하고 안전한 생활 습관을 기른다.
나. 자신의 일을 스스로 해결하는 기초능력을 기른다.
다. 호기심과 탐구심을 가지고 상상력과 창의력을 기른다.
라. 일상에서 아름다움을 느끼고 문화적 감수성을 기른다.
마. 사람과 자연을 존중하고 배려하며 소통하는 태도를 기른다.

이런 목표를 달성하기 위해 교사는 다음과 같은 교수·학습 방법(교육부, 2019, 34)이 되도록 유아를 지원한다.

**교수 · 학습 방법**

가. 유아가 흥미와 관심에 따라 놀이에 자유롭게 참여하고 즐기도록 한다.
나. 유아가 놀이를 통해 배우도록 한다.
다. 유아가 다양한 놀이와 활동을 경험할 수 있도록 실내외 환경을 구성한다.
라. 유아와 유아, 유아와 교사, 유아와 환경 간에 능동적인 상호작용이 이루어지도록 한다.
마. 5개 영역의 내용이 통합적으로 유아의 경험과 연계되도록 한다.
바. 개별 유아의 요구에 따라 휴식과 일상생활이 원활히 이루어지도록 한다.
사. 유아의 연령, 발달, 장애, 배경 등을 고려하여 개별 특성에 적합한 방식으로 배우도록 한다.

연계하여 정부 차원에서 '유아 · 놀이중심'이 되도록 하기 위해 2019 개정 누리과정 관련하여 놀이사례를 개발하여 유아교사들에게 제공하고 있는데, 그 배경을 다음과 같은 그림으로 제시하고 있다(교육부, 보건복지부, 2020, 7).

여기서 교수 · 학습 관련하여 핵심어를 몇 가지 찾아보면, '존중', '창의력', '놀이', '흥미와 관심', '능동적인 상호작용', '호기심과 탐구심', '개별 특성에 적합한 방식으로 학습', '지역사회와의 협력', '교사의 지원' 등이다. 이는 프로젝트

접근법에서 강조하는 교수 · 학습 원리와 거의 일치하는 것이다. 프로젝트 접근법에서는 '관심 있는 특정 주제를 중심으로 유아가 몰입하여 탐구하는 것'과, 이때 창의적으로 사고하고, 교사 및 또래 친구들, 더 나아가 지역사회 관계자들하고도 능동적인 상호작용을 할 것을 강조하기 때문이다. 이를 통해 학습자의 지력을 강화하고, 전인격적 발달을 돕고자 하는 것이다(Katz, Chard, & Kogan, 2014).

우리나라 유아교육 현장에 프로젝트 접근법이 소개된 것은 1995년이다. 오랜 시간이 지난 현재까지도 여전히 유아교육 현장에서 프로젝트를 통한 학습이 광범위하게 이루어지고 있는 것은 이와 같이 국가수준 교육과정에서 지향하는 방향과 상통한다는 것도 한 가지 주요 이유라고 본다. 유아중심 · 놀이중심을 전면에 내세우고 있는 2019 개정 누리과정의 경우, 프로젝트 접근법의 이런 특성이 특히 더 잘 구현될 수 있다. 이근영(2020)의 "예비유아교사의 프로젝트 접근법 활용: 유아중심, 놀이중심 교육과정 경험"도 그런 관점에서 이루어진 연구이다.

## 나. 초등학교 교육과정

현재 초등학교에서 적용되는 교육과정은 2015 개정 교육과정으로서 창의 · 융합형 인재를 기르는 것을 목적으로 하고 있다(교육부, 2015). 보다 구체적으로는 '홍익인간'을 추구하면서 바람직한 인간상으로 자주적인 사람, 더불어 사는 사람, 교양 있는 사람, 창의적인 사람을 설정하고 있다. 그리고 이를 위해 육성할 역량으로 자기관리 역량, 지식정보처리 역량, 창의융합 사고 역량, 심미적 감성 역량, 의사소통 역량, 공동체 역량(교육부, 2015, 7)을 들고 있다. 이와 관련하여 초등학교 교육과정은 '학생의 일상생활과 학습에 필요한 기본 습관 및 기초 능력, 바른 인성을 함양하는 데 중점을 둔다'는 총괄적인 목표하에 다음과 같은 하위목표를 설정하고 있다(교육부, 2015, 9).

**교육목표**

1. 자신의 소중함을 알고 건강한 생활 습관을 기르며 풍부한 학습 경험을 통해 꿈을 찾아 표현한다.
2. 학습과 생활에서 문제를 발견하고 해결하는 기초 능력을 기르고, 이를 새롭게 경험할 수 있는 상상력을 키운다.
3. 다양한 문화 활동을 즐기고 자연과 생활 속에서 아름다움과 행복을 느낄 수 있는 심성을 기른다.
4. 규칙과 질서를 지키고 협동정신을 바탕으로 서로 돕고 배려하는 태도를 기른다.

이런 목표 달성을 위해 학습자에게 기대하는 바는 능동적으로 문제를 찾아 해결하고 이 과정에서 다른 사람과 협동할 수 있는 마음가짐, 태도, 역량이다. 그리고 이를 키우기 위한 바람직한 방안으로서의 프로젝트에 대한 관심이 높다. 실제로 이미 2009년 개정 초등통합교육과정 도입 무렵부터 프로젝트 접근법에 대한 요구와 관심이 두드러졌고, 2010년 이후부터는 프로젝트 접근법 관련 논문이 유아교육계에서 발표되는 논문 수보다 더 많아지고 있을 정도이다(윤은주, 2013).

최근 이런 경향은 더욱 강화되고 있다. 초등학교 수업 현장에서 큰 관심을 끌고 있는 "소통과 공감에 기초하는 학생주도의 배움 중심 수업"(박태호, 2017), "교사와 학생의 상호 학습과 교수가 가능하도록 학생에게 힘 부여하기(empowerment)"(이수천 외, 2013) 등도 그 관련 사례인데, 학생 스스로 궁금한 것을 추려내고, 그 해결을 위해 다양한 정보를 처리하고 융합할 수 있는 역량을 강조하고 있다. 이 모두 프로젝트 접근법에서 강조하는 사항들이다. 그런가 하면 "초등학교 프로젝트중심학습 설계모형의 실행전략 개발"(여상한, 2016), "〈해바라기〉 프로젝트를 통한 초등학교 1학년 아동들의 자아존중감 향상"(김현지, 2021)과 같이 현장 교사들에 의해 수행된 최근 논문들 역시 프로젝트를 통한 학습이 현재 초등학교 교육 현장에서 활발히 활용되고 있음을 보여주는 실제 사례들이다.

향후 초등학교 교육과정은 2022년 하반기에 개정 교육과정의 확정 · 공포를 거친 후, 2024년에 초등학교 1~2학년부터 순차적으로 적용될 예정이다. 그러나 학습자에 대한 기본 가정이나 교육의 지향 방향은 그대로 유지될 것이다. 이와 관련하여 교육부는 "인공지능 기술, 지속가능발전, 기후변화, 저탄소 경제사회로 전환 등을 아우르는 미래 사회 · 경제 변화에 유연하게 대응할 수 있는 역량을 반영한 교육대책 마련"(교육부, 2021.4., 8)의 필요성 인식에서부터 교육과정 개정 작업이 출발했다고 밝힌 바 있다. 미래 변화에 대응할 수 있는 역량, 지속가능발전교육의 맥락이 다음 초등학교 교육과정 개정의 핵심임을 확인할 수 있다. 이런 기조는 유아교육과정 개정 시에도 동일하게 적용될 것이다. 즉, 앞으로도 프로젝트를 통한 학습은 유초등 교육과정에서 계속 활발하게 활용될 것이라고 본다.

이 장에서 프로젝트 접근법 적용의 필요성을 크게 3가지 측면에서 살펴보았다. 그럼 이제부터 프로젝트 접근법에서 제시하는 프로젝트 진행단계에 대해 구체적으로 살펴보기로 하자.

PART II

# 프로젝트 접근법에서의 프로젝트 진행단계

THE PROJECT APPROAC
엘리베이터는 어떻게
움직이는 거지?

CHAPTER 3

# 프로젝트 준비단계

THE PROJECT APPROACH

프로젝트 준비단계는 실제 프로젝트에 들어가기 전에 교사(또는 교사회)가 계획하고 준비하는 단계로서 유아는 참여하지 않는다. 준비단계에서의 준비 정도는 프로젝트의 성패와 직접적인 상관관계가 있다고 할 만큼 중요하다. 그렇다면 무엇을 준비해야 할까? 하나씩 살펴보기로 하자.

## 1. 주제 선정

### 가. 바람직한 주제 선정 방법

주제를 선정하는 문제는 매우 중요하다. 적합한 주제가 선정되지 못할 때 프로젝트는 실패할 확률이 높기 때문이다. 그렇다면 과연 유아들에게 적합한 주제를 어떻게 선정할 것인가? 이를 몇 가지 경우로 나누어 생각해 보도록 하자.

### 1) 교사(회)가 주제 선정 준거에 비추어 선정하는 방안

교사(또는 교사회)가 주제 선정 준거에 비추어 적합한 주제를 선정하는 방법이다. 주제 선정 시 우선적으로 고려할 점은 '유아들의 일상생활과 관련된, 친숙하면서도 흥미 있는 주제'여야 한다는 점이다. 또한, 학습의 가능성을 풍부하게 담고 있어야 한다. 이와 관련하여 Katz, Chard, & Kogan(2014, 61-62)은 주제 선정 준거를 다음과 같은 11가지로 제시한 바 있다.

① 실생활에서 유아들의 직접적인 관찰이 가능하다.
② 대부분의 유아들이 경험한 바 있다.
③ 위험하지 않게 직접적인 조사가 가능하다.
④ 지역자원(현장, 전문가)을 얻기에 용이하고 쉽게 접근 가능하다.
⑤ 다양한 표상 활동(역할 놀이, 구성, 그림, 입체물 등)이 가능하다.
⑥ 부모가 쉽게 참여하고 기여할 수 있다.
⑦ 일반적인 문화 차원에서뿐 아니라 지역 문화 차원에서도 잘 맞는다.
⑧ 많은 유아들이 흥미를 가지고 있거나 교사 판단에 유아 흥미를 유도할 만한 가치가 있다.
⑨ 학교, 지역구(우리나라의 경우 국가 수준 교육과정) 교육과정의 목적과 잘 연계된다.
⑩ 기초 기능(어린이의 연령에 따라 필요한)을 적용할 수 있는 충분한 기회를 제공한다.
⑪ 주제가 너무 세부적이거나(예 어떤 특정인의 개) 너무 광범위(예 계절)하지 않고 적절하게 구체적이다. 세부적인 주제는 작은 프로젝트(mini projects)로 연결될 수 있다.

이와 같은 기준에 비추어 볼 때에 일반적으로 만 4, 5세 유아를 대상으로 한 프로젝트 주제인 경우 '영양'보다는 '음식'이 바람직한 주제이다. 만일 프로젝트를 처음 해 보는 경우라면 이보다 더욱 구체적으로 '빵은 어떻게 만들어질까?'가 보다 바람직한 주제이다. 지역적 특성이나 일상생활과의 관계를 고려해 본다면 제주도 유아교육기관의 경우 유채꽃, 도새기('돼지'의 제주도 방언) 등이 좋은 주제가 될 수 있다. 유아들의 일상생활과 관련이 있으며, 직접 관찰이 가능하고 여러 가지 자원을 쉽게 얻을 수 있다는 점, 지역사회 축제와 관련시킬 수 있다는 점 등에서 적합하기 때문이다. 최근에는 지속가능발전교육의 적용과 관련하여 '종이 안 쓰는 날', '물의 날', '불 끄는 날'과 같은 환경기념일을 프로젝트 주제로 다루기도 한다(지옥정, 2014b).

### 2) 유아들의 흥미로부터 비롯되는 경우

유아들을 주제 선정 과정에 직접 참여시키는 방법이다. 그러나 이때에도 유아들에게 무조건 일임하는 것이 아니고 교사가 조정자의 역할을 하여야 한다. 구체적 방법은 다음과 같다. 먼저, 유아들이 알아보고 싶은 여러 개의 주제를 이야기하고 나면 다음 단계로 교사가 활용할 수 있는 자원이라든가, 원의 여러 가지 조건, 교사 자신의 관심 등을 고려하여 몇 개의 가능한 주제로 추려 놓는다. 그리고 나서 다시 유아들에게 가장 흥미 있는 것을 선택하도록 한다. 이런 과정을 거쳐 한국의 G유치원에서는 '황새(*가까운 곳에서 황새 관찰 가능)', '사탕', '밀가루'와 같은 주제를 선정한 바 있다. 이 과정을 도표화하면 다음과 같다.

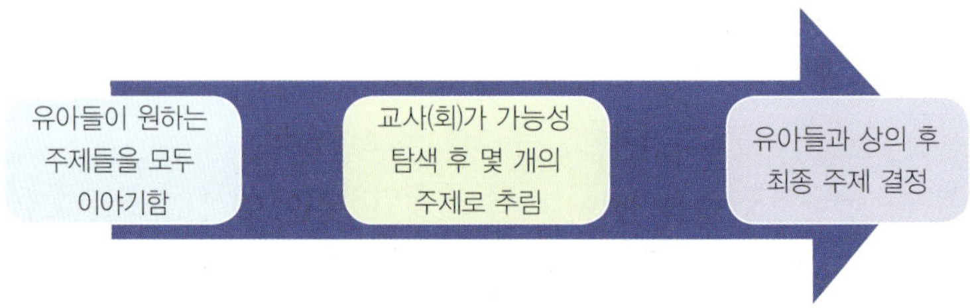


### 3) 유아들의 과거 경험에 기초해 도출하는 경우

유아들의 과거 경험으로부터 주제를 도출하는 경우이다. 예를 들어 레지오 에밀리아의 L유치원 5세반에서 이루어진 '새들을 위한 멋진 공원(The amusement park for birds)' 프로젝트는 그 반 아이들이 4세반일 때를 회상하다 시작된 프로젝트이다. 교사가 유아들에게 4세반이었을 때 가장 기억에 남는 일이 무엇인가를 물으니 여러 가지 추억 중 특히 '새에 관한 활동'이 가장 인상 깊었다고 하였다. 이것이 계기가 되어 유치원 마당에 '새들을 위한 공원'을 만들어 주자는 제안이 나와 이 프로젝트가 이루어지게 된 것이다. 한국의 S어린이집에서 이루어진 '물' 프로젝트도 7월에 캠핑을 다녀온 후, 아이들이 가장 재미있었던 일로 '뗏목 타기'를 회상하면서 시작된 프로젝트이다. 이 프로젝트는 '물을 이용한 놀이'로 시작되어 우리가 마실 수 있는 물과 없는 물, 물을 볼 수 있는 곳, 물의 오염 등으로 심도 있게 확장되었다. 이 과정을 도표화하면 다음과 같다.

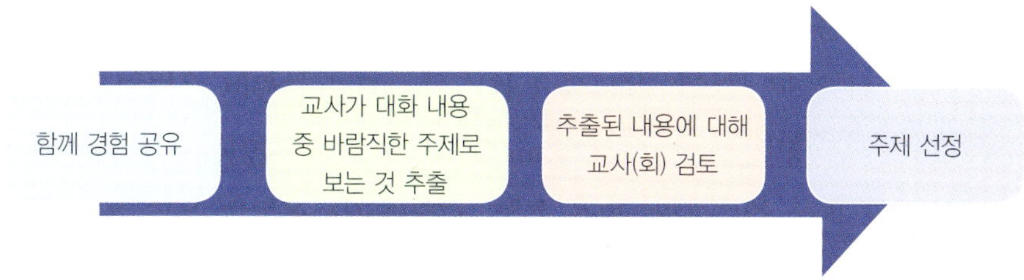


### 4) 유아들의 일상생활 장면이나 문제 상황에서 도출하는 경우

레지오 에밀리아의 L유치원 5세아들에 의해 이루어진 '고양이' 프로젝트는 유치원 정원에 살고 있던 고양이가 새끼를 배면서 시작된 것이다. 이 프로젝트는 고양이가 새끼를 낳은 후 그 새끼들이 어느 정도 자라 새 주인들에게 보내지기까지 무려 3개월에 걸쳐 진행되었다. 그런가 하면 유아들이 원에서 생활하는 가운데 부딪히는 문제들이 프로젝트로 연결되기도 한다. 그 예로 레지오 에밀리아 D유치원에서 행해진 '구두와 미터(Shoe and Meter)' 프로젝트는 교실에 있는 작업 책상과 똑같은 작업 책상이 하나 더 필요하다는 문제 상황에서 비롯된 것으로, '책상의 치수 재기'가 목적인 프로젝트였다(Castagnetti & Vecchi eds, 1997). 이 과정을 도표화하면 다음과 같다.

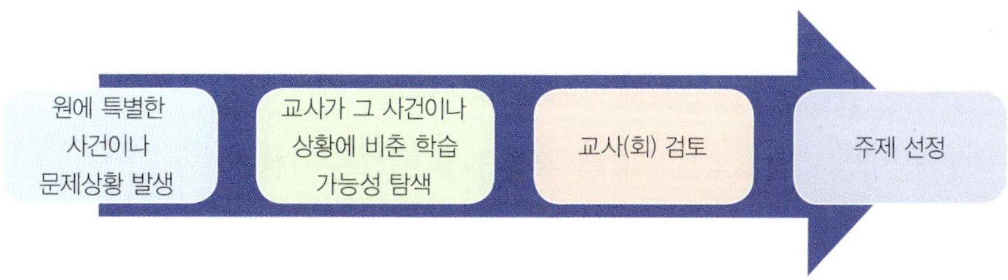

### 5) 유아 활동 및 대화에 대한 교사의 관찰로부터 비롯되는 경우

M유치원 교사와 유아들은 자주 인근 공원을 산책한다. 어느 해 봄날, 교사와 유아들이 그렇게 산책하는 중 개미들이 먹이를 옮기고 있는 모습을 발견하였고, 이에 여러 유아들이 많은 흥미를 보였다. 그러다가 유독 벚나무 밑과 둥치에 개미들이 많이 모여 있다는 것을 발견하였고, 자연히 개미에 대한 이야기를 많이 하게 되었다. 게다가 다음 날은 유치원 옆의 아파트 놀이터에서 비비탄 총알처럼 생긴 개미 알까지 발견하였다. 이런 일련의 사건들을 계기로 개미에 대한 관심, 특히 '알에서 어떻게, 언제 개미로 되는지'에 대한 흥미가 더욱 높아졌다. 이후 벚나무와 개미의 공생관계, 개미의 일생을 중심으로 하는 '개미' 프로젝트가 전개되었다. 이 방법을 도표화하면 다음과 같다.

### 6) 책 내용이 프로젝트로 연결되는 경우

D유치원에서 이루어진 '공룡' 프로젝트는 『너무너무 배가 고픈 공룡』이라는 동화책을 읽고 난 후 유아들이 공룡의 먹이, 크기에 대한 흥미를 보이면서 시작된 예이다. 유아들은 책 내용에 근거하여 '공룡은 한 번에 얼마나 많이 먹나?', '제일 큰 공룡은 키가 얼마만 했을까?', '날아다니는 공룡이 나무에 앉으면 나무가 부러질 텐데 어디서 살았을까?' 등과 같은 질문들을 중심으로 다양한 조사 활동을 하였다. 그리고 현장 견학을 통해 공룡 모형을 보고 온 후는 공룡의 크기에 더욱 관심을 갖게 되어 공룡을 실제 크기만 하게 그려 보는 활동도 하였다.

동화책을 비롯한 책에서 비롯된 프로젝트의 경우 조사 활동이나 특정 장면 꾸미기뿐만 아니라 극으로 꾸며 보는 활동도 이루어질 수 있다. 즉, 극으로 꾸미기 위해 어떻게 그 이야기를 재구성할 것인지, 무대를 어떻게 꾸밀 것인지, 몇 장면으로 나눌 것인지, 그러려면 구체적으로 무엇을 준비해야 할지, 또 누가 어떤 일을 맡을 것인지, 더 알아보거나 보완되어야 할 점은 무엇인지, 이를 어떻게 해결할 것인지, 부모나 다른 사람의 도움을 필요로 하는 부분은 어떤 것인지 등으로 확장시키면서 하나의 작품으로 완성해 가는 것이다. 주제가 선정되는 과정을 도표화해 보면 다음과 같다.

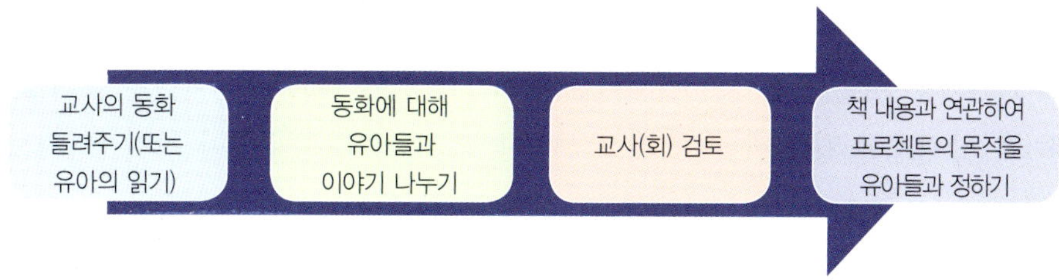


### 7) 노래 내용이 프로젝트로 연결되는 경우

노래에서 프로젝트 주제가 발현되기도 한다. 예를 들어 M유치원에서는 '성씨' 노래인 '이 서방 일하러 가세, 김 서방 김매러 가세, 조 서방 조 털러 가세, 신 서방 신이나 삼세, 배 서방 배 사러 가세'를 배웠다. 유아들은 재미있는 전통 가락으로 쉽게 익힌 그 노래를 자주 흥얼거리다가 나중에는 친구들의 성을 넣어 개사하기까지 하였다. '정 서방, 정거장에 가세' 하는 식으로 말이다. 그러다가 '이름' 프로젝트를 통해 아빠 성씨와 엄마 성씨는 왜 다른지, 내 이름은 누가 지어 주었는지, 나와 친구들 이름에 무슨 뜻이 들어 있는지를 알아보고, 더 나아가 다른 나라 사람들 이름까지 알아보게 되었다. 이렇게 노래에서 프로젝트 주제가 선정되는 경우를 도표화하면 다음과 같다.

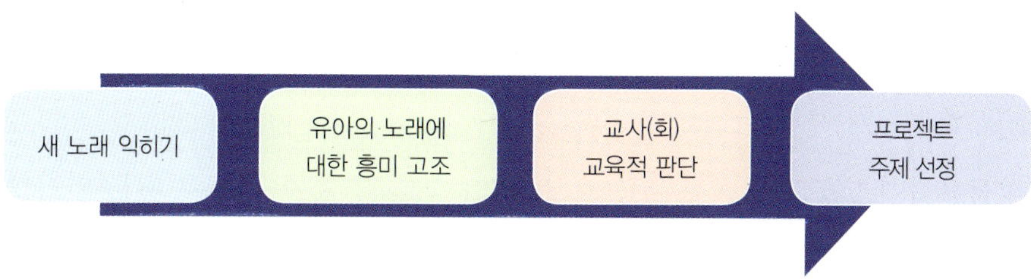

## 나. 가능한 주제 영역

주제 선정에 참고가 되도록 하기 위해 유아기에 가능한 주제들을 몇 가지 제시하면 다음과 같다. 여기서 중요한 점은 어떤 범주에 속하건 유아 대상 프로젝트인 경우 주제 선정의 기본적 전제는 유아와 직접 관련이 있고 다양한 자원을 쉽게 찾을 수 있으며 생생한 현장을 느낄 수 있는 주제여야 한다는 사실이다. 덧붙여 Chard(1994)는 연령이 어릴수록 프로젝트 주제는 보다 구체적이고 현재에 관한 것, 소규모의 것이 바람직하다고 하였다.

**표 3-1** 유아기에 가능한 프로젝트 주제 범주

| 주제 내용 범주 | | 주제의 예 |
|---|---|---|
| 유아 자신 및 생활 관련 | 유아 자신/가족 | 신체 일부(손가락, 얼굴 등), 성씨, 가족(아빠, 엄마, 또는 조부모 등) |
| | 먹을 것 | 과자, 음료수, 밥, 빵(냠냠, 빵은 어떻게 만드나요?) |
| | 입고 신는 것 | 옷, 모자, 신발 |
| | 머무는 공간 | 우리 유치원(우리 어린이집), 도서관, , 식당 |
| | 탈것 | 롤러 블레이드(또는 롤러 스케이트), 우리 원 버스, 자전거, 자동차 |
| 자연과 환경 관련 | 무생물 | 비, 바람, 돌멩이 |
| | 동물 | 현재 원에 있는 동물, 주변에서 쉽게 볼 수 있는 동물(예 개미) |
| | 식물 | 식충식물, 새싹, 씨앗, 나무 |
| | 환경 | 불 끄는 날 또는 물의 날 등 환경기념일, 아나바다 운동, 종이컵 |
| 시간과 장소 관련 | 시간 | 시계, 달력, 생일 |
| | 지역사회 | 지역 하천(예 무심천)이나 인근 공원(예 발산공원), 지역사회 연례행사(예 도새기 축제), 지역사회 기관(예 119 구조대) |
| 기타 | 유익한 개념 | 색깔(예 빨간 색의 날), 모양(동그라미 모두 모여.), 용기, 행복 등 |

위 표에서 '용기'와 '행복'은 추상적 개념이지만, 유아들과 다루어 볼 만한 주제이다. 예를 들어 친구들 간에 자꾸 다툼이 일어나고 서로 화를 내는 일이 자주 발생하는 경우, '행복한 우리 반' 프로젝트가 이루어질 수 있다.

# 2. 주제망 구성

## 가. 주제망 구성의 의미

주제망 구성이란 교사가 그 주제에 대하여 현재 가지고 있는 생각, 개념, 아이디어 등을 끄집어내어 망의 형태로 조직해 보는 것으로, 준비단계의 기초이다. 이 때 한 기관의 동일 연령 반들이 같은 주제로 프로젝트를 할 예정이라면 그 여러 반 교사들이 같이 모여 주제망 구성을 하는 것이 바람직하다. 혼자 할 때보다 여럿이 할 때 서로 아이디어를 나누고 보완할 수 있기 때문이다. 이렇게 주제망을 구성해 봄으로써 교사 자신은 그 주제에 대해 어느 정도의 개념을 가지고 있으며 또 어떤 점에 흥미를 느끼는지 파악할 수 있고, 준비단계의 다음 작업인 교육목표 신징, 교육과정 조직안 및 활동예상안 작성, 자원목록 작성 등을 위한 기본 윤곽을 그려 볼 수 있으며, 더 나아가서는 프로젝트 시작단계에서 유아들과 함께 주제망을 구성할 때 요긴한 참고 자료로 활용할 수 있다. 교사 주제망 구성의 의미를 간단히 정리하면 [그림 3-1]과 같다.

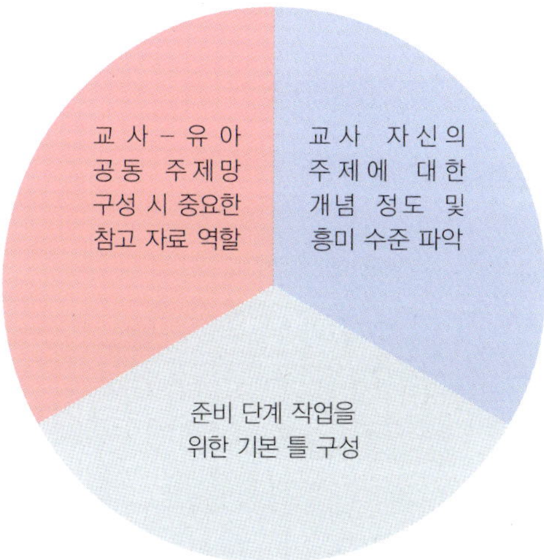


그림 3-1 교사 주제망 구성의 의미

이제 구체적으로 교사의 주제망 구성 절차에 대해 살펴보기로 하자.[3)]

## 나. 주제망 구성 절차

### 1) 브레인스토밍

**가) 필요한 자료 준비**

가장 작은 크기의 포스트잇 100장 정도와 필기도구, 책상 등

**나) 주제에 관한 연상**

주제에 관한 것을 머릿속으로 그려 본다. 이때 느낌, 소리, 모양, 냄새, 촉감 등 모든 감각과 관련지어 생각하도록 하며 주제와 관련된 일을 하는 사람 등도 생각해 보도록 한다.

**다) 떠오르는 생각 적기**

머릿속에서 떠오르는 생각을 포스트잇에 적어 50~60개 정도 책상 위에 순서 없이 펼쳐 놓는다.

'쌀'에 대해 브레인스토밍 한 것을 몇 가지 열거해 보면 [그림 3-2]와 같다.

---

3) 주제망 구성 절차는『프로젝트 접근법: 교사를 위한 실행 지침서』(지옥정 역, 1995)의 내용 중 일부를 재정리한 것임.]

그림 3-2 '쌀'에 관한 브레인스토밍의 예

### 2) 유목화

브레인스토밍을 통해 나온 단어들을 그 유사성에 따라 몇 개의 그룹으로 분류 그 과정을 살펴보면 다음과 같다.

#### 가) 비슷한 성격의 단어끼리 그룹 짓기

수십 장의 포스트잇에 적힌 내용을 보고 비슷한 것끼리 분류한다. 예를 들어 떡이나 흰죽, 식혜, 밥 등은 '쌀로 만든 음식'으로, 농약, 비료, 물, 햇빛, 농부 등은 '벼가 자라는 데 필요한 것'으로 함께 분류될 수 있을 것이다.

#### 나) 그룹 재조정하기

만일 어떤 그룹에 너무 많은 단어들이 들어 있으면 이를 2개나 3개의 하위 그룹으로 다시 쪼갤 수 있다. 그리고 만일 하나나 두 단어로 이루어진 그룹을 발견하면 여기 속할 수 있는 또 다른 단어들을 생각해 보도록 한다.

### 다) 그룹에 제목 붙이기

분류하여 놓은 각각의 그룹에 제목을 붙여 준다. 예를 들어 콤바인, 이앙기, 트랙터, 탈곡기 등은 '농기구', 섬, 가마, 말, 되, 홉 등은 '측정 단위'가 제목이 될 수 있을 것이다. 때로 그룹 안의 단어들 중에서 적합한 제목을 뽑을 수도 있다.

유목화의 일부 예를 보면 [그림 3-3][4]과 같다.

| 농기구 | 측정 단위 | 쌀로 만든 음식 | 벼가 자라려면 |
|---|---|---|---|
| 탈곡기 | 섬 | 밥 | 논 |
| 콤바인 | 가마 | 강정 | 햇빛 |
| 이앙기 | 말 | 절편 | 농부 |
| 경운기 | kg | 흰죽 | 물 |
| 쟁기 | | 인절미 | 농약 |
| 트랙터 | | 찹쌀떡 | 비료 |
| 삽 | | 누룽지 | |
| | | 가래떡 | |

그림 3-3 '쌀' 브레인스토밍 후 유목화의 예

### 3) 주제망 그리기

소주제별로 유목화가 다 되고 나면 주제를 중심으로 하여 망의 형태로 조직한다. 이렇게 하면 이 주제가 몇 개의 소주제로 나누어지는지 또는 빠진 항목은 없는지 등을 쉽게 파악할 수 있다. 구체적 절차를 살펴보면 다음과 같다.

#### 가) 프로젝트 주제 적기

종이 중앙에 원을 그리고 그 안에 프로젝트 주제를 적는다. 꼭 원 모양으로 그리지 않아도 상관없으며 단지 주제가 부각될 수 있는 모양으로 그리면 된다. 예를 들어 '물'이 프로젝트 주제라면 '물방울' 모양을, '햄버거'가 프로젝트 주제라면 '햄버거' 모양을 그리고 그 안에 주제를 적으면 된다.

#### 나) 유목화된 그룹들의 제목 적기

주제명을 중심으로 하여 유목화된 각 그룹의 제목(소주제)을 적고 그 밑에는 밑줄을 그어 준다. 또는 프로젝트 주제와 마찬가지로 원 또는 사각형을 그려놓고 그 안에 적기도 한다. 이렇게 하는 이유는 각각의 소주제에 속해 있는 단어들과 구분되게 하기 위함이다.

#### 다) 주제망 완성하기

각 소주제에 속해 있는 단어들을 적어서 주제망을 완성한다. '쌀'의 경우, 교사 주제망의 예를 들어 보면 [그림 3-4]와 같다.

---

4) 교사가 '쌀'에 대해 브레인스토밍한 것들을 놓고 유목화해 보니 '쌀로 만든 음식' 항목에 속해 있는 단어들이 다른 항목에 비해 두 배 이상 많았고 재분류가 가능하여 이를 다시 '떡', '죽', '밥', '기타 간식'으로 하위 분류하였다.

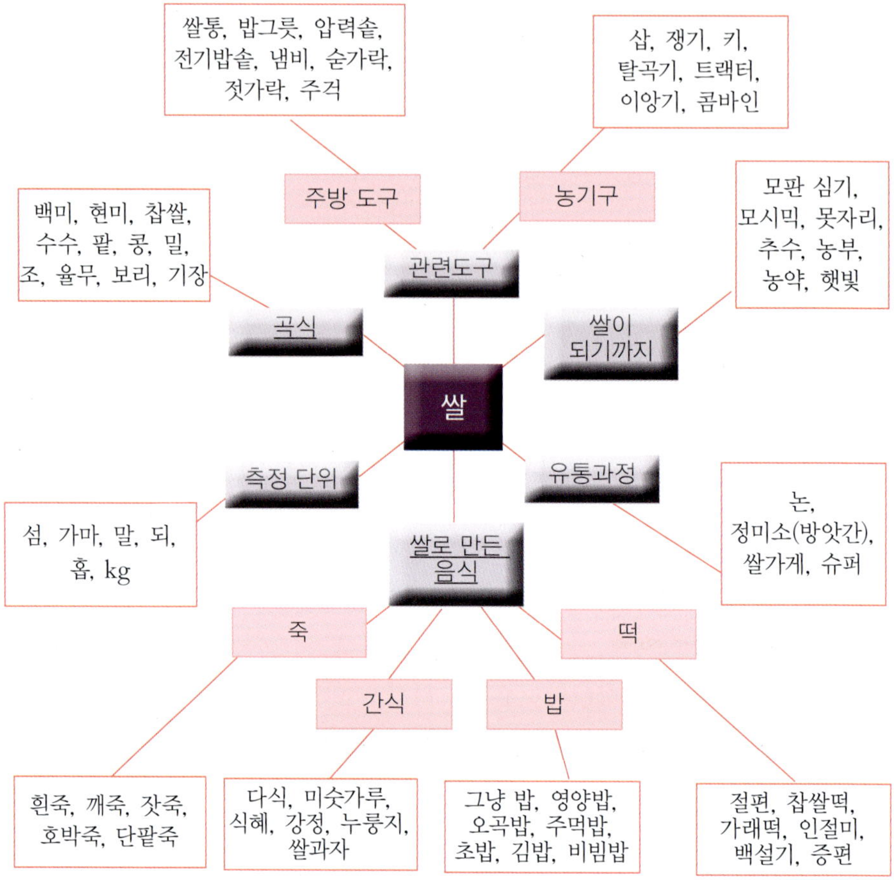


그림 3-4 교사의 '쌀' 주제망

참고로, S어린이집 교사가 이렇게 준비단계에서 주제망을 구성해 본 후 프로젝트 시작단계에 들어가서 유아들과 함께 구성해 본 '쌀' 주제망은 [그림 3-5]와 같다. 이 두 주제망을 비교해 보면 첫째, 일단 전체 틀은 비슷하다는 점, 둘째, 교사 주제망에 없던 내용이 교사-유아 공동 주제망에 들어 있기도 하고, 그 반대로 교사 주제망에는 들어 있는데 교사-유아 공동 주제망에는 빠져 있기도 한 것을 볼 수 있다. 즉, 교사-유아 공동 주제망은 유아들의 경험, 흥미, 배경지식 등에 따라 교사 주제망과 어느 정도 다른 모습으로 나올 수 있는 것이다. 이 점이 바로 프로젝트의 묘미 중 하나이다.

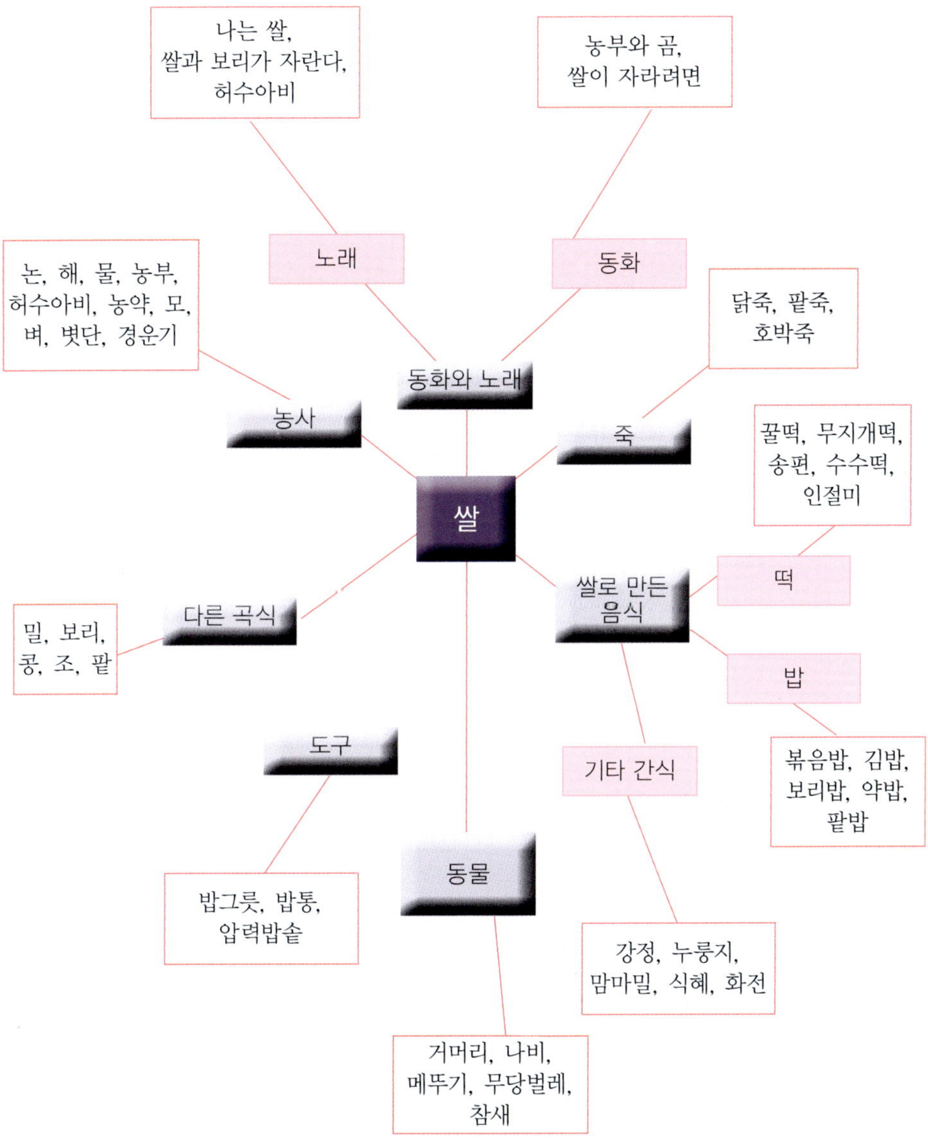


그림 3-5 교사와 유아의 '쌀' 주제망

## 3. 교육목표 및 기본 어휘 선정[5)]

### 가. 교육목표

프로젝트 주제를 선정할 때 내포된 학습 가능성을 지식·정보적 측면(알기, 이해하기), 감성·정서적 측면(느끼기), 태도·실천적 측면(실천하기)으로 나누어 교육목표로 구체화해 보는 것이다. 물론 각 유아의 개인적 특성에 따라 프로젝트를 통해 성취하는 내용이나 정도는 얼마든지 달라질 수 있으나 공통 목표를 선정해 봄으로써 교사가 어떤 점에 유의하며 지도에 임해야 할지 가늠해 볼 수 있다. 예를 들어 평소에 논농사 짓는 모습을 보기 힘든 도심지 한 원의 만 5세반 교사는 다음과 같은 목표 설정을 한 바 있다.

#### 1) 지식·정보적 측면

- 쌀은 보리, 밀, 콩, 조 등과 같이 곡식 중 하나임을 안다.
- 쌀은 우리나라 사람들이 가장 많이 먹는 주식임을 안다.
- 쌀로 밥, 죽, 떡, 과자 등 여러 가지 음식을 만들 수 있다는 것을 안다.
- 쌀농사를 짓기 위해서는 좋은 논, 햇볕, 깨끗한 물과 공기, 농기구, 농약 등이 필요함을 안다.
- 쌀을 얻으려면 볍씨 뿌리기, 모내기, 벼 가꾸기, 추수하기, 탈곡하기 등의 과정을 거쳐야 함을 이해한다.
- 우리에게 쌀이 오기까지는 볍씨를 파는 사람, 농부, 농약 만들고 파는 사람, 마트 등에서 쌀을 파는 사람 등 여러 사람의 수고가 필요함을 안다.

#### 2) 감성·정서적 측면

- 볍씨에서 자라 쌀이 되기까지 자연의 힘과 조화를 느낀다.
- 쌀이 우리에게 오기까지, 또 그 쌀로 음식을 하느라 애쓰신 모든 분들께 감사하는 마음을 갖는다.

### 3) 태도·실천적 측면

- 음식을 먹기 전, 후 그 음식이 되기까지 애쓴 분들께 감사 인사를 한다.
- 음식은 먹을 만큼만 덜어 먹고 남기지 않도록 조심한다.
- 음식을 먹을 때는 바른 자세로 앉아 꼭꼭 씹어 먹는다.

## 나. 기본 어휘 선정

이 주제를 다룰 동안 유아가 자주 사용하리라고 짐작되는 기본 어휘를 교사가 선정해 보는 것이다. 예를 들어 주제가 '쌀'인 경우라면 '벼', '모', '추수', '쌀'과 같은 단어를 많이 접하게 될 것이다. 물론 '쌀'에 관련된 단어는 이외에도 많이 있겠으나 모든 유아가 기본적으로 알고 활동에 임할 때에 도움이 되리라고 생각되는 어휘들을 교사가 미리 제시해 주는 것은 바람직하다. 이렇게 할 때 유아들은 조사 활동을 위해 책을 보게 되거나 이야기를 나누는 과정에서 '선생님, 모가 뭐예요?', '벼가 뭐예요?' 등과 같은 질문을 교사에게 일일이 하지 않게 된다.

기본 어휘는 교사가 그림 카드로 만들어 프로젝트 초기에 유아들에게 설명해 준 후 프로젝트 기간 동안 벽이나 게시판 등에 게시하거나 또는 언어 영역에 비치함으로써 전체 유아들이 활용하도록 한다. 유아의 발달 정도나 필요에 따라 앞면에는 그림을 그리고, 뒷면에는 간단한 뜻을 적어 주어 참고하도록 할 수도 있다. 그 예를 들어 보면 [그림 3-6]과 같다.

5) 프로젝트 접근법 원서에 제시된 프로젝트 진행 절차에는 교사의 준비 과정에 '교육목표나 기본 어휘 선정'이 포함되어 있지 않다. 이는 필자가 한국에서 수년간 유아교육현장에 적용하는 과정에서 프로젝트의 효과적 진행을 위해 필요한 절차라고 판단하여 포함시킨 것이다. 교사가 준비 과정에서 교육목표나 기본 어휘를 정리해 보는 가운데 프로젝트 주제에 대해 더 확실한 개념을 가지게 되고 자원을 준비하는 데 있어서도 도움이 되기 때문이다.

| 모 | 벼 | 추수 | 쌀 |
|---|---|---|---|
| 옮겨 심기 위해 가꾸어 기른 벼의 싹 | 그 열매가 쌀이 되는 일년생 풀 | 가을에 익은 곡식을 거두어 들임 | 벼를 찧어 껍질을 벗긴 알맹이 |

그림 3-6 기본 어휘 카드의 앞면과 뒷면

기본 어휘 외에도 프로젝트가 진전됨에 따라 교사는 프로젝트의 원활한 전개를 위해 제시해 주었으면 좋겠다고 판단되는 어휘들을 더 첨가해 줄 수 있다. 이때 단순히 벽이나 언어 영역에 게시하는 것 외에 컴퓨터 상자나 퀴즈식 단어 카드, 수수께끼 단어판 등을 활용하여 어휘를 익히도록 하는 방법도 가능하다. 그 예를 들면 [그림 3-7]과 같다.

〈앞면〉

논에서 벼를 지켜주어요.
참새를 쫓아 주지요.

다 자란 벼를 자를 때
사용해요.

〈뒷면〉

| 허수아비 | 콤바인 |
|---|---|

그림 3-7 수수께끼 단어판과 단어 카드

## 4. 교육과정 조직안/활동예상안 구성[6)]

### 가. 구성의 의미

주제망 구성과 교육목표 선정이 이루어지고 나면 이를 기초로 하여 교육과정 조직안 및 활동예상안을 구성해 보는 것이 필요하다. 사전에 교육 내용을 확정하지 않는다고 해서, 또 유아의 흥미와 관심이 프로젝트 진행의 중요한 축이라고 해서 아무 예상도 없이 활동을 진행하는 것은 아니기 때문이다. 우리나라의 경우 기본적으로는 국가 수준의 교육과정과 각 유아교육기관에서 지향하고 있는 교육목표, 보다 직접적으로는 각 교사의 교육적 판단과 결정이 이후 활동 선택의 중요한 준거가 된다. 이렇게 함으로써 교육과정의 목적과 유아의 아이디어 및 흥미를 연결할 수 있기 때문이다(Cadwell & Fyfe, 1997). 특히 프로젝트 중심의 프로그램을 운영하는 경우는 자칫 흥미 위주로 흘러 교육 목적과 유리될 염려가 있으므로 부분적으로 프로젝트를 활용하는 경우보다 이 점에 더욱 유의할 필요가 있다. 이와 같은 사실을 전제하면서 교육과정 조직안 및 활동예상안 구성의 이유를 살펴보면 다음과 같다.

첫째, 균형 있는 통합적 교육과정 운영을 위해서이다.

둘째, 프로젝트 본 단계에 들어갔을 때 유아들의 여러 가지 질문에 대한 활동 연결이나 추후 활동 안내를 효과적으로 할 수 있다.

셋째, 자원 준비가 보다 용이해진다.

6) 교육과정 조직안/활동예상안 구성도 Katz와 Chard가 제시한 '프로젝트 접근법'의 원래 프로젝트 진행 과정에는 포함되어 있지 않은 과정이다. 이 또한 필자가 프로젝트 접근법을 한국에 적용하는 과정에서 국가 수준 유치원 교육과정과의 조화 문제를 고려하여 삽입한 과정이다.

## 나. 구성 절차

### 1) 1단계: 교육과정 내용 영역에 프로젝트 주제 관련 내용 예상해 보기

교사가 누리과정 내용 영역표를 옆에 놓고 이 주제에 대한 프로젝트를 한다면 어떤 내용을 다루게 될 것 같은지, 또는 다루면 좋겠는지를 일차 예상해 보는 것이다. 예를 들면 “쌀’ 프로젝트니까 〈신체운동·건강 영역〉의 〈건강하게 생활하기〉 내용 범주 관련해서는 〈몸에 좋은 음식(예; 잡곡밥)에 관심 가지기〉를 다루어 볼 수 있겠구나, 또 〈사회관계 영역〉에서는 〈나를 알고 존중하기〉 내용 범주 관련해서 〈내가 좋아하는 곡식(밥) 먹어 보기〉를 해 볼 수 있겠구나.’와 같이 예상하면서 ‘일차 적어 보는 것’이다. 일차 적어 보는 것이라고 한 이유는 이런 내용을 확정한 것이 아닌 활동 예상안과 자원목록표 만들기 중에도 계속 수정, 보완할 수 있기 때문이다. 그런가 하면 프로젝트를 해 나가는 중에도 유아의 흥미와 관심, 상황 변화에 따라 바뀌어 나갈 수 있다. 참고로, 교육과정 조직안은 활동예상안과 함께 프로젝트 종료 후 과연 어떤 내용이, 어느 정도로 다루어졌는지 또는 어떻게 확장되어 나갔는지 등을 점검해 보는 평가 자료로 활용할 수 있다. 교육과정 조직안의 예로 ‘쌀’ 프로젝트의 경우를 보면 〈표3-2〉와 같다.

표 3-2 '쌀' 교육과정 조직안

| 영역 | 내용 범주 | 내용 |
|---|---|---|
| 신체 운동 · 건강 | 건강하게 생활하기 | • **음식 먹기 전 손 씻기, 식사 후 양치 잘하기** |
| | | • **몸에 좋은 음식(예 잡곡밥)에 관심 가지기**<br>• **바른 자세와 태도로 음식 먹기** |
| 의사 소통 | 듣기와 말하기 | • *'쌀' 관련 이전 경험, 질문 말하기, 자신의 의견 분명하게 말하기*<br>• *'쌀' 관련 동화, 동시 듣기*<br>• *친구 이야기 듣기, 서로 궁금한 것은 질문하고 답하기*<br>• **때와 장소 대상에 맞게 고운 말로 말하기** |
| | 읽기와 쓰기에 관심 가지기 | • *'쌀' 관련 단어 및 기본 어휘에 관심 가지기*<br>• **관심 있는 것과 관련하여 책이나 팸플릿 등 읽어 보기**<br>• *'쌀' 관련 생각, 질문 등을 그림이나 글로 표현해 보기* |
| | 책과 이야기 즐기기 | • '쌀' 관련 그림책 보기, 이야기 짓기 및 즐기기 |
| 사회 관계 | 나를 알고 존중하기 | • *내가 좋아하는 곡식(밥) 알아보기*<br>• **하고 싶은 일을 계획하고 실행하기** |
| | 더불어 생활하기 | • *우리 가족이 좋아하는 곡식(밥) 알아보기*<br>• 가족과 함께 밥이나 죽 등 곡식을 이용한 음식 해 보기<br>• 식사 시간에 가족 수저, 물컵 놓기 등 할 수 있는 일하기<br>• **다른 사람의 의견, 감정, 행동 존중하기**<br>• **친구와 협력하기**<br>• **약속, 규칙 지키기** |
| | 사회에 관심 가지기 | • '쌀' 관련 직업(농부, 떡 만드는 사람 등)에 관심 가지기<br>• 쌀로 만든 우리나라 전통 음식(떡, 식혜 등)에 관심 가지기<br>• 주변의 어려운 사람들을 위해 우리가 할 수 있는 일하기<br>• 다른 나라의 '쌀' 이용 음식 알아보기 |
| 예술 경험 | 아름다움 찾아보기 | • 가을의 자연에서 아름다움 찾아보기(예 가을 논, 풀벌레 소리 등) |
| | 창의적으로 표현하기 | • **프로젝트 중 다양한 방법(움직임, 그림, 만들기, 극 등)으로 창의적으로 표현해 보기** |
| | 예술 감상하기 | • **친구의 작품 감상하기**<br>• '쌀'에 관한 기존 작품(예 벼 타작 전통가락, 농부가) 감상하기 |

| 영역 | 내용 범주 | 내용 |
|---|---|---|
| 자연 탐구 | 탐구과정 즐기기 | • **궁금한 질문에 대해 조사 · 탐구해 보기**<br>• **탐구과정에서 서로 다른 생각에 관심 가지고 존중하기** |
| | 생활 속에서 탐구하기 | • *종류가 다른 곡식 비교 관찰하기: 오감을 이용한 탐색, 돋보기나 되 등 기구를 이용한 탐색*<br>• 생활도구를 이용하여 여러 가지 음식(밥, 죽, 떡) 해 보기 |
| | 자연과 더불어 살기 | • 벼 모종에서 쌀이 되기까지의 과정과 조건에 관심 가지기<br>• 벼와 논에서 사는 생물 등 상호연결 관계에 관심 가지기<br>• 논, 흙, 물, 거기 사는 생물 등 자연환경을 소중히 여기기 |

* **진한 글씨**: 4주 정도 예상하는 프로젝트 기간 내내 다루리라고 보는 내용
** *이탤릭체* 글씨: 프로젝트 첫 주에 다루면 좋겠다고 보는 내용

### 2) 2단계: 교육과정 영역 내 통합 및 영역 간 통합을 통해 적합한 활동으로 전환

1단계에서 예상해 본 내용들에 대해 교육과정 영역 내 통합 또는 영역 간 통합을 하면서 교사가 담임 반 유아들에게 적절한 활동으로 전환해 보는 것이다. 영역 내 통합의 예를 들어 보자. 〈사회관계 영역〉에 '약속·규칙 지키기', "'쌀' 관련 직업(농부, 떡 만드는 사람 등)에 관심 가지기', '쌀로 만든 우리나라 전통 음식(떡, 식혜 등)에 관심 가지기'가 있다. 이것들을 모두 통합하여 현장견학인 '떡집 방문하기' 활동으로 전환하는 것이다. 그런가 하면 내용 영역 간 통합의 예로, 〈사회관계 영역〉의 '내가 좋아하는 곡식(밥) 알아보기'와 〈자연탐구 영역〉의 '궁금한 질문에 대해 조사·탐구해 보기'를 통합하여 '우리 반 아이들이 제일 좋아하는 밥 도표 만들기' 활동으로 전환해 보는 것이다. 이때 내용에 따라 그대로 활동예상안에 옮겨 적으면 되는 것도 있다. 예를 들면 '종류가 다른 곡식 비교 관찰하기'는 그 자체가 그냥 활동이므로 통합이고 뭐고 없이 그대로 활동예상안으로 이동시키면 된다. 영역 내 통합과 영역 간 통합을 거쳐 활동으로 전환되는 경우를 그림으로 보면 다음과 같다.

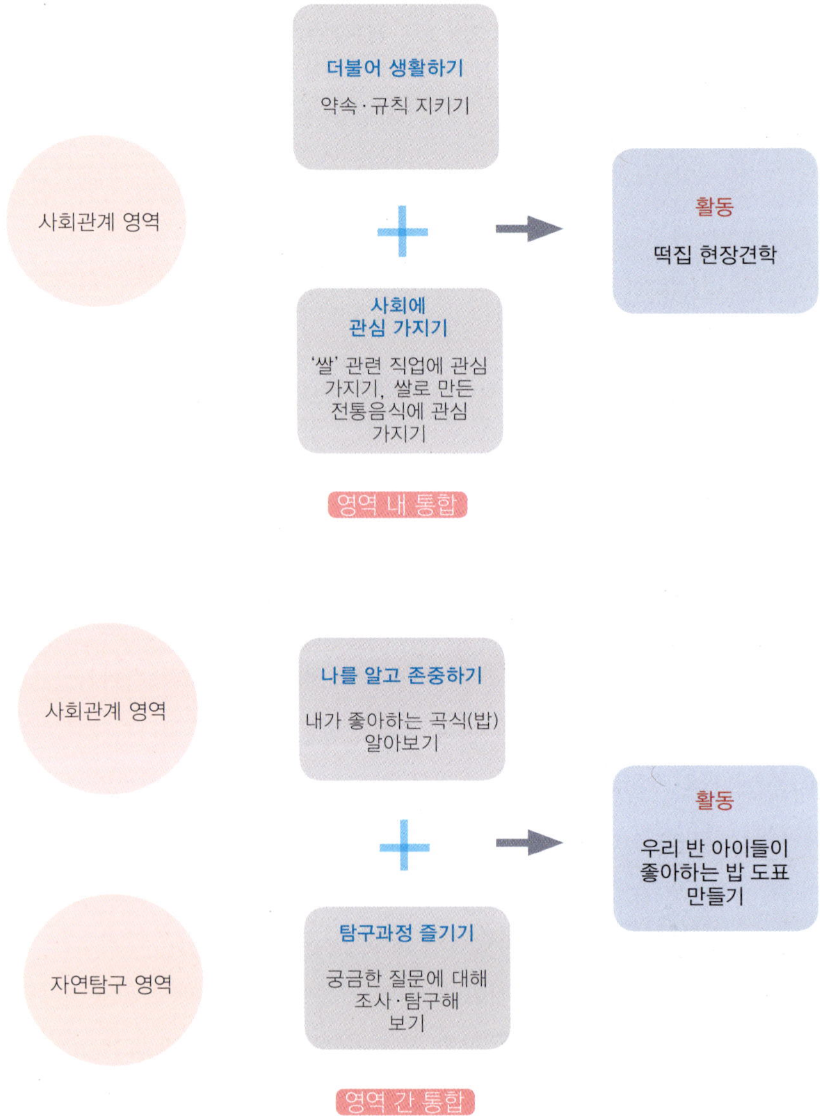


그림 3-8 영역 내 통합과 영역 간 통합의 예

### 3) 3단계: 활동 유형별로 정리해 보기

전환된 활동들을 이야기 나누기, 작업, 동화·동극·동시, 음률·신체표현, 현장학습, 요리, 가정학습 과제 등과 같은 활동유형별로 정리하는 단계이다. 이때 자원목록표도 옆에 놓고 생각나는 자원들을 바로 메모해 두면 다음 단계인 자원목록 작성을 더 용이하게 할 수 있다. 교육과정 조직안, 활동예상안 구성 과정을 거치는 동안 앞에서 설정해 놓은 교육목표나 기본어휘 등을 보완하기도 한다. 그 당시에는 미처 생각하지 못했던 아이디어나 빠트렸다 싶은 교육 목표를 발견하는 경우도 있기 때문이다.

여기까지만 와도 교사는 프로젝트 주제에 대해 상당히 다각도로 생각을 하게 되었을 것이다. 흥미로운 점은 이렇게 다각도로 프로젝트 주제에 대해 숙고의 과정을 거치는 동안 교사 또한 처음보다 훨씬 더 이 주제에 대해 흥미를 갖게 되고, 궁금한 점들도 생겨 스스로 답을 찾아보게끔 된다는 것이다. 그러면서 이런 활동들을, 이런 자원들로 유아들과 실제 하게 되면 얼마나 재미있고 신날까, 유아들은 얼마나 기뻐할까 등 기대감과 기분 좋은 설렘을 품게 된다. 바야흐로 교사도 유아들과 함께 프로젝트 주제에 풍덩 빠져들 준비가 된 셈이다.

### 4) 4단계: 프로젝트 1주에 다루면 좋으리라고 생각하는 활동에 표시하기

활동예상안이 완성되고 나면 프로젝트 1주에 다루면 좋겠다고 보는 활동에 특별한 표시(예 밑줄 긋기, 이탤릭체 등)를 한다. 프로젝트 2주차, 3주차 활동까지 다 예상할 수는 없지만 1주차에 대한 것은 상당 부분 예측이 가능하기 때문이다. 즉, 프로젝트 1주에는 이전 경험 나누기, 주제망 구성, 질문거리 찾기와 같은 중심 사건과 유아의 흥미 유발을 위한 활동들을 배치한다. 이때 교육과정 계획안에 표시해 놓은 '1주차에 하면 좋겠다고 생각한 내용'도 참고하면서 한다. 여기까지 하면 프로젝트로 들어가기 위한 기본 발판이 얼추 완성되는 셈이다. [그림 3-9]는 이렇게 하여 정리된 '쌀' 주제에 대한 활동예상안의 예이다.

### 음률·신체 표현

〈새 노래 배우기〉
- 냠냠
- 논 가운데 허수아비
- 벼가 쑥쑥 자라네

〈음악감상〉
- 풍년가/새야 새야/농부가

〈신체표현〉
- 바람과 벼의 움직임
- 메뚜기나 풀벌레들의 움직임
- 볍씨에서 벼가 되기까지 과정
- 농기구, 조리 도구들의 특성

### 동화·동시·동극

〈동화〉
- *농부와 욕심쟁이 주인*
- 쌀 한 톨로 장가간 총각
- 허수아비의 추석
- 의좋은 형제

〈동시〉
- 휘이 휘이

〈동극〉
- 곡식들의 자랑

### 관찰·실험·요리

〈관찰〉
- 여러 곡식 관찰 및 비교
- 밥, 죽, 떡 비교
- 벼농사, 쌀 관련 기계와 도구

〈실험〉
- 다양한 방법으로 벼 껍질 벗겨 보기(물에 불리기, 찧어 보기)

〈요리〉
- 밥 지어 보기, 주먹밥, 김밥 만들기
- 죽 끓여 보기
- 송편 만들어 보기

### 이야기 나누기/토의

- *쌀로 만든 다양한 음식*
- 벼가 쌀이 되어 우리에게 오기까지
- 벼가 잘 자라려면
- 식사 예절
- 버려지는 음식물과 환경 오염
- 굶주리는 사람들

### 쌀

### 현장 학습/전문가

〈현장 학습〉
- 가을의 논과 밭
- 청주 농업고등학교
- 정미소/방앗간/떡가게
- 농업기술원
- 식당

〈전문가 초대〉
- 농부, 종묘상 주인
- 영양사(주방) 선생님
- 식당 주인

### 게임·실외놀이

〈게임〉
- *I am ground* 곡식 이름 대기
- 쌀 배달 게임
- 내가 좋아하는 떡 먹고 오기
- 볏짚 옮기기
- 곡식 주머니 주고받기

〈실외놀이〉
- 흙으로 밥 짓기
- 새끼줄로 줄넘기하기

### 조형 및 감상활동

〈그리기〉
- *쌀에 관한 이전 경험*
- 현장 견학에서 본 것 자세히 그리기

〈만들기〉
- 식당 메뉴판 만들기
- 지점토로 밥그릇 등 만들기
- 협동 작업–가을의 논과 밭 꾸미기

〈감상활동〉
- 밀레 '이삭 줍기'
- 김홍도 '벼 타작'

### 가정학습 과제

- *우리 식구가 좋아하는 밥 또는 떡, 죽 등 조사하기*
  → 표 만들기
- 가족들과 함께 가을 논 나가보기
- 부모님 도와서 식사 준비하기

### 자료 시청

〈동영상 자료〉
- 벼를 찾아라
- 한국 농사의 사계

〈인터넷〉
- 비빔밥 만들기
- 우리 문화, 우리 떡

※ *이탤릭체*는 프로젝트 첫 주차에 다루면 좋겠다고 교사가 판단한 내용.

그림 3–9 '쌀' 활동예상안

활동예상안은 프로젝트 과정 중 교사에게 계속 좋은 참고자료로서의 역할을 한다. 프로젝트 2주차부터는 유아의 흥미와 관심, 질문거리, 수집된 자원의 종류나 수량, 부모의 특별 제안이나 도움, 그때그때 교사의 교육적 의도와 판단 등에 따라 활동이 이루어지는데, 이때 활동예상안은 교사에게 일종의 '활동 창고'와 같은 역할을 하게 되기 때문이다. 그 안에서 무엇을 골라 쓸지는 각 반 상황에 따라 다르다. 그러다 보니 같은 기관의 동일 연령반이라 하더라도 보통 2주 정도부터는 프로젝트가 다른 모습으로 발전해 가는 것을 볼 수 있다. 각 반마다 독특한 무늬의 프로젝트를 짜 나가는 것이다.

여기서 한 가지 밝힐 점은 활동예상안이 프로젝트 종료 후 평가 자료(예 프로젝트 활성화 정도 가늠, 활동들 간의 유기적 연계 파악 등)로서의 의미도 있다는 사실이다. 단, 평가 자료로서의 역할을 하도록 하기 위해서는 프로젝트 중 활동예상안 위에 실제 행해진 활동을 계속 기록해 나가야 한다. 예를 들어 프로젝트 1주에 이루어진 활동 명 밑에는 파란색 표시, 2주에 이루어진 활동 명 밑에는 파란색 밑줄 긋기를 하는 식이다. 활동이 예상했던 것보다 심화되었거나 다른 활동과 연결되면서 확장되었다면 그 내용을 다 기록해 둔다. 이 책 p. 218에 제시되어 있는 〈그림 7-3〉은 '신발' 프로젝트 시 적용한 예이다. 이와 관련된 아이디어로 Cassidy와 Lancaster(1993)는 유아에 의해 시도된 활동을 ○ 표시로, 교사에 의해 추가된 활동은 □ 표시로 구분하여 표시하는 방법을 제시한 바 있다.

## 5. 자원 목록 작성 및 준비

프로젝트에 필요한 자원은 1차적 자원과 2차적 자원으로 구분해 볼 수 있다. 1차적 자원이란 주제와 관련하여 유아들이 직접 경험해 볼 수 있는 것들로서 실물, 주제와 관련된 일을 하거나 취미 활동을 하는 사람, 현장 견학 장소 등이 포함된다. 이에 비해 2차적 자원이란 간접 경험이 가능한 것들로서 책, 팸플릿이나 사진, 동영상 자료나 녹음 테이프, 인터넷 사이트 등이다. 이렇게 1, 2차적 자원으로 작성된 자원 목록을 보고 교사는 사전에 미리 준비해 놓을 것과 프로젝트 과정 중에 보완되어야 할 것을 구분하여 사전 준비에 임한다. 준비에 임할 때는 물건이나 자료뿐만이 아니라 전문가나 현장 견학 장소에도 미리 연락을 취하여 자원으로서의 활용 가능성을 타진해 보도록 한다. '쌀' 주제에 대한 자원 목록[7]을 예로 들어 보면 〈표 3-3〉과 같다.

표 3-3 '쌀' 자원 목록

<table>
<tr><th colspan="3">구 분</th><th>내 용</th></tr>
<tr><td rowspan="10">1차적 자원</td><td rowspan="6">실 물</td><td>곡식 및 음식</td><td>• 다양한 쌀 – 찹쌀, 멥쌀, 흑미, 백미 등<br>• 기타 곡식 – 수수, 팥, 콩, 밀, 조, 율무, 보리, 기장 등<br>• 쌀로 만든 음식 – 죽, 떡, 밥, 김밥, 쌀과자 등</td></tr>
<tr><td>과정 중 충원</td><td></td></tr>
<tr><td>도 구</td><td>• 밥솥, 조리, 밥그릇, 냄비 등 조리 기구<br>• 삽, 키, 쟁기 등 농기구<br>• 되, 말, 저울 등 측정 기구</td></tr>
<tr><td>과정 중 충원</td><td></td></tr>
<tr><td>기 타</td><td>• 가마니, 멍석, 쌀부대, 쌀로 만든 가공 음료 및 음식</td></tr>
<tr><td>과정 중 충원</td><td></td></tr>
<tr><td rowspan="2">사 람</td><td colspan="2">농부, 쌀가게 주인, 방앗간 주인, 정미소 사람, 농고 교사, 떡가게 주인</td></tr>
<tr><td colspan="2">과정 중 충원:</td></tr>
<tr><td rowspan="2">현장 견학 장소</td><td colspan="2">쌀가게, 방앗간, 떡집, 농협 전시관, 농업 박물관, 청주 농업고등학교, 논, 정미소</td></tr>
<tr><td colspan="2">과정 중 충원:</td></tr>
</table>

| 구분 | | | 내용 | | | |
|---|---|---|---|---|---|---|
| | | | 제목 | 지은이 | 출판사 | 출판 연도 |
| 2차적 자원 | 책 | 정보 | • 어린이가 꼭 알아야 할 쌀 이야기 | 김남길 | 영교 | 2007 |
| | | | • 쌀(벼의 한살이로 들여다본 논 생태계) | 배영하 | 둥그나무 | 2012 |
| | | | • 벼가 자란다(논농사와 벼의 한살이 | 보리편집부 | 보리 | 2021 |
| | | | • 안녕 나는 볍씨야(벼가 자라는 과정 알기) | 오현경 | 월드베스트 | 2014 |
| | | | • 벼와 쌀 그리고 밥 이야기 | 이상배 | 해와나무 | 2013 |
| | | | • 쌀은 어디서 나올까? | 박진영 | 한국가우스 | 2014 |
| | | | • 나야, 쌀 | 김인숙 | 아람 | 2017 |
| | | | • 쌀 | 프랑수아즈 로랑 | 내인생의책 | 2017 |
| | | 동화 | • 허수아비의 추석 | 신수진 | 동아출판사 | 2000 |
| | | | • 모두가 기른 벼 | 김용란 | 보리 | 2000 |
| | | | • 가래떡 | 사이다 | 반달 | 2016 |
| | | | • 쌀이 된 프랭키 | 리퀴드 브레인 | 거북이북스 | 2014 |
| | | | • 며느리와 벼 이삭 | 강무지 | 한솔수북 | 2000 |
| | | | • 벼톨아.벼톨아 쑥쑥자라라 | 농림축산식품부 | 농림축산식품 교육문화정보원 | 2016 |
| | | | • 의좋은 형제 | 이현주 | 국민서관 | 2006 |
| | | | • 쌀 한 톨 | 데미 | 북뱅크 | 2015 |
| | 사진/팸플릿 | | • 여러 가지 농기구 – 이앙기, 콤바인, 탈곡기, 트랙터, 바인더, 경운기<br>• 논과 밭 풍경, 농사짓는 모습<br>• 쌀로 만든 가공품 팸플릿, 식당 메뉴판 팸플릿, 농업 박물관 팸플릿 | | | |
| | | | 과정 중 충원: | | | |

7) 프로젝트 과정 중에도 새로운 자원이 교사, 유아, 부모, 또는 기타 관계자에 의해 충원될 수 있다. 이런 경우를 대비해 각 난을 두 칸으로 나누어 놓고 프로젝트 과정 중 충원된 자원을 계속 기록해 나가면 좋다. 한편, 프로젝트 과정 중 많이 활용된 자원에는 '◎' 등 특별한 표시를 해 두면 이후 동일 주제로 프로젝트를 할 때 좋은 참고자료가 된다.

| 구 분 | | 내 용 |
|---|---|---|
| 2차적 자원 | 동영상/ 녹음 자료 | • 동영상:<br>1. 우리가 먹는 밥은 어디서 왔을까? https://www.youtube.com/watch?v=at2Zw-h4Csc<br>2. 밥송-맛없는 밥은 없어. https://www.youtube.com/watch?v=tSE35AQ1P08<br>3. 구리구리왕자. https://www.youtube.com/watch?v=6zci89fvchM<br>• CD : 우리의 소리로 느껴 보는 한국의 사계 〈봄날의 산책〉<br>☞ CD 2 '봄을 가꾸는 소리' 중(1번, 2번, 3번, 4번, 5번, 6번, 7번 트랙)<br>예: 1. 밭갈애비의 봄노래(소를 이용하여 논과 밭을 일구는 '소 모는 소리', 강원 인제 / 2003) 5:04<br>2. 민요-풍년가, 새야 새야, 개떡<br>3. 동요- 논 한가운데 허수아비, 누가 먼저 컸을까<br>아람 통누리꼬꼬마과학자 동요: 나야, 쌀!(https://www.youtube.com/watch?v=0nYN9CiXe-Y) |
| | | 과정 중 충원: |
| | 동화 자료 | • 그림 동화 : 쌀 이야기, 오줌싸게 누리, 해님과 달님<br>• 융판 동화 : 할아버지와 쌀, 모야 빨리 자라라, 이 떡은 내 떡, 쌀 창고와 쥐 한 마리<br>• 테이블 동화 : 벼 이삭과 허수아비, 잘 안 먹는 한수<br>• 막대 동화 : 훠이! 참새야, 꿀꺽! 맛있는 떡<br>• 그림자 극 : 의좋은 형제 |
| | | 과정 중 충원: |
| | 인터넷 | • 농업박물관 http://www.agrimuseum.or.kr/<br>• 사랑의쌀나눔 운동본부 http://www.loverice.kr/<br>• 충북 농업 기술원http://www. area.chungbuk.kr/<br>• 농촌진흥청 어린이홈페이지 http://www.rda.go.kr/children/pageUrl.do?menu=farm&pg=0201 |
| | | 과정 중 충원: |

이렇게 준비단계에서 자원을 예상해 보고 필요한 자원 준비를 하였다고 해서 자원 문제가 모두 해결되는 것은 아니다. 프로젝트가 전개되어 나가면서 새로운 자원이 요구되기도 하기 때문이다. 따라서 교사는 프로젝트가 진행되는 동안 항상 유아의 관심과 활동 방향에 유의하면서 적절한 자원을 충원해 주려는 노력을 기울여야 한다. 자원 확보 및 충원을 위한 효과적 방안 몇 가지를 살펴보면 다음과 같다.

### 1) 자원 목록을 교실 벽에 부착

프로젝트가 시작되면 교사가 전지에 책, 동영상 자료, 물건, 사진이나 그림, 노래, 가고 싶은 곳이라고 구분해 놓은 표를 만들어 프로젝트가 이루어지는 내내 [그림 3-10]과 같이 유아들이 쉽게 볼 수 있는 곳에 이 표를  주제망 옆에 부착해 놓고 유아들이 그 주제와 관련하여 생각나는 자원이 있으면 교사와 상의한 후 그림으로 그리거나 적도록 한다. 이렇게 해서 적혀 있는 자원 중 유아의 집에 있어서 가져오거나 부모들이 구해 준 경우는 그 자원 밑에 선을 긋거나 동그라미를 그려 넣어 아직 구하지 못한 자원과 구분이 되도록 한다. 이런 과정을 통해 유아들은 어떤 자원이 필요한가를 더 적극적으로 찾게 된다. 그러면서 프로젝트 주제에 더 관심을 갖게 되기도 한다.

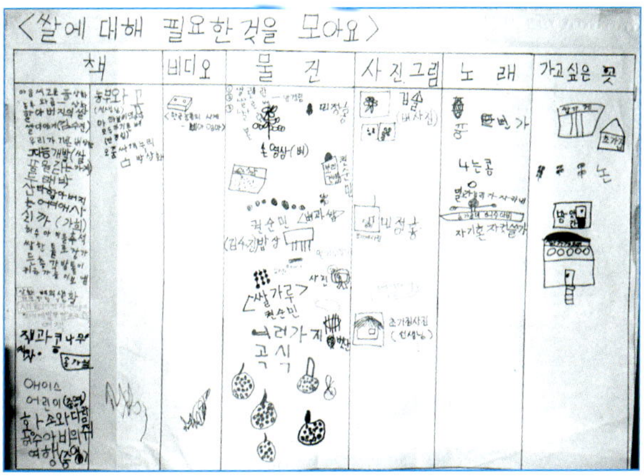


그림 3-10 교사와 유아가 함께 기록한 자원 목록

### 2) 부모들과의 긴밀한 관계를 통한 충원

주별로 부모들에게 프로젝트 진행 과정과 함께 그때그때 특별히 필요한 자원은 무엇인지를 통지하고 도움을 받도록 한다. 이때 가능하면 필요한 자원에 대해 구체적으로 적어 부모들이 쉽게 이해할 수 있도록 한다.

### 3) 도움을 줄 수 있는 기관과 연계

프로젝트를 진행하다 보면 크고 작은 크기의 상자, 고무줄, 나무 토막, 털실, 병, 깡통 등과 같이 유아들의 구성 활동을 촉진하는 다양한 물품들이 수시로 필요하게 된다. 이런 다양한 물품들이 구비되면 구성 활동이 촉진되기도 한다. 그러므로 이런 물품들을 쉽게 모을 수 있도록 근처 마켓이나 원의 단골 사진관, 문구점 등의 협조를 받는 것이 바람직하다.

### 4) 자원 재활용

한 주제에 대한 프로젝트 전시회가 이루어지고 나면 사용되었던 물품들을 유아들과 함께 정리하여 다음 프로젝트에 활용할 수 있도록 정리해 놓는다. 이는 지속가능발전교육 차원에서도 꼭 필요한 일이다.

## 6. 환경 구성

여러 가지 자원을 영역별로 적절하게 배치하거나 벽면, 천장 등을 이용하여 게시하는 것이다. 단, 이때 수집된 자원들을 각 영역별로 모두 넣어 줄 필요는 없다. 프로젝트 진행 추이를 살펴보면서 적절한 때에 자원들을 공급해 주는 것이 프로젝트를 활성화시킬 수 있기 때문이다. 〈표 3-4〉는 프로젝트 진행 과정에서 어떤 자원이 언제, 어떻게 추가되었으며, 이때 교사, 유아, 부모들은 각각 어느 정도로 참여하였는지를 파악하기 위한 도표이다(실제 활용의 예는 p. 225 참조). 이를 보면 환경 구성 및 자원 충원에 교사뿐 아니라 유아, 그리고 부모도 함께 협력한다는 사실을 알 수 있다. 즉, 프로젝트 준비단계에서는 교사가 유아들의 흥미를 끌 수 있는, 또는 활동을 촉진할 만한 자원들을 중심으로 환경을 구성하지만 이후 프로젝트가 진행되어 가는 과정에서는 유아나 부모들도 환경 구성 및 자원 충원에 중요한 역할을 수행하는 것이다. 실제 이렇게 참여하다 보면 부모 역시 프로젝트 진행 과정에 더 관심을 갖게 되고, 유아 활동도 점점 활기를 더해 가게 된다.

**표 3-4** 영역별 자원 충원표

| | | 기본 환경 구성 | 추가되는 자원 | | |
|---|---|---|---|---|---|
| | | 프로젝트 준비단계 | 프로젝트 1주 | 프로젝트 2주 | 프로젝트 3주 |
| 언어 | 교사 | | | | |
| | 유아 · 부모 | | | | |
| 조직 | 교사 | | | | |
| | 유아 · 부모 | | | | |
| 역할 | 교사 | | | | |
| | 유아 · 부모 | | | | |
| ⋮ | | | | | |

이와 같이 환경 구성 진행과정을 주별로 정리해 놓을 때 기대할 수 있는 효과는 다음과 같다.

첫째, 프로젝트 종료 후 프로젝트가 얼마나 활발히 진행되었는지를 전체적으로 평가할 수 있는 준거 자료가 된다.

둘째, 유아, 교사, 부모가 프로젝트 활동 과정에 얼마나 적극적으로 임했는지를 평가할 수 있다.

셋째, 다음 해에 동일한 주제로 프로젝트를 진행할 때 유용한 참고 자료로 활용할 수 있다.

## 7. 부모에게 알리고 협조 요청

프로젝트를 위해 유아 부모(또는 보호자)와의 긴밀한 협조가 이루어져야 할 부분은 무엇이며, 어떻게 협조를 구할 수 있을까를 정리해 보면 다음과 같다.

### 가. 자원 협조

교사는 프로젝트 시작 일주일 전쯤에 새로 시작될 프로젝트 주제에 대한 주제망과 자원 목록 등을 첨부한 가정통신문을 보냄으로써(또는 홈페이지에 게재) 어떤 주제가 다루어질 예정이며, 따라서 어떤 자원들이 필요한지를 부모들이 전체적으로 파악하도록 한다. 그리고 프로젝트 과정 중에는 매주 가정통신문(또는 원 홈페이지)을 통해 프로젝트 진행 상황에 대해 구체적으로 알리면서 필요한 자원에 대해 알린다. 이때 부모의 도움을 필요로 하는 자원에는 특별한 표시를 해 줌으로써 다른 자원들과 구별될 수 있도록 한다. 예를 들어 '★ 표시가 되어 있는 자원은 원에서 구하기 어려운 자원들입니다. 구하실 수 있으시면 보내 주세요.'와 같은 문구를 넣을 수 있다. 더불어 누구 부모가 지난주 어떤 도움을 주었는가에 대해 공지한다면 다른 부모들에게 어떤 식으로 자원 협조를 할 수 있는지에 대한 간접적인 부모 교육이 될 것이다. 단, 이때 가정에서 쉽게 구할 수 없는 자원을 수시로 부모들에게 요구하면 부담을 많이 느끼고 피곤해 할 수 있으므로 주의해야 한다. S원에서 '쌀' 프로젝트 시 프로젝트에 대해 부모들에게 알리고 도움을 청했던 가정통신문[8]을 들어 보면 〈표 3-5〉와 같다.

---

8) 프로젝트 준비단계에서 부모(또는 보호자)에게 보내는 가정 통신문에는 ① 프로젝트에 대한 안내 ② 교사 주제망 ③ 활동예상안 ④ 자원 목록을 포함시키는 것이 바람직하다. 여기서는 ② ③ ④의 내용을 앞에서 제시한 바 있으므로 다시 제시하지 않았다.

표 3-5 '쌀' 프로젝트 시의 가정 통신문

안녕하세요? 다음 프로젝트 주제는 '쌀'이랍니다. 이와 관련하여 부모님께 몇 가지 사실을 알려드리고자 합니다.

| | |
|---|---|
| 학습 예상 시기 | ㅇㅇ년 9월 23일~10월 25일<br>(전시회 예정: 자세한 일정과 내용은 추후 통보) |
| 주제 선정 이유 | 쌀은 우리나라 사람들이 가장 많이 먹는 주식으로 농부들이 많은 수고를 해야 얻을 수 있는 소중한 곡식입니다. '쌀' 프로젝트를 통해 유아들이 쌀이 되기까지의 과정 및 쌀의 용도, 추석의 의미를 알고 농부를 비롯한 이웃 여러분들께 감사하는 마음을 갖게 되리라고 봅니다. |
| '쌀' 프로젝트의 목표 영역 | ① 지식 · 정보적 측면<br>• 쌀은 보리, 밀, 콩, 조 등과 같이 곡식 중 하나임을 안다.<br>• 쌀은 우리나라 사람들이 가장 많이 먹는 주식임을 안다.<br>• 쌀로 밥, 죽, 떡, 과자 등 여러 가지 음식을 만들 수 있다는 것을 안다.<br>• 쌀농사를 짓기 위해서는 좋은 논, 햇볕, 깨끗한 물과 공기, 농기구, 농약 등이 필요함을 안다.<br>• 쌀을 얻으려면 볍씨 뿌리기, 모내기, 벼 가꾸기, 추수하기, 탈곡하기 등의 과정을 거쳐야 함을 이해한다.<br>• 우리에게 쌀이 오기까지는 볍씨를 파는 사람, 농사짓는 사람, 농약 만들고 파는 사람, 마트 등에서 쌀을 파는 사람 등 여러 사람의 수고가 필요함을 안다.<br>② 감성 · 정서적 측면<br>• 볍씨에서 자라 쌀이 되기까지 자연의 힘과 조화를 느낀다.<br>• 쌀이 우리에게 오기까지, 또 그 쌀로 음식을 하시느라 애쓰시는 모든 분들께 감사하는 마음을 갖는다.<br>③ 태도 · 실천적 측면<br>• 음식을 먹기 전 · 후 그 음식이 되기까지 애쓴 분들께 감사 인사를 한다.<br>• 음식은 먹을 만큼만 덜어 먹고 남기지 않도록 조심한다.<br>• 음식을 먹을 때는 바른 자세로 앉아 꼭꼭 씹어 먹는다. |
| 예상되는 학습 내용/활동 | ※ 뒷장에 부착된 교사 주제망과 활동예상안 및 자원 목록을 참고하세요. 이 내용은 유아들과의 수업 상황에 따라 조정되면서 이루어질 예정입니다. 프로젝트 진행 상황에 대해서는 매주 알려드리도록 하겠습니다. |

<table>
<tr><td rowspan="3">가정에서 도와주세요</td><td>유아들과 함께 하실 일</td><td>① 밥이나 죽, 떡, 또는 기타 쌀로 만든 음식을 보거나 먹게 될 때 무엇으로 만들어졌는지에 대해 이야기 나누어 보세요.<br>② 추석을 맞아 송편을 빚을 때 어떻게 만드는지, 왜 만드는지 등에 대해 이야기 나누어 주시고 또 송편을 빚어 볼 수 있는 기회도 주세요.<br>③ 가까운 농촌에 가실 기회가 있으시면 논과 밭, 곡식이나 농기구를 잘 관찰할 수 있도록 해 주세요.<br>④ '쌀'에 관한 질문을 장려하고 함께 해결 방안을 찾아봐 주세요.</td></tr>
<tr><td>자원 협조</td><td>뒷장에 부착된 자원 목록을 보시고 있으시면 연락 주세요. 이외에 '쌀'과 관련된 어떤 자원도 환영합니다.</td></tr>
<tr><td>전문가/ 자원봉사</td><td>① 농사를 지어 보셨거나 떡이나 한과를 만들어 본 경험이 있으신 분들을 전문가로 초대합니다.<br>② 농업 박물관, 농업 고등학교, 정미소, 쌀가게 등으로의 견학에 도움(장소 섭외, 보조 교사로 참여) 주실 수 있으시면 연락 바랍니다.</td></tr>
<tr><td colspan="2">특별 행사/ 공지 사항</td><td>※ 생일을 맞은 유아나 특별 행사 또는 공지 사항을 적는다.</td></tr>
</table>

필자의 경험에 의하면 부모의 자원 보충 노력이나 전시회에 참여하는 등의 부모 협조는 유아들과 마찬가지로 프로젝트를 몇 차례 경험하여 프로젝트 진행 절차에 익숙해지면서 더욱 활성화되는 것을 볼 수 있었다. 그리고 자녀들이 프로젝트에 흥미를 느끼고 집에 와서까지도 주제에 관련된 말과 행동을 자주 하고 스스로 자원을 찾아보려는 노력을 할 때 부모들도 더 적극적으로 동참하는 것을 경험하였다.

### 나. 전문가로서 원 방문

부모(또는 보호자)들이 자기의 취미나 직업을 살려 전문가로서 유아들과 함께 활동에 임할 수 있다. 예를 들어 '집' 프로젝트의 경우, 건축에 관계된 일을 하는 아빠라면 몇 가지 연장을 들고 와서 아이들에게 보여주고 간단한 활동을 함께해 볼 수 있을 것이다. 또 요리가 취미인 엄마라면 '과자' 프로젝트를 할 때에 아이들과 함께 직접 과자를 만들어 보는 활동으로 도움을 줄 수 있을 것이다. 이외에도 조부모나 가까운 친척 등이 취미나 직업과 관련하여 역시 전문가로 도움을 줄 수 있다.

## 다. 현장 방문 시 도움

필요한 현장 견학지를 주선해 주거나 현장 방문 시 동행하여 보조 교사로서 도움을 줄 수 있다. 다만 이런 경우는 현장 견학에 임하기 전 교사와 충분한 협의를 하여 현재 프로젝트의 진행 상황, 각 조별로 주어진 특별한 과제 내용, 현장에 임했을 때 취해야 할 태도 등을 확실히 알고 참여하도록 하여야 한다.

## 라. 프로젝트 진행에 대한 의견 제안

교사뿐 아니라 부모들도 보다 효과적인 프로젝트가 되도록 하기 위한 방안이나 아이디어를 내놓을 수 있다. 취미나 직업 등으로 그 주제에 대해 다른 사람보다 많이 경험한 경우라면 더욱 그러하다. 예를 들어 '신발' 프로젝트 중에 고등학교의 무용 교사였던 한 아이 엄마는 '우리 학교 무용반 학생들이 발레 슈즈를 신고 춤추는 모습을 보여주면 좋겠다.'고 제안하였다. 바람직한 제안이라는 판단에 따라 교사와 유아들은 발레반 학생들의 춤추는 모습을 견학하게 되었다. 이후 유아들은 음악에 맞추어 발레리나처럼 춤추는 동작을 많이 하게 되었음은 물론 발레 슈즈 특징 조사하기, 발레 슈즈 만들어 보기, 발레 슈즈와 탭댄스(동영상을 통해 봄) 신발 비교하기 등의 활동까지 하게 되었다. 또한, 그 영향으로 발표회 때 이루어진 '신발 쇼' 항목에 '발레 슈즈'도 포함되었다.

이런 맥락에서 고안된 '가정에서의 유아 관찰지'(〈표 3-6〉 참조)는 부모들의 보다 능동적인 참여 조장, 가정과 원과의 긴밀한 협조, 교사의 보다 깊은 유아 이해에 목적을 두고 있다. 부모가 이 표에다 프로젝트 주제에 대해 자기 자녀가 이전에 어떤 경험을 하였는지, 프로젝트가 계속 되면서 가정에서 어떤 특별한 행동이나 언급을 하는지, 프로젝트 관련한 아이디어는 무엇인지 등을 기록한 후 원에 매주 보내도록 하는 것이다.

**표 3-6** 가정에서의 유아 관찰지

| 주 제 명 | 신 발 | | 유 아 명 | ○○○ |
|---|---|---|---|---|
| 이전 경험 | 예 ○○는 다간 신발을 매우 좋아해서 신발 살 때 꼭 그것을 고집합니다. 친구들 신발에 만화가 그려져 있으면 유심히 봅니다. | | | |
| 시간 경과 / 유아 반응 /부모 의견 | 프로젝트 1주 | 프로젝트 2주 | 프로젝트 3주 | 프로젝트 4주 |
| 주제에 관한 행동이나 질문 | 예 식구마다 신발이 몇 켤레인지 세어 봅니다. | 예 신발장에 있는 안 신는 신발까지 밑바닥을 자세히 보고 그림을 그리기도 합니다. | | |
| 부모님들의 생각, 의견 | | 예 우리 학교 무용반 학생들이 발레화를 신고 춤추는 모습을 보여주면 어떨까요? | | |

교사가 매주말 이 기록지를 유아 편에 보내면 부모가 적은 후 다음 주 월요일에 원으로 보내 준다. 이렇게 함으로써 교사는 프로젝트가 진행되면서 나타나는 유아 행동이나 말, 표현 등에 대해 보다 자세히 파악할 수 있고 이를 참고로 각 유아에게 보다 유의미한 활동을 안내해 줄 수 있다. 부모 입장에서도 관찰지에 기록하다 보면 자기 아이의 말과 행동에 보다 주의를 기울이게 되고 원의 생활이나 프로젝트 주제에 대해 더 잘 이해하게 된다. 예를 들어 '개' 프로젝트가 2주쯤 되었을 때에 어떤 엄마가 기록해 보낸 바에 의하면 "아이가 죠리퐁을 사달라고 하여 사 주었더니 그것을 넓적한 그릇에 담아서 개처럼 혀로 핥아먹었다. 그리고 '개는 이렇게 싸악싸악 먹어.'라고 하였다."라는 글이 있었다. 평소 소극적이고 말이 없던 유아를 교사는 그 기록에 의해 더 잘 이해할 수 있었다.

한편, 교사들은 일주일 단위로 유아교육기관의 프로젝트 진행 과정에 대해, 그리고 각 유아의 특정 행동에 대해 부모들에게 알려주는 것이 바람직하다. 특히 프로젝트 중심 교육과정을 운영하는 경우는 일주일 단위로 프로젝트 진행 과정 및 다음 주 예상 방향을 기록하여 보내줌으로써 주안을 대신할 수 있다. 이를 위한 기록 형태를 예시해 보면 〈표 3-7〉과 같다.

**표 3-7** 프로젝트 경과 보고 및 다음 주 활동 예상

| 프로젝트 주제 | 신발 | 시간 경과 : ( )주 | 유아 이름 | ○○○ | |
|---|---|---|---|---|---|
| 프로젝트 진행 경과 | 예 신발에 관한 이전 경험 표현, 주제망 구성, 질문거리 찾기를 했습니다. | | | | |
| 이번 주 유아들의 질문 내용 | 예 • 왜 신발 바닥 무늬가 달라요?<br>• 왜 신발에 영어가 써 있어요? | | | | |
| 다음 주 활동 예상 | 예 여러 종류의 신발에 대한 자세한 관찰, 신발 종류에 따른 역할놀이, 신발 상표 조사, 발 크기 조사 등이 예상됩니다. | | | | |
| ○○의 반응 | 예 샌들 조의 조장이 된 것을 자랑스럽게 느끼고 열심히 참여, 꽃신 신고 예식장 간다는 역할놀이를 즐김 | | | | |
| 집에서의 활동 또는 이야기 나눌 내용 | 예 가족의 다양한 신발을 관찰(밑바닥 무늬, 굽, 신발을 만든 재료, 상표, 치수)할 수 있도록 함께 신발장 정리를 하시거나 신발가게에 가 보세요. | | | | |
| 필요 자원 | 1. 각종 신발–아기 신발(보행기용), 골프화, 나막신, 짚신…<br>2. 신발에 관한 동영상 자료<br>3. 신발 사진, 또는 팸플릿 | | | | |

이 기록지 중 '○○의 반응'란은 그 주에 각 유아가 보인 대표적인 행동을 교사가 직접 짧게 적는 난이다. 아주 짧게라도 매주 기록할 때 교사는 교사대로 각 유아의 행동에 보다 주의를 기울이게 되고 또 부모는 부모대로 자기 자녀에 대한 교사의 직접 기록을 보면서 교사에게 더욱 신뢰를 갖게 되는 한편, 더 많은 도움을 주려고 노력하게 된다.

## 마. 프로젝트 마무리 행사에 참여

프로젝트 마무리단계 때에 부모들이 전시회와 발표회에 참여함으로써 도움을 줄 수 있다. 즉, 전시회 날 부모들은 정해진 시간에 원을 방문하여 유아들의 안내를 받고 활동을 돌아보면서 프로젝트 학습 활동에 대해 인정하고 함께 기뻐해 주기, 새로운 아이디어 제공하기, 평가하기 등을 통해 직접적인 도움을 줄 수 있다. 어떤 아빠는 프로젝트 전시회 때마다 동영상 촬영을 도맡아 해 주기도 하였다.

지금까지 프로젝트 준비단계에 대해 살펴보았다. 다음으로 프로젝트 시작단계에 대해 알아보기로 하자.

CHAPTER 4

# 프로젝트 시작단계

THE PROJECT APPROACH

프로젝트 시작단계[9]에서는 먼저 교사와 유아들이 프로젝트 주제에 대해 얼마나 많이 알고 있는지, 그리고 과거에 그 주제와 관련하여 어떤 경험을 하였는지 상호 파악하는 일이 이루어진다. 이후 교사-유아 공동 주제망 구성과 조사·탐구해 보고자 하는 질문 목록을 정리하고 나면 프로젝트 시작단계는 종료된다. 프로젝트 시작단계의 활동내용을 중심 사건, 교사의 관심, 유아(들)의 활동이라는 세 가지 측면에서 간단히 살펴보면 〈표 4-1〉과 같다.

9) 프로젝트 기간을 4주 정도로 볼 때 시작단계에 1주(25%), 전개단계에 2주(50%), 마무리단계에 1주(25%) 정도로 시간 배분을 한다.

표 4-1 프로젝트 시작단계의 활동 내용

| 중심 사건 및 과정 | 교사의 관심 | 학습자 활동 |
|---|---|---|
| • 주제에 관한 최초 토의 및 경험 표현<br>• 주제망 구성<br>• 질문 목록 정리 | • 주제와 관련된 유아들 의 사전 경험 내용은 무엇인가?<br>• 주제에 대해 유아들이 이미 알고 있는 내용은 무엇인가?<br>• 주제에 관하여 유아들이 알고 싶어 하는 것은 무엇인가?<br>• 부모들이 이 활동에 어떤 식으로 참여할 수 있겠는가? | • 개인적 경험 회상<br>• 개인적 기억 묘사<br>• 교사와 친구들과 함께 서로의 경험이나 생각 공유<br>• 개인적인 질문거리 찾기 |

출처: Chard(1994a). 프로젝트 접근법: 교사를 위한 실행 지침서(지옥정 역, 1995, 125).

그럼 프로젝트 시작단계에서 이루어지는 중심 사건의 내용 및 그 구체적 사례들을 함께 살펴보기로 하자.

## 1. 교사와 유아의 이전 경험 표현

### 가. 의 미

이전 경험 표현 활동은 교사와 유아에게 다음과 같은 의미를 갖는다.

#### 1) 유 아

① 유아 스스로 그 주제에 대해 아는 것, 경험한 것을 점검하는 계기가 된다.

② 이전 경험을 표현하는 과정에서 주제에 대한 흥미가 유발될 수 있다.

③ 친구들 간에 서로의 경험이나 지식, 또는 생각을 공유할 수 있다.

④ 다른 사람의 경험에 대해서도 더 관심과 흥미를 기울이게 된다.

2) 교사

① 유아들이 현재 그 주제에 대하여 어느 정도의 지식과 이해 또는 개념(올바른 개념과 잘못된 개념 등)을 가지고 있는지 파악할 수 있다.

② 유아들의 관심 방향을 파악하여 효율적인 지도에 임할 수 있다.

③ 유아들의 이전 경험 표현 내용, 표현 방법 선택 과정 및 표현 결과물 발표 과정을 관찰함으로써 각 유아의 특성을 보다 잘 파악할 수 있다.

## 나. 방 법

교사는 전체 모임 시간에 먼저 주제와 관련된 자기의 경험을 유아들에게 이야기해 준다. 이때 사진이나 그림, 영상자료 또는 실물을 함께 보여준다면 유아들의 관심과 흥미를 더욱 높일 수 있다. 단, 이때 놀랍고 예외적인 경험보다는 재미있으면서도 흔히 있을 수 있는 이야기가 더 바람직하다. 예를 들어 '신발' 프로젝트라면 새로 산 구두를 보여주면서 언제, 어디서 그 구두를 사게 되었는지, 구두를 사서 처음 신은 날 어떤 느낌이었는지, 어떤 일이 있었는지 등의 이야기를 들려줄 수 있을 것이다.

이후 유아들에게 경험을 이야기하도록 한다. 그러면 '새 신발이 ○○ 운동화인데 밤에 야광이 된다.'는 이야기도 나올 수 있고, '나비 리본이 달린 슬리퍼'에 대한 이야기도 나올 수 있다. 이때 교사가 유아들의 발표와 연관하여 흥미를 끌 만한 질문을 던져 주기도 하고 유아들끼리 서로 이야기나 질문을 주고받을 수 있도록 분위기를 마련해 주어야 한다. 즉, 한 유아가 "내 운동화는 ○○ 운동화인데 야광이야."라고 하였는데 듣는 유아들에게서 별 반응이 나오지 않는 경우, 교사가 "그 운동화는 낮에도 빛이 나니?"라고 질문함으로써 야광 운동화가 무엇인지, 어떻게 빛이 나는 것인지에 대해 유아들이 관심을 갖도록 유도해 줄 수 있다. 프로젝트 초기에는 유아들이 아직 그 주제에 충분히 몰입되지 않은 상태인 경우가 많기 때문에 교사의 이런 역할은 유아들의 활동을 자극하고 촉진하는 매개 요인으로서 중요한 작용을 한다. 교사가 프로젝트 주제를 소개하는 방법은 프로젝트 전개과정과 성취 내용에 큰 영향을 미친다(Katz, Chard, & Kogan, 2014, 67).

이렇게 몇 유아의 발표가 있은 후 모든 유아에게서 경험을 표현해 보고자 하는 동기가 유발되면 교사는 말로 하는 것 외에 글로 쓰기나 그리기, 만들기 등으로 경험을 표현하도록 이끌어 준다. 그리하여 여러 가지 표현 결과물이 나오면 이것을 가지고 전체 모임 시간에 발표하게 함으로써 서로 간에 경험을 공유하게 한다. 경험 나누기는 유아 수, 반의 상황(예: 보조 교사 유무)에 따라 2~3 집단으로 나누어 할 수도 있다. 이 과정에서 질문이 생기기도 한다. 아울러 발표를 듣는 중 다른 친구들의 작품을 보면서 비슷한 활동을 해 보고자 하는 자극을 받기도 한다. 이후 유아들의 이전 경험 표현 결과물은 얼마 동안 게시하였다가 정리하여 개인 파일에 넣어 준다. 이렇게 해 두었다가 전개단계, 마무리단계에서 나온 작품들과 함께 하나로 묶어 주면 그 주제에 관한 멋진 책이 될 수 있다. 구체적 사례들을 살펴보면 다음과 같다.

### 1) 말을 통한 표현

#### 가) 단순하게 알거나 막연하게 기억하고 있는 경우

유아의 기억은 아주 최근의 사건이 아니면 대개 단순하고 구체적이지 못한 경우가 대부분이다. '개' 주제와 관련하여 말로 표현한 예를 몇 가지 들어 보면 다음과 같다.

"내가 가는데 개가 오줌 눴어요."

"산에 갔다가요, 아빠 친구네 집에 갔는데요, 거기 개가 새끼를 많이 낳았대요."

"우리 할머니네 집에 큰 개 있어요."

이와 같이 발표를 함으로써 교사와 유아들 간에는 각 개인들이 경험한 특수한 사건에 대한 '경험의 공유'가 이루어지는 것이다. 이야기를 나누는 과정 중 궁금한 내용이 생기기도 한다. 그런가 하면 그동안 무심히 보아 오던 사물에 대하여 새롭게 관심을 갖고 조사해 보고자 하는 동기 유발이 되기도 한다.

#### 나) 잘못 알고 있는 경우

주제에 대하여 잘못된 지식이나 개념을 가지고 있는 경우도 있다. 즉, 어떤 경험에 대해 잘못 기억하고 있거나 사실 등을 혼동하는 경우, 또는 의인화된 동물 이야기를 사실인 것으로 착각하는 경우가 이에 속한다. '거북이 프로젝트'의 경우를 예로 들어 보면 다음과 같다.

> "거북이는 새끼를 낳으면 그냥 물로 간대요. 그래서 다른 것들이 새끼 거북이를 잡아먹는대요. 텔레비전에서 봤어요."
> "거북이 제일 친한 친구는 토끼예요. 토끼가 거북이를 업고 둘이 같이 뛰어 오니까 늑대가 '못 잡아먹겠다.' 그러구 도망갔어요."
> "거북이는 피자를 제일 좋아해요. 닌자 거북이 책에 나와요."

위의 예에서와 같이 유아가 잘못 알고 있는 것을 전체 유아들에게 발표하는 경우 다른 유아들이 반론을 제기하기도 한다. 예를 들면 '거북이가 피자를 제일 좋아한다.'는 발표에 대해 "아니야, 거북이는 고기를 제일 좋아해. 내가 그 전날 고기 갖고 와서 주니까 두 마리가 서로 막 먹으려고 했어."라고 하거나 '거북이가 새끼를 낳는다'는 발표를 듣고 "거북이는 알을 낳는단 말야."라고 말할 수 있다. 이와 같이 어떤 사실에 대해 의견이 일치하지 않고 엇갈리는 주장을 하게 되면 과연 어떤 주장이 옳은지를 조사·탐구해 보게 된다.

### 2) 그림을 통한 표현

그림으로 표현하는 것은 유아들이 가장 일반적으로 사용하는 표현 방법이다. 그런데 프로젝트 시작단계에서의 주제에 관한 그림 표현은 전개단계에서의 그림 표현보다 단순한 경우가 대부분이다.

예를 들어 [그림 4-1]은 '집'에 대한 프로젝트 과정 중 동일 유아가 프로젝트 시작단계와 전개단계에서 '엘리베이터'를 표현해 놓은 것이다. 이를 보면 시작단계에서는 엘리베이터를 그저 사각형으로 매우 단순하게 표현하고 있음을 알 수 있다.

그런데 전개단계에서 '엘리베이터는 어떻게 움직이는가'에 관해 책도 찾아보고 현장 견학을 다녀온 후에는 엘리베이터가 도르래를 이용하여 움직인다는 사실적인 정보를 상세히 표현하는 것으로 바뀌었다.

그림 4-1 프로젝트 시작단계와 전개단계에서의 '엘리베이터' 표현 비교

한편, [그림 4-2]는 '아기' 프로젝트 시작단계에서 아기 동생을 둔 유아가 집에 있는 아기를 떠올리며 표현한 그림의 예이다. 이 그림을 그린 유아는 반 친구들에게 이 아기가 누구이며 무엇을 하고 있는 것인지에 대한 이야기를 하였다. 이야기를 듣고 난 다른 유아들은 발표하는 유아에게 '아기 동생이 있다는 사실과 그 아기는 누워 있을 때 모빌을 자주 바라본다'는 사실을 알게 되었다.

그림 4-2 '아기' 동생에 대한 이전 경험

### 3) 글을 통한 표현

만 4, 5세 유아들의 경우 글만을 사용하여 자신의 경험을 표현하는 경우는 극히 드물며 [그림 4-3], [그림 4-4]와 같이 글과 그림을 함께 사용하여 경험을 표현하는 예가 많다.

그림 4-3 '농부 아저씨와 허수아비'에 관한 이전 경험

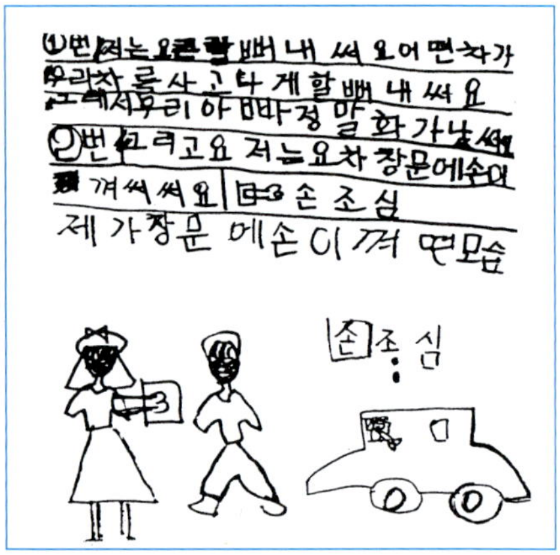


그림 4-4 '승용차'에 관한 이전 경험

('손 조심'에서 '손'자가 들어 있는 사각형은 자동차 창문을 그린 것이고 '조'자 밑의 점 두 개는 피 두 방울을 그린 것이라 함)

[그림 4-3]은 '쌀' 프로젝트 시 나왔던 표현의 예이다. 이 유아는 농촌에 갔을 때 보았던 '일하러 가시는 농부 아저씨와 허수아비'에 관한 이야기를 그림으로 그리고 또 간단히 글도 적어서 전체 유아들에게 보여주며 자신의 경험을 발표하였다. '자동차' 프로젝트 시 [그림 4-4]를 표현한 유아는 "아빠와 차를 타고 가는 중 차 창문을 올리고 내리며 장난을 하다 손이 끼어 피가 났어."라고 하였다.

### 4) 조형 활동을 통한 표현

'집' 프로젝트 시 상자를 이용하여 엘리베이터를 만든다거나 '물' 프로젝트 시 적목들을 이용하여 수력 발전소를 만든다거나 하는 식이다. 예를 들어 한 유아가 종이 상자로 엘리베이터를 만든 후 전체 모임 시간에 그것을 보여주며 이야기하였을 때 이를 듣고 난 유아들이 '엘리베이터는 어떻게 움직이는지?', '엘리베이터에는 왜 손바닥 그림 위에 빨간 줄을 사선으로 그은 것이 문 중앙에 붙어 있는지?', '왜 다 올라와서 설 때에는 땡 소리가 나는지?' 등에 관한 질문들을 하였다. 그 이후 이 질문들을 중심으로 엘리베이터에 관한 조사·탐구 활동이 이루어졌다.

### 5) 역할놀이를 통한 표현

프로젝트 시작단계에서 이루어지는 역할놀이는 그 주제에 대하여 잘 알지 못하는 상태에서, 또는 막연히 아는 상태에서 이루어지는 경우가 대부분이므로 대개 단순한 형태로 나타난다. 그러다가 프로젝트가 발전되어 가면서 역할놀이도 심화·확대되어 나타나게 된다.

예를 들어 '아기' 프로젝트 시작단계 때에 나타난 역할놀이를 보면 단순히 아기 기저귀 갈아 주기, 목욕시키기, 우유 먹이기 정도였다. 그러나 프로젝트가 발전되어 가면서 임신과 출산에 대해 다양한 사실을 알게 되고 산부인과로 견학까지 갔다 온 후에는 역할극 상황이 매우 다양해졌을 뿐 아니라 언어적 표현도 풍부해졌다.

한편, 유아들은 역할놀이를 통해 잘못된 개념을 표출하기도 한다. 예를 들어 '개' 프로젝트 시 애견 센터와 동물 병원을 구분하지 못하고 혼동하여 '동물 병원'이라고 꾸며 놓고 애견용품들을 사고판다든가, 또는 '물' 프로젝트 시 댐에서 물을 직접 가정으로 보내는 것으로 표현하는 경우와 같은 것이다. 이런 경우 교사는 함께 역할놀이에 참여하거나 또는 놀이 장면 밖에서 적절한 언급이나 질문을 해 줌으로써 유아들이 관심을 갖고 정확한 사실 여부를 조사·탐구해 볼 수 있도록 도와주어야 한다.

## 2. 교사와 유아의 공동 주제망 구성[10)]

유아들의 이전 경험 표현 활동이 어느 정도 이루어지고 나면 교사는 유아들과 함께 주제망을 구성한다. 주제망이 구성되면 이 주제망은 벽이나 칠판에 게시되어 그 주제가 이루어지는 전 과정 동안 학습 내용의 안내 및 지침으로서의 역할을 한다. 교사–유아 공동 주제망 구성의 의미를 간단히 정리해 보면 다음과 같다.

### 가. 의 미

교사와 유아의 공동 주제망 구성은 유아와 교사에게 다음과 같은 의미가 있다.

#### 1) 유 아

① 주제에 대해 확산적으로 사고할 수 있는 기회가 된다.

② 사물들 간의 관계를 논리적으로 생각해 보는 시간이 된다.

③ 친구들과 함께 생각을 나누고 의사소통하는 기회를 갖는다.

④ 주제망 구성 과정에 직접 참여함으로써 학습할 내용을 사전에 어느 정도 파악할 수 있다.

#### 2) 교 사

① 유아들이 그 주제에 대해 어느 정도까지 생각할 수 있는지를 가늠해 볼 수 있다.

② 유아들이 사물들 간의 관계를 어떻게 연결시키는지 파악할 수 있다.

③ 유아들이 특별히 흥미를 보이는 부분은 무엇인지 사전에 파악하여 효과적인 지도를 할 수 있다.

---

10) 프로젝트 시작단계 때에 꼭 주제망이 구성되어야만 하는 것은 아니다. 목적이 분명한 단기 프로젝트나 유아 연령이 낮아 주제망을 이해 못할 때, 이전 경험 표현 및 질문 찾기 후 바로 다음 활동을 진행시킬 수 있다. 그런가 하면 유아들의 성숙 정도에 따라 생각 모으기까지만 해 보게 한 후 교사가 정리하여 주제망으로 게시할 수도 있다.

## 나. 방 법

'교사-유아 공동 주제망' 구성 절차도 프로젝트 준비단계에서 이루어진 교사의 주제망 구성 절차와 동일한 과정을 밟는다. 즉, 브레인스토밍을 통해 주제에 관하여 생각나는 것을 그리거나 적고, 이를 소주제별로 유목화한 후 정리하여 주제망으로 구성하는 것이다. 이때 글씨를 쓰지 못하는 유아의 경우는 그림으로 그릴 수도 있고 교사나 친구가 옆에서 적는 것을 도와줄 수도 있다.

4, 5세반(유아 20~25명 정도)에서 처음 프로젝트를 시도하는 경우라면 주제망 구성의 세 과정인 브레인스토밍, 유목화, 주제망 그리기에 소요되는 기간은 대략 3~4일(하루 활동 시간 약 30~40분) 정도이다. 그 과정 동안 교사는 유아들에게 무엇을, 어떻게 하는 것인지를 구체적으로 설명해 주고 인도해 주는 것이 필요하다. 선동적인 수업 방식에 이숙해져 있는 유아들에게 브레인스토밍, 유목화, 주제망 그리기 등은 단어 자체도 생소할 뿐 아니라 활동 과정도 매우 낯설기 때문이다. 그러므로 유아들과 주제망 구성을 시도할 때에는 유아들이 이를 어렵게 생각하지 않도록 우선 관련 용어부터 '브레인스토밍'은 '생각 모으기'로 '유목화'는 '친구 찾기' 등으로 교사가 적절히 표현하여 소개해 주는 것이 바람직하다. 첫 프로젝트에서 주제망 구성 과정에 소요되는 기간이 3~4일 정도였다면 유아들이 프로젝트 과정 체계에 익숙해지면서 그 기간은 점차 단축되어 브레인스토밍, 유목화, 주제망 그리기 작업이 하루 만에 끝나기도 한다.

다음은 주제망 구성 과정을 브레인스토밍, 유목화, 주제망 그리기로 나누어 각 단계별로 자세히 예시한 것이다.

### 1) 브레인스토밍

브레인스토밍은 전술한 바와 같이 유아들에게 '생각 모으기'로 소개될 수 있다. '생각 모으기'는 교사-유아 전체가 함께하는 방법, 조별로 하는 방법, 유아 개개인이 하는 방법의 세 가지를 생각해 볼 수 있다. 각각을 살펴보면 다음과 같다.

### 가) 교사-유아 전체가 함께하는 방법

프로젝트를 처음 하는 경우라면 교사가 유아들의 생각을 자극할 수 있는 구체적인 질문이나 언급을 적절히 함으로써 브레인스토밍을 직접적으로 도와주는 것이 필요하다. 이를 위해 전체 모임 시간에 교사가 칠판을 준비해 놓고 유아들을 반원 모양으로 앉힌다. 만일 교사가 유아들의 생각에 일일이 반응하기 어려울 때는 유아들을 2~3조로 나누어 조별로 지도하는 것이 보다 효과적이다.

교사가 먼저 생각나는 한 단어를 이야기한다. 예를 들어 만일 '맛있는 빵'이 프로젝트 주제라면 교사는 "음, 선생님은 '빵' 하니까 단팥빵이 딱 생각난다."라고 할 수 있는 것이다. 교사가 이렇게 먼저 주제에 대해 생각나는 것을 발표함으로써 유아들은 어떤 것을, 어떤 식으로 말해야 하는지 알게 된다. 그 후 그 주제에 대해 생각나는 것을 어떤 것이든 말해 보도록 장려한다. 유아들이 아직도 어떻게 할지 모르거나 생각을 잘하지 못한다면 아주 구체적으로 실마리가 될 수 있는 언어적 자극을 주는 것도 좋다. 만일 주제가 '쌀'이라면 "너희들 한 번 생각해 보렴. 쌀로 만든 음식에는 어떤 것들이 있을까?"라고 하여 구체적으로 생각해 볼 수 있는 계기를 마련해 주는 것이다.

유아에 따라 생각난 것을 길게 문장으로 이야기하는 경우도 있다. 예를 들어 '물'이 프로젝트 주제라면 "있지요, 내가요, 아빠랑 산에 갔는데요. 그런데요, 거기요, 약수가 나오는데요, 통에 받아 가지고 왔는데요, 사람들이 많이 떠가요."라고 하였다면 교사는 다시 유아에게 "○○는 '산에서 나오는 약수'를 말하고 싶은 거니?"라고 하여 유아가 발표한 것을 정리해 줄 수 있다. 이렇게 교사가 유아들에게 언어적 자극을 주거나 실마리가 될 수 있는 이야기를 해 주는 데 있어 중요한 참고 자료는 교사가 프로젝트 준비단계에서 사전 작성해 본 주제망이다. 이 주제망을 참고하면서 유아들을 구체적으로 도와줄 수 있는 것이다. 교사-유아가 함께하는 브레인스토밍의 구체적 장면을 예시하면 다음과 같다.

유아들이 반원 모양으로 앉아 있다. 교사는 포스트잇(부전지)[11]과 사인펜을 손에 들고 유아들과 마주 앉아 있다. 교사 옆에는 큰 칠판이 놓여져 있다.

교 사 : 자, 얘들아. 우리 생각 모으기 게임을 해 보자. 이제부터 '개' 하면 생각나는 것을 말해 보는 거야. 너희들이 말하는 것을 여기 이 종이(포스트잇을 유아들에게 보여준다)에 적어서 이렇게 칠판에 붙일 거야. 먼저 선생님이 해 볼게. 음~. 선생님은 '개' 하면 예쁜 강아지가 제일 먼저 생각나는구나. '강아지'라고 적어서 여기에 붙이자. (포스트잇에 적어 칠판에 붙인다.)

유아 1 : 으르릉, 멍멍.

유아 2 : 깨갱 깽.

유아 3 : 개 살려!

유아 4 : 왈 왈 왈.

교 사 : (계속 유아가 부르는 것을 적어 칠판에 붙인다.) 그래, 지금 말해 준 것들은 전부 개가 내는 소리구나. 그런데 이렇게 개가 내는 소리 말고 또 다른 것도 생각해 보면 좋겠다. 선생님은 '개코'가 생각나는데 … 개는 냄새를 잘 맡잖아? ('코'라고 적어서 붙인다.)

유아 5 : 개는 소리도 잘 들어요.

교 사 : 그래, 개는 소리를 잘 듣지. 그럼 '소리 잘 듣는 귀'라고 적어서 붙여 줄게.

유아 2 : 그런데요. 선생님, 개는 왜 냄새를 잘 맡아요?

유아 1 : 야, 코가 있잖아?

유아 2 : 아니야. 개는 냄새를 아주 잘 맡는단 말야. 도둑도 냄새로 잡아.

교 사 : 글쎄, 개가 왜 냄새를 잘 맡는지 선생님도 확실히는 모르겠다. 그 질문은 여기 따로 적어 놓았다가 이따가 알아보면 좋겠는걸. (칠판 한쪽에 그 질문을 적는다.)

유아 1 : 아, 나 다른 생각났다. 개 리본. 우리 옆집 개는 머리에 리본 묶고 다녀요.

교 사 : 그래, 개 장식품에 관한 것들도 생각해 볼 수 있겠다. 우선 '리본'이라고 쓸게.

유아들 : (개 장식품들에 대한 이야기가 분분하다.)

교 사 : (유아가 불러 주는 개 장식품들에 대한 것을 적어 칠판에 붙인다.)

유아 2 : 근데요, 선생님. 개 머리 깎는 미용사도 있대요.

교 사 : 맞아, 개 미용사도 있지. 그럼 그것도 써서 붙이도록 하자.

---

11) 포스트잇은 붙이고 뗄 때 편리하여 '생각 모으기' 과정에서 많이 사용된다. 포스트잇 사용이 여의치 않을 때는 교사가 달력 종이 등을 유아 발달 정도에 맞게 크기를 조절하여 잘라 줄 수도 있다.

위의 예에서 보이는 것처럼 교사가 유아들의 브레인스토밍을 돕기 위해 구체적 예를 먼저 제시해 준다거나 브레인스토밍 과정 중에 유아들의 생각을 자극할 수 있는 질문을 적절히 해 주는 것이 필요하다. 또한, 주제에 관한 생각이 어느 한 쪽으로만 치우칠 때는 다른 측면에 대한 내용도 생각해 볼 수 있도록 조정자 역할을 해 주는 것도 필요하다.

### 나) 조별로 하는 방법

브레인스토밍을 조별로 하는 것은 유아들이 프로젝트를 3, 4회 정도 경험해 보고 나서 브레인스토밍에 어느 정도 익숙해졌을 때 활용 가능한 방법이다. 브레인스토밍을 조별로 할 때에 유아들은 친구들과 주제에 관한 활발한 이야기 나누기를 할 수 있다. 조별로 브레인스토밍을 하는 동안 교사는 각 조를 돌아다니면서 필요한 도움을 주거나 또는 특별한 도움이 필요한 유아들을 따로 모아 지도한다.

조별 원아 수는 유아의 연령 및 전체 유아 수에 따라 조정될 수 있으나 4, 5세 유아의 경우 서로 간에 충분한 이야기 나누기가 이루어지고 조원 모두가 이 과정에 활발하게 참여할 수 있게끔 4~5명 정도로 조정해 준다. 또한, 조를 구성할 때는 글씨를 쓸 수 있는 유아와 쓰지 못하는 유아, 생각을 잘하는 유아와 그렇지 못한 유아가 함께 조원이 되도록 배려하여 서로 간에 도움을 주고받을 수 있도록 하는 것이 바람직하다. 예를 들어 '사탕'에 대한 조별 브레인스토밍 모습은 [그림 4-5]와 같다.

그림 4-5 조별 브레인스토밍 모습과 그 결과물

### 다) 개별로 하는 방법

개별로 하는 방법은 다음 두 가지 경우에 활용 가능한 방법이다. 첫 번째는 프로젝트 과정을 여러 번 경험하여 유아들이 브레인스토밍에 충분히 익숙해진 경우이다. 두 번째는 첫 번째 경우와는 반대로 유아들이 브레인스토밍을 처음 하거나 또는 연령이 어린 반에서 브레인스토밍을 잘 이해하지 못하여 교사가 유아 한 명, 한 명을 매우 구체적으로 도와주어야 하는 때이다.

#### (1) 유아들이 주제망 구성에 익숙해진 경우

프로젝트를 여러 번 경험하고 나면 유아들은 주제망 구성 과정에 익숙해진다. 이렇게 되면 유아들은 브레인스토밍을 하기 전에 먼저 관련된 책을 찾아보면서 생각을 확장하려고 한다든지, 주위를 둘러보면서 주제와 연관된 사물들을 찾아내려고 시도하기도 한다. 교사는 유아들에게 생각 모으기판과 포스트잇을 나누어 주고 각자가 생각난 것을 적어 생각 모으기판에 붙이도록 한다. 유아 개별 '생각 모으기판(→ 유아 이름을 적은 색도화지를 코팅)'을 따로 준비해 놓고 프로젝트마다 사용할 수도 있다.

그림 4-6 '생각 모으기'판을 이용한 개별 브레인스토밍 모습

유아 혼자 브레인스토밍을 하는 경우도 유아들끼리 주제에 관해 서로 이야기를 주고받거나 생각을 나누는 것은 바람직하므로 교사는 유아들이 책상에 서너 명씩 모여 앉아 개별 브레인스토밍을 하도록 조정해 준다. 이때 소요되는 시간이나 생각해 낸 개수 등에서 차이가 날 수 있다. 만일 하나나 두 개 정도만 생각을 해내고 소요 시간이 불과 3분도 안 됐는데 다 했다고 일어서는 유아는 교사가 따로 모아 생각을 확장시킬 수 있도록 도움을 주는 것이 좋다. 그런가 하면 생각난 것 하나하나를 자세하게 그림으로 나타내느라고 시간을 많이 쓰는 유아도 있다. 특히 여아들의 경우 이런 경향이 나타나는 것을 볼 수 있는데 이 역시 교사가 조정해 줄 필요가 있다. 이렇게 하면 생각나는 것을 다 표현하기 전에 지쳐 버리기 때문이다. 그러므로 교사는 유아들에게 생각 모으기란 그 주제에 대해 생각나는 것을 간단히 나타내는 것이라고 미리 알려주어 생각난 것을 모두 표현해 볼 수 있도록 안내해 주어야 한다.

이런 과정을 통해 나온 개별 브레인스토밍 결과물은 각 유아가 프로젝트 시작단계 때에 그 주제에 대하여 어느 정도의 지식을 가지고 있는지, 생각해 낼 수 있는 정도는 어느 정도인지를 평가할 수 있는 좋은 참고 자료가 된다. 평가 자료로의 활용을 위해 교사는 브레인스토밍이 끝나고 유목화에 들어가기 전에 각 유아의 브레인스토밍 결과가 들어 있는 생각 모으기판을 복사하여 유아 개인 파일에 정리해 둔다. 그리고 유목화 시간에 다시 유아들에게 돌려주어 '친구 찾기'에 직접 활용하도록 한다.

교 사 : 얘들아. 우리 오늘은 각자 생각 모으기를 해 볼 거야. 생각나는 것은 여기 종이에 적어서 이 생각 모으기판에 이렇게 붙이는 거야.

유아 1 : 알아요. 뭐, 다 쓰고 개 종류, 개 먹이 이렇게 할 거지요?

교 사 : 그래, 아주 잘 아는구나. 오늘은 '쌀' 하면 생각나는 것을 적는 거란다.

유아 2 : 밥, 떡, 쌀과자.

교 사 : 와! 벌써 여러 가지가 나왔네. 그래. 그렇게 하는 거야. 생각이 많이 나는 사람은 포스트잇에 적어 생각 모으기판에 꽉 차게 붙일 수도 있고 생각이 잘 안 나는 사람은 몇 가지만 붙여도 된단다. 글씨를 못 쓰는 친구는 그림으로 그려도 돼. 그리고 잘 못하겠다고 생각하는 사람은 손을 들면 선생님이 도와줄게. 친구들이 도와줄 수도 있고….

유아들은 각자 편한 자리에 서너 명씩 둘러앉아 생각나는 것을 적는다. 서로의 것을 보면서 따라 적는 유아들도 있고 개중에는 자기가 쓴 것을 친구들에게 보여주지 않으려는 유아들도 있다. 교사는 유아들 사이를 돌아다니며 적절한 언어적 자극을 주기도 하고 중재도 하며, 도움을 필요로 하는 유아들은 따로 지도한다.

단, 브레인스토밍을 그림으로만 해 놓으면 유목화할 때 유아 자신도 아까 무엇을 그렸는지 잊어버려 혼란이 일어나는 경우가 가끔 있다. 그러므로 글자를 쓰지 못하는 유아의 경우 교사는 가능하면 유아의 그림 밑에 글씨를 써 주는 것이 바람직하다.

### (2) 유아의 연령이 어리거나 처음 프로젝트를 하는 경우

4세반 유아들에게 있어 특히, 프로젝트를 처음 실시하는 경우라면 교사가 유아 개개인의 브레인스토밍을 직접적으로 이끌어 주고 도와주는 것이 필요하다. 그러나 교사가 유아 한 명 한 명을 데리고 브레인스토밍을 하는 것은 시간이 많이 걸릴 뿐 아니라 브레인스토밍 과정 중에 유아들끼리 이야기하면서 얻을 수 있는 학습 기회도 상실하는 것이므로 5~6명 정도를 모아 놓고 교사가 구체적으로 이끌어 주면서 개별 브레인스토밍을 하는 것이 바람직하다.

이때 연령이 어린 유아들의 경우 브레인스토밍에 사용하는 포스트잇 크기는 가장 작은 크기보다는 8×5cm 정도 크기가 더 적합하다. 포스트잇 크기가 너무 작으면 유아들은 그림을 그리거나 글씨를 쓰는 데 부담을 느끼기 때문이다.

교사와 유아 6명 정도가 함께 책상에 둘러앉는다. 교사는 유아들에게 생각 모으기판을 나누어 준다. 책상 가운데에는 포스트잇 묶음이 놓여 있다.

교 사 : 얘들아. 우리 지금부터 생각 모으기를 해 보려고 한단다. 너희들 과학방에 있는 거북이 보이지? 그 거북이에 대한 생각을 모아 보는 거야. 거북이에 대해서 생각나는 것이 있으면 여기 이 포스트잇에 그림으로 그리거나 글씨를 쓰거나 해서 자기 판에 딱 붙이면 된단다.
유아 1 : 어떻게 써요?
교 사 : 쓸 수 있는 것은 쓰고 못 쓰는 것은 선생님이 도와줄게.
유아 2 : 거북이가 과자 먹는 거 그려도 돼요?
교 사 : 그럼 과자 먹는 거 그려도 된단다. 그런데 거북이는 과자만 먹을까?
유아 3 : 닌자 거북이는 피자 먹어요. 난 피자 그릴래.
교 사 : 그래, 그렇게 생각나는 것을 적거나 그리면 돼. 너희들이 하고 나서 선생님께 말해 주면 글은 선생님이 적어 줄게.
유아 4 : 나는요. 바다 그릴래요.
교 사 : 그래? 왜 그런 생각을 했니?
유아 4 : 거북이는 바다에 살아요.
교 사 : 그럼 거북이가 사는 곳을 그리는 거네.
유아 5 : ㅇㅇ야. 우리 반에도 거북이 있잖아?
교 사 : 그래, 거북이는 어항에서도 살 수 있구나. 그럼 그것도 그리면 좋겠다.

유아가 그림으로 표현한 후 교사가 글로 써 줌.

그림 4-7 4세반의 '거북이'에 관한 개별 브레인스토밍 예

### 2) 유목화

주제에 관한 브레인스토밍이 끝나고 나면 같은 범주에 속하는 것끼리 나누어 소주제별로 분류하는 유목화 작업이 필요하다. 유목화를 유아들에게 '친구 찾기'라고 소개할 수 있다는 것은 전술한 바 있다. '친구 찾기'도 '생각 모으기'와 마찬가지로 교사와 유아 전체가 함께하는 방법, 조별로 하는 방법, 유아 개별로 하는 방법이 있다. 이 중 어떤 방법을 사용할 것인가 역시 브레인스토밍 때와 마찬가지로 유아의 연령이나 프로젝트에 익숙해진 정도에 따라 교사가 적절하게 선택하여야 한다.

예를 들어 프로젝트를 처음 해 보는 경우, 교사가 유아 전체를 모아 놓고 유목화에 대한 설명과 함께 주도적으로 유목화 과정을 이끌어 줄 수 있으며, 연령이 어린 반인 경우, 유아들을 몇 명씩 나누어 구체적으로 지도해 줄 수 있다. 이렇게 해 나가는 과정에서 유아들이 프로젝트 과정 체계에 익숙해지고 유목화의 개념을 이해하게 되면 조별, 개인별 유목화도 가능해진다. 여기서 중요한 점은 브레인스토밍 때와 마찬가지로 유아들에게 과도한 부담을 주어서는 안 된다는 것이다. 이를 위해 유아들이 유목화(친구 찾기)를 이해하지 못하는 경우 5세반이라고 하더라도 교사가 먼저 유목화를 어느 정도 해 놓고 일부만 유아들과 하면서 이해를 돕는 등 변형 적용이 필요하다. 이제 각각의 방법을 구체적 예와 함께 살펴보도록 하자.

#### 가) 교사-유아 전체가 모여 하는 방법

이 방법은 유아들이 프로젝트를 처음 접하여 유목화 작업에 익숙하지 못할 때, 또는 다른 보조 교사의 도움 없이 교사 혼자서 전 과정을 이끌어 가야 할 때 사용하는 방법이다. 예를 들어 보자.

교사와 유아가 함께 모여 앉아 있다. 칠판에는 교사와 유아들이 함께 주제에 대해 생각 모으기를 한 포스트잇들이 순서 없이 붙어 있다.

교 사 : 자, 얘들아 이쪽 칠판을 잘 보렴. 여기에 우리가 어제 생각 모으기를 해서 붙인 종이들이 많이 붙어 있구나. 오늘은 이것들을 가지고 '친구 찾기'를 해 보도록 하자. 이쪽 게시판에 선생님이 '친구 찾기' 할 때 쓰려고 빈 종이 바구니를 준비해 놓았단다. (게시판에는 각각 다른 색지로 만든 빈 바구니 모양이 붙어 있다.)

유아들 : 와, 예쁘다. 바구니 많다.

교 사 : 그래. 예쁜 바구니가 여러 개 있지? 이 바구니들은 모두 비어 있는데 무언가 한 가지 다른 점이 있어. 뭐가 다를까?

유아들 : 색깔.

교 사 : 그래, 색깔들이 모두 달라. 파란 바구니, 노란 바구니, 빨간 바구니, 주황 바구니 그리고 하얀 바구니도 있구나. 이제 이 바구니를 채워 주도록 하자. 이 바구니 하나하나에는 서로 비슷한 친구만 들어갈 수 있단다. 이것 봐. 선생님이 노란 바구니를 채워 볼게. 아기 코, 입, 귀, 다리, 심장, 배꼽, 손가락. 모두모두 아기 몸에 관한 것들이니까 다 떼어서 이 노란 바구니에 넣어 주자. (교사가 아기 몸에 관한 것을 서너 개 떼어 바구니에 붙인다.) 또 아기 몸에 관한 것들이 있니? 그런 것이 있으면 다 떼어 내서 노란 바구니에 같이 넣어 주면 좋겠어.

유아 1 : 선생님. 아기 눈이요.

교 사 : 그래, 그것도 아기 몸에 관한 거니까 노란 바구니에 담아 주자. 이제 다 된 것 같구나. 그럼 이 바구니 앞에는 '아기 몸'이라고 써 주자. 다음은 여기 '사랑스러워요'라고 써진 게 있네. 이것과 같이 친구가 될 수 있는 것은 뭐가 있을까? 알 수 있는 친구들은 나와서 그런 것들을 떼어 내 이 보라 바구니에 담아 주자.

유아 2 : 귀여워요.

유아 3 : 예쁘다.

유아 4 : 부드러워요.

교 사 : 그래, 맞아. 귀엽다, 부드럽다, 예쁘다도 친구가 될 수 있겠다. 그럼 우리 이런 것들에는 어떤 제목을 붙여 줄까?

유아 5 : 예쁜 아기요.

교 사 : 그래, 그것도 좋은 생각이긴 한데 문제가 하나 있어. '예쁜 아기'만 있는 것이 아니라 '귀여워요'도 있고 '부드러워요'도 있는데 이것들은 어떡하지? '아기에 대한 느낌'은 어떨까? 그런 것들은 모두 우리의 느낌들이니까….

유아 5 : 그럼 느낌이라고 해요.

이와 같은 식으로 유목화를 하고 난 후 유목화된 각각에 제목을 붙여 줄 수 있다. 결과물 일부를 살펴보면 [그림 4-8]과 같다.

〈아기〉

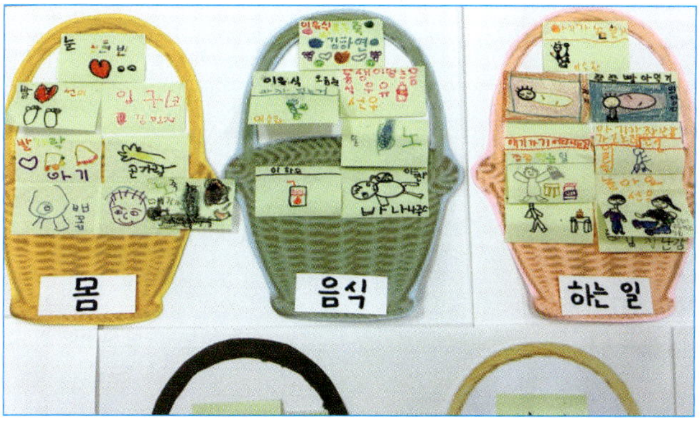


그림 4-8 교사-유아 공동 유목화 결과물

한편, 교사-유아의 유목화 결과물은 교사의 사전 생각 범주인 유목화 체계를 크게 벗어나지는 않는다. 교사가 유목화 과정에서 계속 조정자의 역할을 하기 때문이다. 이와 같은 사실에 비추어 볼 때 준비단계에서 교사의 주제망 구성이 프로젝트 시작단계에서 이루어지는 교사-유아 주제망 구성을 위해 매우 중요한 과정임을 알 수 있다.

### 나) 조별로 하는 방법

유아들끼리 조별로 유목화를 하는 것은 전술한 바와 같이 5세반에서 프로젝트 과정 체계에 어느 정도 익숙해진 경우에 사용해 볼 수 있는 방법이다. 조별 유목화를 할 때는 조별 브레인스토밍이 끝나고 난 후에 그 조원들이 그대로 참여하도록 하는 것이 바람직하다. 조별 유아 수는 조별 브레인스토밍 때와 마찬가지로 4~5명 정도가 적당하다. 교사는 조별 유목화가 이루어지는 동안 조를 돌아다니며 적절한 조언과 안내를 해 줄 수 있다.

한편, 만 4세반에서 조별 유목화를 시도하려고 할 때에는 먼저 전체 모임 시간에 어느 정도 대략적인 소제목을 정하고 나서 자기들끼리 해 보도록 하는 것이 바람직하다. 그리고 유목화 과정 중에 교사가 각 조별로 다니면서 구체적인 조언과 지도를 해 주는 것이 필요하다.

**다) 개별로 하는 방법**

유아들이 개별 브레인스토밍을 익숙하게 할 때쯤에는 나름대로 유목화도 시도할 수 있게 된다. 유아들이 스스로 할 수 있으리라고 판단이 되면 교사가 유아들에게 생각 모으기를 한 후에 친구 찾기도 해 보라고 말해 준다. 어떤 유아는 브레인스토밍을 할 때부터 유목화를 염두에 두고 연관 있는 것을 생각해 내려고 하기도 한다. 브레인스토밍 때와 마찬가지로 교사가 유아의 개별 유목화 결과물을 복사해 둔다면 사물들 간의 관계를 파악하는 정도에 대해서 평가할 수 있는 참고자료로 활용할 수 있다.

유목화를 할 때도 여러 명씩 모여 앉은 상태에서 하는 것이기 때문에 유아들 간에 이에 관한 여러 이야기가 오가기도 한다. 교사는 유아들 사이를 돌아다니며 적절한 언급이나 필요한 도움을 주도록 한다. 유목화 과정 중에 유아들 간에 의견이 서로 일치하지 않는 경우도 있고 또 질문이 유발되는 경우도 있다. 교사는 그때그때 조정자 역할을 하고 질문에 대해서도 즉시 해결할 수 있는 것인지, 또는 조사·탐구가 필요한 것인지를 판단하여 적절하게 이끌어 주어야 한다. 유목화 과정 중에 나온 질문은 유아들이 잊지 않도록, 그리고 모든 유아들이 볼 수 있도록 칠판 한 옆에 적어 놓았다가 나중에 질문 목록표에 합치도록 한다.

위에서 세 가지 방법으로 유목화 과정을 살펴보았다. 그러나 이는 그대로 따라야 할 절차는 아니다. 유아의 발달 정도 및 프로젝트에 익숙해진 정도에 따라, 또는 보조 교사의 유무를 비롯한 여러 가지 여건에 따라 더 재미있고 효과적인 방법이 고안될 수 있고, 변형 적용도 가능하다. 예를 들어 만 4세반 유아들이 유목화를 처음 해 보는데 잘 이해하지 못한다면 교사가 유아들이 하원한 후 유목화를 혼자 해도 된다. 이때 유목화하기 쉬운 몇 가지만 일부러 남겨 놓았다가 다음 날 유아들에게 유목화 결과물을 보여주면서 "선생님이 이렇게 친구 찾기를 해 보았거든. 그런데 다 하지는 못했단다. 너희들이 도와주면 좋겠구나." 하면서 유아들에게 유목화를 일부 경험시켜 보는 것이다. 이후 차츰차츰 유아들의 참여율을 높여 갈 수 있다. 여기서 중요한 점은 유아들의 발달 상황을 고려하여 즐겁게 참여하도록 해 주라는 것이다.

### 3) 주제망 그리기

유목화에 비해 주제망 그리기는 비교적 간단한 작업이다. 유목화된 결과물을 보고 옮겨 적거나 또는 그대로 옮겨 붙이기만 하면 되기 때문이다. 준비물은 2절지 정도 크기의 종이와 사인펜이다. 2절지 정도의 큰 종이를 사용하는 이유는 프로젝트가 진행되어 가면서 새로운 항목들을 주제망에 추가하기도 하고, 밑줄을 긋거나 화살표 표시를 하는 등 추가적 기록이 계속 이루어지기 때문이다. 예를 들어 '아기' 프로젝트 시 첫 주 생각 모으기를 분홍색 포스트잇에 해서 주제망으로 완성시켰다 해도 2주째는 하늘색, 3주째는 노란색 포스트잇을 사용하여 계속 새로운 생각을 주제망에 더 붙여 나가는 것이다. 이렇게 하면 프로젝트가 진행되면서 어떤 생각이 언제쯤 새롭게 추가되었는지 쉽게 구분이 가능하다. 이런 점을 전제하고 주제망 그리기 절차를 간단히 살펴보면 다음과 같다.

① 준비된 종이의 중앙에 교사(또는 유아)가 주제명을 적는다. 주제명을 적을 때는 주제라는 것이 분명하게 드러날 수 있도록 구분된 표시를 해 준다. 예를 들어 '자동차'라면 종이 가운데에 동그라미를 그리고 그 안에 두꺼운 펜으로 '자동차'라고 쓰는 것이다. 이때 자동차 사진이나 그림을 그려 주제명이 눈에 확 띄게 하는 것도 좋다.

② 유목화된 소주제 제목 수만큼 방사선을 긋고 소제목명을 적는다. 이때 프로젝트 주제명과 소주제명은 구분될 수 있도록 다른 색깔 사인펜으로 적도록 한다.

③ 유목화되어 있는 포스트잇을 떼어 주제망의 소제목 밑에 옮겨 붙인다. 만일

유아들이 다시 붙이는 작업을 어려워하면 유목화 결과물 자체(예 색깔 바구니에 붙인 것)를 그대로 주제망에 붙여도 된다.

이렇게 하여 주제망이 완성되면 모든 유아들이 볼 수 있도록 벽면에 게시해 주고 프로젝트 진행 과정을 기록하고, 확인하는 준거로 삼는다. 완성된 주제망의 예를 들면 [그림 4-9]와 같다.

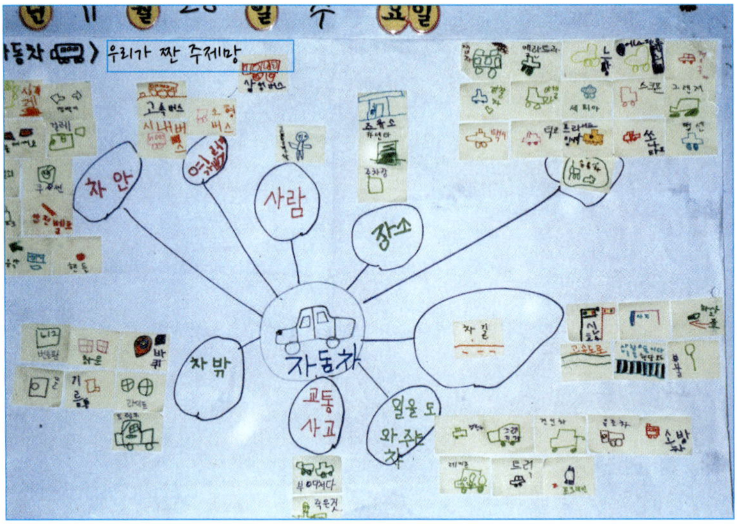


그림 4-9 교사-유아 공동 '자동차' 주제망

생각 모으기, 친구 찾기, 주제망으로 그리기의 세 과정을 살펴보았다. 여기서 다시 한 번 강조하고 싶은 점은 단순히 주제망이라는 결과물 산출에만 목적을 두어서는 안 된다는 것이다. 그보다는 생각 모으기나 친구 찾기를 하면서 교사, 친구들 간에 이루어지는 생각의 공유 및 의사소통의 기회, 토론이나 질문 생성, 활동 과정 중 자연스럽게 이루어지는 협력 과정 등이 '주제망'이라는 결과물 못지않게 중요하다. 그러므로 교사는 유아들의 발달 특성, 주제망 구성에 대한 이해 정도, 보조 교사의 유무 등 요인에 따라 적절하게 변형 적용하는 동시에 이 작업을 유아들이 재미있게 하도록 여러 가지 방법을 고안하는 것이 필요하다. 제7장에서 제시하는 '신모성(신발에 관한 모든 것 성)이나, 유목화를 쉽게 이해하도록 하기 위한 '색깔이 다른 장화들', 또는 [그림 4-10]의 '집 주제망(각 소주제들을 방 하나씩으로 구분)' 등은 모두 이런 취지에서 고안된 예들이다.

그림 4-10 '집 모양'을 이용한 주제망

## 3. 질문거리 찾기 및 정리

주제에 대한 질문은 주제망이 끝나야만 나오는 것은 아니다. 주제가 친숙한 것인지, 어떤 자원이 마련되었는지, 교사나 친구들 중에 특별한 경험을 한 사람이 있는지, 교사가 어떤 식으로 유도하는지 등에 따라 프로젝트 시작 첫날부터 다양한 질문이 쏟아져 나올 수 있다.

유아들의 질문 내용을 프로젝트 진행단계와 연관지어 볼 때 프로젝트 시작단계 때는 대개 준비된 자원의 외적인 특성과 관련된 단순한 질문인 경우가 많고 프로젝트가 전개되면서 보다 깊이 있는 질문이 유발되는 것을 볼 수 있다. 질문이 유발될 수 있는 상황을 열거해 보면 다음과 같다.

- 이전 경험 표현을 하는 중
- 생각 모으기를 하는 중
- 친구 찾기를 하는 중
- 자원을 가지고 활동하는 중
- 공유 시간에 교사나 친구들의 이야기를 듣거나 논의하는 중
- 가정에서 주제 관련 활동을 하는 중

다음으로 프로젝트 활동 중에 질문할 것을 찾아내고 또 해결 방법에 대해 친구들과 논의해 보는 것이 교사나 유아들에게 어떤 의미를 갖는지에 대해서 살펴보기로 하자.

## 가. 의 미

### 1) 유 아

① 주변 사물을 보다 자세히 관찰하도록 동기화된다.
② 항상 탐구하려는 성향이 길러진다.
③ 이후 활동이 질문과 연계되어 진행될 수 있다.
④ 보다 분명한 목적의식을 가지고 활동에 임하게 된다.
⑤ 문제 해결 방법을 학습하게 된다.
⑥ 논의하는 기술과 방법을 익히게 된다.

### 2) 교 사

① 유아들의 사고 발달 수준을 파악할 수 있는 하나의 준거가 된다.
② 유아들의 흥미 및 관심 방향을 파악할 수 있다.
③ 각 유아가 활동에 몰입되어 있는 정도를 간접적으로 파악할 수 있다.

## 나. 방 법

질문거리 찾기는 활동 과정에서 자연스럽게 이루어지기도 하지만 교사가 여러 가지 외적 강화를 통해 격려해 주는 것도 필요하다. 그 방법을 정리해 보면 다음과 같다.

### 1) '궁금이' 이용

유아들의 궁금해하는 심리를 이용한 방법이다. 교사는 입구가 넓은 작은 항아리나 병을 준비하여 사람 모양으로 꾸민 후 유아들에게 "이 아이는 무엇이든지 궁금해하기 때문에 이름이 '궁금이'란다. 그래서 너희들이 질문 적은 종이를 입에다 쏘옥 넣어 주면 무척 좋아하거든." 등과 같이 유아들의 질문 동기를 유발시켜 준다.

'궁금이'는 [그림 4-11]과 같다. 특히 S원의 E교사가 고안한 오른쪽의 '궁금이 로봇'은 질문지를 입에 넣으면 눈에 불이 들어오면서 멜로디가 나오도록 고안된 상자여서 유아들이 질문을 적어 넣는 활동을 무척 흥미로워하였다.

그림 4-11 모양이 다른 '궁금이'

이렇게 하여 매일 '궁금이'를 반 전체 모임 시간에 개봉하도록 한다. 유아들은 닫힌 것을 열거나 뒤에서 무엇을 꺼내 보는 활동 자체를 매우 흥미롭게 생각하기 때문에 '궁금이' 개봉 시간에 질문을 꺼내 보는 것은 아주 즐거운 활동이 될 수 있다. "자, 오늘은 우리 궁금이가 어떤 질문들을 먹었을까? 하나, 둘, 셋 … 일곱. 와, 일곱 개나 질문이 들어 있네. 궁금이가 참 좋았겠다. 자, 우리 어떤 내용인지 확인해 보자. 첫 번째 질문, 개미는 어떻게 싸워요? 이런 내용이구나. 이것을 알아보려면 어떻게 하면 좋을까?" 등과 같이 질문 내용을 확인하고 함께 해결 방안을 모색해 보는 것이다. 이와 같이 교사가 유아들의 질문을 '궁금이'에서 하나씩 꺼내어 누가 어떤 질문을 하였는지를 확인하고 해결 방법을 찾아봄으로써 질문을 한 유아뿐 아니라 다른 유아들도 효과적인 문제 해결 방법을 익히게 된다. 이런 기회를 통해 유아들은 다른 친구들과 서로 생각을 나누게 되는 것이다.

### 2) 질문 게시판 이용

궁금한 내용이 있으면 이를 적거나 그림으로 나타내어 게시판에 부착하도록 하는 것이다. 유아들은 수시로 게시판을 들여다보면서 어떤 친구가 어떤 질문을 했는지 살펴보게 된다. 그러면서 질문하기에 자신이 없거나 잘 표현하지 못했던 유아들도 다른 친구의 질문 내용 및 표현 방법을 봄으로써 질문하기를 시도하게 된다. 한편, 게시판에 붙은 질문들은 매일 전체 모임 시간에 교사와 유아들에 의해 확인되고 해결 방법이 논의된다.

### 3) 매력적인 질문 종이 이용

#### 가) 주별로 다른 색깔의 질문 종이

주별로 다른 색깔의 질문 종이를 마련해 주고 자기 이름과 함께 질문을 적어 넣도록 한다. 예를 들어 주제망에 사용하는 포스트잇과 같은 색깔종이로 프로젝트 첫 주는 분홍색, 둘째 주는 노란색 등으로 구분되게 질문 종이를 줄 수 있다. 이렇게 색깔별로 질문 종이를 준비해 줄 때 유아들은 질문 적는 활동을 더 흥미 있어 할 것이며 교사는 나중에 질문 적은 종이를 프로젝트 진행 순으로 보다 쉽게 정리할 수 있다.

질문 종이를 정리해 봄으로써 교사는 두 가지 사실을 파악할 수 있다. 첫째는 프로젝트가 전개되면서 나온 질문 내용이 어떻게 달라졌는지를 비교해 볼 수 있다. 둘째는 각 유아별로 프로젝트가 진행되면서 질문이 어떻게 변화되었는지를 파악하여 평가 자료로 활용할 수 있다.

#### 나) 주제와 관련된 모양의 질문 종이

질문 종이를 프로젝트 주제 모양으로 오려 주는 것도 한 가지 방법이다. 예를 들어 '신발' 주제인 경우 [그림 4-12]와 같이 운동화 모양으로 질문 종이를 만들어 줄 수 있다. 주별로 다른 색깔의 종이를 준비해 주는 것이 부담스럽다면 주별로 다른 모양의 질문 종이를 마련해 줄 수도 있다. '신발' 프로젝트의 경우 첫째 주는 운동화 모양, 둘째 주는 군화 모양, 셋째 주는 장화 모양 등이 그 예이다.

그림 4-12 '신발' 프로젝트 첫째 주 질문 종이

#### 다) 질문과 해결 방법을 표시할 수 있는 기록 양식

유아들이 여러 개의 프로젝트를 경험하여 질문에 대한 해결 방법을 나름대로 생각해 볼 수 있는 능력이 생겼다고 판단될 때 교사는 [그림 4-13]과 같이 질문과 함께 해결 방법을 표시할 수 있는 특정 기록 양식을 만들어 주기도 한다. 해결 방법란에는 조사 방법으로 활용할 수 있는 모든 방법, 즉 책 조사, 실험, 전문가 만나기, 견학, 실물 조사, 다른 사람에게 묻기 등의 방법을 나열해 놓고 유아들이 표시할 수 있도록 한다. 조사 방법을 그림으로도 나타낸 것은 글씨를 모르는 유아들을 위한 배려이다.

그림 4-13 질문과 해결 방법 기록지

### 4) 주제망 자체를 이용

[그림 4-14]와 같이 주제망에 질문꽂이 봉투를 함께 마련해 주는 방법이다. 질문꽂이 봉투 앞면은 소주제를 적는 난으로 활용한다. 이 방법 역시 유아들이 어느 정도 프로젝트 과정 및 절차에 익숙해졌을 때 활용할 수 있는 방법으로서 자기가 한 질문 내용이 어느 소주제와 관련되는지 판단하여 질문 종이를 넣는다. '슈퍼마켓' 주제의 경우 한 유아가 '슈퍼마켓 아저씨는 과자를 매일 먹나요?'라는

질문을 했다면 이것은 '사람'이라는 소주제가 적힌 질문꽂이 봉투에 담을 수 있을 것이다. 만일 어디에 속하는 질문인지 구분하기 어렵거나 모호하다면 주제망 밑에 마련된 '모든 질문' 봉투에 따로 넣도록 한다.

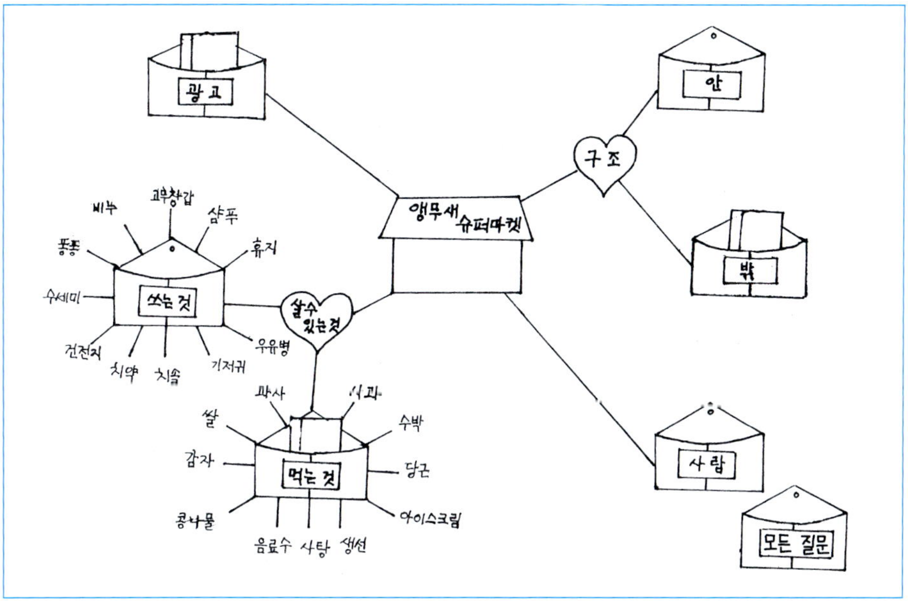


그림 4-14 주제망 자체를 이용

### 5) 교사가 동일시 모델이 되어 줌

유아들은 무의식중에 교사의 행동을 강하게 모방한다. 그러므로 유아들과 이야기 나누는 중 확실치 않은 부분이 있거나 유아들이 직접 탐구해 볼 때 효과적이라고 판단되는 질문이 나오면 "음, 선생님도 잘 모르겠는데 … 엘리베이터는 정말 어떻게 움직일까? 우선 여기에 적어 놓고 알아보아야겠다."라고 하며 질문 적는 모습을 보여주는 것이 바람직하다. 또 '궁금이'를 이용하는 경우 교사도 가끔 한 가지씩 질문을 적어 넣고 '궁금이' 개봉 시간에 "자, 이번에는 누가 한 질문일까? 얍! 나왔다. 어? 선생님이 적은 질문이네."라고 말해 줌으로써 유아들과 함께하는 학습자로서의 모습을 보여주도록 한다. 이렇게 할 때 유아들은 모르는 것이 있으면 질문 내용을 기록하고 알아보려는 태도를 자연스럽게 학습할 수 있을 것이다.

질문 촉진 방법에 대해 살펴보았다. 여기서 한 가지 유념할 사실이 있다. 질문을 촉진하는 방법은 어디까지나 프로젝트의 활성화를 위한 보완적 방법일 뿐이라는 점이다. 활발한 질문 찾기는 프로젝트가 원활하게 진행되고 있다면 꼬리에 꼬리를 물면서 이루어지게 마련이다. 그러므로 교사는 과연 프로젝트가 효과적으로 잘 진행되고 있는가를 점검하면서 동시에 질문 촉진 방법을 활용하여야 할 것이다.

## 다. 교사의 역할

프로젝트 진행 과정에서 유아들이 스스로 질문해보도록 장려하는 것도 중요하지만 그 질문을 어떻게 활동으로 전환시켜 주는가 하는 점은 더욱 중요한 문제이다. 이에 관한 교사의 역할을 살펴보면 다음과 같다.

### 1) 질문의 명료화

유아들은 자기가 질문한 내용을 금방 잊어버리기도 한다. 예를 들면 "선생님, 내가 아까 이거 보고 뭐 물어봤었어요? 선생님한테 말해 주었잖아요!" 하는 경우가 가끔 있다. 그런가 하면 질문하려는 내용을 적절하게 말로 표현하지 못하는 경우도 있다. 예를 들면 "왜 가래떡이 있어요?"라고 질문을 하거나 "왜 아기가 걸어요?"라고 질문을 하는 경우 교사가 유아와 이야기를 나누다 보면 실제로 알고 싶은 것은 "어떻게 가래떡을 만드는 거예요?", "언제부터 아기가 걷게 되는 거지요?"라는 것을 알게 된다. 이런 상황에서 교사는 질문한 유아가 정말 알고 싶어 하는 것이 무엇인지를 명료화하도록 도와주어야 한다. 유아가 직접 글을 쓰지 못하는 경우는 질문 내용을 기록해 주는 것도 필요하다.

### 2) 질문의 장려

어떤 유아들의 경우 프로젝트 초기단계에서는 그 주제에 흥미를 느끼지 못하다가 우연히 질문을 하게 되어 답을 찾아보다가 비로소 프로젝트 활동에 몰입되기도 한다. 예를 들어 만 4세반에서 '개미' 프로젝트를 진행할 때 일이다. 한 유아가 처음에는 활동에 활발히 참여하지 않았는데 어느 날 '개미귀신'이라는 단어를 보게 되었다. 이 유아는 질문 종이에 "개미귀신이 뭐예요? 귀신이에요?"라는 질문을 적어 '궁금이 상자'에 넣었다. 전체 모임 시간에 교사에 의해 이 질문이 개봉되자 여러 유아들이 이 질문에 관심을 보였다. 다른 친구들이 자기가 한 질문에 많은 흥미를 보이자 이 유아는 열심히 이에 관한 책을 찾아본 후 드디어 개미귀신을 찾아내 이를 그림으로 그렸다. 그리고는 전체 모임 시간에 참고한 책과 자기가 그린 그림을 보여주며 "이게 개미귀신이야. 개미 잡아먹어. 그러니까 진짜 귀신은 아니야."라고 설명하였다. 이 질문을 하게 된 것이 계기가 되어 그 유아는 이후 주제에 관심을 가지고 활동하게 되었다.

그러므로 교사는 유아들이 순간순간 궁금하게 생각하는 내용에 대해 무심히 넘기지 말고 민감하게 포착하여 활동으로 연결될 수 있도록 적절히 도와주어야 한다. 이렇게 하다 보면 소극적이거나 관심이 적었던 유아들도 어느 순간 주제에 대해 관심을 갖게 되는 것을 볼 수 있다.

### 3) 적절한 해결 방법 모색

프로젝트를 처음 진행하는 경우, 유아들은 질문에 대한 해결 방법으로 어떤 방법이 활용될 수 있는지에 대해 잘 알지 못하므로 교사가 적절한 해결 방법이 될 수 있는 것들을 구체적으로 제시해 주어야 한다. 그러나 프로젝트를 여러 번 경험하다 보면 유아들은 스스로 해결 방법을 찾아내는 데 많은 진전을 보인다.

한편, 해결 방법으로 합의된 것은 교사가 질문지 옆에 간단히 메모를 해 두었다가 전체 유아들이 보기 쉽도록 방과 후에 전지에 다시 적어 벽이나 칠판에 게시하기도 한다. 이렇게 함으로써 유아들은 질문 내용과 해결 방법을 연결시켜 생각해 보게 되고 그런 과정을 거치는 가운데 문제 해결 방법을 학습할 수 있게 되기 때문이다.

유아들이 질문 해결을 위해 일반적으로 활용할 수 있는 방법에는 책을 통한 조사, 실물 자원을 통한 관찰 및 탐구, 부모님이나 선생님께 여쭈어보기, 친구나 선생님의 의견을 조사하기, 현장 견학을 가서 질문하거나 관찰하기, 실험하기, 전문가 방문하여 물어보기 등이 있을 수 있으며 이 중에 두세 가지 방법이 함께 활용되기도 한다.

#### 4) 질문을 소주제별로 분류

하루에도 여러 개의 질문이 나올 수 있다. 이 질문 내용을 유목화된 소제목별로 분류해 놓는다면 유아들이 쉽게 비슷한 질문 내용을 확인할 수 있을 것이다. 분류된 질문들은 교실에 게시하여 유아들이 어느 때라도 쉽게 볼 수 있도록 한다. 유아들에게서 나온 질문을 정리하여 적어 놓으면 유아들뿐 아니라 교사 자신도 소주제별로 어떤 질문들이 나왔고 여기서 해결된 것은 어떤 것인지를 매일 쉽게 확인할 수 있다.

#### 5) 질문 목록에 합의된 해결 방법 기술

질문에 대해서는 교사와 유아가 논의하여 적합한 해결 방법을 찾는다. 그리고 그 방법을 질문 목록에 함께 기술해 놓는다. 해결 방법은 글과 그림으로 표시해 주어 아직 글을 읽지 못하는 유아들도 그 방법을 확인해 볼 수 있도록 한다. 예를 들어 책을 통한 조사일 경우 '책'이라는 글자 옆에 책을 펴 놓은 그림을 그려 놓는 것이다. 이때 만일 질문 해결을 위해 여러 가지 방법이 필요하다면 그것들을 모두 표시해 놓는다.

#### 6) 새롭게 파생된 질문거리 기술

어떤 질문을 해결해 나가는 과정에서 다른 질문이 파생되기도 한다. 이때 교사는 새롭게 파생된 질문을 원래의 질문 옆에 화살표를 긋고 기술해 주도록 한다. 질문을 전체 유아와 확인하는 것과 해결 방법을 모색하는 것은 앞에서 제시한 것과 같다.

### 7) 질문을 활동으로 연결

이런저런 방법을 활용하여 유아들에게서 매일 여러 가지 질문이 나왔다고 해도 의미 있는 활동으로 연결되지 못한다면 아무 소용이 없다. 그러므로 이런 문제 해결을 위해 교사는 전체 유아들과 함께 매일 질문에 대해 검토하고, 그 해결 방법에 대해 논의해 보는 과정이 반드시 필요하다. 이렇게 할 때 교사도 효과적으로 문제 해결 방법을 지도할 수 있으며 유아들끼리도 서로 논의하는 과정을 통해 서로 간에 사고의 도움을 받으며 문제 해결 방법을 습득하게 된다.

질문 내용에 따라 어떤 것은 전체 활동으로 연결될 때에 보다 효과적이며 또 어떤 것은 소집단 활동이나 개별 활동으로 연결될 때에 보다 효과적인 것도 있다. 이런 점을 잘 판단하여 교사는 적합한 활동 내용, 방법으로 연결해 준다. 활동 진행 과정에서 알게 된 내용이나 진행 정도에 대해서는 매일 전체 모임 시간(공유시간)에 발표하도록 하여 유아들 간에 어떤 질문에 대해 누가 어떤 활동들을 하고 있으며 무엇을 알게 되었는지를 점검할 수 있도록 한다. 그리고 활동 과정에 문제점이 있으면 서로의 의견 교환을 통해 보완하도록 한다. 이때 조사된 내용은 글씨로 쓰거나 그림으로 그려 질문 옆에 붙이도록 함으로써 궁금한 유아들이 수시로 질문과 답을 확인해 볼 수 있도록 한다.

이상에서 프로젝트 시작단계에 대해 알아보았다. 다음으로 프로젝트 전개단계에 대해 살펴보기로 하자.

CHAPTER 5

# 프로젝트 전개단계

THE PROJECT APPROACH

프로젝트 전개단계에서는 시작단계에서 나온 질문 목록을 중심으로 한 조사·탐구 활동과 특정 목표 하의 활동이 주로 이루어진다. 그리고 이를 활성화하기 위한 교사 계획 활동과 교사와 유아들 간의 활동 과정 및 결과물 공유가 병행하여 진행된다.[12)]

먼저, 조사·탐구 활동은 여러 가지 실물 자원을 통해서나 현장 견학, 또는 전문가와의 면담 및 그와 함께하는 활동 등을 통해 행해지게 된다. 특정 목표에 따른 활동도 조사·탐구 활동과 마찬가지로 여러 가지 1, 2차적 자원을 활용하는 가운데 이루어진다. 그러나 조사·탐구 활동과 특정 목표에 따른 활동이 완전히 별개의 것은 아니다. 경우에 따라서는 '조사·탐구 활동' 중에 '특정 목표 하의 활동'이 파생되기도 하고 '특정 목표 하의 활동'이 진행되는 중에 새로운 질문이 생겨 새로운 '조사·탐구 활동'으로 확장되기도 하기 때문이다.

12) '교사 계획 활동'과 '학습 과정 및 결과물 공유 활동'은 서술 편의상 '현장 견학 전 활동'의 하위 목차로 기술되어 있으나 이는 프로젝트 전 과정에 걸쳐 계속적으로 이루어지는 활동임을 밝혀 둔다.

'교사 계획 활동'은 교사가 주도적으로 계획, 실행하는 활동으로 전술한 두 유형의 활동을 원활히 하고 촉진하는 가운데 전체적인 프로젝트를 활성화하고 결과적으로는 통합적인 교육과정 운영을 해 나가는 데 목적이 있다. 그런가 하면 '학습 과정 및 결과물 공유'는 교사와 유아들 간에 어느 정도로 계획한 활동이 진행되고 있으며 어떤 결과물이 나왔는가를 공유함으로써 서로에게 학습의 자원이 되고 촉진제 역할을 하도록 하는 데 목적이 있다.

한편, 프로젝트 전개단계에서 활동을 활성화시키는 중요한 사건은 현장 견학 및 전문가와 함께하는 활동이다. 따라서 활동의 전개를 시간 순서상으로 본다면 '현장 견학 전의 활동', '현장 견학', '현장 견학 후의 보다 심화된 활동'이라고 할 수 있으며 이 과정 중 가장 적절한 때에 전문가와의 활동을 하는 것이 효과적이다.

프로젝트 전개단계를 중심 사건 및 과정, 교사의 관심, 유아들의 활동이라는 세 가지 측면에서 간단히 살펴보면 〈표 5-1〉과 같다.

**표 5-1** 프로젝트 전개단계의 활동 내용

| 중심 사건 및 과정 | 교사의 관심 | 학습자 활동 |
|---|---|---|
| • 조사 · 탐구 활동 및 목표 달성을 위한 활동 : 계획에 기초한 장기적이고 다단계적 활동<br>• 현장 견학<br>• 현장 견학 후 활동<br>• 전문가 면담 또는 함께 활동 | • 유아들에게 줄 수 있는 새로운 경험은 무엇인가?<br>• 유아들이 획득할 수 있는 새로운 이해는 무엇인가?<br>• 어떻게 하면 교육과정 목표를 가장 잘 이룰 수 있는가?<br>• 어떻게 하면 개인의 흥미와 학습 요구에 맞도록 활동을 다양화시킬 수 있는가? | • 질문에 대한 조사 · 탐구 활동/목표 설정 및 이행 활동<br>• 현장견학 : 조사 · 탐구 활동 –스케치, 질문하기, 관찰하기, 측정하기 등<br>• 현장 견학 사후 활동 : 토의, 스케치해 온 것 정교화하기, 책 찾아보기, 글로 표현하기, 역할놀이하기, 만들기 등<br>• 전문가와 함께 활동하기, 전문가 면담하기 |

출처: Chard(1994a). 프로젝트 접근법: 교사를 위한 실행 지침서(지옥정, 1995, 125).

그러면 프로젝트 전개단계에서 이루어지는 중심 사건 및 그 내용을 구체적으로 살펴보기로 하자.

# 1. 현장 견학 전 활동

## 가. 질문에 대한 조사·탐구 활동

조사·탐구 활동은 유아들이 프로젝트 시작단계를 거치면서 제기한 질문과 전개단계를 해 나가는 과정에서 새롭게 생성된 질문을 중심으로 이루어진다. 이렇게 하여 어떤 정보나 사실을 새롭게 획득하게 되면 이를 기초로 보다 깊이 있는 또 다른 조사·탐구 활동이 이루어지고 구성 활동은 보다 사실적으로 나타나며 극화 활동도 보다 짜임새 있게 변화한다. 즉, 조사·탐구 및 표현 활동은 서로 맞물리면서 프로젝트 활동 전반에 걸쳐 견인차 역할을 한다고 볼 수 있다. 물론 이 모든 과정이 효과적으로 이루어지기 위해서는 교사의 적절한 역할 수행이 뒷받침되어야 한다. 유아들의 질문과 관심이 적합한 조사·탐구 및 표현 활동으로 연결되기 위해서는 교사의 알맞은 조사 방법 안내, 다양한 자원 제공, 조사 내용에 따른 적정 수의 인원 배정, 조사 결과에 대한 바른 표현 방법 지도, 적합한 추후 활동 안내 등이 뒤따를 때에 비로소 가능한 일이기 때문이다.

### 1) 조사·탐구 방법[13)]

유아들의 조사·탐구 활동에 능동적인 방법과 수동적인 방법 모두가 동원될 수 있다. 능동적인 방법에는 다른 사람들(친구, 부모 및 조부모, 이웃 반 교사 등)의 의견 조사하기, 전문가나 가족 및 주변 사람들에게 질문하기, 평가하기, 가설 세우기, 실험해 보기, 측정해 보기, 물건 조작해 보기 등이 있을 수 있다. 그리고 수동적인 방법으로는 관찰하기, 듣기, 읽기, 그림 보기, 실험하는 것 보기, 사물을 느껴 보기, 프로젝트와 관련된 행사와 항목 조사하고 관찰하기 등이 있다(Katz, Chard, & Kogan, 2014).

13) 조사·탐구 방법은 프로젝트 전개단계의 현장 견학 전에만 활용되는 것이 아니라 프로젝트 전 과정에 걸쳐 활용되는 방법들이다. 여기서 상세히 기술하였기 때문에 다른 장에서는 자세한 언급을 하지 않았다.

여기서 능동적 조사 방법, 수동적 조사 방법이라는 용어만 놓고 볼 때는 마치 능동적 방법이 수동적 방법보다 더 좋은, 또는 유아들에게 더 권장되어야 할 방법인 것처럼 생각될 수 있다. 그러나 능동적 조사 방법이 수동적 조사 방법에 비해 언제나 바람직한 것은 아니다. 조사하고자 하는 내용이 어떤 것이냐에 따라 수동적 방법이 더 효과적인 경우도 얼마든지 있기 때문이다. 한 가지 더 밝혀 둘 것은 어떤 질문에 대해 한 가지 조사 방법만 활용되는 것은 아니라는 사실이다. 능동적 방법과 수동적 방법이 함께 병행되어 사용되거나 순차적으로 사용될 수 있다.

이제 조사·탐구 활동에 관한 사항을 그 구체적 사례와 함께 유형별로 자세히 살펴보기로 하자.

#### 가) 다른 사람의 의견 듣기

주변 사람들의 생각, 느낌, 의견을 들어 보거나 조사함으로써 문제가 해결되는 경우이다. 예를 들어 '쌀' 프로젝트 시 "우리 반 아이들은 어떤 밥을 제일 좋아할까?"라는 질문이나 '물' 프로젝트 시 "사람들은 언제 물을 사용할까?" 또는 '집' 프로젝트 시 "단독 주택 또는 아파트에 사는 아이들은 누구누구일까?", '과자' 프로젝트 시 "우리들이 만든 양갱의 이름을 무엇이라고 지으면 좋을까?"와 같은 내용이 모두 이에 속한다.

구체적으로 만 4세반에서 '쌀' 프로젝트가 진행될 때의 일이다. 유아들은 쌀로 만들 수 있는 음식 중에 떡도 있다는 것을 알게 되면서 여러 가지 종류의 떡에 관심을 갖게 되었다. 이에 교사는 다음 날 간식으로 몇 가지 떡을 준비하였다. 그리고 여러 종류의 떡을 보기도 하고 먹어 보기도 하면서 떡 재료와 떡 맛에 관한 이야기를 나누었다. 이를 계기로 하여 두 명의 유아가 친구들이 제일 좋아하는 떡은 어떤 것인지 알아보기로 하고 반 전체 친구들을 대상으로 하여 조사에 임하였다. 이후 교사의 도움을 받아 [그림 5-1]과 같은 도표를 만들었다.

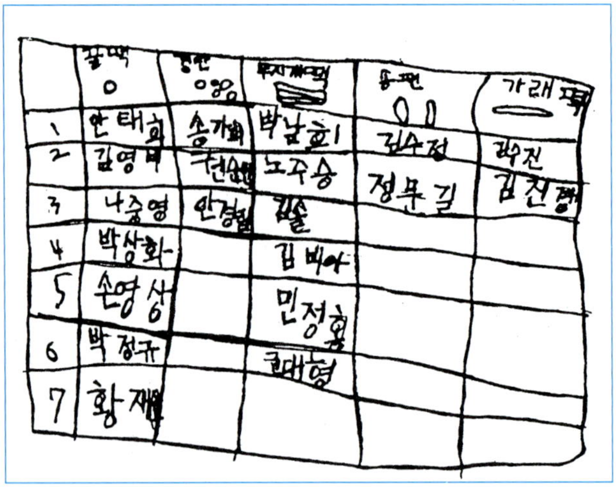


일반적인 막대그래프가 밑에서부터 작성되는 것과는 달리 이 조사를 맡았던 유아들은 위에서부터 1, 2, 3, 4를 적은 표를 자기들끼리 만든 후 조사에 임함.

그림 5-1 '어떤 떡을 제일 좋아할까' 도표

이 결과표에서 보이는 것처럼 그 반 유아들이 가장 좋아하는 떡은 꿀떡으로 나타났다. 이야기를 나누는 중 꿀떡 만드는 방법을 비롯한 떡에 관한 질문이 여러 가지 나왔으므로 교사와 유아들은 가까운 시장 떡집에 가서 떡 만드는 모습을 직접 보기로 하였다. [그림 5-2]는 떡 가게에 다녀온 후의 결과물이다. 이후 이 활동은 유아들이 직접 꿀떡을 만들어 보는 요리 활동으로까지 발전되었다.

그림 5-2 '떡은 어떻게 만드나' 조사 결과물

### 나) 주변 사람들에게 질문하고 설명 듣기

질문에 대한 답을 주변 사람들에게 물어보아 해결하는 방법이다. 질문에 답을 해 줄 수 있는 사람은 원의 선생님, 부모님, 조부모님을 비롯한 집안 식구, 친척 및 이웃 사람들에서부터 전문적 지식을 가지고 있는 현장 사람들이나 그 분야의 전문가에 이르기까지의 모든 사람들이 포함된다.

여기서 부모나 조부모 또는 주변 연장자는 유아의 질문 해결에 도움을 줄 수 있는 가장 강력한, 그리고 효과적인 자원 중의 하나이다. 부모에게 알고 싶은 내용에 대해 질문을 하고 이에 대해 함께 이야기 나누는 과정에서 유아들은 단순히 어떤 질문에 대한 답을 알아내는 것뿐 아니라 관련된 여러 가지 사실들을 알게 되기도 한다. 또한, 부모와 함께 관련된 자료를 찾아보게 될 수도 있다. 프로젝트 주제 선정 준거 중의 하나인 '부모와의 의사소통을 촉진하는가?'는 이와 같은 측면을 고려하고 있는 것이다.

구체적인 예를 들어 보자. '아기' 프로젝트 시 유모차 및 보행기와 관련하여 "나는 아기일 때 언제부터 걸을 수 있었나요?"라는 질문과 "백일과 돌은 어떻게 다른가요?"라는 질문이 나왔다. 이 질문들을 해결하기 위해 교사와 반 유아들은 다음 날까지 부모님께 물어 오기로 정하였다. 그런데 이때 유아들이 알아 가지고 온 것은 단순히 처음 걸음마를 떼어 놓던 때가 언제였는가, 백일과 돌은 어떻게 다른가뿐 아니라 처음 걷게 된 날의 여러 가지 일화를 듣고 오기도 하고 또 백일이나 돌 때의 사진이나 동영상 자료를 가지고 오기도 하였다.

이렇게 하여 유아들이 가지고 온 돌, 백일 사진은 '누구의 사진일까?' 알아맞히기 게임에 사용된 후 전지에 모두 붙여 벽에 게시되었다. 그리고 그 위에는 유아들의 의견에 따라 '아기 천국'이라는 제목까지 달아 주었다. 한편, 유아들이 가져온 돌과 백일에 관한 동영상 자료는 교사와 유아들이 함께 보면서 차려진 음식이나 축하 방법에 대한 이야기를 하게 되는 계기가 되었으며 이후 유아들은 지점토를 이용하여 돌상 음식을 차리고 돌잔치를 하는 역할놀이를 하기도 하였다.

5세반 한 유아의 경우는 '아기' 프로젝트 시 특별히 임신 말기에 있는 자기 엄마에게 뱃속 아기가 어떻게 하는가를 물어서 알아 오기로 하였다. 그날 밤 이 유아는 엄마와 뱃속 아기에 대해 이야기 나누면서 엄마 배를 만져 보다가 태아의 움직임을 분명히 감지하였다. 이 사건을 계기로 이 유아는 뱃속 동생을 매우 사실적으로 느끼게 되어 매일 뱃속 동생에게 말을 걸고 책을 읽어 주는 일을 하게 되었다. 엄마 뱃속에서 자라나고 있는 아기 동생, 이 아기 동생에 대해 궁금하고 알고 싶은 것들, 드디어 태어난 아기 동생에 대한 기대 등은 매일매일 이야깃거리가 되어 이후 『아가 아가 우리 아가』라는 동화책[14]으로 나오게 되었다([그림 5-3] 참조).

그림 5-3 『아가 아가 우리 아가』

전문가가 원으로 오거나, 현장 사람이 전문가로서 유아들의 질문에 답을 해 줄 수도 있다. 만일 주제가 '집'이라면 전문가는 목수가 될 수도 있고, 건축과에 다니는 대학생이나 설계사가 될 수도 있을 것이다. 주제가 '아기'라면 '아기 엄마'나 '임산부' 또는 '산부인과 의사'가 될 수 있고 '쌀'이라면 농부나 미곡상에서 일하는 사람들이 전문가 역할을 해 줄 수 있다.

한편, 여기서 한 가지 꼭 유의할 점이 있다. 자칫 유아들이 모든 질문을 주위 사람들에게 물어 해결하지 않도록 주의해야 한다는 것이다. 유아들은 궁금한 것

14) 『아가 아가 우리 아가』를 비롯하여 '신발' 프로젝트 관련 『새 옷을 입은 내 신발』, '과자' 프로젝트 관련 『맛있는 사랑요정』은 당시 나온 프로젝트 결과물로서, 우리나라 최초로 유아들이 직접 삽화를 그린 동화책이다.

을 주변 사람들에게 물어보기를 좋아한다. 이 방법을 사용할 때 다른 방법과는 달리 그 자리에서 쉽게 해결되기 때문이다. 그런데 이렇게 되면 바람직한 탐구 방법을 학습하기는 어려운 일이므로 교사는 질문 유형에 따라 적절한 조사 방법을 안내해 주어야 한다. 예를 들어 "개미 더듬이는 어떻게 생겼어요?"라는 질문은 부모나 주변 사람들에게 물어 해결하도록 내버려 둘 것이 아니라 돋보기 등을 이용한 실물 관찰, 마땅한 책, 인터넷 사이트, 동영상 자료, 백과사전 등을 통해 확인하도록 도와주는 것이 보다 바람직한 방법일 것이다.

### 다) 평가하기

조사 대상에 대해 어떤 준거를 세워 놓고 평가해 보는 경우이다. 이때 유아들이 스스로 평가 준거를 만들기 위해서는 상당한 사전 활동이 필요하다. 평가하기 전에 먼저 자세히 관찰하고, 만져 보고, 냄새 맡아 보고, 소리를 들어 보는 등의 활동을 통해 다양한 측면에서 생각해 보는 일이 우선되어야 하는 것이다. 평가하기는 고차원적인 분석 활동이기 때문이다.

구체적인 예를 들어 보자. '과자' 프로젝트 시 유아들이 자원으로 가져온 과자 중에 길거리에서 파는 뽕뽕, 총 과자 등 우리가 흔히 불량 식품으로 분류하는 과자들이 포함되어 있었다. 그런 과자들을 만져 보고 자세히 보고, 먹어 보고 냄새 맡고 과자 봉지도 살펴보면서 유아들은 왜 그것을 불량 식품이라고 하는지, 불량 식품이라고 말하는 그런 과자와 과자 회사에서 나온 정품 과자와는 어떤 점이 다른지를 궁금해하면서 이에 대해 조사해 보았다.

여러 날에 걸친 조사 끝에 유아들은 포장 상태(밀봉이 잘 되어 있는가, 포장은 몇 번 되어 있는가), 유통기한 표시, 과자 성분 표시, 색깔, 냄새 등에서 차이가 난다는 것을 찾아내고 이를 준거로 비교·평가해 보는 활동을 하였다. 그 결과 불량 식품은 포장이 확실하게 되어 있지 않은 경우가 많으며(한 번만 싸여 있거나 비닐 포장이 엉성하게 되어 벌어진 경우도 있음) 따라서 냄새가 밖으로 쉽게 새어 나온다는 점, 유통기한이나 성분 표시가 분명하게 되어 있지 않다는 점, 먹고 나면 손이나 혀에 과자 색 물이 진하게 든다는 점 등을 알게 되었다.

이 조사 결과에 기초하여 그 조사에 임했던 유아들은 불량 과자라고 판단할 수 있는 평가 준거로 ① 포장이 잘 안 되어 있다 ② 과자 냄새가 밖으로 새어 나온다 ③ 유통 기한이나 성분 표시가 안 되어 있는 것이 많다 ④ 손이나 혀에 과자 색 물이 진하게 든다로 정하고 자원으로 모인 과자들을 평가해 보는 활동을 하였다.

#### 라) 실험해 보기

실험 방법에는 그 실험의 내용 및 정도에 따라 교사와 유아가 함께하는 방법, 교사가 실험 준비와 기록 방법만 도와주고 관심 있는 유아(들끼리)만 하도록 하는 방법, 전문가를 초대하여 전문가와 함께하는 방법, 가정에서 부모와 함께하는 방법 등이 있다. 이를 구체적으로 보면 다음과 같다.

##### (1) 교사와 전체 유아에 의한 실험

어떤 질문에 대한 실험 과정이나 결과가 주제에 관한 중심 개념을 알려 줄 수 있다고 판단될 때에 교사는 이 실험을 전체 유아들이 경험하도록 한다. 예를 들어 '물' 프로젝트 시 "바닷물은 왜 짤까?"라는 질문의 경우 교사는 '바닷물 증발 실험'을 전체 유아들이 해 볼 수 있도록 계획하였다. 이 실험을 통해 물에 열을 가하면 수증기가 된다거나 물에 소금이 녹는다는 사실 등 물에 관한 중심 개념을 알려 줄 수 있으리라고 판단하였기 때문이다.

##### (2) 유아(들)에 의한 실험

교사가 실험을 위한 준비 과정과 기록 방법만을 도와주고 유아(들)가 실험한 경우를 '못 부식 실험'의 예를 통해 보기로 하자. 이 실험은 '집' 프로젝트 시 전문가로서 원을 방문한 건축과 대학원생이 '바닷가에서 그냥 떠 온 소금기 있는 모래로 집을 지으면 집이 튼튼하지 못하고, 못도 빨리 녹슨다.'고 설명해 준 데서 비롯되었다. 이를 듣고 난 유아 한 명이 정말 못에 소금기가 닿으면 빨리 녹이 스는지 알아보고 싶어 하였다. 이를 위해 못을 두 가지 조건(물속, 소금물 속)에 넣어 두는 실험을 하겠다고 전체 모임 시간에 발표하였다. 이때 발표를 듣던 다른 유아

한 명이 '물'과 '소금물'이라는 두 가지 조건만 하지 말고 '공기 중에 그냥 놓아두는 것'도 같이 해 보면 좋겠다는 의견을 내놓아 세 가지 조건(공기 속, 물속, 소금물 속)에서 실험을 하게 된 것이다.

### (3) 전문가와 함께하는 실험

전문가와 함께하는 실험은 말 그대로 전문가가 와서 유아들과 함께 실험을 하는 것이다. 교사는 전문가의 도움을 받을 때 효과적인 실험이 되리라고 판단되는 내용이 있을 때, 또 주위에 그런 도움을 줄 수 있는 사람이 자원으로 있을 때 전문가와 함께하는 실험을 유아들에게 마련해 준다.

이에 관한 예로 '물' 프로젝트 시 이루어진 '산성비'에 관한 실험을 들 수 있다. '산성비'에 관한 전문가와의 실험은 '물' 프로젝트 시 한 유아가 비에 관해 동시 지은 것을 전체 모임 시간에 발표하면서 비롯되었다. 이 과정을 자세히 살펴보면 〈표 5-2〉와 같다.

**표 5-2** 전문가와의 실험[15]으로 연결되는 과정

| 1: 동시 발표 |
|---|
|  |
| ♣ 유아 시 내용<br>비가 내리니까 내 마음이 울고 싶다<br>우루루 쾅쾅 하늘나라에서 전쟁이 났나 보다<br>하나님이 보내시는 비가<br>산성비인지 모르겠다<br>끝이다. |

**2: 산성비에 대한 교사 · 유아 논의**

형래 선생님. 산성비가 뭐예요?

영준 산성비는 빗방울이 머리카락에 떨어지고 나서 한참 자면 머리가 없어지는 거야.

종엽 그럼 대머리가 산성비 맞으면 머리가 벗겨지겠네.

창훈 산성비는 머리털을 빠지게 하니까 '대머리 비'다.

정은 눈썹에 비를 맞으면 눈썹도 빠지겠다. 옷도 다 없어지겠다.

영준 미용실 가서 '붙여 줘' 하면 되잖아!

형래 그런데 선생님. 지금 내리는 비도 산성비예요?

교사 지금 오는 비가 산성비인지 알아보려면 어떻게 하면 좋을까?

형빈 한 번요. 바가지에 모아서 머리에 부어 보면 되지요.

수경 너도 빛나리(대머리를 의미) 되려고 그래? 아이들이 빛나리 되면 네 책임이야.

용만 우산 쓰고 나가서 빗물을 모아 봐요.

택규 먹구름한테 물어봐요. 구름한테 전화하면 구름이 말해요.

수경 선생님. 구름이 어떻게 전화를 받아요? 그 책 보고 이상했어요.

교사 그래. 그건 재미있게 쓰려고 그런 거지. 사실은 먹구름이 진짜 전화는 못 받아.

덕권 엄마한테 물어볼래요.

교사 그래. 알아볼 수 있는 많은 생각들을 했구나. 선생님도 좋은 방법을 생각해 볼게. 이따가 빗물을 모아 보고 싶은 친구들은 그렇게 해도 좋겠다. 우산 쓰고….

15) 전문가의 설명에 따르면, '산성비'에 대한 실험은 리트머스 시험지를 이용하여 할 수 있으나 더 자세한 실험을 위해서는 ph meter 감지기를 사용하여야 한다. 보통 오염되지 않은 깨끗한 비의 ph는 6 정도이며 이 수치가 적을수록 산성비라고 한다. 처음 내리는 비(초기 비)의 ph는 4~5로 이를 받아 실험하면 리트머스 시험지가 변하는 것을 볼 수 있다. 그러나 초기 비가 아니라면 중성에 많이 가까워졌기 때문에 ph meter 감지기를 사용해야 한다. 빗물에 ph meter 감지기를 담그면 금방 수치가 나타나기 때문에 비가 산성인지를 쉽게 확인할 수 있다. [그림 5-4]의 왼쪽 사진은 리트머스 시험지를 빗물과 보통물, 그리고 식초에 담가 색깔 변화를 확인해 보는 모습이며 오른쪽 사진은 ph meter 감지기를 이용한 실험 결과의 모습이다.

**3: 전문가와의 실험 및 면담**

그림 5-4 전문가와의 실험 장면

유 아 산성비가 뭐예요?

전문가 공기 중에 있는 나쁜 물질과 연기 같은 것이 하늘로 올라가서 비 올 때 내리는 거야.

유 아 현미경으로 보면 산성비인지 색깔이 보이나요?

전문가 좀 전에 약물을 떨어뜨린다고 했었지? 더 자세히 보려면 현미경으로 보면 돼.

유 아 산성비를 한 방울 맞으면 하룻밤이 지나면 머리카락이 하나 빠지나요?

전문가 하나 빠지는 사람도 있지. 그런데 금방금방 빠지는 것은 아니야. 참, 산성비가 많이 오면 나무나 물고기 같은 것은 죽기도 한단다. 그리고 특히 처음 내리는 비는 더 산성이 심하단다. 먼지나 매연 등이 처음에는 많이 섞여 내리거든. 그러니까 처음에 내리는 비는 맞으면 안 되겠지?

유 아 그런데 중국 사람은 제일 많으니까 대머리가 제일 많아요?

전문가 글쎄, 그건 잘 모르겠는데 … 한 번 알아보아야겠다.

**4: 결과 기술**

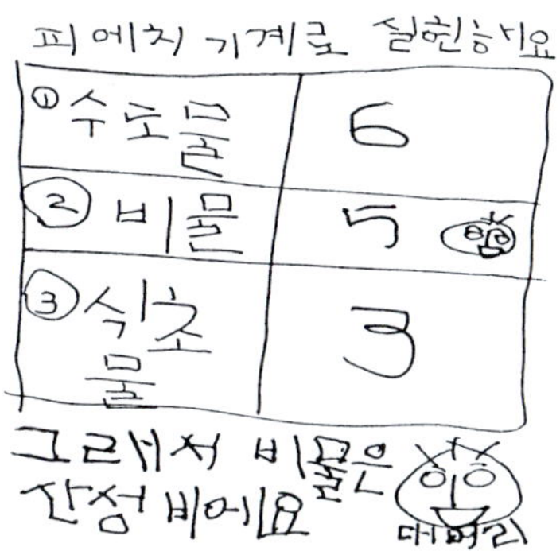

이상과 같이 유아의 주변 사람들이 전문가로서 원을 방문하여 유아들과 함께 실험을 하거나 이야기를 나누게 될 때 이중적인 효과를 얻을 수 있다. 먼저 유아들은 그 활동에 더 흥미를 갖고 활발하게 임하게 된다. 그리고 전문가로서 방문한 사람들은 이전보다 더 원의 교육에 관심을 갖게 되고 이후에도 필요한 도움을 기꺼이 주고자 하게 되는 것이다.

#### (4) 부모와 함께하는 실험

원에서 한 실험이 연장되어 가정에서 부모와 함께 실험하기로 발전되는 경우도 있다. 예를 들어 원에서 '물과 소금물은 어느 것이 먼저 얼까?' 하는 실험을 해 본 유아가 그 결과에 흥미를 느끼고 집에 가서 엄마에게 이야기하였다. 그리고는 엄마에게 다른 것도 얼려 보자고 제의하여 물, 주스, 미숫가루를 얼려 보았다. [그림 5-5]는 그에 대한 실험 결과를 엄마와 표로 만들어 본 것이다.

이 유아는 다음 날 전체 모임 시간에 실험 결과물을 친구들에게 보여주며 집에서 한 실험에 대해 이야기하였다. 그러면서 자기가 '얼려 보기 실험'을 하느라 잠도 잘 못 잤는데 해 보니까 물이 제일 빨리 얼고 다음에 주스, 맨 마지막으로 미숫가루가 얼더라고 설명해 주었다. 이유는 미숫가루에 여러 가지가 섞여 있기 때문이라는 자기 엄마의 설명도 덧붙였다. 이후 다른 유아들은 가정에서 엄마와 함께 '물과 우유' 얼려 보기, '물과 콜라' 얼려 보기, '물과 숭늉' 얼려 보기 등의 유사한 실험을 하게 되었다.

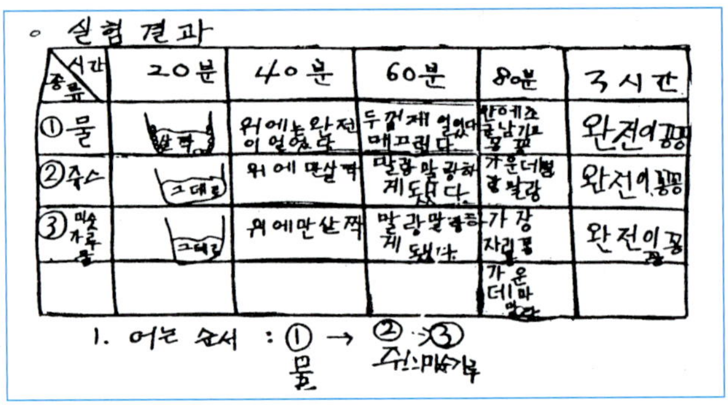


그림 5-5 가정에서 실험한 '물, 주스, 미숫가루 얼리기' 결과표

### 마) 자원 조작해 보기

질문 해결을 위해 실물 자원을 직접 조작해 보는 경우이다. 예를 들어 '신발' 프로젝트 시 롤러 스케이트와 롤러 블레이드의 차이점을 알아보기 위해서는 이것들에 대한 관찰과 함께 직접 타 보는 것이 가장 효과적일 것이다. 그런가 하면 '우리 반에서 제일 발이 큰 친구는 누구일까? 또 제일 작은 친구는 누구일까?'와 같은 질문은 직접 친구들끼리 발을 대 보면서 크기를 비교해 보는 것이다. 이외에도 물건 베껴 그리기, 두드려 보기, 기구 사용해 보기 등이 모두 여기에 속하는 방법들이다.

### 바) 관찰하기

유아들의 질문 중에는 실물을 자세히 관찰할 때 해결될 수 있는 내용이 많이 있다. 이때 한 가지 사물에 대한 단순 관찰뿐 아니라 비교 관찰도 가능하다. 즉, 연관된 두 가지 질문을 놓고 두 가지 물체를 동시에 관찰함으로써 원래의 질문에 대한 답뿐 아니라 비교를 통해 새로운 사실을 알게 되기도 하는 것이다.

예를 들어 만 5세반에서 '아기' 프로젝트 시 "보행기가 어떻게 생겼어요?", "유모차가 뭐예요?"라는 질문에 따라 아기 동생이 있는 유아들의 집에서 이 두 기구를 며칠간 빌리기로 하였다. 특히 관심이 많던 네 명의 유아는 두 기구가 오자 만져 보고 인형을 태워 보며 관련 사진을 보다가 이 두 기구가 모두 아기들의 '걷기'와 연관 있는 기구라는 것을 알게 되었다. 이때 교사는 유아들에게 이 두 기구의 같은 점과 다른 점을 알아보면 좋겠다고 제안하였다. 교사의 제안으로 유아들은 더욱 세밀하게 그 두 기구를 비교, 관찰하면서 벤다이어그램을 작성하였다.

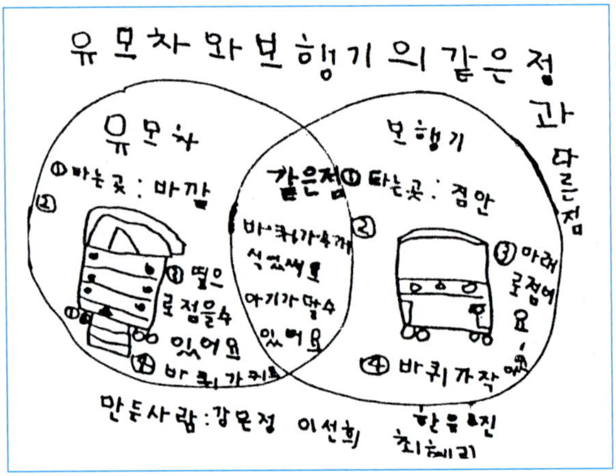


그림 5-6 보행기와 유모차에 관한 벤다이어그램

이 활동은 이후 아기는 언제부터 걸을 수 있는지를 조사해 보는 활동으로 연결되었다. 유아들 각자 "나는 아기일 때 언제부터 걷게 되었어요?" 하는 것을 엄마에게 물어보고 온 후 그 조사 결과를 막대그래프로 그려 봄으로써 아기들은 보통 10~11개월 정도에 첫 발짝을 떼게 된다는 사실을 알게 되었다. 이런 과정을 거쳐 나온 결과물은 [그림 5-7]과 같다. 여기서 표의 형식은 교사가 만들어 주고, 유아들 각자 걷게 된 개월 수를 표시하는 것은 '스티커(서 있는 여아 그림)'를 붙이도록 한 것이다. 한편, 교사는 표 형식을 만들 때, 세로축의 개월 수 '12'와 괄호 안의 '1년: 돌'을 진한 글씨로 해 줌으로써 유아들이 표 작업 중 12개월이 어떤 의미가 있는지도 자연스럽게 익히도록 배려하였다.

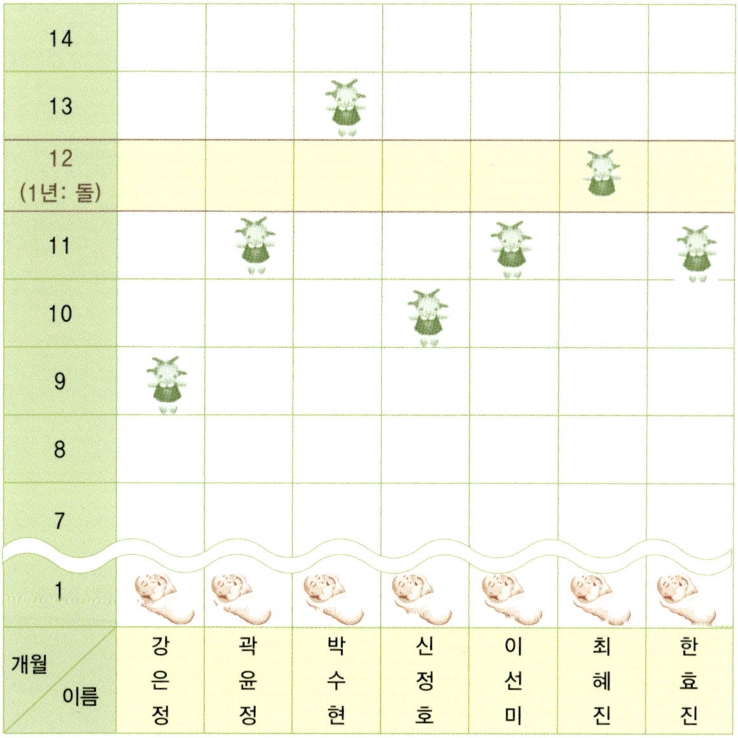


그림 5-7 '우리들이 걷게 된 때' 조사표

이 예에서 알 수 있듯이 '보행기는 어떻게 생겼나', '유모차는 무엇인가'와 같이 단순한 질문으로 시작된 유아들의 관찰 활동은 이 질문의 해결뿐 아니라 '두 기구 간의 공통점과 차이점'을 알아보는 탐구 활동으로 확장되고 더 나아가 '자신들이 걷게 된 때'를 조사하는 활동으로까지 연결되고 있다. 유아들의 활동 과정은 〈표 5-3〉과 같다.

**표 5-3** 보행기와 유모차에 관한 다단계별 활동 과정 분석

| 단계 | 내용 |
|---|---|
| **질문** | • 보행기는 어떻게 생겼나?<br>• 유모차는 어떻게 생겼나? |
| **해결 방안** | • 집에 유모차와 보행기가 있는 친구들 조사<br>• 그 친구들에게 두 기구를 가지고 오도록 부탁함 |
| **관찰** | • 두 기구를 관찰하고 타 보며 역할놀이도 하면서 알게 된 사실을 그림이나 글로 표현 |
| **토의** | • 반 전체 모임 시간의 논의를 통해 친구들의 걷게 된 때를 조사해 보기로 함<br>• 보행기와 유모차의 공통점과 차이점에 대해 논의함 |
| **최종 결과물** | • 친구들이 걷게 된 때를 조사한 도표<br>• 보행기와 유모차에 관한 벤다이어그램 |
| **결과 공유** | • 친구들이 걷게 된 때를 조사한 도표 발표<br>• 보행기와 유모차에 관한 벤다이어그램 설명 |

### 사) 책 보기(또는 그림, 사진, 동영상 자료 등 보기)

전개단계의 조사·탐구 활동 중 상당 부분은 책 또는 여러 가지 볼거리를 통해서 이루어진다. 이를 위해 교사가 프로젝트 시작단계에서부터 여러 종류의 관련 자원(동화책, 실제 정보를 주는 책, 또는 관련 볼거리 자료)을 준비해 주고 상황에 따라 보완해 주어야 한다. 그런가 하면 프로젝트 과정 중에 유아가 스스로 집에서 찾아오거나 부모들의 도움으로 보충되기도 한다.

예를 들어 '개미' 프로젝트의 경우는 원의 운동장이나 주위 공터 외에는 마땅히 현장 견학 장소를 찾는 것이 어려웠고, 실물 자원인 개미 상자 관찰로도 충분한 답을 찾기 어려웠다. 그런 이유로 다른 주제보다 관찰이나 책을 통한 조사 활동이 더 활발히 이루어진 경우이다. 이때 4명씩 한 조가 되어 개미 종류에 따른 특성조사도 하였다. 개미의 종류는 여러 가지가 있었는데 이 중 이름이 특이한 군대개미, 가시개미, 꿀단지개미, 거지개미, 가위개미를 조사하기로 정하였다. 교사와 유아들은 논의를 거쳐 '생긴 모습', '사는 곳', '먹이', '하는 일'에 대해 알아보기로 하였다. 이렇게 하여 책, 그림 자료, 인터넷, 동영상 자료를 통한 조사 등으로 [그림 5-8]과 같은 결과물이 나왔다. 유아들은 조사 결과를 공유하는 자리에서 서로 다른 조의 조사 내용을 보고는 감탄하고 즐거워하였다. 특히 코끼리를 잡아먹는 군대개미는 아이들에게 큰 놀라움을 주었으며 활발한 이야기 소재가 되었다. 이후 각 조는 'Busy Ants'는 곡을 이용한 가사 만들기도 하였다([그림 5-9] 참조).

그림 5-8 가위개미 조의 조사 결과

'Busy Ants' 곡을 이용해 만든 '바쁜 개미들' 노래

〈원곡〉

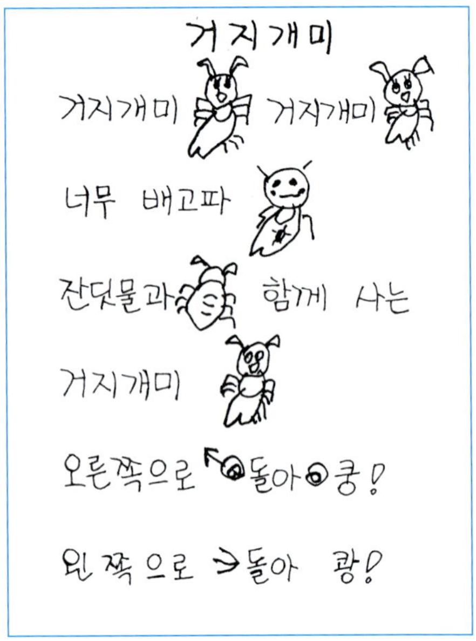


그림 5-9 'Busy Ants' 곡을 이용한 유아들의 개사 내용 예

## 나. 구체적 목표에 따른 특별 활동

조사·탐구 활동과 함께 프로젝트 전개단계에 이루어지는 활동의 다른 한 중심축은 '구체적 목표에 따른 특별 활동'이다. 물론 이 활동 유형이 프로젝트 전개단계의 현장 견학 전에만 일어나는 것은 아니며 프로젝트 전 과정에 걸쳐 이루어진다. 예를 들어 프로젝트 시작단계 때에는 벽에 부착되어 있는 교사-유아 공동 주제망의 영향을 받아 활동이 이루어지기도 하고 프로젝트 마무리단계 때에는 교실 장식 및 배치, 특별 행사 등과 관련하여 활동이 일어나기도 한다. 그런데 특별히 여기서 기술하는 이유는 전술한 바와 같이 질문에 대한 조사·탐구 활동과 상당히 유기적인 관계 속에 서로 영향을 주고받는 가운데 그 어느 시기보다도 가장 활발하게 이 활동 유형이 나타나기 때문이다.

'구체적 목표하의 특별 활동'이 발현되는 경우와 그 구체적 예를 들어 보면 다음과 같다.

### 1) 주제망에 부착되어 있는 항목들

교실 벽에 게시되어 있는 주제망의 여러 항목 중 어떤 것을 만들어 보기, 관련된 이야기 꾸미기, 쓰기 등이다. 예를 들어 '집' 프로젝트 시 '엘리베이터'라는 항목을 보고 상자를 이용해 만들어 보는 등의 활동이 이에 속한다. 이 경우 구체적 목표가 된 그 항목에 대해 얼마나 사실적 정보를 가지고 있는가 또는 얼마나 다양한 자원이 충원되는가에 따라 동일한 목적을 가진 활동이 수차례에 걸쳐 점점 정교한 형태로 나타나게 된다.

예로 든 '엘리베이터 만들기'의 경우, 처음 작품은 단순히 네모난 상자에 흰 종이를 앞뒤로 붙여 놓고 문을 그려 넣는 정도였다. 그런데 친구들과 이야기 나누는 중 '엘리베이터는 어떻게 움직이나?', '엘리베이터는 다 오면 어떻게 땡 소리가 날까?'와 같은 질문을 하게 되었다. 이후 엘리베이터의 조작 과정까지도 볼 수 있는 큰 건물로 현장 견학을 갔다. 그리고 거기서 엘리베이터에 대한 설명을 기사 아저씨로부터 듣고 실제로 엘리베이터를 움직이게 하는 도르래도 직접 보았다. 이런 과정을 거친 후의 엘리베이터 만들기는 상자 위에 실제 엘리베이터처럼 4개의 줄 연결하기, 도르래 만들어 달기 등 매우 사실적인 표현으로 변화, 발전되었다. 이와 같이 단순하게 출발한 만들기 활동 중에 이와 연관된 보다 깊이 있는 질문이 제기될 수 있고, 이에 대한 조사 활동을 하고 난 후 보다 사실적이고 확장된 만들기 활동이 이루어질 수 있으며, 다시 여기서 보다 심화된 질문이 파생될 수 있다. 이를 도표화하면 다음과 같다.

표 5-4 표현 활동과 조사 활동과의 관계

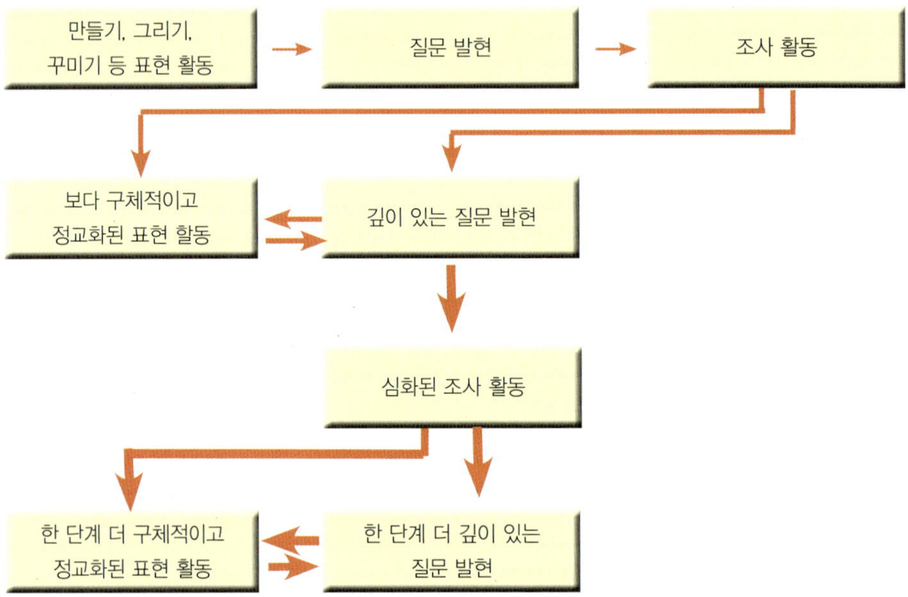


### 2) 충원된 자원

여러 가지 자원이 충원되면서 특별 활동이 계획되기도 한다. 강한 관심을 끌거나 평소에 자주 접해 보지 못하던 물건, 재미있는 책 등이 특히 그러하다. 예로 '우리가 돌보는 공원' 프로젝트 시 시청에서 받아 온 꽃모종이라든가, '신발' 프로젝트가 이루어지는 동안 자원으로 충원된 볼링화나 골프화, '아기' 프로젝트 시 한 친구가 들고 온 동화책『호랑이와 곶감』등을 들 수 있다.

### 가) 강한 관심을 끄는 자원

M원 5세반에서 3월 말부터 시작한 '달맞이 공원' 프로젝트 중인 4월 초, 시청에서는 꽃모종을 시민들에게 나누어 주는 행사를 하였고, 교사와 유아들은 직접 가서 꽃모종을 받아왔다. 유아들은 꽃모종을 어디다 심을 것인가에 대단한 관심을 보였는데, 이런저런 절차를 거쳐 시청의 공원관리부서와의 협조 하에 달맞이 공원 안에 작은 꽃밭을 만들기로 하였다. 그래서 공원에 나가 꽃밭으로 만들 수 있는 공간 정하기, 어떤 모양으로 꽃밭을 만들면 좋을지 그림으로 그려보고 다수결로 정하기, 학부모 자원봉사자와 힘을 합해 꽃밭 만들기, 당번을 정해 꾸준히 꽃밭에 물 주고 돌보기 등을 하였다. 이런 과정에서 유아들뿐 아니라 교사, 학부모들까지 그 꽃밭과 공원에 대한 관심과 애정이 높아졌다. 꽃이 피기 시작하면서 어떤 유아는 밤마다 부모와 꽃밭의 꽃들이 잘 있는지 확인하러 가는 정도였다.

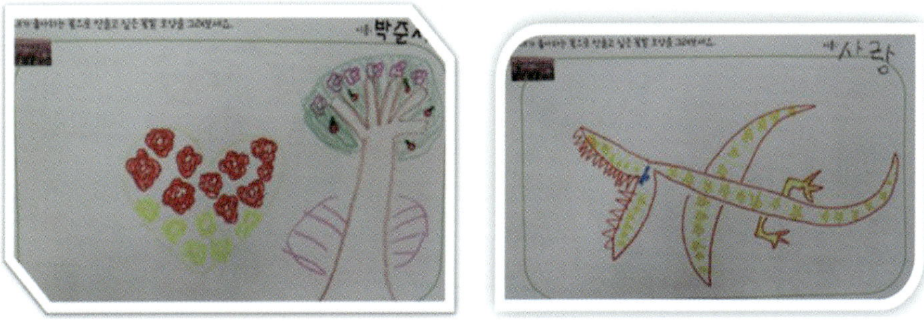

그림 5-10 원하는 꽃밭 모양(예: 하트 모양, 용 모양)

그림 5-11 꽃밭 모양 정하기 위해 투표하기–하트 모양으로 결정, 완성된 꽃밭

#### 나) 자주 접해보지 못하던 자원

'신발' 프로젝트 시 '골프화'의 경우는 반 전체 유아들이 참여하는 골프대회를 촉발시켰다. 골프화가 자원으로 온 날, 반의 몇몇 유아는 그것이 골프화라는 것, 골프할 때는 골프공을 골프채로 굴려 구멍으로 넣어야 한다는 것을 이미 알고 있었으며, 그중에는 TV로 골프대회를 본 유아도 있었다. 그런 이야기가 오고 간 후 골프화는 다른 자원들과 함께 신발을 모아 두는 곳에 배치되었는데 관심 있는 유아들이 바로 골프대회 역할놀이를 하였다.

이렇게 되면서 골프대회 역할놀이에 대한 관심은 점차 다른 유아들에게까지 확산되었다. 이를 관찰한 교사는 유아들과 함께 반 전체가 참여하는 골프대회를 계획하기에 이르렀다. 그런데 어떻게 골프대회를 할까, 어떤 규칙을 정할까를 논의하면서 부각된 문제는 골프화와 골프채가 하나씩밖에 없다는 사실이었다. 이 문제 해결을 위해 아이들은 골프화와 골프채를 잘 관찰한 후 그 특성을 살려 하나씩을 더 만들기로 하였다. 또 골프대회를 보다 재미있도록 하기 위해 골프화를 본뜬 골프대회 상장도 만들었다. 이런 준비가 다 된 후 공평한 대회를 하기 위해 한 팀은 진짜 골프채와 자신들이 만든 가짜 골프화를 다른 한 팀은 가짜 골프채와 진짜 골프화를 이용하여 대회에 임하였다.

#### 다) 재미있는 동화책이나 동영상 동화

'아기' 프로젝트 시 『호랑이와 곶감』 동화책을 읽은 한 유아는 전체 모임 시간에 그 동화를 '아기와 곶감'이라는 인형극으로 꾸며 보고 싶다고 발표하였다. 다른 유아 한 명이 같이 대본을 준비하고 인형을 만들기로 하였다. 이 과정을 지켜보던 교사는 유아 두 명만 가지고는 준비에 너무 많은 시간이 걸리고 또 효과적인 인형극이 될 수 없겠다는 판단을 하였다. 그래서 교사가 개입하여 함께 의논한 후 다시 두 명의 유아가 더 참여하도록 조정해 주어 마침내 인형극을 완성하였다. 인형극 계획에서 결과에 이르기까지 그 과정을 정리해 보면 〈표 5-5〉와 같다.

**표 5-5** '아기와 곶감' 인형극 발전 과정

| 활동단계 | 활동의 내용 |
|---|---|
| 초기 아이디어 | 한 유아가 『호랑이와 곶감』 동화책을 읽고 난 후 지금 하는 프로젝트가 '아기'니까 '아기와 곶감'이라고 제목을 바꾼 후 인형극으로 해 보면 좋겠다고 제안하고 같이 하기를 원하는 친구들은 자기에게 말해달라고 한다. |
| 계 획 | 다른 유아 한 명과 함께 인형극 대본과 인형을 만들자고 이야기한다. 먼저 대본을 쓰고 인형 만들기를 계획한다. 교사도 참여한 논의에서 막대 인형을 만들기로 하고 필요한 자료를 준비한다(종이, 나무젓가락, 셀로판테이프, 가위, 크레파스 등). |
| 실행 및 기록 | 본래의 동화를 조금씩 바꾸어 '아기와 곶감' 대본을 쓰고 인형을 만든다. 교사가 대본 만드는 것을 보면서 다른 친구들의 도움을 더 받는 것이 좋을 것 같다는 제안을 해 준다. |
| 토 의 | 두 유아가 대본과 인형을 보면서 몇 명이 더 필요한지를 의논한다. 전체 모임 시간에 도움을 청해서 인형극에 동참하기를 원하는 친구 두 명과 함께 역할을 정한다. |
| 최종 결과 | 인형극 대본, 막대 인형(아기, 아기 엄마, 호랑이, 도둑), 완성된 인형극 |
| 결과의 공유 | '아기' 전시회 때 전시회를 보러 온 동생반 유아들과 부모들에게 인형극을 공연하고 대본은 전시한다. |

그런가 하면 '아나바다' 프로젝트를 하던 중 동화 "오염왕국? 어림없어. 우리가 있는 걸"(지옥정, 2014b, 301-302)을 본 유아들은 역할놀이 영역에서 이를 며칠째 흉내 내며 놀았다. 이 과정에서 새로운 대사를 첨가하기도 하였다. 이에 교사는 동극으로 발전시킬 때 효과적인 작은 프로젝트가 되리라고 판단하여 유아들과 함께 계획하고 실행해 나갔다. 결과적으로 '마구마구 세상, 반드시 이기겠어.' 라는 제목의 동극이 탄생된 바 있다.

### 3) 교사의 제안

프로젝트 진행 과정 중 교사가 유아들에게 특정 활동을 제안할 수도 있다. 그 예로 '물' 프로젝트 시 이루어진 신문 만들기 활동에 대해 살펴보기로 하자.

'물' 프로젝트가 진행되고 있던 7월, 많은 비가 내리면서 신문이나 텔레비전에서 연일 어디가 침수되었다거나 무엇이 유실되었다거나 하는 기사를 다루고 있었다. 그 무렵 자연스럽게 매일 아침 전체 모임 시간에는 비에 대한 이야기를 많이 나누게 되었고 유아들 중에는 그런 기사가 실린 신문을 가지고 오는 아이들도 있었다. 이런 과정에서 교사와 유아들은 비가 아주 많이 오면 우리 생활에 어떤 피해를 주는지에 관한 신문을 만들어 보기로 하였다. 교사의 판단에 반 대부분의 유아들이 비에 많은 관심을 가지고 있을 뿐 아니라 신문을 만들어 보는 활동은 여러 가지 교육적 의미가 있을 것이라고 보았기 때문이다. 이리하여 4명씩 조를 짜서 신문 만들기 활동을 진행하게 되었다.

먼저, 유아들은 집에서 신문을 보면서 비로 인한 피해 사진이 실렸으면 오려 오고 부모님과도 이에 관해 이야기를 하고 오기로 하였다. 그리고 난 후 모아 온 자료를 가지고 조별로 신문을 만들어 보기로 하였다. 이를 위해 신문 제목을 무엇으로 할 것인가, 신문의 모양은 어떻게 할 것인가, 어떤 내용을 어떤 순서로 붙일 것인가 등에 대해 논의하였다. 한 조의 논의 장면을 일부 살펴보면 다음과 같다.

형래 : 우리, 신문 이름을 무엇으로 할까?
상범 : 충청일보라고 하자.
형래 : 아니야. '새암 신문'이라고 해. 우리가 만드는 거니까 우리 원 이름을 붙여야지.
다정 : 그래. 나도 '새암 신문'이 좋은데….
상범 : 안 돼. 우리 아빠가 거기 다닌단 말야. 그리고 충청일보를 제일 많이 보잖아?
용만 : 상범이 아빠가 다니시니까 충청일보라고 하자.
형래 : 그럼 신문 모양은?
상범 : 신문은 모두 네모난 모양이야.
형래 : 아니야. 동그란 모양으로 해도 돼.
용만 : 그래, 저기 펭귄조 아이들도 네모 아니고 별 모양으로 하던데?
다정 : 네 말대로 충청일보라고 하기로 했으니까 이번에는 동그란 모양으로 하자.
형래 : 맞아. 너도 그렇게 한 번 해야 돼.
상범 : (다른 조 신문 모양을 쳐다보며) 좋아. 그럼 모양은 동그랗게 하자.

이런 과정을 거쳐 나온 신문의 예를 들면 [그림 5-12]와 같다.

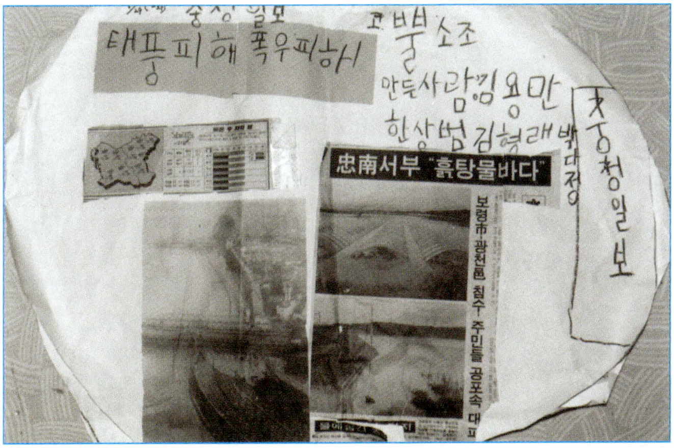


그림 5-12 '비 피해에 관한 신문'

### 4) 친구들이 발표한 결과물

친구들이 발표한 결과물에 자극을 받아 같거나 유사한 활동이 계획되기도 한다. 예를 들어 '슈퍼마켓' 프로젝트 시 한 유아가 만든 게임판은 슈퍼마켓에 도착만 하면 이기는 것으로 고안되어 있었다. 이 게임판을 가지고 게임을 해 본 아이들은 '미끌미끌', '멍멍'이라고 써진 칸에 다다르면 다시 맨 처음으로 돌아가야 한다는 사실을 무척 재미있어 하였다. 그런데 슈퍼마켓이니까 물건도 사는 것으로 하자고 의견이 모아졌다. 이런 과정을 거쳐 교사도 참여하여 보완한 게임판은 처음 게임판의 재미도 살리면서 동시에 슈퍼마켓에서 물건을 사는 것도 하도록 수정되었다.

게임판을 만든 후 유아들은 기존의 상품화된 게임판을 가지고 놀 때와는 다르게 '이 게임판에 문제점은 없는가, 어떤 점을 보완하면 또는 새롭게 고치면 더 재미있는 게임판이 될 수 있는가'에 대해 다각도로 분석하면서 계속 새로운 게임판을 만들어 나갔다. 이와 같은 태도는 프로젝트를 통해 추구하고자 하는 목표 영역 중의 하나인 '문제를 분석하고 해결하려는 성향', '더 발전적인 방향을 추구하려는 성향'과 매우 연관이 깊은 자세로서 게임판이라는 결과물 못지않게 중요한 의미를 갖고 있다.

### 5) 조사·탐구 활동, 교사 계획 활동과의 연관

'과자' 프로젝트 중 '왜 양갱은 까매요?', '왜 겉이 반짝반짝해요?', '왜 맛이 달아요?', '왜 끝이 말랐어요?' 등의 여러 가지 질문이 나왔다. 교사는 유아들 스스로 이 질문들을 해결하기에는 무리가 있다고 보고 교사가 직접 나서 책을 찾아보고 또 주위 사람들의 이야기를 통해 양갱 만드는 것이 어렵지 않다는 것을 알게 되었다. 이후 '양갱 만들기 요리 활동'을 계획하였다. 참고로, 양갱 만들기 과정은 [그림 5-13]과 같다.

유아들은 자신들이 직접 만든 양갱을 대단히 자랑스러워하면서 그 양갱들을 전시회날 판매하자고 하였다. 그리고 그렇게 하려면 다른 과자처럼 이름이 있어야 하고 광고도 만들어야 하며 포장을 잘하여야 한다는 등 여러 가지 생각을 내놓았다. 이렇게 하여 양갱 이름 짓기, 광고 만들기, 포장하기 등의 특별 활동이 계속 진행되었다.

양갱 이름은 두 명의 유아가 반 친구들의 의견을 조사하여 몇 가지 적은 후 전체 모임 시간에 다수결로 '제비표 꿀단지 양갱'으로 정하였다. 여기서 제비표는 제비반이기 때문에 붙여진 것이다. 이름이 정해진 후에는 4명씩 조를 짜서 광고를 만들었다. 광고의 초점은 '어떤 말과 행동을 할 때 이 꿀단지 양갱을 가장 잘 나타낼 수 있을까? 어떻게 하면 다른 사람이 정말 사 먹고 싶은 생각이 들도록 할 수 있을까?'에 있었다. 양갱 만들기와 관련된 활동은 이외에도 양갱이 되는 과정을 글로 표현해 보기, 글로 표현한 것에 곡을 붙여 보기, 노래에 맞추어 몸을 창의적으로 움직여 보기 등의 활동으로 확산되어 나타난 바 있다. 한 조가 만든 광고 내용을 예로 들어 보면 다음과 같다.

❖ 재료 : 한천 75g, 팥앙금 2,700g, 물엿 300g, 설탕 1,800g, 모양틀, 국자

❖ 만드는 방법

그림 5-13 양갱 만들기

**'제비표 꿀단지 양갱' 광고하기**

할아버지 : (허리 굽힌 채 등장) 아이구! 허리야!
점원 1, 2 : (합창하듯) 양갱 사세요. 양갱 사세요.
할아버지 : 거, 양갱 하나 주슈.
점원 1, 2 : 여기 있습니다.
할아버지 : (양갱을 까 먹고) 히야! 양갱을 먹으니까 허리가 펴졌네![16)]
지나가던 사람 : 나도 양갱 주세요.
모두 다 같이 : (합창) 제비표 꿀단지 양갱을 사 먹어요.

유아들은 광고를 더 실감 나게 하기 위해 복장을 어떻게 할까, 목소리를 어떻게 해야 좋을까 등에 대해서까지도 의논하면서 각 조별 광고를 만들었다. 그리고 전체 모임 시간에는 다른 조의 광고 내용을 본 후 서로 소감을 이야기해 주기도 하였다. 조별로 만든 광고는 실제로 '과자' 전시회 날 하나의 순서로 발표된 바 있다.

이외에도 특별 활동을 유발시키는 또 다른 중요한 요인으로 현장 견학과 전문가와의 만남을 들 수 있다. 그러나 이에 관한 내용은 현장 견학 이후에서 다루고 있으므로 여기에서는 생략하기로 한다.

## 다. 교사 계획 활동

교사 계획 활동이 프로젝트 전개단계에만 필요한 것은 물론 아니다. 프로젝트 시작단계에서부터 마무리단계에 이르기까지 원활한 프로젝트 진행을 위한 교사의

16) 유아들이 '할아버지가 양갱을 먹고 허리가 펴졌다'고 표현하게 된 배경은 양갱 겉껍질에 칼슘이 함유되어 있다고 적힌 것을 읽었기 때문이다. 과자 봉지에 쓰인 영양소들에 대한 조사를 통해 아이들은 칼슘이 우리 뼈를 튼튼하게 한다는 사실을 알고 있었다.

계속적인 개입과 조정은 꼭 필요하다. 또한, 전술한 '조사·탐구 활동'이나 '구체적 목표에 따른 특별 활동'도 넓게 보면 모두 교사의 교육적 의도 내지는 계획이 반영된 활동이다. 유아들이 궁금해하는 것들에 기초하여 조사·탐구 활동이 이루어진다고 해도 그것을 활동으로 연결하는 과정에서 교사의 개입은 필수적이기 때문이다. 같은 맥락에서 구체적 목표에 따른 특별 활동 역시 마찬가지다. 그런데 여기서 굳이 교사 계획 활동을 따로 나누어 서술하는 이유는 프로젝트 과정 중 교사의 교육적 의도가 보다 직접적으로 반영된 활동이 필요하기 때문이다. 특히 반 전체가 단일 주제 하에 프로젝트를 진행할 때는 더욱 그러하다.

보다 구체적으로, 교사 계획 활동은 개별, 소집단, 또는 반 전체 유아를 대상으로 이루어질 수 있다. 그런가 하면 활동 유형도 이야기 나누기, 동화, 새 노래, 게임, 음률 활동 등 여러 가지로 나타날 수 있다. 이 책에서는 각 사례마다 다르게 접근되어야 하는 개별, 소집단 대상 교사 계획 활동은 제외하고 반 전체 아동을 대상으로 하는 교사 계획 활동에 대한 부분만을 집중적으로 살펴보고자 한다.

### 1) 필요성 및 목적

첫째, 프로젝트 주제에 관한 중심 개념이나 사실을 알려주기 위해서이다. 예를 들어 개미 프로젝트를 하면서 '벚나무와 개미의 공생 관계'를 알려주고자 할 때 교사는 전체 유아들에게 "벚나무 임금과 여왕개미" 동화(교육과학기술부, 2012, 81-82) 들려주기를 계획할 수 있다.

둘째, 프로젝트 진행 과정에 따른 새로운 조사 방법이나 표현 방법을 체계적으로 교수하기 위해서이다. 예를 들어 막대그래프로 나타내기나 벤다이어그램 그리기와 같은 표현 방법의 경우 유아들이 이런 표현 방법에 대해 이해하고 익숙해지기까지 교사가 구체적으로 교수할 필요가 있다. 즉, 언제 이런 표현 방법들을 사용할 수 있는지, 어떻게 활용할 수 있는지 등에 대해 체계적으로 교육할 필요가 있는 것이다.

셋째, 진행되고 있는 프로젝트 활동을 보다 활성화하고 촉진하기 위해서이다. 프로젝트 진행 상황에 따라 반 전체 유아를 대상으로 동화 들려주기가 이루어질 수도 있고 조별 요리 활동이나 실험이 계획될 수도 있다. 또는 어떤 새로운 사실이나 정보를 알게 되었을 때 이를 기초로 연관된 후속 활동을 계획하기도 한다.

전술한 예에서 나타나듯이 교사가 계획하는 활동은 유아들의 프로젝트 활동을 전체적으로 균형 있게 이끌어 주고 더 발전될 수 있도록 촉진시켜 주는 역할을 한다. 그렇다면 다음 문제는 교사가 어떤 때에 어떤 식으로 활동을 계획할 것인가 하는 사항이다.

### 2) 방 법

#### 가) 활동예상안 이용

교사 계획 활동의 일차적 자원은 교사가 준비단계에서 작성해 놓은 활동예상안이다. 먼저 기본 개념이나 중요한 사실 전달의 경우, 프로젝트 진행 과정을 살펴보면서 가장 적합한 시기라고 판단되는 때에 활동예상안에서 활동을 선택할 수 있다. 예를 들어 '과자' 프로젝트에서 유아들에게 전달해 주어야 할 중요한 기본 개념으로 '과자를 먹은 후에는 이를 잘 닦아야 한다.'라는 것을 설정하였다고 하자. 프로젝트 시작단계에서부터 아이들이 과자를 접하고 먹어 볼 기회가 많다면 교사는 이 개념 전달을 프로젝트 초기단계에 확실히 해 줄 필요가 있다.

#### 나) 예상치 못했던 사건 활용

한 가지 예를 들어 보자. '과자' 프로젝트가 진행되던 어느 날 아침, 전체 모임 시간에 한 유아가 머리에 껌이 들러붙은 이야기를 하였다. 밤에 껌을 씹다가 그만 잠이 들고 말았는데, 다음 날 일어나 보니 자기 머리에 그 껌이 딱 붙어 있었다는 것이다. 그것을 떼어 내려고 해도 영 안 되어서 할 수 없이 엄마가 가위로 그 주변 머리까지 모두 잘라 내었다는 내용이었다. 이 이야기를 듣고 여러 유아들이 껌에 관한 질문들을 하면서 흥미 있어 하였고, 교사가 볼 때에 이 문제는 형태, 색, 문자나 수 등의 지도 및 기본 생활 습관 지도와도 밀접한 관련이 있었으므로 다음 날 활동으로 이에 관한 게임을 계획하였다.

게임의 목적은 유아들로 하여금 껌의 일반적 특성 및 다양한 껌의 특성(색깔, 모양, 독특한 향, 맛, 껍질 및 껍질에 쓰인 글자와 수에 대한 흥미 유발 등)을 인식시키고 아울러 껌을 버릴 때는 꼭 껌 종이에 싸서 쓰레기통에 버려야 한다는 사실을 알려주는 것이었다. 게임 내용은 씹던 껌을 종이에 싸서 휴지통에 골인시키는 것으로 재미를 더하기 위해 두 팀으로 나누어 어느 팀이 더 빨랐는지, 몇 개나 명중시켰는지를 가려 이긴 팀을 정하기로 하였다.

### 3) 기록된 결과와의 유기적 연계

교사 계획 활동이었건, 발현된 활동이었건 간에 실제 행해진 활동들은 활동예상안에 기록해 놓는 것이 바람직하다. 연계하여 다음 활동을 계획할 수 있을 뿐 아니라 프로젝트 평가나 다음 해 동일한 주제를 다루게 될 때 좋은 참고 자료가 될 수 있기 때문이다.

구체적 기록 방법은 다음과 같다. 첫째, 예상한 활동이 이루어진 경우에는 그 활동명 밑에 색 펜으로 밑줄을 긋고 이루어진 날짜를 기술한다. 이렇게 하는 이유는 예상은 되었으나 이루어지지 않은 활동과 쉽게 구분하기 위함이다. 둘째, 교사가 사전에 예상하지 못한 활동이 새롭게 이루어진 경우에는 프로젝트 진행 주에 따라 다른 색 펜으로 기술해 둔다. 이때 그 활동이 이루어지게 된 계기와 날짜를 함께 간단히 기술해 둔다면 더욱 효과적일 것이다. 셋째, 어떤 활동에서 보다 심화된 다른 활동이 파생되었다면 화살표로 표시해 놓는다. 활동의 진행 과정을 구체적으로 파악할 수 있기 때문이다. 이런 방법으로 교사가 활동들을 모두 기록할 수 있도록 처음부터 2절지 정도의 크기에 활동예상안을 크게 작성해 놓고 넉넉하게 다른 활동들을 적어 넣는 것이 편리할 것이다.

한편, 〈표 5-6〉은 프로젝트 과정 중 이루어지는 활동들의 유기적 연계를 위해 고안한 일일교육계획안 양식이다. 이 표가 일반적인 일일교육계획안 양식과 다른 점은 예상 활동과 필요 자원을 적는 난 옆에 활동 결과 및 제기된 사항을 적도록 되어 있다는 점이다. 즉, 각 활동마다 예상된 활동의 결과가 어땠는지, 그 결과에서 제기된 사항은 무엇인지를 기록하는 것이다. 〈표 5-6〉에서는 그 예로 자유놀이 시간의 '언어 영역' 활동 결과와 그 결과에서 제기된 사항을 제시해 보았다. 여기서 핵심은 활동마다 제기된 사항을 총 정리하여 다음 활동—바로 다음 날 활동이 될 수도 있고 며칠 후 활동이 될 수도 있음—에 반영함으로써 프로젝트 과정 중 활동들 간에 유기적 연계가 원활히 이루어지도록 하는 것이다. 이때 제기된 사항에는 다음 활동 내용 선정 시 반영해야 할 것도 있고, 보충해 주어야 할 자원이나 교수-학습 과정에서 교사가 고려해야 할 사항, 예를 들면 유아들 간 관계 조정 문제까지 나올 수 있다. 이 표의 구체적 적용 사례는 pp. 313~314의 〈표 9-2〉에서 확인할 수 있다.

**표 5-6** 프로젝트 과정 중 일일교육계획안

| 시 간 | 활동명 | 예상 활동 | 필요 자원 | 활동 결과 | 제기된 사항 |
|---|---|---|---|---|---|
| 8:30<br>~<br>9:50 | 자유<br>놀이 | 예<br>언어영역:<br>과자봉지에서<br>볼 수 있는<br>글자, 수, 상징<br>등 그리기, 적어<br>보기 | 예<br>유아들이<br>좋아하는 과자<br>봉지, 연필과<br>가는 펜 | 예<br>좋아하는 과자,<br>과자를 산 곳,<br>사 준 사람 등에<br>대한 이야기가<br>집중적으로<br>이루어짐 | 예<br>반 전체가 참여하는<br>'내가 좋아하는<br>과자' 막대그래프<br>시도해 볼 것-스티커<br>붙이기→막대그래프<br>용지와 스티커 준비 |
| | | … | | | |
| 9:50<br>~<br>10:10 | 정리 정돈 | | | | |
| 10:10<br>~<br>10:20 | 간식 | | | | |

| 시 간 | 활동명 | 예상 활동 | 필요 자원 | 활동 결과 | 제기된 사항 |
|---|---|---|---|---|---|
| 10:20<br>~<br>10:50 | 활동 공유/<br>자원 소개 | | | | |
| 10:50<br>~<br>11:20 | 새 노래 배우기/<br>신체 활동 | | | | |
| 11:20<br>~<br>11:50 | '주제' 생각<br>모으기 | (예 조별 생각<br>모으기) | | | |
| 11:50<br>~<br>13:00 | 화장실<br>다녀오기/점심 | | | | |
| 13:00<br>~<br>13:30 | 조별 활동 결과<br>전체 공유 | | | | |
| 13:30<br>~<br>14:00 | 정리/귀가 | | | | |
| 전체<br>정리 | 예<br>• 막대그래프 그리기(내일): 그래프 용지와 스티커 준비(보조교사)<br>• 각 활동에서 제기된 사항을 정리하여 다음 활동내용, 활동시기(내일, 2~3일 후, 다음 주 등), 충원해 줄 자원, 담당자(교사, 보조교사, 유아, 부모 등)를 정리한다. | | | | |

※ 예상 활동은 프로젝트 1주라는 가정하에 임의로 기술한 것임.

이때 특별히 주의할 점은 교사 계획 활동이 유아들의 프로젝트 활동 진행과 유리되어 이루어진다면 전통적인 교사 주도 형식의 '교사 계획 활동'과 하등 차이날 것이 없다는 것이다. 명칭은 동일한 '교사 계획 활동'이지만 프로젝트 중에서의 교사 계획 활동은 유아들의 프로젝트 활동을 보다 활성화하고 촉진시키는 데 목적이 있음을 유념해야 한다.

## 라. 활동 과정 및 결과물 공유 활동

프로젝트 전개단계에서 교사가 가장 관심을 기울여야 할 일 중의 하나는 유아들 간의 활동 과정 및 결과물 공유이다. 공유는 두 가지 차원에서 이루어진다. 하나는 프로젝트 과정 중 공유이고 다른 하나는 프로젝트 마무리단계에서의 공유이다. 마무리단계에서의 공유는 전시회 및 발표회의 형태로 이루어질 수 있으며 반 친구들끼리만의 공유가 아닌 다른 반, 부모, 관계된 모든 다른 사람들과의 공유이다. 후자의 의미 및 방법은 프로젝트 마무리단계에서 자세히 다룰 예정이므로 여기서는 프로젝트 과정 중의 공유에 대해서만 중점적으로 생각해 보기로 한다.

1) 의 미

첫째, 최선을 다해 활동에 임하는 태도가 길러진다. 조사에 임하는 유아들은 다른 친구들에게 자신의 활동 과정 및 결과에 대해 발표할 거라는 사실을 알고 있을 때 책임감을 더 느끼고 잘하려고 노력하게 된다. 아울러 다른 사람들에게 설명하고 발표하는 기회를 가짐으로써 스스로도 자신(들)이 무엇을, 왜 하고 있으며, 그래서 어떤 결과가 나왔는지를 확인, 점검, 평가해 볼 수 있다.

둘째, 교사와 유아, 유아와 유아들 간에 정보를 공유하고 의견을 교환함으로써 서로가 부족한 부분을 보완할 수 있다. 만일 유아들이 계획한 활동이 너무 단순하거나 현실적으로 너무 어렵고 복잡하다면 교사가 그 활동의 방향이나 내용을 조정해 줄 수 있다. 친구들끼리도 더 좋은 의견이나 아이디어를 보완해 줄 수 있다.

셋째, 학습 효과의 극대화를 꾀할 수 있다. 공유 시간을 통해 유아들은 다른 친구의 조사 내용 및 방법, 그 표현 방법에 대해 학습하게 된다. 이 과정에서 유아들은 활동 방법이나 과정, 결과물에 대해 서로 의견을 나누고 평가의 과정을 거치는 중에 문제 해결 방법을 학습하기도 한다.

넷째, 조화로운 프로젝트로의 발전을 도모할 수 있다. 반 전체가 한 주제에 대한 프로젝트를 하고 있다고 해도 유아들의 흥미와 관심 분야에 따라 같은 시간대에도 여러 가지 활동이 동시에 이루어지는 경우가 많다. 그러므로 공유 시간을 통해 서로 보충하고 또 정보를 나누면서 반 전체 유아들이 함께 하나의 조화로운 프로젝트로 발전시켜 나갈 수 있게 된다.

### 2) 방 법

#### 가) 매일 수업 시간 중 일정 시간 할애

매일 하루의 일정 시간, 즉 자유놀이 이후나 프로젝트 활동 시간 이후에 함께 모여 서로가 하고 있는 활동에 대해 이야기하면서 의견을 나누도록 하는 것이다. 활동이 활발하게 이루어지고 있다면 하루에 두 번 정도 이런 시간을 넣는 것도 바람직하다. 이 경우 효과적인 활동 공유를 위해 교사가 배려하여야 할 구체적 사항은 다음과 같다.

첫째, 이 시간이 적극적인 몇 유아에 의해 주도되지 않도록 유의하여야 한다.
둘째, 가능한 한 구체적 결과물을 가지고 발표해 보도록 한다.
셋째, 공유 시간이 너무 길어지지 않도록 교사가 조정자 역할을 한다.
넷째, 활동 내용에 따라 적합한 추후 활동으로 연결될 수 있도록 지도한다.

#### 나) 프로젝트 기간 내 계속 공유

일반적으로 벽에 게시하는 방법 외에도 다음과 같은 몇 가지 방법을 생각해 볼 수 있다.

**(1) 궤도식으로 게시하는 방법**

질문 내용과 조사 결과를 매일 한 장의 큰 종이에 붙여 나가면서 궤도식으로 정리하는 방법이다. 만일 하루치 조사 내용이 적다면 이틀치를 한 장에 정리할 수도 있다.

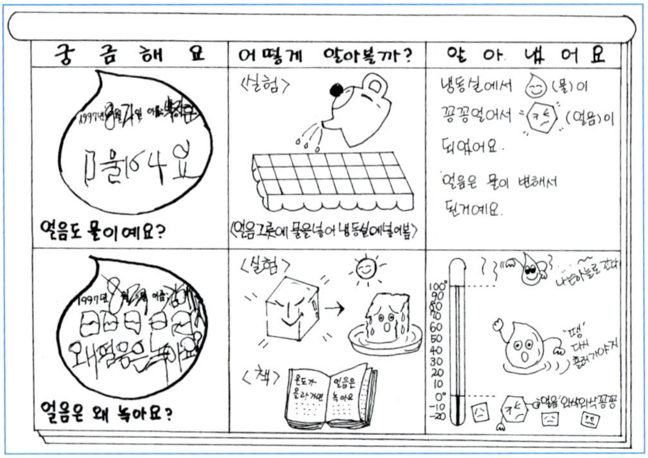


그림 5-14 궤도식 게시

## (2) 책으로 묶어 주는 방법

조사된 질문 내용을 그림으로 그리거나 글씨로 적을 수 있도록 일정한 규격의 종이를 마련해 주고 그 결과를 항상 정해진 장소에 모아 놓도록 하여 약 일주일 단위로 정리하여 묶어 주는 방법이다. 즉, 반 전체가 공동으로 참여하여 만드는 책인 셈이다. 이렇게 하여 어느 정도 결과물이 쌓이면 유아들은 다른 책 자원과 마찬가지로 자신들이 만든 책도 자원으로 활용할 수 있게 된다.

그림 5-15 책으로 묶인 경우

### (3) 소제목별로 분류하여 게시하는 방법

주제망에 게시되어 있는 소제목별로 조사 내용을 분류하여 게시해 주는 방법이다. 연령이 높은 반에서 세부적인 조사 활동이 활발히 이루어진 경우나 주제의 특성상 조사 활동 비율이 높아 그 결과물이 많이 나오고 있을 때 그 결과물을 소제목별로 분류해 주는 것이다. 예를 들면 [그림 5-16]과 같다.

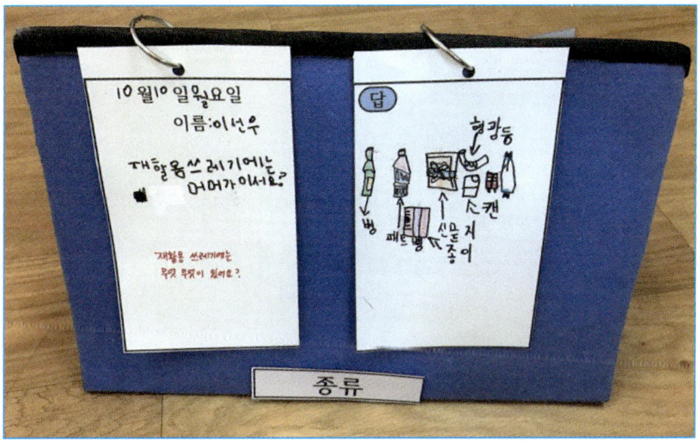


그림 5-16 소제목별로 조사 내용을 분류·게시한 경우

## 2. 현장 견학

프로젝트 도중에는 1회 혹은 그 이상의 현장 견학을 실시하는 것이 효과적이다. 유아들이 현장에서 실제적인 자료를 직접 보고, 만져 보며, 현장 사람들한테 설명을 들음으로써 프로젝트 활동이 보다 의미 있게 활성화될 수 있기 때문이다. 현장 견학 장소는 특별한 장소가 아니더라도 학교 마당, 동네의 슈퍼마켓, 제과점, 과일 가게, 정미소, 주변의 공사 현장, 자동차 정비소, 애견센터 등 원 바로 가까이에 있는 곳 모두 가능하다.

현장 견학은 어떤 곳으로 가느냐 하는 것도 중요하지만 어떻게 현장 견학을 준비하고 실행할 것인지, 누구의 도움을 받아 현장 견학을 본래의 의도대로 행할 것인지 등의 문제가 더 중요하다. 이제 그 과정을 살펴보기로 하자.

## 가. 현장 견학 전 준비

준비 사항은 교사의 준비 사항과 교사와 유아가 함께하는 준비 사항으로 나누어 볼 수 있다.

### 1) 교사의 준비 사항

**가) 현장 견학의 목표 확인하기**

현재까지 프로젝트 활동이 어떻게 이루어져 왔으며 지금 이 현장 견학을 통하여 유아들이 얻을 수 있으리라고 기대하는 것이 무엇인지를 점검·확인해 본다. 유아들의 질문 목록 중에서 현장 견학을 가서 알아보기로 한 것은 어떤 것이었는지, 교사 자신이 현장 견학을 가서 알아보고자 하는 것은 특별히 무엇인지 등을 정리해 보는 것이다.

**나) 현장 사전 답사하기**

견학에 대해 학부모나 주변 사람들의 도움, 또는 현장 사람들과 교사와의 전화 통화 등으로 충분히 양해가 이루어졌다 해도 교사는 사전에 현장을 방문해 보아야 한다. 특히 그 현장에 대해 교사도 잘 모르는 경우라면 더욱 그렇게 할 필요가 있다. 사전 답사를 해 봄으로써 교사는 유아들과 함께 왔을 때 어떤 것을 볼 수 있을지, 현장에서 누가 유아들에게 안내와 설명을 해 줄 수 있을 것인지를 미리 알 수 있기 때문이다. 또한, 현장 사람들에게 유아들이 지금까지 그 주제에 대해 어떤 활동을 해 왔으며 현장에 온다면 어떤 질문들을 할 것인지 등에 관해 미리 이야기해 줌으로써 그들이 프로젝트 활동 진행 과정에 관하여 이해를 하고 설명에 임하도록 할 수 있다.

**다) 현장에 공문 발송하기**

방문할 현장이 정해지고 교사의 사전 방문이 이루어진 후에는 공문이 필요한 곳인지를 살펴 미리 공문을 발송하도록 한다. 이렇게 함으로써 그곳 사람들의 도움을 보다 공식적으로 받을 수 있기 때문이다.

### 2) 교사와 유아가 함께하는 준비

#### 가) 현장에 대해 이야기 나누기

교사가 유아들에게 가고자 하는 현장이 어떤 곳인지에 대해 개괄적으로 설명해 준다. 거기 가면 무엇을 볼 수 있을 것인지, 누가 설명을 해 줄 것인지, 우리가 현장에서 얻을 수 있는 것에는 어떤 것들이 있는지, 누구와 함께 갈 것인지 등이 설명되어야 할 주요 내용이다. 유아들도 흥미롭게 볼 수 있는 홈페이지를 갖고 있는 현장이라면 이를 미리 살펴보는 것도 바람직하다.

#### 나) 현장에 가서 볼 것 예상해 보기

현장에 대한 개괄적 설명 후 유아들로 하여금 현장에 가서 보고 싶은 것을 예상해 보게 한다. 이렇게 미리 예상해 보기 활동을 하고 나면 실제로 현장에 나갔을 때 예상해 본 대상에 대해 더 자세히 관찰해 보고자 하는 동기 유발이 된다. [그림 5-17]은 '소' 프로젝트 시 종축장으로 현장 견학을 가기 전에 '소'를 예상하여 그린 그림과 견학 후의 소 그림을 대비시켜 놓은 것이다.

전: 소젖을 8개로 표현

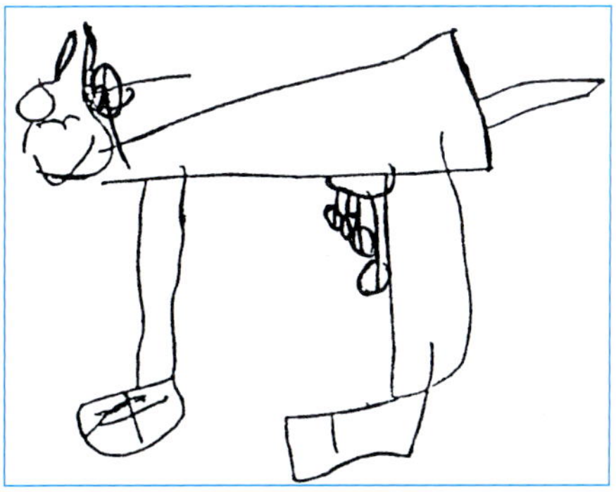

후: 소젖이 늘어졌다는 것과 4개라는 것을 표현.
귀의 인식(번호)표도 나타냄.

그림 5-17 현장 견학 전과 후의 '소' 그림 비교

### 다) 질문 목록 확인하고 알아올 것 정하기

벽이나 칠판에 게시해 놓은 질문 목록표를 함께 보면서 현장에 가서 알아올 것들을 정리한다. 또 질문 목록표에는 없지만 교사가 현장에 대해 설명하는 중에 더 알아보고 싶은 것은 없었는지도 확인해 본다. 특히 연령이 어린 반이거나 소극적인 유아의 경우 교사가 이와 같이 구체적으로 제시해 주고 이끌어 주는 것이 필요하다.

여러 개의 질문이 있다면 현장에 갔을 때에 누가 어떤 질문에 대해 책임을 맡고 알아올 것인지도 정하고 질문 내용을 종이에 옮겨 적도록 한다. 만일 교사가 유아의 질문 종이를 질문 목록표 옆에 붙여 놓는 방법을 사용하고 있다면 질문을 다시 옮겨 쓸 필요 없이 질문 종이를 떼어 클립 보드에 끼워 가지고 가게 할 수도 있다. 현장에 가서 물어보기로 한 질문의 예를 들면 [그림 5-18]과 같다.

그림 5-18 '차'와 '소'에 대한 질문

### 라) 현장에서 지켜야 할 태도 정하기

가고자 하는 현장이 어떤 곳이라는 것과 따라서 어떤 주의를 해야 하는가에 대한 설명을 해 준 후 현장에서 지켜야 할 약속을 정하도록 한다. 현장에서 지켜야 할 태도의 일반적 예를 들면 다음과 같다.

- 혼자 아무 데나 돌아다니지 않아요.
- 허락 없이 아무거나 만지지 않아요.
- 소리 지르고 뛰어다니지 않아요.
- 질문이 있을 때는 손을 들고 차례대로 질문해요.
- 들어가고 나올 때는 공손하게 인사를 해요.

유아들이 프로젝트 진행 과정에 익숙해져 현장 견학 과정에 대해서도 잘 알고 있다면 지켜야 할 태도에 대해 교사가 일방적으로 이야기해 주는 것보다 유아들로 하여금 조별로 토의해 보도록 하는 것이 바람직하다. 이후 빠진 부분을 교사가 보완해 준다.

### 마) 기록 방법을 알려주거나 확인하기

의미 있는 현장 견학 활동이 되기 위해서는 유아들이 다양한 기록 방법에 대해 알고 있어야 한다. 유아들은 어떤 형태로든 기록을 하고자 할 때에 더 유심히 사물을 관찰하게 되며 또 기록을 해 오면 현장 견학 이후 활동에 유용하게 활용할 수 있다. 유아들이 사용할 수 있는 기록 방법에는 보고 느낀 것 그리기, 쓰기, 스케치하기, 문질러 그리기, 수로 나타내기, 측정하기, 표로 나타내기, 순서도로 표시하기, 사진 찍기 등의 방법이 활용될 수 있다. 프로젝트를 처음 실시하는 경우라면 교사가 어떤 기록 방법이 있는지 알려주고 구체적으로 지도해 주어야 하며 익숙해진 경우라도 다시 확인해 주는 것이 바람직하다.

### 바) 준비물 챙기기

현장 견학을 가기 위한 일반적 준비물로는 메모판, 종이, 연필 등이 있다. 메모판은 딱딱한 것으로 준비하여 유아들이 어디서나 쉽게 그림을 그리거나 글을 쓸 수 있도록 한다. 시판하는 메모판이 너무 크다면 각 유아마다 작은 현장 수첩을 준비하도록 하여 견학 때마다 날짜를 적으며 기록하게 할 수 있다. 이렇게 기록된 현장 수첩 또한 유아의 질문 모음책과 함께 유아 평가 자료로 활용할 수 있다.

기록을 위한 준비물 외에도 어떤 것을 현장에서 가지고 올 수 있을까를 예상하여 그에 맞는 준비를 할 수 있다. 예를 들어 '공원' 프로젝트 시 나뭇잎을 주워담을 수 있는 통을 준비하거나 돋보기를 준비하여 나무나 돌멩이 등을 관찰하는 데 사용하도록 할 수 있다. 특히 연령이 어린 반이거나 소극적인 유아의 경우 교사가 이와 같이 구체적으로 제시해 주고 이끌어 주는 것이 필요하다.

#### 사) 복장 정하기

현장 견학을 가기에 가장 적합한 복장을 함께 정한다. 견학 장소에 따라 모자가 필요한 곳인지, 어떤 신발을 신는 것이 좋은지 등이 달라질 수 있을 것이다.

#### 아) 자원 봉사자의 역할 정하기

현장 견학을 갈 때는 가능한 한 성인과 유아 비율이 낮아야 한다. 소집단으로 나뉘어 자세한 관찰과 조사를 해야 하는 경우가 많기 때문이다. 따라서 전체 유아 수를 몇 개의 소집단으로 나눌 것인지 고려하여 자원봉사자를 확보한 후 맡아야 할 역할에 대해 확실히 알려주는 것이 중요하다. 유아들에게도 누가 자원봉사자로 와서 어떤 역할을 할 것이라는 점을 사전에 알려준다면 더 안정적인 현장 견학이 이루어질 수 있다.

### 나. 현장 견학

현장에 도착하면 교사는 유아들에게 현장에 와서 알아보기로 한 것이 무엇이었는지 다시 한 번 상기시켜 준다. 이렇게 함으로써 유아들은 현장에서 보고 듣는 것, 냄새 등에 보다 유의할 수 있으며, 교실로 돌아와서 견학 사후 활동을 보다 생생하고 흥미 있게 할 수 있다. 가능하다면 현장에서 실물을 얻어 교실로 가지고 돌아오는 것도 현장 견학 사후 활동에 도움을 준다. 현장에서 이루어질 수 있는 유아 활동들을 구체적인 예와 함께 살펴보면 다음과 같다.

### 1) 관찰 및 조사하기

현장 사람들의 안내에 따라 현장을 돌아보며 여러 가지 물체나 전반적인 작업 과정을 관찰한다. 현장의 종류에 따라 전반적인 둘러보기가 끝나면 몇 명씩 소집단으로 나뉘어 특정 부분을 맡아 조사에 임하기도 한다. 예를 들어 '햄버거' 프로젝트 시 근처 햄버거 가게로 현장 견학을 나갔을 때 어떤 조는 '햄버거 가게에서는 어떤 사람들이 일하는지?', 또 다른 조는 '햄버거 종류에는 어떤 것이 있는지?', 또는 '햄버거 값이 얼마인지?' 등으로 나누어 보다 자세한 조사를 할 수 있다. 또는 '공원' 프로젝트 중이라면 '공원 안에서 살아 있는 것'을 찾아보도록 할 수 있다. [그림 5-19]는 그 관련 자료이다.

그림 5-19 '햄버거 종류' 알아보기 / 사마귀 알집 관찰하기[17]

### 2) 현장 사람들에게 질문하기

전체적으로 둘러보기와 조별 조사 활동이 이루어지고 나면 현장 사람들에게 질문을 한다. 질문의 종류에는 현장 견학 때 물어보려고 준비해 간 질문과 현장을 둘러보거나 조별 조사에 임하면서 생긴 질문들이 있다. 예를 들어 '집' 프로젝

17) 처음에는 휴지심 하나로 시작하였으나 먼 곳을 보기에는 불편하다고 하여 여러 가지 시도를 하다가 휴지심을 여러 개 연결하여 사용하게 되었다.

트 시 공사가 거의 끝난 건물로 현장 견학을 나가 엘리베이터에 관하여 기사에게 질문하였다. 유아들이 현장 견학 전에 준비해 간 질문은 '엘리베이터는 어떻게 움직이는가?', '엘리베이터 문에는 왜 빨간 사선이 그어진 손 그림이 있을까?', '왜 엘리베이터는 서면 땡 소리가 날까?' 등이었다. 그런데 실제 현장에 가서 엘리베이터가 움직이는 것을 보고 또 움직이게 하는 도르래도 보면서 새로운 질문들이 생겨 '도르래는 어떻게 움직이는지?', '도르래 줄이 끊어지면 어떻게 하는지?' 등도 질문하였다.

### 3) 기록하기

전술한 바와 같이 유아들은 현장에서 관찰 및 조사를 하면서 보고, 듣고, 냄새 맡고, 느낀 것이나 현장 사람들과의 면담을 통해 알게 된 것 등을 기록한다. 기록 방법의 구체적 예를 들면 다음과 같다.

#### 가) 그리기

현장에서 본 것을 간단히 스케치하거나 그림으로 나타내는 것으로 대부분의 유아가 가장 많이 사용하는 기록 방법이다.

#### 나) 글로 쓰기

알게 된 내용이나 관찰한 사실을 글로 기록하기도 하고 받은 느낌을 동시로 표현하기도 한다. 그러나 유아들의 경우 완전히 글로만 기록을 하기보다는 글과 그림을 이용하여 기록을 하는 경우가 많다.

#### 다) 수나 측정 단위로 나타내기

알게 된 사실이나 질문 내용에 대한 답을 수나 측정 단위를 사용하여 기록하는 것이다. 예를 들어 '공원' 프로젝트 시 공원의 벚나무는 모두 몇 그루인지, 공원 내 놀이기구는 무엇이 몇 개씩 있는지, 어느 나무 둘레가 가장 굵은지 등을 재보고 기록하는 등이다.

라) 문지르기

자동차 바퀴, 복도 바닥의 면, 나무껍질, 돌멩이, 여러 가지 곡식 등은 문지르기를 할 때 효과적인 기록이 될 수 있다.

마) 사진이나 동영상 찍기

특별한 장면은 사진이나 동영상으로 찍어 오는 것이 효과적인 기록 방법이 될 수 있다. 예를 들면 '공원' 프로젝트 시 조별로 '공원에서 살아 있는 것 3가지씩 찾기'를 하였을 때 사진 찍어 온 '나무에 붙어 있는 좀사마귀 알집'은 이후 활동의 확장에 중요한 자원이 되었다.

그림 5-20 나무에 붙어 있는 좀사마귀 알집 / 확장활동: '깨어난 아기 사마귀' 동화 짓기

사진이나 동영상으로 찍기와 관련하여 스마트폰 현미경과 같은 간단한 기구를 활용하면 매우 효과적인 학습 자료가 나오기도 한다. 예를 들어 '개미' 프로젝트 시 "벚나무 임금과 개미 여왕" 동영상 동화(교육과학기술부, 2012, 81)를 본 유아들은 벚나무 주변에서 유심히 개미를 살피던 중 정말 거기 개미들이 많은 것을 보면서 큰 흥미를 나타냈다. 이에 교사는 미리 준비한 스마트폰 현미경으로 벚나무와 개미의 사진및 동영상을 찍어왔다. 이 자료는 컴퓨터 스크린에 연결하면 사진기로 찍는 것보다 훨씬 확대되어 보이므로 확장된 탐구 활동에 큰 도움이 되었다. 다음은 그 관련이다.

그림 5-21 스마트폰 현미경/ 스마트폰 현미경으로 찍은 벚나무 잎사귀 근처의 꿀샘/ 벚나무 가지에 붙어 있는 개미 모습

### 4) 여러 가지 물품 수집해 오기

현장에서 여러 가지 물품을 가지고 돌아오면 현장 견학 이후의 학습 활동이 훨씬 생동감 있게 이루어질 수 있다. 이때 어떤 물품은 현장에서 유아들이 직접 수집하기도 하고, 또 어떤 물품은 공동으로 구입하기도 한다. 그런가 하면 현장 사람들에게 협조를 구하여 며칠 동안 빌려 올 수도 있다. 예를 들어 '물' 프로젝트 시 하천으로 견학을 나갔을 때는 여러 물풀을 유아들이 채집통에 수집해 올 수 있었으며, '신발' 프로젝트 시는 구두수선소에서 구두를 만들 때 쓰는 발 모형과 몇 가지 연장을 이틀간 빌려 와서 미술 활동과 역할놀이에 활용할 수 있었다.

이상에서 현장 견학과 관련된 사항을 자세히 살펴보았다. 여기서 한 가지 교사가 더 유념할 점은 현장 견학 이후 이에 관한 제반 사항을 교사의 현장 견학 노트에 정확하게 기록해 놓아야 한다는 점이다. 이렇게 기록으로 남겨 놓으면 그 다음 해 같은 주제를 다루게 될 때에 유용한 참고 자료로 활용할 수 있다. 교사가 기록해 두어야 할 내용을 살펴보면 다음과 같다.

① 현장 견학 장소의 정확한 명칭
② 주소와 전화번호, 웹사이트 주소
③ 정확한 위치
④ 오고가는 데 사용한 방법과 소요 시간(걸어갔는지, 교통편을 이용하였다면

어떤 교통편을 이용하였는지와 소요 시간에 대한 정확한 기록)

⑤ 현장 견학 시 직접 안내를 해 주거나 설명을 해 준 사람의 이름 및 연락처

⑥ 어떤 경로로 현장에서의 활동이 진행되었는지와 소요 시간

⑦ 현장에서 얻어 오거나 사 가지고 온 물품의 종류 및 개수

⑧ 현장 견학 장소로 적합한 곳인지에 대한 교사의 종합적인 느낌과 평가

## 3. 현장 견학 후 활동

현장 견학을 마치고 돌아와 교사와 유아들은 그 과정 및 결과에 대하여 이야기하면서 그곳에서 무엇을 보았고, 누구와 이야기를 나누었는지, 또 보고 배운 것이 무엇인지를 확인하게 된다. 특히 현장 견학 전의 질문 내용과 알아 온 답을 발표하기도 하고 각 유아에게 가장 흥미 있었던 것은 무엇인지에 대해서도 이야기를 나눈다. 현장 견학 후 자신이 경험하고 생각한 내용을 각자 발표해 보는 기회를 통해 유아들은 동일한 현장 견학이었지만 다른 친구들의 경우 자기와는 다른 면을 관찰하고 느끼고 왔다는 것을 알게 되고 서로 부족한 점을 보완하기도 한다. 현장 견학 이후 이루어지는 활동을 살펴보면 다음과 같다.

### 가. 현장 견학에 기초한 표현 활동

#### 1) 언어적 표현

##### 가) 말로 표현하기

현장에서의 느낌이나 경험을 말로 표현해 보는 것이다. 유아가 아직 글을 쓰지 못하는 상황이라면 교사가 받아써 주기도 한다. [그림 5-22]는 '소' 프로젝트 시 한 유아가 종축장에서 '소 등에 앉은 새'를 보고 스케치하여 교실로 돌아온 후, 그것을 보면서 그 당시 자신이 받은 느낌을 표현한 것이다. 이 유아는 교사에게 자신의 느

낌을 글로 써 달라고 부탁하였고, 교사는 유아가 부르는 대로 글로 적어 주었다. 이것은 전체 공유 시간에 발표되었고, 이후 여러 유아가 유사한 활동을 시도하였다.

제목 : 나는 새가 되고 싶어요

나는 새가 되고 싶어요.
날아다니면서 동물원도 보고
날아다니면서 못 보는 동물도 보고 싶다.
젖소에서 우유가 나오는 것도 보고 싶다.
황소 뿔에 매달리고 싶다.
소가 발로 차기 전에 날 수 있으니까.
다른 동물에게 가다 쉴 수 있다.
소 꼬리에도 앉을 수 있다.
창문을 열면 새는 마음대로 들어가
맛있는 것을 먹을 수 있다.
생선도 먹을 수 있다.
호랑이가 잡아먹기 전에 날아갈 수 있다.
집을 지었는데 냄새가 나면
마음대로 이사 갈 수 있다.

그림 5-22 '소 등에 앉은 새' 스케치/ 그 유아의 말을 교사가 받아 적은 것

### 나) 쓰 기

쓰기 활동의 기초 자료가 되는 것은 여러 가지이다. 사진이나 스케치해 온 것, 간단히 메모해 온 내용, 또는 현장에서 가지고 돌아온 물품 등이 그것이다. 이것들을 보면서 정리하여 써 보기도 하고 느낌을 동시로 표현하기도 한다. 그런가 하면 현장 견학지에 있는 사람들에게 유아들이 감사 편지나, 견학 후 새로 생긴 질문을 위해 원에 와 줄 수 있는가 하는 부탁의 편지를 쓰기도 한다.

[그림 5-23]의 왼쪽 결과물은 종이 만드는 과정을 쓰기로 나타낸 것이며, 오른쪽은 공원 프로젝트 시 공원의 나무들에 대한 느낌을 표현한 것이다.

그림 5-23 '종이 만드는 과정' / '공원 나무'에 관한 동시

## 2) 미술적 표현

### 가) 그리기

현장 견학 후 유아들에게서 나타나는 가장 대표적인 표현 활동 중의 하나는 그리기이다. 예를 들면 '공원' 프로젝트 시 주워 온 나뭇잎을 보고 자세히 그린다든지, 공원에 여기저기 떨어져 있는 담배꽁초를 보고 와서 느낌을 그림으로 그린다든지 하는 것이다. 그 예를 들면 [그림 5-24]와 같다.

그림 5-24 '나뭇잎' 자세히 그리기 / '공원에서 담배 피우지 마세요.'

#### 나) 만들기

스케치해 온 것, 알아 가지고 온 것, 또는 사진 찍어 온 것이나 가지고 돌아온 물품들에 기초하여 다양한 만들기 활동이 이루어질 수 있다. 예를 들면 '개미' 프로젝트 시 스마트폰 현미경으로 사진 찍어 온 것을 가지고 개미책을 만들었고, 이는 정보책의 하나로 유아들에게 이후 어떤 책보다도 유용하게 활용되었다.

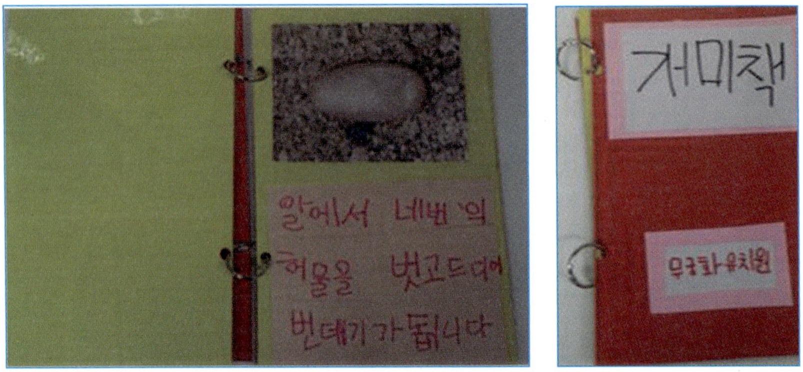


그림 5-25 교사와 유아가 함께 만든 '개미책'

### 3) 수학적 표현

프로젝트 활동 과정 중에 수학적 표현을 사용해야 하는 경우도 있다. 예를 들어 어떤 사물이 몇 개씩인지, 어느 것이 더 많은지, 어떤 사물은 어떤 부분으로 이루어져 있는지, 또는 어떤 식으로 나누어 볼 수 있는지 등등의 경우이다. 수학적 표현 방법 중 유아들에게 활용이 가능하였던 몇 가지 방법의 예를 들어 보면 다음과 같다.

#### 가) 부분과 전체

어떤 사물이 어떤 부분으로 이루어져 있는가를 조사하여 부분과 전체로 나타내는 것이다. 예를 들면 [그림 5-26]은 진달래의 부분과 전체를 표현한 예이다.

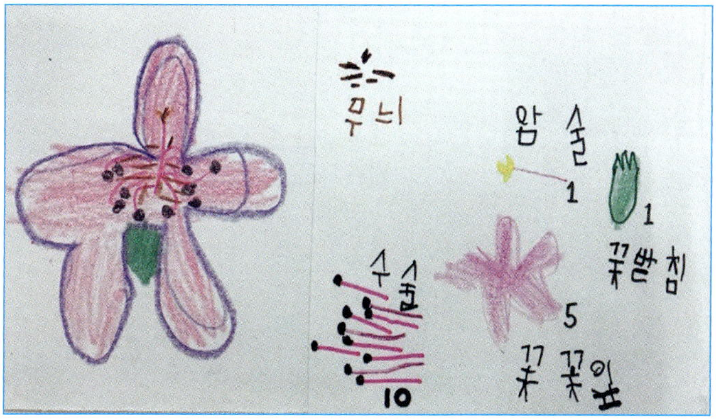


그림 5-26 진달래의 전체와 부분 표현

### 나) 수나 측정 단위를 사용하여 나타내기

관심 있는 부분을 자세히 관찰·조사하여 수나 측정 단위로 나타내는 것이다. 예를 들면 '차' 프로젝트 시 여러 가지 자동차 바퀴 측정의 경우를 볼 수 있다.

현장 견학 전 유아들은 다양한 자원을 통해 자동차에는 여러 가지 종류가 있으며 이들의 모양이나 크기가 서로 다르다는 점, 그리고 바퀴의 크기도 다르다는 사실을 알게 되었다. 이렇게 하여 자동차 정비 공장으로 견학을 나갔을 때에 여러 가지 자동차 바퀴의 둘레를 재 오기로 하고 어떻게 잴 것인가가 논의되었다. 교사도 함께 참여한 논의 과정에서 자동차 바퀴가 둥그니까 먼저 끈을 이용하여 재고 나중에 자로 확인해 보자고 합의가 되었다.[18]

이렇게 하여 유아들은 현장에 나갔을 때 끈을 이용하여 여러 종류의 차바퀴 둘레를 잰 후 원으로 돌아와 그 길이를 자로 확인해 보면서 차 바퀴의 길이를 비교하여 보았다. 이 활동을 통해 유아들은 바퀴의 둘레가 가장 큰 차는 무엇인지, 또 가장 작은 차는 무엇인지 등을 알 수 있게 되었다. 그 결과를 보면 [그림 5-27]과 같다.

18) 유아들에게 끈을 줄 때는 한쪽 매듭을 지어 주어 유아들이 길이를 잴 때 어디가 처음인지를 쉽게 분간할 수 있도록 하였다.

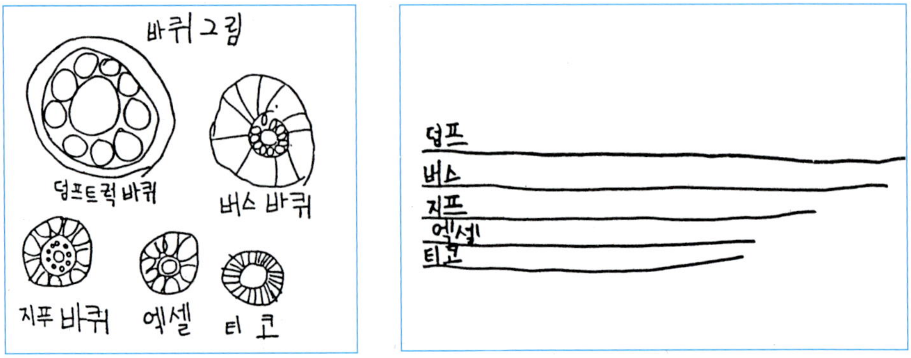


그림 5-27 자동차 바퀴와 그 둘레 길이' 조사

### 다) 비교 도표(벤다이어그램) 만들기

공통점과 차이점을 가지고 있는 어떤 사항이나 사물에 대하여 비교하여 표현하고자 할 때 이 방법을 사용할 수 있다. [그림 5-28]은 '과자' 프로젝트 시 작성된 제크와 리츠 과자에 대한 벤다이어그램[19]이다. 두 과자는 외양상 거의 똑같이 생겼는데 유아들이 유심히 관찰하는 가운데 여러 가지 차이점도 찾아냈다.

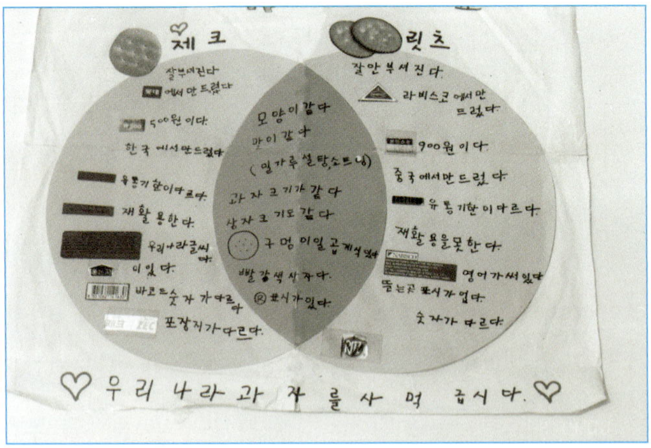


그림 5-28 '제크'와 '리츠'에 관한 벤다이어그램

19) 교사가 유아들에게 처음 벤다이어그램을 작성해 보게 할 때에는 분명히 구분되는 실물 2가지를 가지고 비교해 보게 해야 한다. 이런 비교 활동에 익숙해지면 차츰 유사한 물체에 대한 비교도 할 수 있게 된다. 여기 제시된 예는 이런 표현 방법에 익숙해진 유아들의 작품이다.

### 라) 분류하기

현장에서 조사해 온 물품을 종류별로 나누어 보거나 여러 가지 자료를 용도에 따라 종류별로 분류해 볼 수 있다. 예를 들면 아기 용품점에서 조사해 온 아기 용품들을 장난감, 먹는 것, 옷 등으로 [그림 5-29]와 같이 나누어 볼 수 있다.

그림 5-29 아기 용품 분류

### 마) 순 서

사건의 과정이나 일의 순서를 수학적으로 표현해 볼 수 있다. 예를 들면 '우유' 프로젝트 시 우리가 우유를 마시려면 1. 젖소의 젖을 짜기→ 2. 트럭에 우유 실어 공장으로 보내기→ 3. 공장에서 우유를 가공하여 용기에 담기→ 4. 슈퍼마켓에 우유 진열하기→ 5. 소비자가 우유 사기→ 6. 우유 마시기의 순서로 진행된다는 사실을 순서대로 표현하는 것이다. 이는 단순한 순서도로 표현될 수도 있고, [그림 5-30]과 같이 게임판으로 더 발전될 수도 있다.

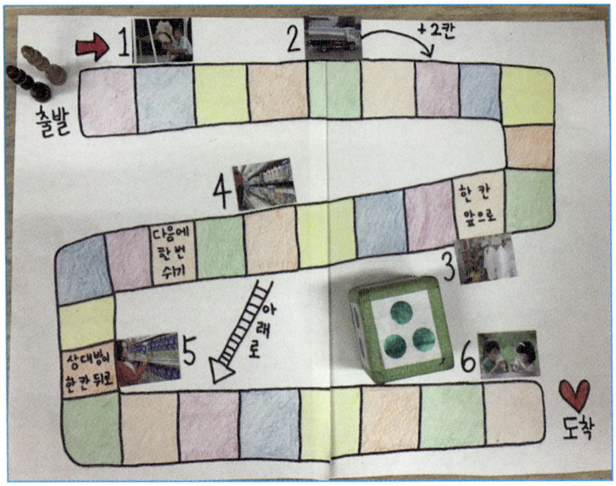


그림 5-30 '우유를 마실 수 있기까지' 게임판

### 바) 막대그래프 그리기

어떤 사실에 대한 수학적 비교를 위해 막대그래프가 활용되는 경우도 있다. [그림 5-31]은 '쌀' 프로젝트 시 '쌀가게'에서 조사해 온 잡곡 종류에 기초하여 친구들이 어떤 잡곡을 좋아하는가를 조사하여 막대그래프로 나타낸 것이다. 교사는 조사에 임한 유아들의 의견대로 쌀 모양의 스티커를 붙여 막대그래프를 대신할 수 있도록 도와주었다.

이후 막대그래프를 통해 보리밥이 가장 인기라는 것은 알았으나 누가 어떤 밥을 좋아하는지는 모른다는 문제점이 이야기되었다. 결과적으로 그 두 가지를 다 알 수 있도록 하기 위해 스티커 대신 직접 이름을 적어 넣기로 하였다. 이와 같이 동일한 내용이라고 하더라도 유아가 이해하고 활용할 수 있는 정도에 따라, 또 교사의 안내에 따라 결과물로 나오는 형태는 달라질 수 있다.

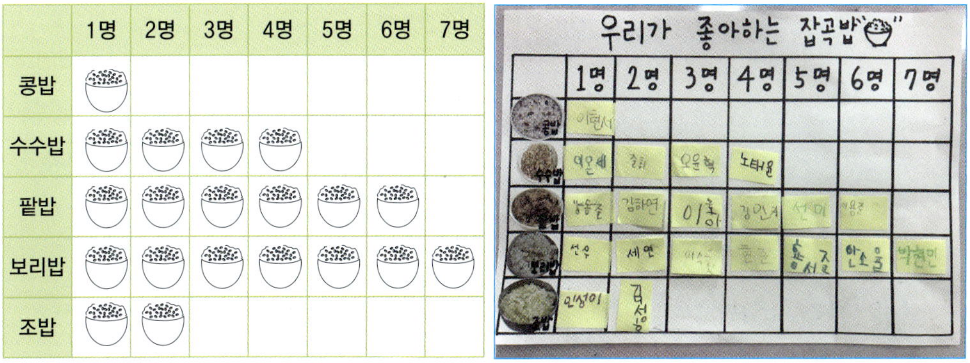


그림 5-31 '친구들이 좋아하는 밥: 스티커 붙인 표→이름을 써서 막대그래프로 만들기

### 사) 이분법

이분법은 어떤 현상이나 사물, 혹은 일의 과정을 명확한 준거에 따라 두 가지로 구분하여 표현해 보는 것이다. 예를 들면 집을 아파트(또는 다세대 주택)와 단독 주택으로 구분하여 '단독 주택에 사는 친구'와 '아파트에 사는 친구'로 나누어 볼 수 있다([그림 5-32] 참조).

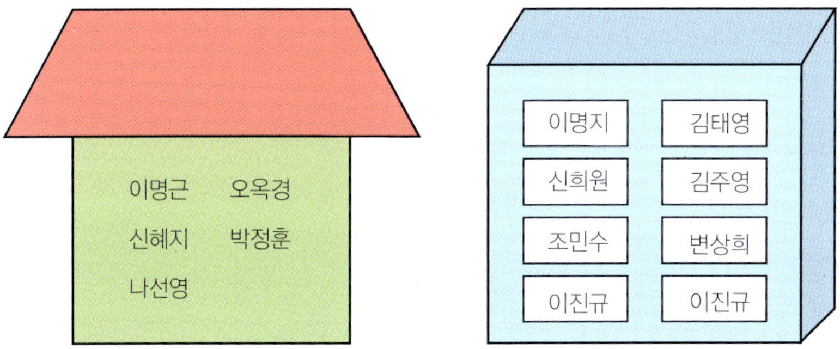


그림 5-32 단독주택에 사는 친구와 아파트(연립주택 포함)에 사는 친구 분류

이외에도 Chard(1994)가 프로젝트 활동을 위한 수학적 표현 방법으로 제시한 방법들을 참고로 제시하면 원형 도표, 셈 활동, 비례 등이 있다.[20]

20) 만 4, 5세 유아들이 이해하기 어려운 표현 방법이라고 판단되기 때문에 현장에서 적용해 보지 않은 방법들이다.

**아) 원형 도표**

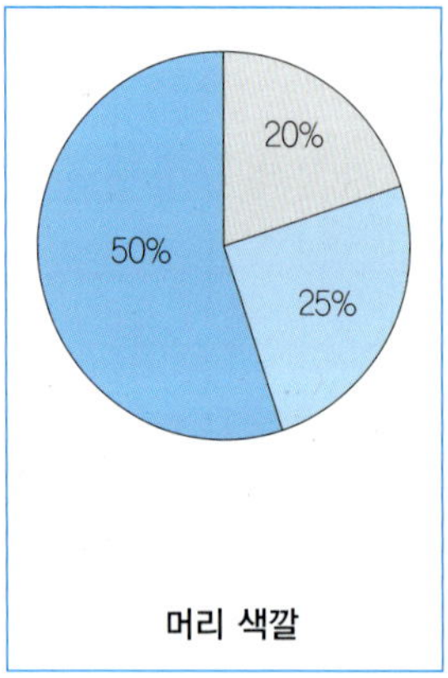


**자) 셈 활동**

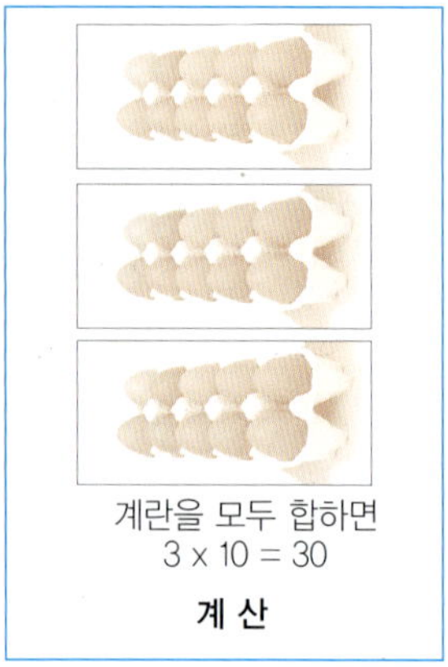


**차) 비 례**

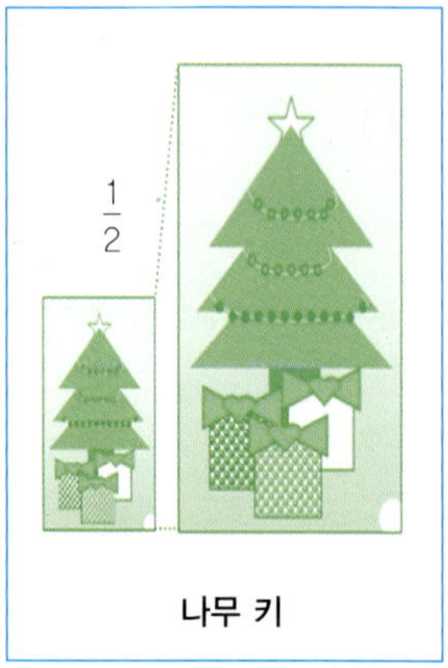


출처: Chard(1994a). 지옥정 역. 프로젝트 접근법: 교사를 위한 실행 지침서(1995, 155-156).

#### 4) 사회·과학적 표현

유아들이 현장에서 조사한 내용 중에는 무엇이 어느 곳에 위치하는지, 어떤 일의 과정이 어떻게 이루어지는지, 사람들은 어디서 어떤 일을 하는지, 또는 사물이 물리적 힘에 의해 변화하는지 또는 변화하지 않고 그대로 남아 있는지, 만일 변한다면 어떤 과정에 의해 어떻게 변화하는지 등에 관한 내용이 있을 수 있다. 이에 관한 사항 등을 다음과 같은 방법을 사용하여 표현할 수 있다.

##### 가) 지도 그리기

무엇이 어디에 또는 어느 것 옆에 있는지 등을 조사하여 지도로 나타내 보는 것이다. [그림 5-33]은 '공원' 프로젝트 시 여러 차례 공원을 다녀보고 나서 유아들이 공동으로 작성한 지도이다.

그림 5-33 G공원 지도 그리기

### 나) 순서도 그리기

어떤 일이 이루어지기까지의 과정 또는 변화되는 순서를 순서도로 나타낼 수 있다. [그림 5-34]는 제과점 방문 후 '빵이 만들어지기까지의 과정'과 산부인과 방문 후 '아기가 태어나기까지의 과정'을 순서로 나타낸 예이다.

그림 5-34 '빵이 만들어지기까지' / '아기가 태어나기까지'의 과정 조사

### 다) 망

유아들이 어떤 특정 사물이나 현상에 대해 여러 가지 사실을 알게 되었을 때 이를 망의 형태로 표현하기도 한다. 유아들이 주제망 그리기에 익숙해지면 표현 방법으로 특히 망을 많이 사용하는 것을 볼 수 있다. [그림 5-35]는 물 사용 용도에 관한 조사 내용과 볏단이 사용되는 용도에 대한 조사 내용을 망으로 표현한 예이다.

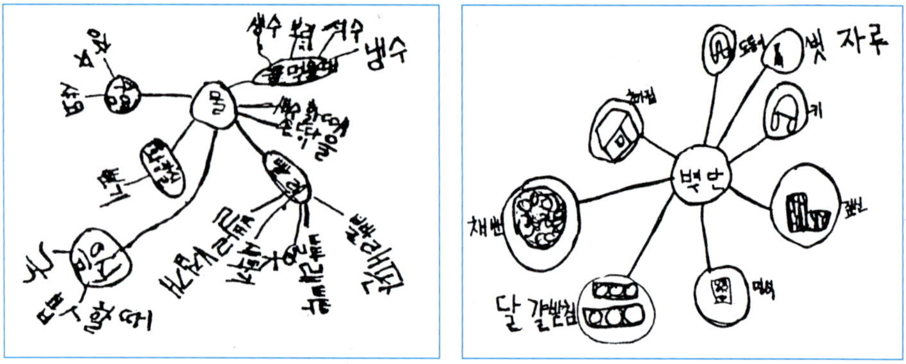


그림 5-35 '물의 용도' / '볏단 용도'에 대한 조사

### 라) 단면도 그리기

사물의 단면을 자세히 관찰하여 그림으로 나타내는 것이다. [그림 5-36]은 과일을 자른 단면과 볏단 자른 단면을 나타낸 예이다.

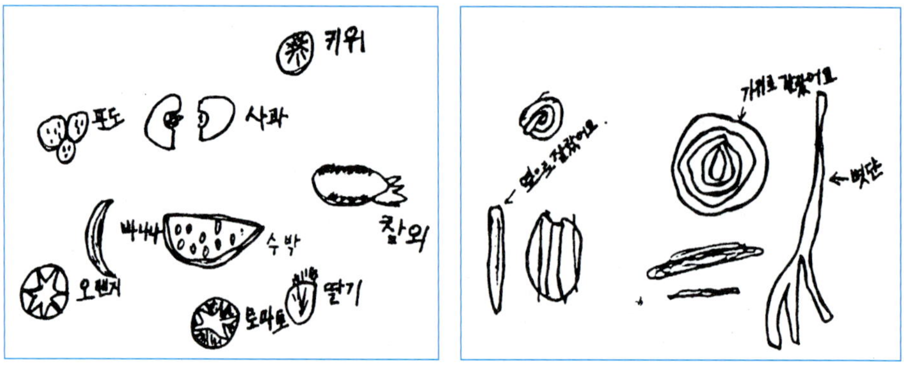


그림 5-36 '과일 단면' / '볏단 단면' 그림

### 마) 주 기

어떤 사실이 주기적으로 되풀이될 때 그 사실을 표현한 예는 [그림 5-37]과 같다. 이는 '물' 프로젝트 시 비가 오게 되는 과정과 '개미' 프로젝트 시 개미의 일생을 주기로 표현한 예이다.

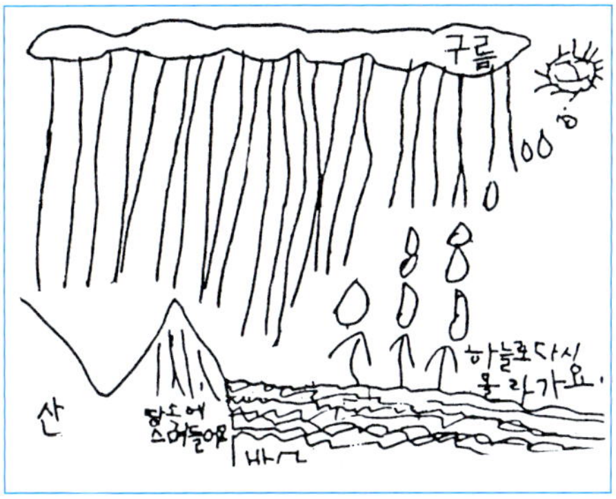


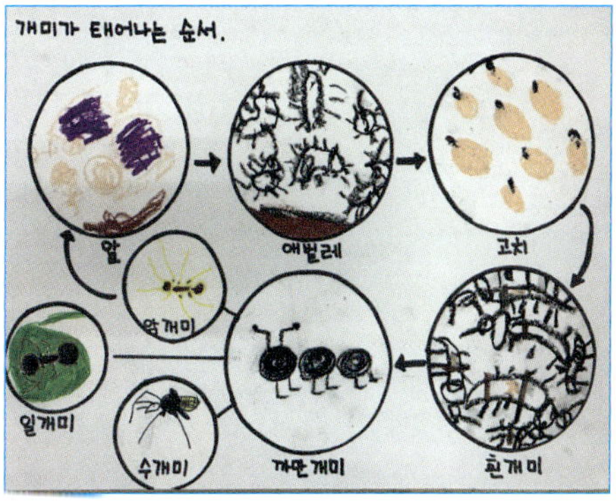


그림 5-37 '물의 순환 과정' / '개미의 일생' 주기 표현

이와 같은 표현 방법들 외에 Chard(1994a)가 사회·과학적 방법으로 제시한 것들을 참고로 열거하면 시간표, 메트릭스, 플로차트, 트리 다이어그램(수형도) 등이 있다.[21]

### 바) 시간표

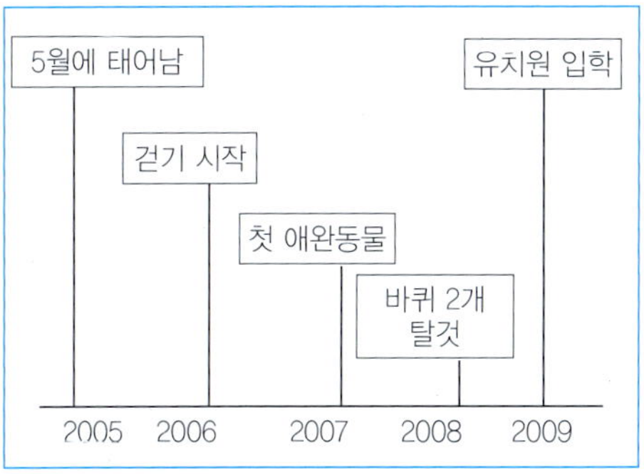


### 사) 메트릭스

머리 색깔 / 눈 색깔

| | 파란색 | 갈색 | 달걀색 |
|---|---|---|---|
| 갈색 | 애슐리 | | 크리스티 |
| 까만색 | | 티나 | |
| 황금색 | 마이크 | | 톰 |
| 빨간색 | 팀 | 존 | 매간 |

아) 플로 차트

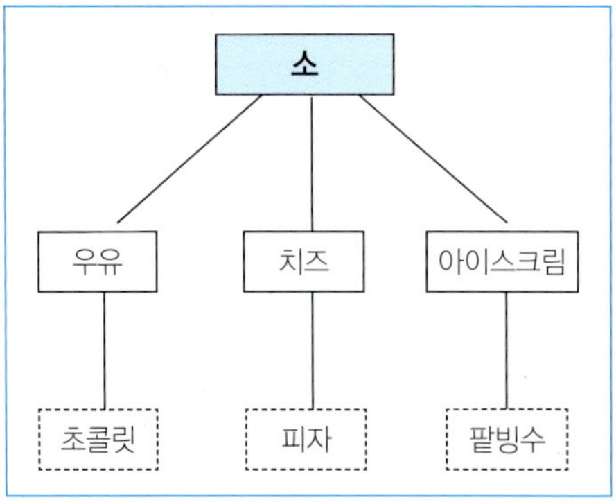


자) 트리 다이어그램(수형도)

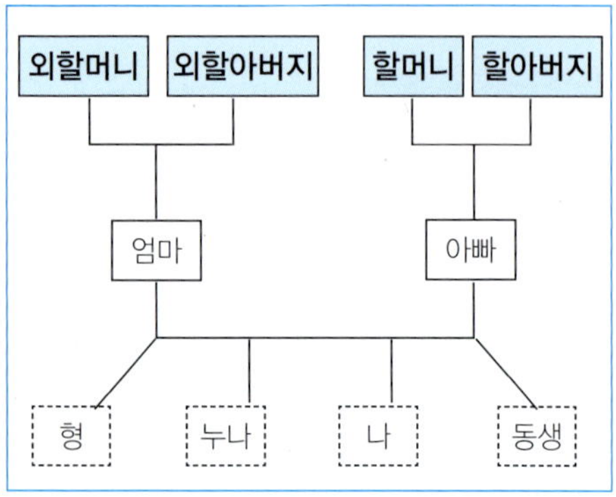


출처: Chard(1994a). 지옥정 역. 프로젝트 접근법: 교사를 위한 실행 지침서(1995, 160-161).

### 5) 게 임

프로젝트 과정 중 알게 된 사실에 기초하여 기존 게임이 변형되거나 창의적이고 새로운 게임이 고안되기도 한다. 이때 처음에는 교사가 게임을 제안하다가 이후에는 교사와 유아가 함께, 그리고 나중에는 유아 혼자 또는 여럿이서 창의적 게임을 고안해 보게 된다. 또 게임 난이도의 정도도 프로젝트 진행 정도에 따라 단순한 것에서부터 점차 복잡한 것으로 발전될 수 있다. 이를 자세히 살펴보도록 하자.

#### 가) 교사에 의해 제안된 게임

교사는 유아의 발달 정도나 프로젝트 진행 정도 등을 고려하여 주제에 관한 집단 게임을 소개하고 함께 게임을 하거나, 소그룹 게임을 위해 게임판과 방법을 제시해 줄 수 있다. 교사가 제안해 주는 게임에는 기존의 게임도 있고, 기존의 게임을 프로젝트 주제에 맞추어 약간 변형한 게임도 있다. 이에 관한 구체적 예를 몇 가지 들어 보기로 한다.

21) 이 방법 역시 만 4, 5세 유아들이 이해하기 어려운 표현 방법이라고 판단하였기 때문에 현장에서 적용해 보지 않은 방법들이다.

### (1) 〈노래하며 의자에 앉기〉(대안 교육을 생각하는 모임, 1995)[22)]

〈노래하며 의자에 앉기〉는 기존 게임을 프로젝트 활동에 활용한 예이다. 게임 과정은 다음과 같다.

① 처음 시작할 때 유아 수보다 의자를 두세 개 적게 준비한 후 바깥을 향해 둥글게 놓는다.

② 프로젝트 주제에 관한 노래를 부르며 의자 바깥쪽을 따라 돌다가 교사가 신호('차' 주제라면 '빵빵', '물' 주제라면 '보글보글' 등)를 하면 의자에 재빨리 앉는다. 이 게임은 어떤 식으로든 참여자가 의자에 앉으면 되는 것이므로 한 의자에 2~3명이 앉아도 된다. 즉, 게임이 끝날 때까지 모든 유아가 협력하는 가운데 동참하게 되는데, 바로 이 점이 기존의 게임과 다른 점이다.

③ 의자를 2~3개 더 뺀다.

④ 노래를 부르다가 다시 교사가 신호를 하면 의자에 앉는다.

⑤ 유아의 수를 고려하여 위험하지 않을 정도까지 의자 수를 빼 가며 게임을 진행한다.

### (2) 〈I am ground~〉

기존 게임을 교사가 프로젝트 주제에 맞추어 약간 변형시킨 예로 〈I am ground~〉 게임을 들어 보면 다음과 같다.

① 교사와 유아가 둥글게 모여 앉는다.

② 'I am ground ○○ 이름 대기'를 먼저 하여 게임의 방법을 상기시킨다.

③ 게임 방법에 익숙해지면 프로젝트 주제(예 공원)에 맞추어 'I am ground 공원에서 본 것 대기'와 같이 해 본다. '아기'가 주제라면 주제라면 "I am ground 아기 물건 대기" 또는 "I am ground 아기 장난감 대기"와 같이 하면 된다.

22) 기존 방식이 서로 경쟁적으로 다른 사람을 밀쳐 내고 의자에 앉는 방법이라면, 이 게임은 참가자들 모두가 협동하면서 끝까지 함께한다.

### 나) 교사와 유아에 의해 고안된 게임

주제에 대해 여러 가지 새로운 사실을 알게 되었을 때 이를 강화할 목적으로 교사와 유아가 함께 게임을 고안해 낼 수 있다. 또는 교사에 의해 제안된 게임 진행 중에 유아의 의견이 첨가됨으로써 교사와 유아에 의한 게임으로 발전될 수도 있다. 게임의 예를 몇 가지 들어 보면 다음과 같다.

#### (1) 〈벼가 잘 자라려면?〉

이 게임은 '쌀' 프로젝트 진행 과정에서 유아들로 하여금 벼가 자라는 데 있어 해로운 것과 이로운 것이 무엇인지를 더 확실히 인지하도록 하기 위해 고안된 게임이다. 게임의 기본적인 아이디어는 교사가 내놓았지만 세부적인 사항들, 예를 들면 벼 성장에 이로운 것과 해로운 것을 무엇으로 정할지, 말을 어떻게 움직이도록 할 것인지, 또 말 모양은 무엇으로 할 것인지 등은 그동안 알게 된 사실과 정보에 입각하여 교사와 유아가 함께 정하였다. 게임판과 말 모양을 살펴보면 [그림 5-38]과 같다.

그림 5-38 〈벼가 잘 자라려면?〉 게임판과 말 모양

게임 절차를 살펴보면 다음과 같다.

① [그림 5-37]과 같은 게임판과 말을 놓고 두 명의 유아가 마주 앉는다.

② 각자 말을 정하여 나누어 갖는다(말도 유아들이 벼농사와 관련하여 새롭게 알게 된 트랙터와 바인더 등의 모양으로 함으로써 말이 움직이는 것을 더 실감 나게 할 수 있다).

③ 두 유아가 번갈아 가며 1부터 4까지 표시되어 있는 삼각뿔 모양의 말을 던져 밑면에 나오는 수만큼 출발점에서부터 앞으로 나아간다. 이때 만일 말을 놓은 칸에 허수아비나 농약, 늑대거미 등과 같이 벼가 자라는 데 이로운 것이 그려져 있다면 한 칸 더 가는 것으로 한다. 그러나 만일 참새나 벼멸구, 메뚜기와 같이 해로운 것이 그려져 있으면 한 칸 뒤로 물러가야 한다.

④ 먼저 도착하는 사람이 이긴다.

### (2) 〈곤충의 일생〉 게임

'○○ 공원' 프로젝트 중 공원에서 개미와 지렁이를 보고 온 유아들은 개미와 지렁이의 일생(한살이)에 대해 궁금해했다. 마침 그 즈음 교사는 교사 연수를 통해 자연안내자로부터 '곤충 한살이' 게임을 소개받았다. 여러 명이 둘러서서 개미의 한살이 과정(알–애벌레–번데기–성충 개미)을 붙여 놓은 보자기 위에서 공을 살살 굴려 성충에까지 닿도록 하는 게임이었다. 교사는 유아들의 질문에 대한 답겸 그 게임을 유아들에게 알려주었다. 처음 소개된 게임은 보자기를 조금 올렸다, 내렸다 하면서 공을 굴리는 정도의 단순한 게임이었으나 유아들이 여러 차례 하면서 점차 내용도 정교해지고 방법도 복잡해졌다. 게임을 직접 해 본 유아들이 이런저런 아이디어를 내면서 게임을 발전시켜 나갔기 때문이다. 예를 들어 공이 이리저리 자꾸 떨어지지 않도록 하기 위해 방안을 찾다가 '공 아닌 다른 것을 굴려 보자' 또는 '누구 한 명이 보자기 밑으로 들어가서 보자기를 받치고 있자'는 등의 아이디어를 냈다. 그리고는 실제 그렇게 해 보았는데, 전혀 문제가 해결되지 않고 오히려 더 불편해서 이번에는 공 대신 다른 것을 굴리도록 변형하기도 하였다. 그런가 하면 게임을 좀 더 재미있게 하기 위해 알에서 성충으로 가는 길에 천적을 추가(그곳을 지날 때는 천적에 닿지 않도록 피해 가기)하거나 먹이를 추가(공을 천천히 굴리기)하기도 하였다. 이런 식으로 개미 일생에 대한 게임 내용이나 방식을 바꾸어 보다가 나중에는 공원에서 발견한 다른 곤충들, 예를 들면 나비의 일생, 무당벌레의 일생에 대한 게임으로까지 발전시킨 바 있다.

그림 5-39 게임 내용과 도구를 계속 발전시켜 나가는 모습

(3) 〈우리 공원에 왜 왔니?〉 게임

〈벼가 잘 자라려면?〉 게임과 〈곤충의 일생〉 게임이 소그룹으로 할 수 있는 게임이라면 〈우리 공원에 왜 왔니?〉 게임은 전체 유아가 참여할 수 있는 그룹 게임이다. 이 게임은 유아교육기관에서 가까운 '○○공원' 프로젝트 시 만 4세반 교사와 유아에 의한 게임으로, '우리 집에 왜 왔니?' 게임을 활용한 것이다. 공원에 여러 차례 가서 보고, 듣고, 냄새 맡던 풀꽃이나 나무 이름들을 게임에 활용하게 된 것이다. 처음에는 교사의 제안에 의해 식물에 대한 것만 하였지만 유아들의 아이디어도 추가되어 공원에서 볼 수 있는 동물로도 해 보았다. 게임절차를 살펴보면 다음과 같다.

① '우리 집에 왜 왔니?' 게임을 함께 상기해 본다.
② 공원에서 알게 된 풀꽃과 나무 이름들을 정리해 본다(찍어 온 사진을 활용하면 효과적이다).
③ 풀꽃 팀(예 냉이꽃, 민들레 등)과 나무 팀(벚나무, 명자나무 등)의 두 팀으로 나누고 유아마다 속한 것(예 "난 냉이꽃 할래.")을 하나씩 맡는다.
④ 두 팀으로 나누어 '우리 공원 왜 왔니?' 게임을 진행한다.

### 다) 유아에 의해 고안된 게임

프로젝트 주제와 관련하여 교사와 유아가 함께 게임을 고안해 보고 이를 실행하는 기회를 여러 번 갖다 보면 유아(들) 스스로도 게임을 고안해 내려는 시도를 하게 된다. 물론 유아들이 생각해 내는 게임의 정도는 단순하며 또 부분적으로 교사의 조정과 도움을 필요로 하기는 하지만 유아가 주도적으로 게임을 생각해 내려고 시도하는 것은 능동적인 학습 태도라는 점에서 장려될 필요가 있다.

#### (1) 〈차 먼저 가져오기〉

'차' 프로젝트 시 한 유아가 고안해 낸 게임의 자료는 [그림 5-40]과 같다. 이 유아가 만든 게임 자료는 6대의 차로 '승용차', '우리 집 차', '지프차' 세 대와 '트럭', '이삿짐차', '짐차' 세 대였다. 이는 유아 나름대로의 분류로 앞의 세 대는 승용차 종류이고 뒤의 세 대는 트럭 종류라고 하였다.

그림 5-40 〈차 먼저 가져오기〉 게임 자료

게임 절차는 다음과 같다.

① 유아 두 명이 마주 앉아 가위바위보를 한다.

② 이긴 사람이 '승용차', '우리 집 차', '지프차' 3가지와 '트럭', '이삿짐차', '짐차' 3가지 중 좋은 것을 먼저 자기 것으로 정한다.

③ 여섯 대의 차를 두 유아 중간에 나란히 놓는다.

④ 가위바위보를 해서 이긴 사람이 자기 것으로 정한 차 중 하나를 가져온다.

⑤ 자기 것으로 정한 세 대의 차를 먼저 다 가져오는 사람이 이긴다.

이 게임의 자료와 방법이 전체 모임 시간에 발표되었을 때 교사는 유아들이 차를 분류하는 준거에 대해 좀 더 생각해 볼 수 있도록 언어적 자극을 주었다. 그런 후 이왕이면 차 종류를 먼저 조사해 보고 게임 자료를 만들면 더 좋을 것이라고 제안해 주었다. 이 제안에 따라 두 명의 유아가 조사 후 다시 만든 게임 자료가 [그림 5-41]의 승용차 종류와 건설차 종류이다.

그림 5-41 다시 만들어진 '차 먼저 가져오기' 게임 자료

(2) 〈자동차 경주〉

유아들에 의해 고안된 게임의 또 다른 예로 '자동차 경주 게임'을 들 수 있다. 이 게임의 자료는 유아들이 각자 같은 크기의 상자를 이용해 만든 차이다. 게임 절차는 다음과 같다.

① 나무판과 받침을 이용해 경사지게 차도를 만든다.

② 게임에 참여한 유아들이 각자 자기 차를 차도 꼭대기에 올려놓은 뒤 미끄러지지 않게 손으로 잡는다.

③ 유아들 중 한 명이 신호를 하면 차를 잡고 있던 손을 놓아 차가 밑으로 굴

러가게 한다.

④ 제일 빨리 목표점에 닿는 차부터 1등이 정해진다.

이 게임이 끝난 후 전체 모임 시간에 누구 차가 제일 빨리 목표점에 도달했는지, 그리고 그 이유는 무엇인지에 대해 생각해 보는 기회를 가졌다. 그 결과 자동차가 빨리 달리는 데 있어 중요한 원인이 되는 것은 바퀴라는 사실을 확인하게 되었다. 예를 들어 어떤 유아의 자동차는 그냥 상자에 동그란 모양의 바퀴를 붙여만 놓아, 구르지 못하고 미끄러지기만 한 것이라는 사실을 알게 된 것이다. 이와 같은 사실을 확인한 후 유아들은 바퀴를 어떻게 하면 좋을까를 생각하여 차를 다시 만든 후 게임에 활용하였다.

#### 6) 음악과 극

현장 견학 전후 활동에서 유아들은 음률 활동이나 극화 활동을 자주 한다. 특히 노래 부르기나 역할놀이를 통한 극화 활동은 유아들이 즐겨 하며 자주 이루어지는 활동 형태이다. 프로젝트 활동 중에 유아들에게 가능한 음률 활동으로는 기존의 노래(전래 동요 포함)를 프로젝트 주제에 맞게 개사하여 부르기, 간단한 노랫말과 리듬을 만들어 부르기, 주제에 관한 내용을 음악에 맞추어 몸으로 나타내 보기, 동극이나 인형극 등을 꾸밀 때에 음악을 효과음으로 활용하기 등이 있다. 이를 유형별로 살펴보면 다음과 같다.

#### 가) 개사하여 부르기

기존 노래의 곡은 그대로 사용하면서 노랫말만 주제에 맞도록 바꾸어 부르는 것이다. 예를 들어 S유치원에서는 '과자' 프로젝트를 하면서 과자 만들기 활동을 한 후 과자 만드는 과정을 '장난감 기차가 칙칙 떠나간다.' 곡에 넣어 불러 보았다. 개사하기를 처음 지도할 때 교사는 유아들에게 단어 한두 개 정도를 고쳐 부르게 하다가 점차 문장까지도 바꿔 부르게 할 수 있다.

| 원곡(장난감 기차) 가사 | 개사곡(맛있는 과자) 가사 |
|---|---|
| 장난감 기차가 칙칙 떠나간다.<br>과자와 사탕을 싣고서<br>엄마 방에 있는 우리 아기한테<br>갖다 주러 갑니다. | 맛있는 과자를 우리가 만들어요.<br>(밀가루)와 버터와 설탕 넣고<br>(조물조물) 반죽, (따끈따끈) 구워<br>(냠냠) 맛있게 먹어요. |

※ 개사하기가 처음이었으므로 ( ) 속의 단어만 유아들이 생각해 보도록 함.

그림 5-42 개사한 '맛있는 과자'

### 나) 간단한 노래 만들기

한편, 재미있는 사건이나 인상적인 경험, 또는 알게 된 사실적 정보나 현장 견학지에서 있었던 일을 노래로 표현할 수 있다. 예를 들어 한 유아는 '물' 프로젝트 시 '물이 없으면' 이라는 동시를 지은 후 계속 노래처럼 흥얼거리며 다녔다. 그래서 교사는 유아에게 그 동시를 노래로 만들어 보면 좋을 것이라고 제안하여 피아노로 쳐 주면서 함께 노래로 만들었다. 그것은 다음과 같다.

#### 물이 없으면

### 다) 음악에 맞추어 몸으로 표현해 보기

프로젝트 진행 과정에서 알게 된 여러 가지 사실이나 정보 또는 느낌을 몸으로 표현해 볼 수도 있다. 예를 들면 '물' 프로젝트 시 물이 끓으면 수증기가 되어 하늘로 올라가게 된다는 사실과 물이 냉장고에 들어가면 얼음이 된다는 사실을 알게 되었다. 이때 유아들을 두 팀으로 나누어 한 팀의 유아들은 각자 '부글부글, 보골보골, 펄펄, 슈앙슈앙' 등 나름대로 물 끓는 소리를 창의적으로 표현하면 다른 팀 유아들은 물이 끓는 모양과 수증기가 되어 공중으로 올라가는 모습을 자유롭게 표현하였다. 또한 한 팀이 냉장고에서 나는 소리를 내면 다른 팀 유아들은 점점 물이 어는 과정을 몸이 굳어지는 것으로 표현하였다. 이렇게 한 다음 역할을 바꾸어 해 보기도 하였다. 몸으로 표현하기도 처음에는 교사가 제안하는 동작을 유아들이 몸으로 표현하는 것에서부터 시작하여 차츰 유아들의 능동적 제안에 따른 동작 표현으로 발선될 수 있다.

### 라) 악기 활용하기

프로젝트 활동 과정 중에 교사와 유아들이 논의하여 악기를 활용하기도 한다. 예를 들면 '개미' 프로젝트 시 교사는 전체 모임 시간에 [그림 5-42]의 왼쪽과 같은 자료를 가지고 '어느 날 개미 한 마리'라는 간단한 동화를 들려준 후 이를 노래 부르기 활동으로 연결하였다. 그런데 유아들은 음절이 끝나는 데서 한 박자씩 쉬어야 한다는 교사의 설명을 잘 이해하지 못하였다. 어떻게 할까를 교사와 유아들이 함께 논의하는 중에 그 부분은 손뼉을 치는 것이 좋겠다는 의견이 나왔다. 그렇게 하여 몇 번을 부르는 중 한 유아가 손뼉치기보다 악기를 사용하면 더 재미있을 것 같다는 제안을 하였다. 이 의견에 모두 동의하여 어떤 악기를 어떻게 활용할 것인가를 정하였다. [그림 5-43]의 오른쪽 결과물은 그런 과정을 거쳐 정해진 내용이다.

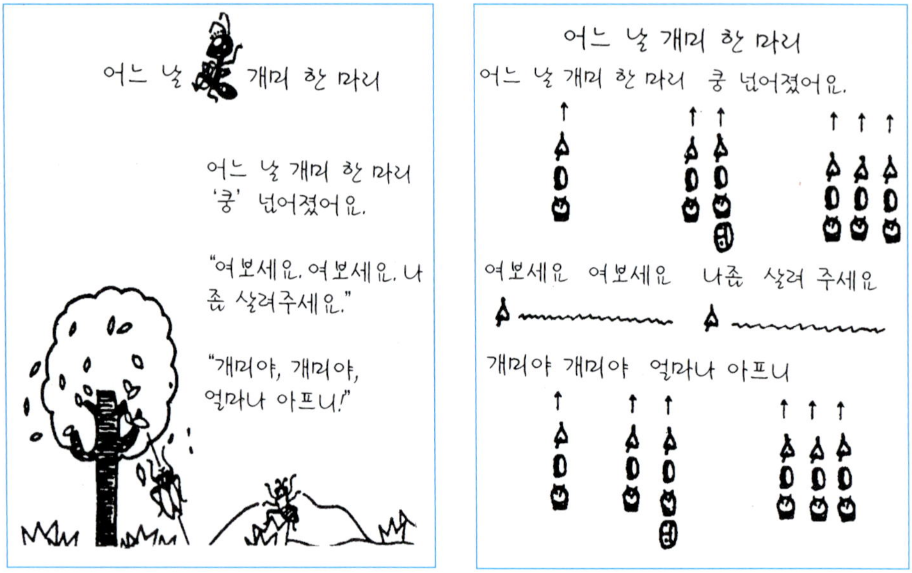


그림 5-43 '어느 날 개미 한 마리' 자료와 악기 사용 표시

악기의 활용으로 이 노래 부르기 활동은 더욱 활기를 띠게 되었으며 이후 이 이야기를 간단한 동극 꾸미기 활동으로 확장시켰을 때에도 악기를 활용하게 되는 계기가 되었다.

### (마) 역할극이나 인형극

극화를 통해 자신들이 알게 된 사실이나 이해하게 된 것을 표현해 보는 기회를 가짐으로써 유아들은 어떤 사실에 대해 보다 더 분명하게 인식하게 된다. 특히 현장 견학 후 이루어지는 소집단 역할놀이는 참여한 유아들 간에 견학 시 간과해 버렸던 내용을 서로 보완할 수 있는 기회가 되기도 한다.

예를 들어 '공원' 프로젝트 시 공원에서 본 좀사마귀 알집이 계기가 되어 '사마귀의 모험'이라는 동화를 만들게 된 한 유치원에서는 더 나아가 그 동화를 동극으로 만들어 보기로 하였다. 그러면서 알집에 들어 있는 사마귀 알들의 느낌과 생각은 어떨지, 또 엄마 사마귀는 어디에서 무엇을 할지 상상해 보았다. 이런 과정을 거쳐 드디어 '꼬마 사마귀 또또의 모험'이라는 동극이 나왔다. 등장인물은 알집 속에 든 알(5명), 알에서 깨어난 새끼 사마귀 또또(알을 맡은 유아 중 1명), 또또 친구 사마귀들, 또또가 여행하면서 만나는 벌, 공원의 찔레나무, 엄마 사마귀 등 배역을 정해 동극을 완성한 후 프로젝트 마무리단계 행사로 동생반 유아들에게 보여주었다. 뿐만 아니라 QR 코드를 이용해 부모나 유아들이 이 동극 동영상을 언제라도 볼 수 있도록 해 놓았다. 이 동극은 동생반 유아들에게 사마귀 알집 및 동극에 대한 흥미를 부쩍 일으켰다.

위에서 현장 견학을 전후하여 이루어질 수 있는 다양한 표현 방법들을 구체적 사례와 함께 살펴보았다. 교사는 유아들이 다양한 표현 방법을 적절하게 사용할 수 있도록 도와주고 조정해 주며 장려해 주어야 한다. 새로운 표현 양식인 경우는 그 양식을 어떤 경우에 어떻게 사용하는 것인지 체계적으로 가르쳐 줄 필요도 있다. 이렇게 할 때에 유아들은 차츰 다양한 표현 양식에 익숙해지고 그 양식들을 자율적으로, 융통성 있게 활용할 수 있게 될 것이다.

## 나. 심화된 조사·탐구 활동

프로젝트의 특성 중 하나는 교사의 준비단계 때는 예측하지 못했던 심화된 조사·탐구 활동이 이루어지기도 한다는 점이다. 예를 들어 '개미' 프로젝트 시 교사와 유아들은 야외활동으로 나간 공원에서 찾게 된 개미굴에서 개미 알처럼 보이는 것을 발견하였다. 비비총알처럼 보이기도 하는 이것이 정말 개미 알이 맞는지, 그렇다면 어떤 종류의 개미 알인지 궁금해서 책을 찾아도 보고, 인터넷도 검색해 보다가 개미박사가 운영하는 웹사이트가 있다는 것을 알게 되었다. 그래서 알고 싶은 것을 교사와 유아들이 정리한 후 그 웹사이트에 스마트폰 현미경으로 찍어 온 사진과 함께 '그것이 개미 알이 맞는지, 맞는다면 그 종류가 무엇인지' 묻는 질문을 올렸다. 며칠 후 답을 받아 궁금증을 해결할 수 있었으며, 이후 개미의 한살이에 대한 심화된 탐구활동이 이루어졌다. [그림 5-44]는 웹사이트에 올린 개미 알 모습과 질문에 대한 답을 받은 것이다.

보낸 사람 sdo5400
받은 시간 16-04-30[12:22] 차단 | 신고

사진 속은 주름개미이며 우리 주변에서 흔히 볼 수 있습니다. 특히 보도블록 아래에서 많이 발견되어 보도블록개미라 부르기도 합니다. 엄청 대군체를 이루며 살아가며, 주변의 다른 주름개미와 전쟁하는 모습이 흔히 목격되기도 합니다. 주름개미 입에 물고 있는 것은 대부분 애벌레이며, 보통 개미들은 알에서 애벌레 그리고 번데기 과정을 거치는데, 번데기는 보통 고치 모양을 하지만 이들은 고치가 없는 상태로 탈피를 합니다.
고치 없는 번데기를 '나용'이라고 합니다. 그리고 동영상의 그림으로는 애벌레 등을 물고 새로 마련된 보금자리로 이동 중인 것으로 보입니다.

그림 5-44 개미박사 웹사이트에 올린 개미알과 질문에 대한 답

비슷한 사례로 '공원' 프로젝트 중 한 원에서는 '어린이 지구헌장(The Little Earth Charter)'(http://www.littleearthcharter.org/) 웹사이트에서 제2원리 노래인 '모두는 서로 연결되어 있어요.'를 보고 들었다. 공원에 여러 생물들이 살고 있다는 것과 그 모든 것들은 서로 연결되어 있다는 것을 알려주기 위해 교사가 계획한 활동이었다. 그런데 이 노래가 영어로 나와 흥겨운 곡인데도 유아들이 따라 부를 수가 없었다. 관련 동영상을 보며 가사 뜻을 유추하다가 '어린이 지구헌장'에 대한 질문들이 나왔다. '어린이 지구헌장을 왜 만들었는지', '영어로 나오는 노래의 뜻은 무엇인지', '한국말로도 노래를 해 주면 안 되는지' 등이다. 결과적으로 노래의 뜻은 교사가 설명해 주었고, 한국말로도 해 달라는 요청은 교사가 유아들의 말을 영어로 바꾸어 어린이 지구헌장 웹사이트 담당자에게 보냈다. 얼마 후 담당자로부터 노래를 한국어로 당장 해서 올릴 수는 없으며 노력해 보겠다는 답을 받았다([그림 5-45] 참조). 이 일을 계기로 유아들은 세계 여러 나라 사람이 깨끗한 지구로 지켜나가기 위해 다양한 방식으로 노력하고 있다는 것을 알게 되었다.

그림 5-45 어린이 지구헌장 웹사이트에 올린 글과 답

다음은 우리말로 번역, 편곡된 〈어린이 지구헌장〉 제1원리(생명), 제2원리(서로 연결) 노래이다.

### 꼬마지구헌장

지옥정 의역, 김진희 편곡

## 4. 전문가의 방문

전문가의 방문이 꼭 현장 견학 이후에 이루어져야 하는 것은 아니다. 프로젝트 주제 및 그 진행 과정에 따라 프로젝트 전개단계의 초기에 이루어질 수도 있다. 또 주제에 따라 한 주제를 다루는 중에 2, 3차례의 전문가 방문이 이루어질 수도 있다.

현장 견학 시 보고 오거나 기록해 온 어떤 것을 만드는 데 전문가의 특별한 도움을 필요로 하는 경우도 있다. 그리고 현장 견학 이후에도 그에 관한 표현 활동을 한다거나 조사·탐구 활동을 하는 과정 중에 자체적으로 해결하기 어렵거나 전문가에게 알아보면 더 좋겠다고 생각되는 항목들이 나올 수 있다. 이런 경우 그런 특별한 기술 또는 지식이 있거나 관계된 취미 활동을 하는 부모 및 조부모, 또는 현장의 전문가가 초청되어 유아들의 질문에 답하거나 함께 활동하는 것이다. 예를 들어 '개' 프로젝트 시 수의사(또는 애완견을 기르는, 개에 대해 잘 아는 사람)가 초청되어 개의 여러 가지 특성에 대한 유아들의 심화된 질문에 답을 해 줄 수 있다. '아기' 프로젝트 시에는 산부인과 의사, 간호사, 아기용품 파는 사람, 임신한 부인, 아기를 데려온 아기 엄마 등이 모두 전문가가 될 수 있다.

전문가의 방문은 유아들의 활동을 매우 활성화시키는 역할을 한다. 실제 사례로 '아기' 프로젝트 시 전문가로 '아기 엄마'가 아기와 함께 왔다 간 후 특별 활동으로 '아기의 울음소리'라는 인형극이 기획되었다. 이 인형극은 '아기는 왜 우는가?'라는 사실 확인에 기초하고 있다. 즉, 아기들은 배가 고플 때만 우는 것이 아니라 열이 나고 아파도 울고, 기저귀가 젖어도 운다는 사실을 알게 되었고 이것이 인형극 대본에 그대로 나타났다. 약 3분 정도가 소요되는 이 인형극을 위해 유아들은 며칠에 걸쳐 대본을 고치고 막대 인형 네 개를 만들었으며 인형 조작 연습을 하였다. 그 대본을 살펴보면 다음과 같다.

아 빠 : 여보, 아기가 울어요. 배가 고픈가 봐요.
아 기 : 응애, 응애.
아 빠 : 아기야 울지 마라.
엄 마 : 금방 우유 먹었는데…
아 빠 : 그래도 우는데… 아! 기저귀가 젖었나 봐요.
엄 마 : 기저귀는 안 젖었어요.
아 기 : 응애, 응애.
아 빠 : 아기가 왜 자꾸 울까?
엄 마 : 아이구. 아기가 열이 나네.
아 기 : 에이취. 응애.
엄 마 : 아기가 감기 걸렸나 봐요.
아 빠 : 그럼 병원에 가야지. 빨리 병원에 가요.
엄마, 아빠 : 아기야, 병원 가자.
해 설 : 아기의 울음소리 끝.

위의 대본은 아주 간단하지만 '아기가 왜 우는가'에 대한 유아들의 사실 인식이 잘 나타나 있다. 이 인형극은 프로젝트 마무리단계의 대표적 행사인 '전시 및 발표회 날' 공연되었는데 특히 동생반 유아들로부터 많은 박수를 받았다. 이런 반응에 인형극을 했던 유아들은 매우 고무되었고, 다음 프로젝트에서도 인형극을 해 보자고 요청하였다. 그런가 하면 동생반 유아들의 경우는 인형극을 보고 자기 반으로 돌아간 후 자기들도 인형극을 해 보고 싶다고 하여 비슷한 인형극이 시도된 바 있다.

이상에서 프로젝트 전개단계에서 이루어지는 활동들을 진행 순서별 또는 활동 유형별로 살펴보았다. 이제 프로젝트의 마무리단계로 넘어가기로 하자.

CHAPTER 6

# 프로젝트 마무리단계

THE PROJECT APPROACH

프로젝트 마무리단계에서는 프로젝트 과정 중 나온 학습 결과물이나 성취물을 전시회 및 발표회와 같이 특별한 자리를 마련하여 다른 사람들에게 보여주고, 설명하며, 또 의견을 교환하는 일이 이루어진다.[23] 전시회 및 발표회를 준비하면서 교사와 유아들은 그동안 진행해 온 프로젝트를 정리하고 평가해 보게 되며, 다른 각도에서 재창조해 보는 기회도 갖게 된다. 따라서 프로젝트 마무리단계의 중요한 사건인 전시회 및 발표회는 단순히 시작단계, 전개단계에 이어 프로젝트를 종결짓는 자리로서의 의미보다는 '프로젝트의 절정'을 이루는 자리라고 표현하는 것이 더 타당할 것이다.

---

23) 모든 프로젝트 마무리가 꼭 전시회나 발표회 형태로 이루어져야 하는 것은 아니다. 단기 프로젝트나 구체적 목표하에서 시작된 소규모 프로젝트일 때는 처음 목표를 상기해 보고 그것이 잘 성취되었는지 확인하고 평가해 보는 정도로 충분하다. 다만, 여기에서는 장기 프로젝트 위주로 글을 진행해 왔기 때문에 전시회 및 발표회를 전형적인 행사로 제시한 것이다.

프로젝트 마무리단계의 특성을 중심 사건과 교사의 관심, 유아들의 활동이라는 측면에서 간단히 정리해 보면 〈표 6-1〉과 같다. 참고로 프로젝트가 종결될 때라고 교사가 판단할 수 있는 단서 사항들을 살펴보면 다음과 같다.

- 주제망과 질문지 목록에 거의 다 다루어진 표시[24)]가 되어 있다.
- 교사가 프로젝트 준비단계에서 설정한 중심 개념이나 예상 활동들이 충분히 다루어졌다고 판단된다.
- 몇 유아들은 그 주제에 관심을 잃고 다른 주제에 관심을 나타내기 시작한다.
- 직접적인 조사와 탐구를 위한 자원들이 거의 다 고갈되었다.

**표 6-1** 프로젝트 마무리단계의 활동 내용

| 중심 사건 및 과정 | 교사의 관심 | 학습자 활동 |
|---|---|---|
| • 마무리 행사 : 학습 과정 및 결과에 대한 공유<br>• 지식의 내면화 | • 어떤 종류의 마무리 행사가 이 프로젝트를 위해 가장 적합한가?<br>• 새롭게 획득한 지식의 내면화를 위해 유아들에게 가장 적합한 활동은 무엇인가?<br>• 유아들이 주제에 관하여 잘 이해하지 못한 부분은 무엇이며, 이를 위해서는 무엇을 어떻게 하여야 하는가? | • 프로젝트 활동 과정의 모든 결과물 또는 결론 검토<br>• 프로젝트 전 과정을 통해 이루어진 활동을 평가하고 전시를 위해 자신의 대표적인 작품을 스스로 결정<br>• 다른 사람이 학습 과정을 이해하고 감상할 수 있도록 프로젝트 활동을 재창조하기 : 여러 가지 활동 재정리, 배열 및 재구성<br>• 그리기, 쓰기, 극화 활동을 통한 새로운 지식의 내면화<br>• 집으로 가져갈 작품과 원에 남길 작품 선별 정리 |

출처: Chard(1994a). 프로젝트 접근법: 교사를 위한 실행 지침서(지옥정 역, 1995, 150).

24) 이미 다루어진 소주제에 색깔펜으로 표시를 해 두거나 질문 옆에 알게 된 답을 써 넣거나 조사한 내용을 적은 종이를 붙여 놓는다면 다루어지지 않은 내용과 쉽게 구분이 된다.

전술한 프로젝트 종결 단서들이 나타나면 교사는 유아들과 함께 언제, 어떤 형식을 통해 전시회 및 발표회를 할 것인지 결정하고 준비에 들어간다. 전시회 및 발표회를 준비·실행·정리하는 기간은 프로젝트 주제나 유아들의 발달 정도 등에 따라 달라질 수 있으나 프로젝트 전 과정을 4주일 정도로 보았을 때에 일주일 정도면 충분하다.

이제 프로젝트 진행 과정에서 전시회 및 발표회가 갖는 의미는 무엇이며 이를 어떻게 준비하고 진행하여야 할지에 대해 자세히 살펴보기로 하자.

## 1. 전시회 및 발표회의 의미

### 가. 유 아

① 그동안 진행해 온 프로젝트 활동 과정이나 결과물 중심으로 프로젝트 전 과정을 새롭게 구성하고 재창조해 보는 기회를 갖게 한다.

② 자신의 프로젝트 활동을 시작단계에서부터 되돌아보고 작품을 정리해 보기도 하면서 스스로 활동의 과정 및 결과에 대해 평가해 볼 수 있는 기회를 갖는다.

③ 반 전체가 전시회를 준비하면서 협동 의식과 공동체 의식이 발달된다.

④ 전시회나 발표회의 준비 과정이나 행사 당일에 자기가 맡은 특정 역할을 행하면서 책임감을 기르게 된다.

⑤ 다른 유아들과 전시회장을 어떻게 배열할지, 다른 사람들에게 어떻게 설명하는 것이 좋을지 논의하는 가운데 생각을 확장시킬 수 있다.

⑥ 프로젝트 주제에 관한 전문가가 되어 전시회를 보러 온 사람들에게 활동 과정이나 결과물을 발표하고 설명해 보는 가운데 자신의 활동이나 작품 결과를 가치 있게 여기게 되고 자신감도 갖게 된다.

⑦ 교사와 친구들과 함께 전시된 작품들의 처리에 대해 논의하고 정리하는 가운데 활동 결과를 효율적으로 처리하는 것을 학습하게 된다.

## 나. 교 사

① 프로젝트 준비단계에서 계획하고 예상했던 것에 비추어 프로젝트 전 과정이 효율적으로 진행되었는지 정리하고 평가하는 기회가 된다.
② 유아의 활동 결과물을 정리하는 가운데 각 유아에 대해 더 깊이 있게 이해하고 평가할 수 있다.
③ 그 주제에서 유아들이 특별히 흥미 있어 한 활동이나 자료를 파악할 수 있다. 전시회 및 발표회 자료는 다음 해에 동일 주제로 프로젝트를 할 때 유용한 참고 자료가 된다.
④ 부모나 지역사회 관계자들에게 프로젝트 활동에 대해 소개하고 설명하면서 그들의 도움이 구체적으로 어떤 점에서 필요한가를 인식시킬 수 있다.

## 다. 부모나 지역사회 관계자

① 원에서 하고 있는 유아들의 학습 내용 및 과정에 대해 알 수 있다.
② 유아들의 발달 정도나 학습 정도를 깊이 있게 이해할 수 있다.
③ 부모나 지역사회 관계자들의 참여나 도움이 유아들의 학습에 직접적인 영향을 준다는 것을 깨달을 수 있다.

## 라. 다른 반 유아

① 프로젝트 주제에 대해 많은 것을 보고 알게 되며, 또 그 주제에 대해 관심을 갖게 되는 계기가 된다.
② 전시를 주최한 유아들로부터 전시된 것에 관한 설명을 듣는 가운데 자기들도 그런 활동을 하고 싶다는 동기 유발이 강하게 일어난다.
③ 활동 과정이나 표현 방법 및 여러 전시물들을 통해 다양한 학습 방법을 알 수 있다.
④ 유아들이 상호 이해하고 교류하는 장이 된다.

## 2. 전시회 및 발표회의 방법

프로젝트 종결의 전형적 행사는 전시회나 발표회를 통해, 또는 이 둘을 조화시켜 전시회와 발표회를 함께하는 것이다. 어떤 형태를 취할 것인가는 프로젝트 주제에 따라, 또는 여러 가지 상황과 조건에 따라 달라질 수 있을 것이다. 단, 유아들의 경우 단순히 어떤 결과물에 대한 전시만 하게 하거나 또는 발표만 하게 하기보다는 전시를 하면서 부분적으로 발표도 할 수 있게 하는 것이 이상적인 형태라고 본다.

### 가. 준 비

#### 1) 전체 토의

**가) 프로젝트 전 과정 돌아보기**

교사는 프로젝트 시작단계에서부터 유아들과 진행해 온 일을 돌아본다. 주제망과 질문 목록표를 참고하면서 어떤 것들을 알아보았고, 어디로 현장 견학을 갔었는지, 전문가로서 도움을 주었던 분들은 누구누구이며, 특별히 프로젝트 전개 기간 중에 인상 깊었던 일은 어떤 일이었는지에 대해 이야기해 본다. 교사가 처음 이루어진 일부터 중심 사건들을 순서대로 기록하면서 화살표로 표시해 주면 유아들이 프로젝트 전 과정을 보다 쉽게 돌아볼 수 있다. [그림 6-1]은 교사가 유아들과 프로젝트 전 과정에 대해 이야기 나누면서 작성한 프로젝트 중심 사건에 관한 기록이다.

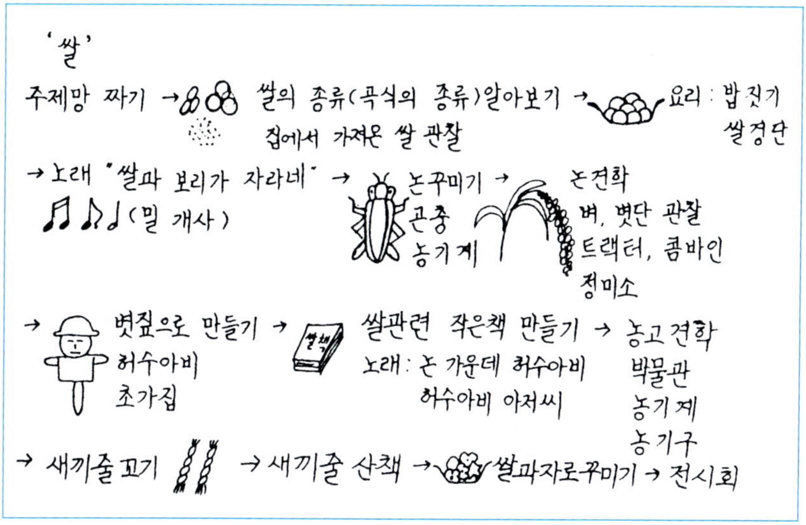


그림 6-1 '쌀' 프로젝트 전 과정의 중심 사건 돌아보기

### 나) 전시회 및 발표회의 날짜 정하기

전시회 및 발표회의 날짜와 시간을 정한다. 시간을 정하는 것은 노래나 인형극 등 특별 프로그램이 준비되었을 때에 전시회를 보러 온 사람들이 이를 한꺼번에 관람할 수 있도록 하기 위함이다. 마무리 행사에 온 사람들이 전시된 것을 둘러본 후 발표하는 것을 보는 데 총 40분 정도 걸릴 것이라고 예상하면 10:00~10:40에 첫 번째 전시 및 발표, 10:40~11:00에 정리 및 휴식, 11:00~11:40에 두 번째 전시 및 발표를 하는 식이다. 이렇게 세 차례의 시간을 정할 수도 있을 것이다. 이 또한 유아들의 발달 정도와 초청 대상 및 그 인원에 따라 소요 시간을 20분으로 할 것인지, 30분으로 할 것인지, 또 횟수를 2회로 할 것인지, 3회 정도로 할 것인지 정하면 된다.

### 다) 전시회 및 발표회의 형식과 초대 대상 정하기

날짜와 시간이 결정되고 나면 어떤 형식으로 할 것이며 누구를 초대할 것인가를 유아들과 함께 정한다. 프로젝트를 처음 실시한 경우에는 교사가 구체적으로 전시회나 발표회에 관해 이끌어 주고 유아들의 의견은 부분적인 것에만 반영할 수 있으나 프로젝트를 수차례 경험하여 몇 번의 전시회 경험을 가지게 되면 유아들이 행사의 형식을 정하는 과정에서부터 능동적으로 참여하게 된다.

한편, 초대 대상은 부모, 다른 반 교사, 동생반이나 언니반 유아들, 특별히 프로젝트 활동에 도움을 주었던 현장 사람들, 관계 기관의 인사 및 이웃 유아교육기관의 원아들이 될 수 있다. 그러나 너무 많은 인원이 한꺼번에 초대되거나 여러 유형의 사람이 동시에 오게 되면 초대된 사람이나 초대한 유아들 모두 혼란스러워 전시회를 통해 이루고자 하였던 목표가 무산될 수 있다. 그러므로 교실 크기 및 유아 수, 또는 유아의 연령이나 발달 정도에 따라 한 번에 초대하는 인원수를 조정하여야 한다. 또한, 유아들도 동일한 역할을 여러 차례 반복하면 지루해하므로 이번 전시회에는 부모와 동생반 유아들, 다음 전시회에는 지역사회 인사들과 형님반 유아들, 이런 식으로 초청 대상을 제한, 조절하는 것이 바람직하다.

#### 라) 전시 및 발표 항목 정하기

전시 및 발표 항목을 정하는 방법은 교사와 전체 유아가 함께할 수도 있고 유아들이 조별로 정한 다음 전체적으로 조정·통합할 수도 있다. 시작단계에서의 브레인스토밍 때와 마찬가지로 개별로 생각한 후 조별 토의를 거쳐 전체로 통합하는 방법도 가능하다. 어떤 방법으로 할 것인가는 교사가 유아들의 프로젝트 진행 절차에 익숙해진 정도, 유아들의 발달 정도 및 유아 수를 고려하여 적절하게 선택하여야 한다.

전시를 위해 교사와 유아가 함께 전시 계획망을 작성할 수도 있다. 전시 계획망을 작성하면 모든 유아들이 전시회 준비를 하는 동안 무엇을 더 준비해야 하는지를 쉽게 파악할 수 있다. [그림 6-2]는 전시회 때 개괄적으로 어떤 준비가 필요할지에 대해 교사와 유아가 논의하여 망으로[25) 표현한 것이다.

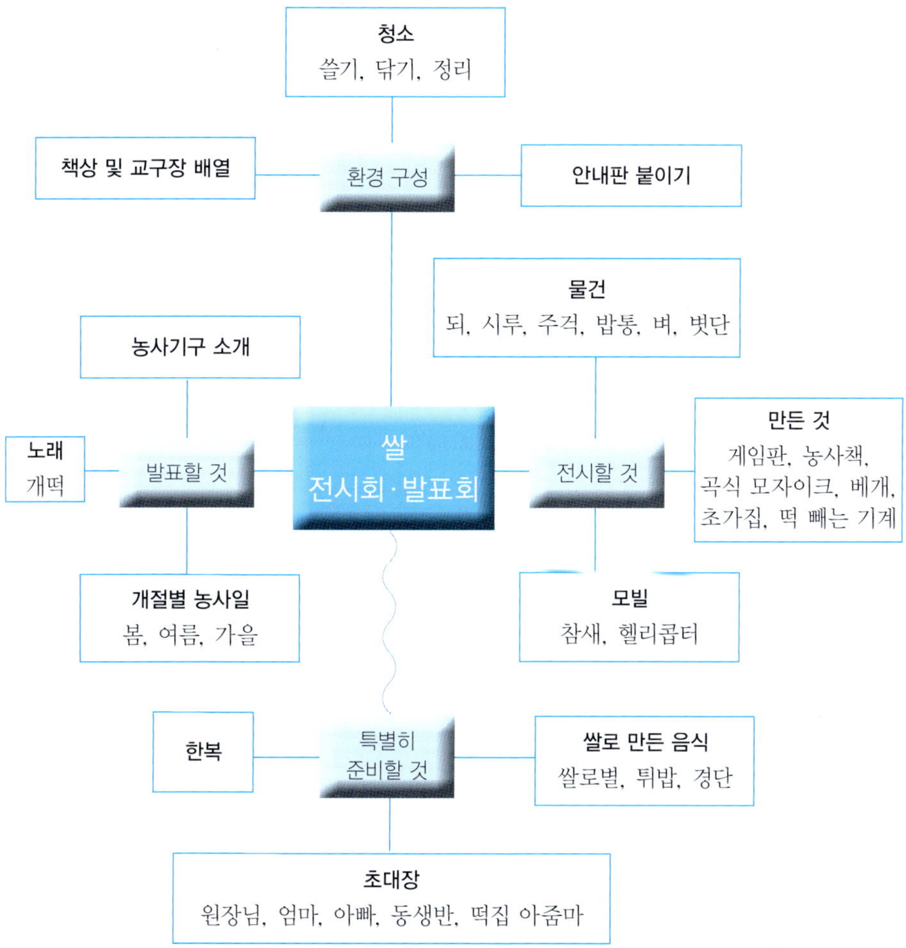


그림 6-2 '쌀' 전시회 및 발표회를 위한 계획

25) 이것은 일종의 세부 주제망(zoom web)으로, 그 프로젝트 안에서 이루어지는 하나의 작은 프로젝트로 볼 수 있다.

각 항목들의 구체적인 내용은 그 역할을 맡은 유아들끼리 다시 논의한 후 결정하게 된다. 예를 들어 '농사일'에서 '가을' 부분을 맡은 유아들은 농부가 추수하는 모습과 허수아비, 참새가 날아다니는 모습을 전시 내용으로 정하였다. 이때 벼가 익은 논과 참새는 그림으로 표현하기로 하고 농부와 허수아비는 유아들이 역할을 맡아 나타내기로 하였다. 즉, 농부를 맡은 유아는 탈곡기를 이용해 추수하는 모습을, 허수아비를 맡은 유아는 팔을 벌리고 서 있기로 한 것이다.

#### 마) 준비 일정표 만들기

전시할 항목과 발표할 내용이 구체적으로 정해지고 나면 다음 단계는 이를 어떻게 준비할 것인지를 정하게 된다. 전시할 항목 중에는 교사-유아 주제망이나 자원 목록 또는 그림 자료와 같이 이미 전시되어 있는 것도 있으나 어떤 것은 약간의 보수를 필요로 한다거나 배열을 효과적으로 해야 하는 것도 있고, 또는 새롭게 준비를 해야 하는 것도 있다.

어떤 준비가 어느 만큼 필요한지는 프로젝트 주제에 따라, 또는 유아들의 발달 정도에 따라 달라질 수 있다. 그러나 전시회 및 발표회가 효과적으로 이루어지기 위해서는 기본적으로 활동 결과를 정리하여 효과적으로 배열하고 초대장을 쓰고 교실을 장식하며 맡은 역할을 준비하는 등의 여러 가지 일이 필요하다. 따라서 이를 빠짐없이 하기 위해서는 준비 기간 동안 무엇을 어떻게 준비할 것인가에 관한 일정표를 유아들과 함께 작성하는 것이 바람직하다. 그 예를 들면 [그림 6-3]과 같다.

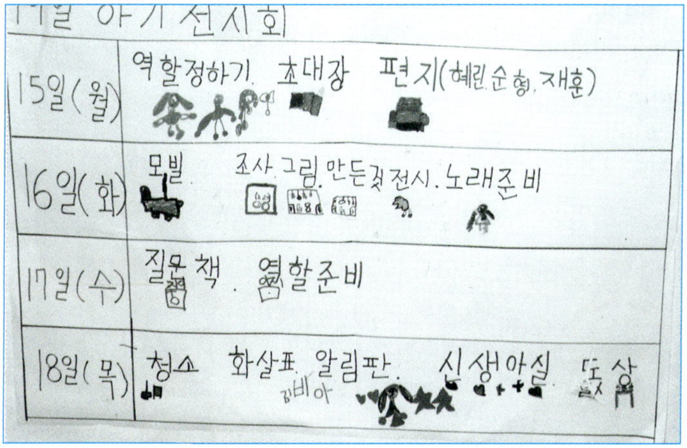


그림 6-3 '아기' 전시회를 위한 준비 일정표

**바) 유아 각자의 역할 정하기**

일정표를 짜고 나면 일정표에 있는 여러 항목의 준비를 누가 할 것이며 또 전시회 날 각 유아들은 어떤 역할을 맡을 것인가를 정한다. 예를 들면 '쌀'에 관한 전시회 준비 과정에서 참새 모빌과 안내 표시는 누가 만들 것인가 등을 정하는 것이다. 또 '거북이' 프로젝트의 경우라면 전시회날 거북이 어항 옆에서 거북이가 제일 좋아하는 먹이에 대해 설명하고 거북이에게 먹이 주는 일을 보여주는 것은 누가 할 것이며, 거북이가 알을 낳고 이 알에서 깨어난 새끼 거북이가 바다로 가기까지의 과정을 꾸며 놓은 영역에서 설명할 사람은 누구로 할까 하는 것 등을 정하는 것이다.

교사는 이 모든 과정에서 반 전체 유아의 고른 참여가 이루어질 수 있도록 역할 분담과 준비를 조정하고 지도해 주어야 한다. 그리고 어떤 특정 유아에게 과중한 책임이 부과되거나 또는 소외되는 유아들이 없도록 각별히 배려하여야 한다. 이 준비 과정도 프로젝트의 중요한 한 단계에 속하는 것으로서 모든 유아가 함께 할 때 본래의 성과를 거둘 수 있기 때문이다.

'쌀' 주제를 예로 들어 만 4세반 전체 유아의 역할 분담 내용을 구체적으로 살펴보면 다음과 같다.

**전시회를 준비해요**

| 항목 | | 담당 |
|---|---|---|
| 청소 | | 다함께 |
| 초대장 | | 다함께 |
| 참새 모빌 | | 민정홍, 김진경 |
| 요리 순서 | | 박상화, 박남희, 김비아 |
| 알림판 | | 정문길, 김수진, 김솔, 가희, 주승 |
| 농사 꾸미기 | 봄 | 박정규, 안경림 |
| | 여름 | 손영상, 황재윤, 나준영 |
| | 가을 | 권순민, 이경준, 김영비 |
| 물건 이름표 | | 안태히, 김수정 |

**전시회 역할**

|  | |  |
|---|---|---|
| 손님 맞이 | | 송가희, 노주승 |
| 물건 소개 | | 안태희, 김수정 |
| 떡, 과자 대접 | | 박상화, 박남희 |
| 개떡 노래 | | 정문길, 김수진, 김솔, 김비아, 권순민 |
| 농사 꾸미기 | 봄 | 박정규, 안경림, 민정홍 |
| | 여름 | 손영상, 황재윤, 나준영 |
| | 가을 | 이경준, 김영비, 김진경 |

그림 6-4 '쌀' 전시회 준비 기간 및 전시회 때의 역할 분담 내용

### 2) 교실 꾸미기

준비해야 할 항목 및 각 유아의 역할이 정해지고 나면 다음에는 각자 맡은 대로 교실 꾸미기를 한다. 교실 꾸미기는 전시회를 보러 온 사람들이 프로젝트 진행 과정 중 어떤 일이 있었으며 무엇을 학습하였는가를 쉽게 알 수 있도록 꾸미는 일이 중심을 이룬다. 이때 여러 가지 전시물 중 무엇을, 어디에, 어떻게 전시하면 효과적일까를 고려하여 배치한다.

예를 들면 '쌀' 프로젝트 시 입구 쪽 벽면에는 프로젝트 시작단계 때 나온 유아들의 브레인스토밍 결과물과 유목화 결과물 및 교사·유아 주제망과 유아들이 작성한 자원 목록 등을 붙이고 그 옆 벽면에는 프로젝트 전개단계에서 이루어진 조사·탐구 활동 결과물을 종류별로 나누어 게시하는 등이다. 또한, 교실의 한 영역은 벼가 자라기까지의 전 과정을 봄, 여름, 가을로 나누어 특징적으로 꾸며 놓고 또 다른 영역에는 쌀로 만든 여러 가지 음식을 준비하여 전시회를 보러 온 사람들에게 설명하고 대접하도록 할 수 있다.

'쌀' 프로젝트 시 전시회를 위해 교실 내부를 꾸민 모습은 [그림 6-5]와 같으며 '과자' 주제의 경우는 [그림 6-6]과 같다.

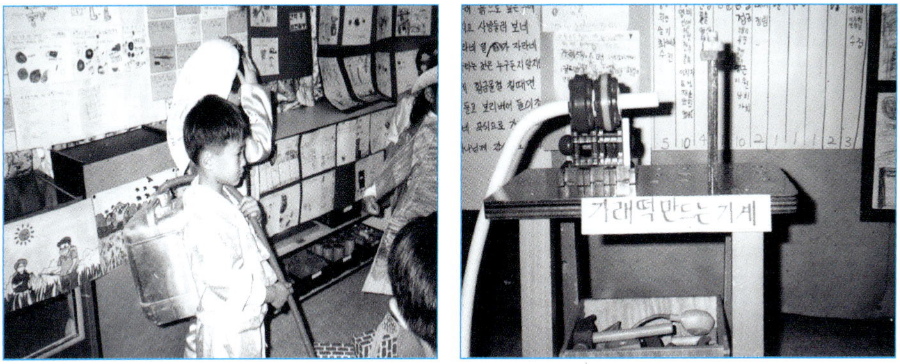


그림 6-5 '쌀' 전시회를 위한 교실 내부 장식 모습

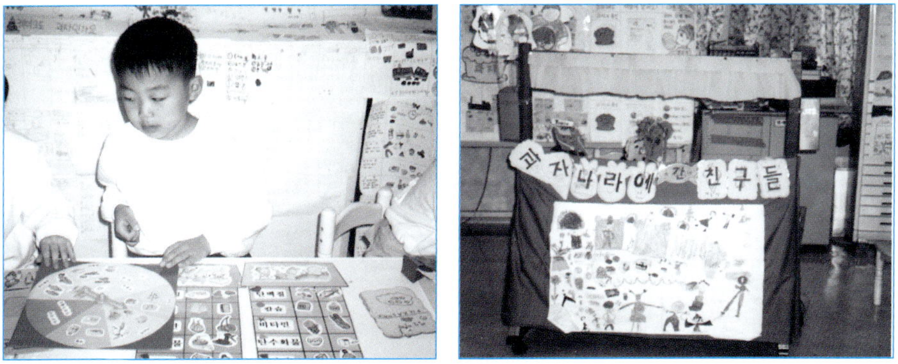


그림 6-6 '과자' 전시회를 위한 교실 모습

교실 안 꾸미기뿐 아니라 교실 문이나 원 입구에도 전시회를 안내하는 글귀나 그림을 붙인다. 이를 살펴보면 [그림 6-7]과 같다.

그림 6-7 교실 문에 전시 안내를 해 놓은 모습

### 3) 초대장 보내기

전시를 알리고 초대하는 글을 부모나 다른 반 유아, 또는 특별한 도움을 준 전문가나 현장 사람들에게 보내도록 한다. 유아들이 처음 초대장을 만드는 경우에는 교사가 초대장을 쓰는 이유와 방법에 대해 구체적으로 지도해 주어야 한다. 이때 초대장의 모델을 보여주는 것도 한 방법이다. 이렇게 함으로써 유아들에게 초대장에 꼭 넣어야 할 내용은 '언제, 어디서, 무엇을 하는지'임을 알도록 하는 것이다. 연령이 어린 반 유아들인 경우는 교사와 유아가 함께 초대 내용의 글귀를 정하고 교사가 이를 쓴 후 유아 수만큼 복사하여 각 유아가 원하는 그림을 그리도록 할 수 있다. 단, 유아들이 글씨를 쓸 수 있고 또 초대장의 형식에도 익숙해졌다면 각자 원하는 대로 쓰게 할 수 있다.

한편, 부모님, 다른 반 선생님, 형님반이나 동생반 유아들, 현장 사람들 등을 위한 여러 장의 초대장이 필요하다면 누구에게 보낼 것이며 몇 장이 필요한가에 대해 표로 만들어 본 후, 유아들과의 논의를 통해 원하는 곳을 나누어 초대장 쓰기를 하는 것이 바람직하다. 교사와 유아들이 초대장 내용을 정한 후 교사가 복사해 유아들에게 나눠 주면 각 유아마다 그림을 그리는 등 초대장을 창의적으로 더 꾸밀 수도 있다.

## 나. 개 최

전시회 및 발표회 개최는 일정에 따라 모든 준비를 마친 후 이루어지게 된다. 유아들은 이날 손님들이 여러 명 방문한다는 사실과 자신들이 안내하고 프로젝트 진행 과정이나 결과물에 대한 설명을 하며, 특별 프로그램도 보여주어야 한다는 사실로 인해 흥분하기 쉽다. 특히 프로젝트를 처음 하는 경우라면 유아들이 구체적인 역할을 잘 알지 못하기 때문에 자칫 우왕좌왕하기 쉽다.

그러므로 전시회 및 발표회 준비가 다 끝났다고 생각되어도 손님들이 오시기 전에 교사는 유아들과 함께 전시회장을 한 번 둘러보면서 전체적으로 어떤지 함께 보고 어떤 행동이 요구되는가를 이야기해 준다. 이 기회를 통해 유아들은 다른 친구들의 정돈된 작품도 유심히 감상할 수 있다. 전체 둘러보기가 끝나면 유아들은 각자 맡은 영역으로 가고, 교사는 초대 손님이 되어 한 바퀴를 다시 돌면서 유아들에게 역할을 재확인시켜 준다.

유아들이 전시회 때에 맡는 역할은 크게 세 가지 부분 즉, 손님맞이하며 안내하기, 특정 영역에 대한 안내 및 설명, 준비한 프로그램의 발표이다. 이를 구체적으로 살펴보기로 한다.

### 1) 손님맞이하며 안내하기

손님맞이하며 안내하기란 교실문 앞에 서서 전시회를 보러 온 손님들에게 인사를 하고 전시회장을 안내하는 일이다. 경우에 따라서는 팸플릿이나 특별한 표를 나누어 주기도 한다. 예를 들면 '개' 프로젝트 시 안내하는 유아들은 손님들에게 애견 센터에서 많이 얻어 가지고 온 '애완견 기르기'란 팸플릿을 나눠 주었으며, '쌀' 프로젝트 시는 전시회장에서 떡으로 교환할 수 있는 표를 만들어 손님들에게 한 장씩 주기도 하였다.

### 2) 특정 영역에 대한 안내 및 설명

'특정 영역에 대한 안내 및 설명'이란 특정한 영역을 맡아 그 영역에 전시된 여러 가지 그림이나 물품에 대한 안내 및 설명을 하는 것이다. 예를 들면 '쌀' 프로젝트 시 '짚으로 만든 물건을 모아 놓은 영역'을 맡은 유아는 그 영역으로 사람들이 오면 '짚은 어디서 나온 것이고 짚으로 만들 수 있는 것에는 어떤 것이 있는가'를 보여주고 설명하며 질문에 답도 해 주는 것이다. 그런가 하면 '아기' 프로젝트 시 돌상과 백일상을 꾸며 놓은 영역을 맡은 유아는 '백일과 돌은 어떤 날이며 이때 어떤 음식과 물건을 준비하는가'를 설명해 줄 수도 있다. 이외에도 자신들이 고안한 게임의 원리와 방법에 대해 설명해 주기도 한다. [그림 6-8]은 '과자' 프로젝트 시 어떻게 다식을 만드는지 설명하며 다식판을 이용하여 실제 만드는 모습을 보여주는 장면이다.

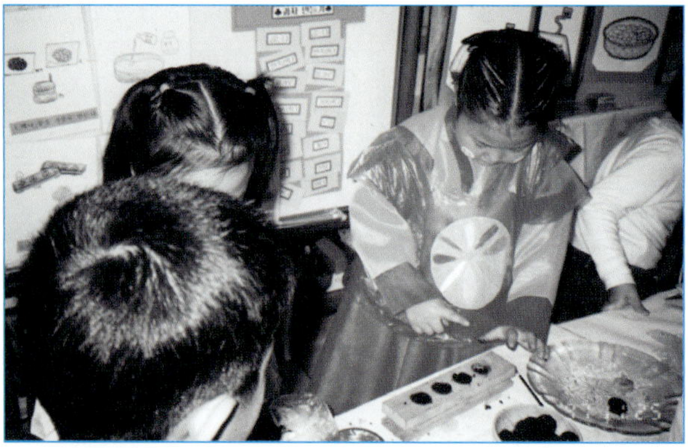

그림 6-8 다식판으로 다식 만드는 방법을 설명하는 모습

### 3) 준비된 프로그램 발표하기

전시를 보러 온 사람들이 일단 전시회장을 둘러보고 나면 이날을 위해 특별히 준비된 프로그램을 발표한다. 특별히 준비된 프로그램의 예로는 '아기' 프로젝트 시 '아기와 곶감' 인형극이나 '우리 가족'에 관한 음악극, '공원' 프로젝트 시 '꼬마 사마귀 또또의 여행' 동극, '우리는 공원 지킴이' 노래 부르기, '개미' 프로젝트 시

'어느 날' 노래와 합주 등 주제에 관련된 간단한 프로그램 등이 이에 속한다. 유아들이 특별히 연습하고 준비한 프로그램 외에도 유아들의 주제 탐구에 큰 도움이 되었던 동영상 자료를 짧게 보여줄 수도 있다. 예를 들어 '개미' 프로젝트 시 여왕개미가 공중에서 짝짓기하는 모습, 애벌레의 모습 등 사람들이 평소에 쉽게 볼 수 없는 특별한 장면들을 유아들의 간단한 설명과 함께 보여주면 좋을 것이다. [그림 6-9]는 '과자' 프로젝트 시 '유통 기한을 꼭 확인하세요' 동극이 끝난 후 두루마리처럼 말아 놓은 제목을 짝 펴 보여주는 모습이다.

그림 6-9 '유통 기한을 꼭 확인하세요' 동극

교사는 전시회가 이루어지는 동안 유아들이 맡은 역할을 적절하게 잘하도록 도와주거나 부모 및 현장 사람들과 이야기 나누기, 특별한 순간을 사진이나 동영상으로 기록하기 등을 한다. 다른 사람이 사진이나 동영상 기록을 하고 있다고 해도 교사만 볼 수 있는 특별한 순간이 있기 때문이다.

## 다. 마무리

### 1) 마무리 토의

전시회가 끝나고 난 후 이루어지는 마무리 토의의 주요 안건은 두 가지이다. 첫 번째는 교사와 유아들이 전시회를 하는 과정에서 잘된 점과 아쉬운 점 등에 대해 검토해 보고 평가해 보는 것이다. 이때 자체 평가뿐 아니라 전시를 보러 온 다른 유아들이나 부모 등의 평가도 마무리 토의를 위한 중요 소재가 될 수 있다. 이를 위해 교사가 전시회를 보고 난 부모와 다른 사람들에게 전시 항목이나 발표된 프로그램에 대한 의견, 또는 전체적인 느낌이나 개선점 등을 적어 교실 한쪽에 마련해 놓은 느낌 주머니에 넣어 달라고 부탁한다. 다른 반 유아들의 경우는 그 자리에서 적는 것이 어려울 수 있으므로 자기 반으로 돌아가서 전시회에 대한 생각을 교사와 함께 적어 편지로 보내 달라고 부탁하는 것이 좋다. 이렇게 하여 마무리 토의 시간에 느낌 주머니에 들어 있는 글이나 다른 반에서 온 편지를 개봉한다면 전시 및 발표에 대해 다른 사람들은 어떻게 생각하였는지를 알 수 있고, 이를 참고하여 다음번에는 더 나은 전시 및 발표를 준비할 수 있다.

두 번째는 전시된 여러 결과물이나 자료 등의 정리에 관한 것이다. 전시된 것 중에는 집으로 가져가야 할 것과 원에 남겨 두어야 할 것이 있다. 또 자원 중에는 재활용이 가능한 종이나 상자 등이 있고 정리하여 버려야 할 것이 있다. 그런가 하면 전시되었던 물건 중에는 되돌려 주어야 할 것이 있고, 자료장에 비치되어야 할 것도 있다. 이런 점들에 대해 유아와 함께 논의하고 판단하는 일이 필요하다. 다른 일과 마찬가지로 마무리를 위한 여러 가지 일을 효율적으로 분담하는 것도 이 토의 과정에서 이루어지는 것이 바람직하다.

2) 정리하기

마무리 토의가 끝나고 나면 전시된 작품 정리와 교실 정리가 이루어져야 한다. 전시되었던 작품 정리는 교실 곳곳에 붙어 있는 개인 작품들을 떼어 내 개인 파일에 정리하는 것이다. 작품 정리 시간에 교사는 우선 유아들의 작품이 서로 섞이지 않고 개인 파일에 정리될 수 있도록 돕고, 나중에 다시 교사가 각 유아의 파일을 확인해 본다. 구성물들은 토의 결과에 따라 분해하여 재활용할 것과 폐기할 것 또는 교구장에 돌려놓을 것 등으로 나누어 정리한다. 분해 전에 구성물에 대한 사진을 찍어 유아의 파일에 정리해 준다면 각 유아의 평가를 위한 유용한 자료가 된다.

교실의 정리란 전시되었던 작품을 다 떼어 정리하는 일, 바닥을 쓸고 닦는 일, 교재·교구를 정리하고 재배열하는 일, 특정 물건을 씻는 일 등이다. 작품에 대한 정리나 교실 정리 및 청소도 전시를 위한 준비 때와 마찬가지로 논의를 통해 역할을 나누어 한다면 빠른 시간에 효과적으로 끝낼 수 있다.

이상에서 프로젝트 마무리단계의 대표적 행사인 전시회 및 발표회에 대해 그 의미 및 구체적인 시행 방법을 살펴보았다. 다음 장에서는 프로젝트 접근법의 현장 적용 사례로서 '신발' 프로젝트를 준비단계부터 마무리단계까지 살펴볼 것이다.

PART III

# 프로젝트 접근법의 현장 적용 사례

CHAPTER 7 '신발' 프로젝트

CHAPTER 8 '종이' 프로젝트

THE PROJECT APPROAC

CHAPTER 7

# '신발' 프로젝트

THE PROJECT APPROACH

이 장에서는 전술한 유의점에 기초하여, '신발'[26] 주제에 대한 프로젝트가 구체적으로 어떻게 전개될 수 있는지에 대한 소개 및 그에 대한 분석을 겸하여 하고자 한다. '신발'을 프로젝트 주제로 선정한 이유는 p. 43에서 제시한 주제 선정 준거에 비추어 볼 때 적합하다고 보았기 때문이다.

## 1. 준비단계

프로젝트 준비단계에 소요되는 시간은 이전에 동일 주제의 프로젝트를 해 보았는지의 여부, 교사의 개인적 특성이나 경력, 원의 자원 구비 정도 등에 따라 차이가 난다. 예를 들어 2~3년 계속해서 동일한 주제를 다루게 되면 준비에 필요한 기간은 해가 거듭될수록 줄어든다. 이미 그 주제에 대하여 교사(들)가 상당한 지

26) S원 5세반의 교사 대 유아 비율이 1 : 20인 상황(교생이 기록 도움)에서 진행된 사례로 약 4주가 소요되었음.

식을 가지고 있을 뿐 아니라 예전에 작성해 놓은 관련 자료들도 있고 자원도 어느 정도 확보된 상태이기 때문이다. 동일 주제가 아니라고 할지라도 몇 개의 프로젝트를 경험하고 나면 프로젝트 준비 기간은 단축된다. 예를 들어 '신발' 프로젝트 전에 3개의 장기 프로젝트를 경험한 S원 교사들(만 4세반 2반, 5세반 1반)의 경우 처음 때보다 2일이나 단축된 4일 만에 준비단계를 마쳤다. 이런 점을 전제하고 준비단계에서 행해진 작업들을 주제망 구성부터 살펴보도록 하자.

## 가. 주제망 구성

주제망 구성을 위해 교사들은 서로 떨어져 앉아 약 10분 정도 개별 브레인스토밍을 한 후 유목화를 위해 큰 원탁 책상에 둘러앉았다. 그리고는 각자의 브레인스토밍 결과물을 앞에 놓고 한 명씩 돌아가면서 자기 것을 하나씩 원탁 가운데로 내놓았다. 이때 '이미 나온 것은 또 내놓지 않기'라는 규칙을 세워 놓고 하였다.

이렇게 하여 브레인스토밍 결과물들을 모두 한 자리에 모은 후 유목화를 하였다. 비슷한 항목들끼리 모아 소제목을 붙여 주고 항목 수가 너무 적은 경우는 보완하고 반대로 너무 많은 경우는 재분류하는 작업이었다. 예를 들어 '옛날 신발' 소제목 밑에는 짚신, 미투리만 들어 있었다. 무언가 더 들어갈 것이 없을까 하면서 책을 찾아본 후 임금님이 신던 신발(금동신), 옛날 신랑 신부가 신던 신발(태사혜, 운혜) 등을 보충해 넣었다. 그런가 하면 '신발 종류' 소제목 밑에는 20개 이상의 항목들이 포함되어 있었는데 이것들을 다시 '레저·스포츠 신발', '일상 신발', '특수 신발'로 하위 분류하였다.

이와 같이 유목화를 위해 논의하고, 잘 모르는 내용이나 궁금한 사항은 책을 찾아보는 과정에서 S원 교사들은 그동안 자신들이 충분히 알고 있다고 생각해 온 '신발'에 대해 의외로 모르는 부분이 많고, 흥미 있는 부분도 있다는 것을 발견하였다. 예를 들면 신발을 만드는 재료로 쇠나 유리도 사용된다는 사실, 신발의 종류에 교정용 신발, 갯벌용 신발, 다이어트용 신발 등이 있다는 내용 등은 교사들이 새롭게 알게 되고 흥미도 느낀 부분이었다. 작성된 주제망은 [그림 7-1]과 같다.

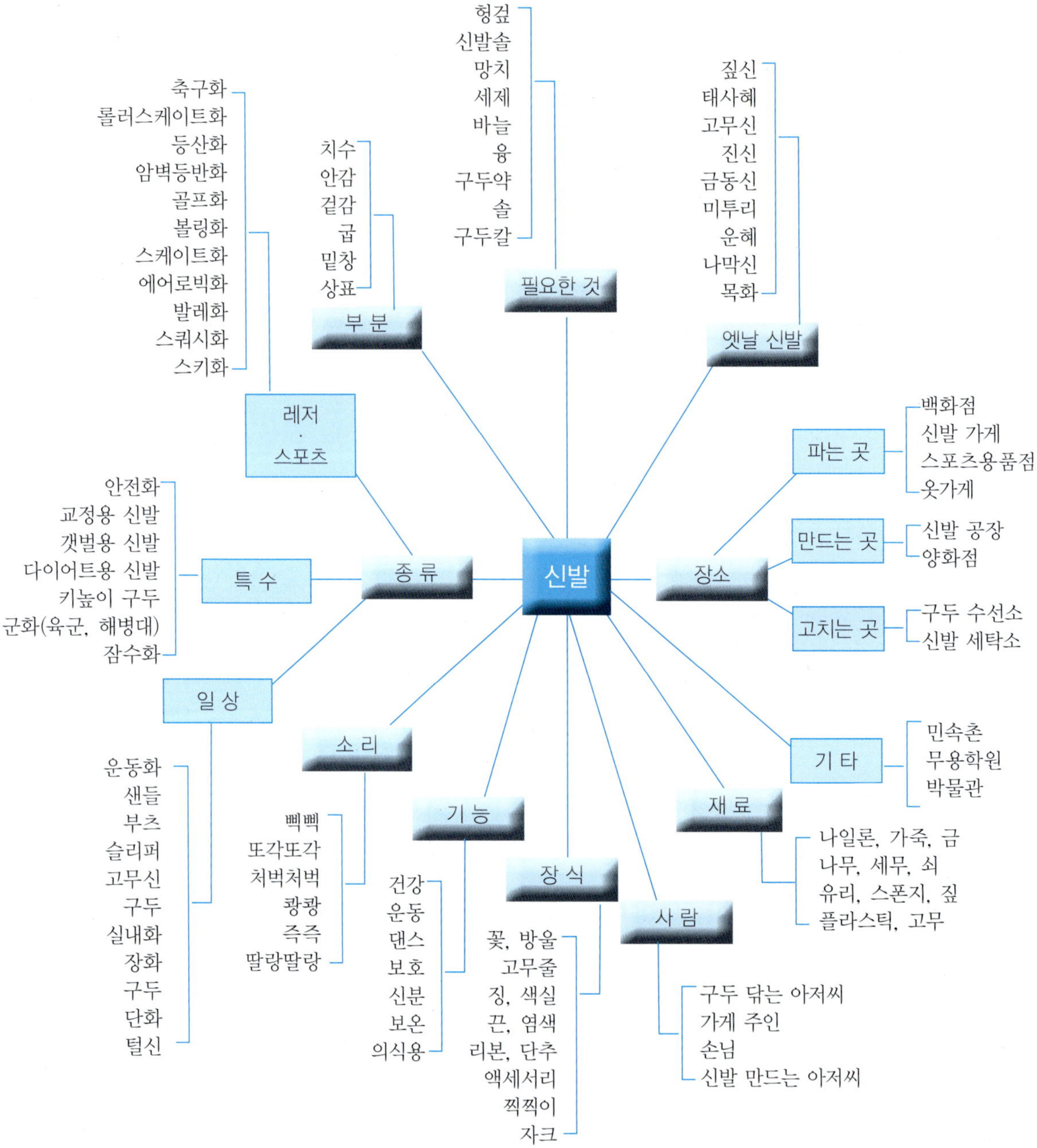


그림 7-1 '신발' 교사 주제망

## 나. 교육과정 조직안 및 활동예상안 작성

### 1) 교육과정 조직안

교사들이 주제망과 국가 수준 교육과정을 참고하여 작성한 '신발' 주제에 대한 교육과정 조직안은 〈표 7-1〉과 같다.

**표 7-1** '신발' 교육과정 조직안

| 영역 | 내용 범주 | 주제 관련 예상 내용 |
|---|---|---|
| 신체운동·건강 | 신체 활동 즐기기 | • *신발 신고 걸어보기, 뛰어보기, 한 발로 서기 등 다양하게 움직이기* |
| | 건강하게 생활하기 | • **발 깨끗이 하기**<br>• **신발을 깨끗이 하여 신기** |
| | 안전하게 생활하기 | • **자신의 발 치수에 맞는 신발 신기**<br>• **신말끈, 찍찍이 등을 바르게 잡그고 신체활동하기** |
| 의사소통 | 듣기와 말하기 | • *'신발' 관련 이전 경험, 질문 말하기, 자신의 의견 분명하게 말하기*<br>• *'신발' 관련 동화, 동시 듣기*<br>• **친구 이야기 듣기, 서로 궁금한 것을 질문하고 답하기**<br>• **때와 장소, 대상에 맞게 고운 말로 말하기** |
| | 읽기와 쓰기에 관심 가지기 | • *'신발' 관련 단어 및 기본 어휘에 관심 가지기*<br>• 책이나 팸플릿 등 읽어보기<br>• *'신발' 관련 생각, 질문 등을 글로 표현해 보기* |
| | 책과 이야기 즐기기 | • '신발' 관련 그림책 보기, 이야기 짓기 및 즐기기 |
| 사회관계 | 나를 알고 존중하기 | • **내 신발 정리 잘하기**<br>• **하고 싶은 일 계획하고 해 보기** |
| | 더불어 생활하기 | • 우리 가족 발 크기 조사하기<br>• 우리 가족이 좋아하는 신발 알아보기<br>• 가족과 협력하여 신발장 정리해 보기<br>• 부모님 신발 바로 놓아 드리기, 친구 신발도 바르게 놓아 주기<br>• **친구와 협력하기**<br>• **약속, 공공규칙 지키기** |
| | 사회에 관심 가지기 | • 우리 동네의 '신발' 관련한 곳(신발 파는 곳, 수선하는 곳)과 직업(신발 만드는 사람, 신발 수선하는 사람 등)에 관심 갖기<br>• 여러 가지 특수한 신발을 신어야 하는 춤, 스포츠, 직업 등에 관심 갖기<br>• 다른 나라 사람들이 사는 곳과 '신발'의 관계에 관심 갖기 |

| 영역 | 내용 범주 | 주제 관련 예상 내용 |
|---|---|---|
| 예술 경험 | 아름다움 찾아보기 | • 여러 가지 신발에서 아름다운 점 찾아보기<br>• 탭댄스화, 발레화 등을 신고 추는 춤에서 춤의 모양, 빠르기 등 탐색하기 |
| | 창의적으로 표현하기 | • 꼬까신, 비 오는 날 노래 부르기 및 개사하기<br>• '신발들의 느낌'을 상상하여 다양한 방법으로 표현해 보기<br>• 소품, 배경, 의상 등을 사용하여 협동적으로 극 놀이하기<br>• **경험 내용을 그리기, 만들기, 움직임 등 다양하게 표현해 보기** |
| | 예술 감상하기 | • '신발'에 관한 음악, 미술, 사진 작품(기존 작품과 친구들의 창의적 작품) 등 감상하기<br>• 탭댄스, 발레, 고전무용 등 각각에 적합한 신 신고 추는 '춤' 감상하기 |
| 자연 탐구 | 탐구과정 즐기기 | • '신발의 모양과 기능의 관계 연결시켜 보기<br>• *교사나 친구들의 다른 생각에 관심 가지기*<br>• 종류가 다른 신발 비교 관찰 등 탐구기술 활용하기 |
| | 생활 속에서 탐구하기 | • 가족들의 신발 수 세어 보기<br>• 발 크기, 신발 크기 등을 수로 나타내 보기<br>• 신발이 만들어지는 과정, 신발이 수선되는 과정 알아보기<br>• 조사 · 탐구한 내용을 적합한 표로 만들어 보기 |
| | 자연과 더불어 살기 | • 신발을 안 신는 동물들의 발은 사람들의 발과 어떻게 다른지 알아보기<br>• **계절과 날씨에 적합하게 신발 신기** |

* **진한 글씨**는 4주 정도 예상하는 프로젝트 기간 내내 다루리라고 보는 내용
** *이탤릭체* 글씨: 프로젝트 첫 주에 다루면 좋겠다고 보는 내용

### 2) 활동예상안

교육과정 조직안 작성 후 활동예상안을 작성하였다. 교육과정 조직안을 기본으로 하여 활동을 예상한 방법은 다음과 같은 4가지 경우를 통해서이다. 각각은 다음과 같다.

### 가) 그대로 옮겨적기

예술경험 영역–창의적으로 표현하기
비 오는 날 노래 부르기 및 개사하기

→

**활동**
비 오는 날 노래 부르기 및 개사하기

### 나) 교육과정 조직안에 있는 내용을 적합한 활동으로 전환한 후 넣기

사회관계 영역–더불어 생활하기
가족과 협력하여 신발장 정리해 보기 :

→

**활동**
부모님과 신발장 정리하기(가정학습 과제)

### 다) 교육과정 영역 내 통합 통해 활동으로 전환하기

예술경험 영역

**아름다움 찾아보기**
여러 가지 신발에서
아름다움 찾아보기

\+

**창의적으로 표현하기**
'신발들의 느낌'을
상상하여 다양한
방법으로 표현해 보기

→

**활동**
'여러 신발'을 이용한
극 놀이

### 라) 교육과정 영역 외 통합 통해 활동으로 전환하기

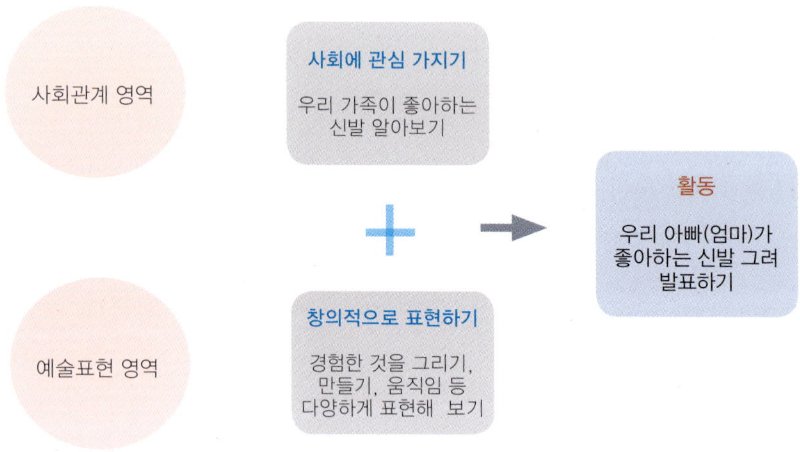


이렇게 하여 예상되는 활동들은 동화(시) 듣기·동극하기, 그리기·만들기, 토의 또는 이야기 나누기, 동작·음률, 관찰·실험, 요리, 게임, 현장견학, 가정과의 연계 활동 등으로 분류하여 정리하였다. '가정과의 연계활동'을 특별히 넣은 것은 원에서의 활동이 가정으로까지 연결되는 경우가 흔히 있고 또 교사가 의도적으로 가정학습 과제로 연결시켜야 할 필요도 있기 때문이다. 예를 들어 '식구들의 신발 수 조사하기', '엄마, 아빠 발 크기 조사하기'와 같은 활동들은 필히 가정에서 이루어져야 할 내용이다. 이런 과정을 거쳐 작성된 '신발' 활동예상안은 [그림 7-2]와 같다.

### 동작·음률

〈새 노래〉
- 꼬까신/ 새신
- 비 오는 날
- 난장이네 신발

〈음악 감상〉
- *여러 가지 구두 소리*
- 구두 작공

〈신체 표현〉
- 신발 기능에 따른 동작해 보기
- 낡은 신발에서 새 신발이 되는 과정을 신발 입장에서 표현해 보기

### 동화·동시·동극

〈동 화〉
- 구두 수선공 마르틴 아저씨
- 낡은 구두 한 짝 무엇일까?
- 구두구두 걸어라
- 토끼 무늬 노랑 장화
- *보람이네 신발 가족*

〈동 시〉
- 구두 발자욱
- 낙엽을 밟으면

〈동극〉
- 미래 신발들아, 다 모여라!

### 관찰·탐구·요리

〈관 찰〉
- 여러 종류의 신발
  *–이름, 모양, 색, 치수, 장식 비교*
- 발 크기, 신발 크기 비교
- 신발이 수선되는 과정
- 수선에 필요한 기계와 도구

〈실 험〉
- 롤러 블레이드 관련하여 바퀴 수, 위치와 몸의 평형 잡기 실험

### 현장 학습/전문가

〈현장 학습〉
- 신발 가게
- 구두 수선소
- 스포츠 센터

〈전문가 초대〉
- 신발 용품점 주인
- 구두 수선 또는 구두 닦는 일을 하는 사람

### 이야기 나누기/토의

- *신발에 대한 이전 경험 나누기*
- 신발의 기능
- 다양한 종류의 신발
- 신발 바르게 신기, 정리하기
- 발과 신발 깨끗이 하기
- 우리 반 가족 중 가장 큰 치수 신발 신는 사람 찾기
- 다른 나라 사람들의 특별한 신발
- 아나바다 운동 : 신발 물려주고 받기

### 가정적 연계 활동

- *신발장 정리*
  부모님 신발 바르게 놓아드리기, 내 운동화 빨아 보기
- 가족들의 신발 수를 막대 그래프로 나타내기
- 신발가게 가보기

### 게임·실외놀이

〈게 임〉
- *I am ground* 신발 이름 대기
- 신발장 정리하기
- 인형 종류에 맞게 신발 찾아 신기기

〈실외 놀이〉
- *달리기, 걷기*

### 조형

- *신발에 관한 이전 경험*
- 내가 가진 신발/ 내가 좋아하는 신발
- 마래에 내가 개발 하고 싶은 신발

〈만들기〉
- 초대장 만들기

〈꾸미기〉
- 신발바닥 물감 찍기, 베껴내기
- 전시회 때 교실 꾸미기
- 낡은 신발을 이용한 인형 만들기

### 함께 보기

〈동영상 자료〉
- 여러 종류의 신발 가게
- 원 신발장
- 탭댄스

〈인터넷〉
- 춤추는 신발 (동화): 쥬니버
- 유리 구두의 주인

(이야기 게임) : 쥬니버

※ *이탤릭체* 글씨는 프로젝트 첫 주에 하면 좋겠다고 판단한 활동들임.

그림 7-2 '신발' 활동예상안

● 실제 진행된 활동[27)]

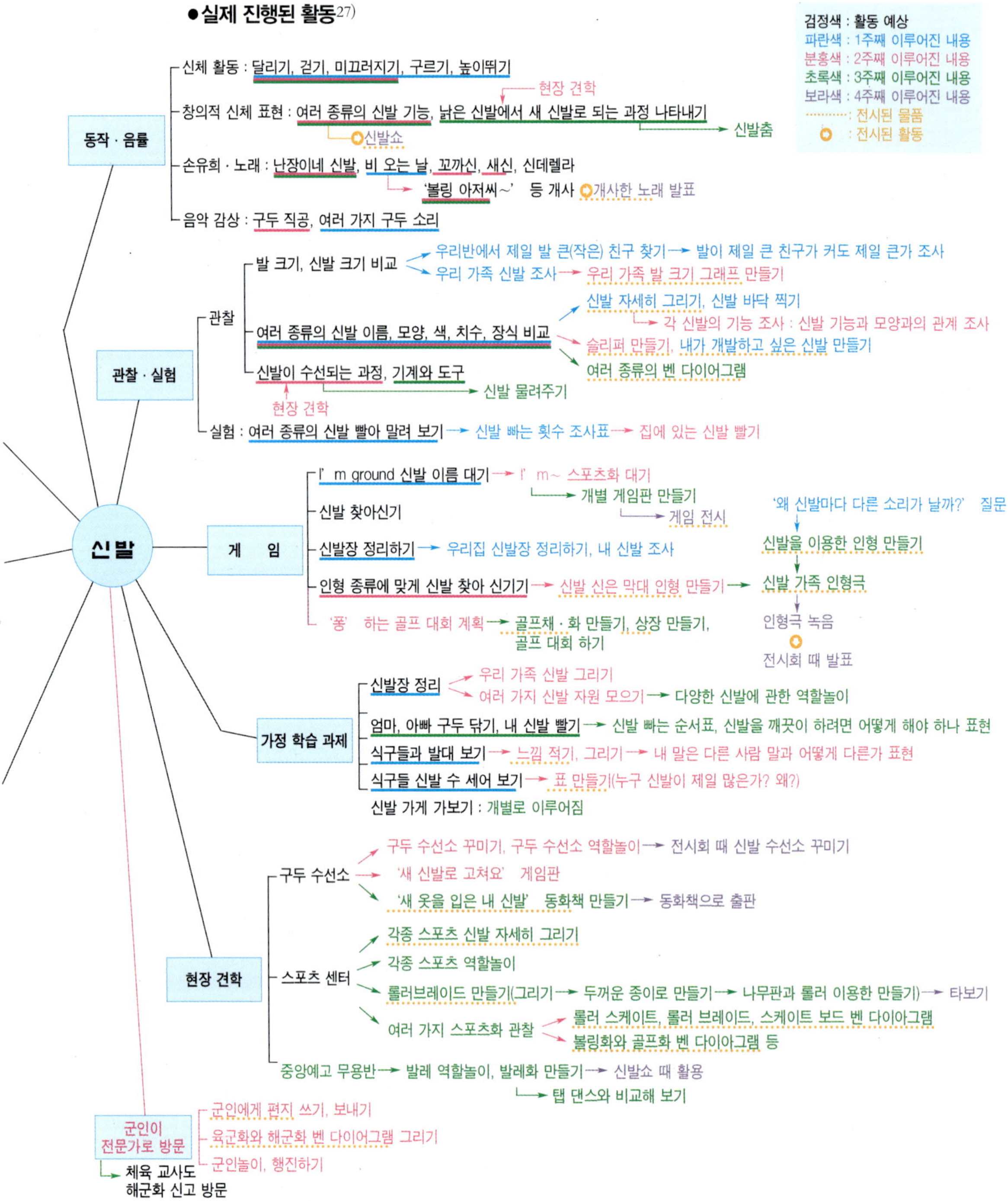


그림 7-3 활동예상안에 실제 이루어진 활동 표시

## 다. 교육목표 및 기본 어휘 선정

활동예상안 작성까지는 세 반 교사가 공동으로 임하였으나 교육목표 및 기본 어휘 선정은 유아의 연령에 따라 조금씩 차이를 두었다. 예를 들어 '신발의 치수는 mm, 호 등으로 표시한다는 것을 안다'는 5세반 교사만 채택한 목표 중 하나이다. 여기서 5세반 교사에 의해 선정된 교육목표 및 기본 어휘를 살펴보면 다음과 같다.

### 1) 교육목표

■ 지식·정보적 측면

① 신발은 여러 가지 재료로 만들어진다는 것을 안다.

② 하는 일, 기후를 비롯한 환경 조건에 따라 신는 신발이 다르다는 것을 안다.

③ 신발은 잘 정리, 보관해 주어야 한다는 것을 안다.

④ 신발을 세는 단위는 '켤레'라는 것을 안다.

⑤ 신발의 치수는 mm, 호 등으로 표시된다는 것을 안다.

■ 감성·정서적 측면

① 키와 발 등이 잘 자라도록 해 주신 부모님과 주위 분들께 감사하는 마음을 갖는다.

② 신발을 만든 분, 신발을 사 준 분들의 수고를 느낀다.

③ 내 신발뿐 아니라 다른 사람 신발도 소중히 생각하는 마음을 갖는다.

■ 태도·실천적 측면

① 발과 신발을 늘 깨끗이 하고 다닌다.

② 실내에 들어올 때 신발을 바르게 정리하는 습관을 들인다.

---

27) 활동예상안의 활동들이 실제 프로젝트 진행 과정에서 어떻게 전개되었는지를 일부 살펴본 것이다. 서술 편의상 활동 진행 방향을 하나의 화살표로서 나타내고 있으나 실제 활동 전개상에서는 여러 가지의 활동들이 서로 복합적인 상관 관계를 맺으면서 이루어졌음을 밝혀 둔다.

③ 실외로 나갈 때는 먼저 신발을 바르게 잘 신은 후 나서도록 한다.

④ 자기 신발뿐 아니라 친구, 가족 등 주변 사람들의 신발도 바르게 정리한다.

### 2) 기본 어휘

- 운동화 : 운동할 때나 어디 다닐 때 편하게 신는 신
- 구 두 : 주로 가죽을 재료로 하여 만든 서양식 신
- 샌 들 : 나무, 가죽, 비닐 따위로 바닥을 만들고 이를 가느다란 끈으로 발등에 매어 신게 한 신발
- 장 식 : 신발의 겉모양을 멋지게 하기 위해 꾸미는 것
- 제화점 : 구두 등 신발을 만드는 곳
- 신발 수선소 : 낡거나 망가진 신발을 고쳐 주는 곳
- 치 수 : 신발 크기를 나타내는 것

이렇게 선정된 기본 어휘들은 교사가 고안해 낸 '알쏭달쏭판'과 그림 카드를 활용하여 익히도록 하는 한편, 게시판과 벽의 잘 보이는 곳에도 부착해 주었다. '알쏭달쏭판'은 유아 두 명이 마주 앉아 기본어휘에 대한 수수께끼 내기를 통해 어휘를 재미있게 익히도록 한 것이다. 예를 들어 한 유아가 "음, 여름에 많이 신고, 뒤가 터진 신발이야. 뭐게?"라는 수수께끼를 냈을 때 상대방 유아가 '샌들'이라고 맞힌다면 '알쏭달쏭이'를 넘겨 맞힌 유아가 그 단어 카드를 떼어 갈 수 있다. 만일 맞히지 못한다면 한 번 더 힌트를 주거나 아니면 문제를 낸 유아가 이긴 것으로 한다. 이렇게 한 번씩 왔다 갔다 하면서 수수께끼 내기를 하는 것인데, 글씨를 모르는 유아라 할지라도 그림을 보면서 나름대로 설명해 보려고 노력하는 가운데 자연스럽게 그 단어의 의미를 습득할 수 있게 된다.

그림 7-4 알쏭달쏭판을 이용한 어휘 익히기

## 라. 자원 목록 작성

교사들은 먼저 원에서 구할 수 있는 신발에 관한 자원들, 즉, '구둣방 할아버지'와 같은 동화책, 슬리퍼, 운동화, 구둣주걱, 하이힐 모양의 열쇠고리와 같은 여러 실물 자료, 인터넷에서 찾은 사진 및 동영상 자료, 기타 신발 팸플릿을 모아 보았다. 그런 동시에 교사들 집, 서점, 주변의 구둣방, 구두수선소, 제화점 등을 돌아보며 자원을 보충하기도 하고 현장 견학 가능성 등을 타진하기도 하였다. 이런 과정을 거쳐 작성된 자원 목록은 〈표 7-2〉와 같다.

**표 7-2** '신발' 자원 목록[28)]

<table>
<tr><th colspan="2">구 분</th><th colspan="2">내 용</th></tr>
<tr><td rowspan="6">1차적 지원</td><td rowspan="2">실 물</td><td>여러 종류의 신발</td><td>• 일상 신발 – 운동화, 샌들, 부츠, 슬리퍼, 구두, 단화, 장화, 고무신 등<br>• 레저, 스포츠용 신발 – 골프화, 볼링화, 축구화, 인라인스케이트화, 등산화, 스케이트화, 스키화, 농구화, 발레화, 암벽 등반화, 테니스화, 탭댄스 구두, 재즈화, 에어로빅화, 스쿼시화, 조깅화<br>• 옛날 신발 – 나막신, 짚신, 고무신, 목화, 운혜, 비단신, 금동신<br>• 특수한 신발 – 키높이 구두, 다이어트 구두, 작업용 신발, 교정용 신발, 군화, 털신, 오리발</td></tr>
<tr><td>관리 용품</td><td>• 구두약, 칼, 솔, 융, 세제, 신발장, 염색약</td></tr>
<tr><td></td><td>기타(재료)</td><td>• 장식 재료 – 단추, 끈, 찍찍이, 스티커, 방울, 징, 색실, 리본, 기타 액세서리<br>• 신발 만드는 재료 – 유리, 스펀지, 고무, 플라스틱, 가죽, 나일론, 천, 쇠, 짚, 나사, 구두 굽, 망치, 발 모형</td></tr>
<tr><td>사 람</td><td colspan="2">신발 용품점이나 수선소에서 일하는 사람, 신발 만드는 기술자</td></tr>
<tr><td>현장 견학 장소</td><td colspan="2">신발 수선소, 구두(가죽) 가게, 마트 · 시장의 신발 파는 곳</td></tr>
</table>

28) 프로젝트 과정 중 새롭게 추가되는 자원은 다른 색으로 적어 둔다. 또한, 프로젝트 과정 중 많이 활용된 자원에 특별한 표시를 해 두면 다음 해 동일 주제 프로젝트 시 유용한 참고 자료가 된다.

<table>
<tr><th colspan="3">구분</th><th colspan="4">내 용</th></tr>
<tr><td rowspan="27">2차적 지원</td><td rowspan="24">책</td><td rowspan="6">정보</td><td>제목</td><td>지은이</td><td>출판사</td><td>출판연도</td></tr>
<tr><td>• 무엇을 할까?(그림책은 내 친구 27편)</td><td>정해영</td><td>논장</td><td>2011</td></tr>
<tr><td>• 신발 박물관(깨금발 그림책 2)</td><td>육길나</td><td>한우리북스</td><td>2008</td></tr>
<tr><td>• 신발이 울퉁불퉁</td><td>모모키 이치로</td><td>대교 소빅스</td><td>2015</td></tr>
<tr><td>• 뚜벅뚜벅 우리 신</td><td>최재숙</td><td>보림</td><td>2012</td></tr>
<tr><td>• 신발 디자인 교과서</td><td>아키 쇼쿨라</td><td>비즈앤비즈</td><td>2013</td></tr>
<tr><td rowspan="18">동화</td><td>• 구두, 구두, 걸어라</td><td>하야시 아키코</td><td>한림출판사</td><td>2007</td></tr>
<tr><td>• 내 것은 무엇이나 작아요</td><td>신현득</td><td>다섯수레</td><td>2009</td></tr>
<tr><td>• 바로 그 신발</td><td>마리베스 볼츠</td><td>지양어린이</td><td>2017</td></tr>
<tr><td>• 아기신발 아빠신발</td><td>최재숙</td><td>한국피아제</td><td>2008</td></tr>
<tr><td>• 폴짝폴짝 신발 여행</td><td>김이삭</td><td>가문비어린이</td><td>2021</td></tr>
<tr><td>• 구둣방 할아버지와 난장이</td><td>그림 형제</td><td>기탄</td><td>2005</td></tr>
<tr><td>• 세상에 둘도 없는 반짝이 신발</td><td>제인 고드윈</td><td>모래알</td><td>2018</td></tr>
<tr><td>• 설아와 토끼 신발</td><td>소마 고헤이</td><td>국민서관</td><td>2017</td></tr>
<tr><td>• 방글방글 토끼의 장화가 사라졌어요</td><td>테리버튼</td><td>넥서스주니어</td><td>2008</td></tr>
<tr><td>• 안녕, 나의 운동화</td><td>아이즈카 겐</td><td>토토북</td><td>2019</td></tr>
<tr><td>• 곰디와 친구들</td><td>도희</td><td>EBS 북스</td><td>2020</td></tr>
<tr><td>• 누구 구두?</td><td>석철원</td><td>천개의 바람</td><td>2020</td></tr>
<tr><td>• 이상한 발자국 누구 것일까</td><td>편집부</td><td>한림</td><td>2006</td></tr>
<tr><td>• 아라의 신발</td><td>이혜옥</td><td>아이즐북스</td><td>2008</td></tr>
<tr><td>• 새 구두를 샀어요</td><td>수잔 롤링스</td><td>계림닷컴</td><td>2001</td></tr>
<tr><td>• 호랑이 신발</td><td>바오동니</td><td>여원미디어</td><td>2021</td></tr>
<tr><td>• 신발 한 짝</td><td>함지슬</td><td>포에버 북스</td><td>2012</td></tr>
<tr><td>• 신발 신은 강아지</td><td>고상미</td><td>위즈덤하우스</td><td>2016</td></tr>
<tr><td colspan="2">사진 / 팸플릿</td><td colspan="4">• 여러 종류의 신발 사진<br>• 다양한 신발을 신고 찍은 사진(스키, 장화, 구두 등을 신고 찍은 사진 등)<br>• 팸플릿 – 스포츠 용품 팸플릿, 신발 디자인 팸플릿, 신발 광고 팸플릿</td></tr>
<tr><td colspan="2">동영상 / 녹음 파일</td><td colspan="4">• 녹음 – 여러 가지 구두 소리, 구두 만드는 소리, *탭댄스 음악<br>*탭댄스 음악 : 재즈 탭(흰색–상큼한 피아노 연주곡), rain(애니메이션 사운드 트랙), WHITE(푸른 하늘의 솔로, 화이트 앨범 中), 스윙 탭(엔니오 모리코네의 영화음악) 등<br>• CD 및 영상자료 – 신데렐라, 구두 만드는 할아버지 모습</td></tr>
<tr><td colspan="2">인터넷</td><td colspan="4">• 신발연구소 – https://www.rocketpunch.com/companies/shoelab<br>• 공주님의 구두 디자이너 – https://www.youtube.com/watch?v=BU0kGUYUu2M<br>• 그림동화 구두장이와 요정들 아크릴화 – https://www.youtube.com/watch?v=XYuZ5wD1_I0</td></tr>
</table>

### 마. 부모들에게 알리기

프로젝트가 시작되기 전 주말, 부모들에게 가정통신문, '신발' 주제망, 활동예상안, 자원목록을 보냈다. 자원 목록의 경우 원에 없거나 구하기 어려운 자원에는 특별한 표시를 하여 부모들의 관심과 협조를 구하였다. 부모들에게 보낸 가정통신문은 다음과 같다.

**표 7-3** 부모들에게 보낸 가정 통신문

다음 프로젝트 주제는 '신발'입니다.

| 학습 예상 시기 | 9월 1일~9월 23일(전시회 예정: 자세한 일정과 내용은 추후 통보) |
|---|---|
| 주제 선성 이유 | 신발은 우리 아이들이 생활 속에서 쉽게 접할 수 있는 물건입니다. 이 주제를 통하여 다양한 신발의 모양 · 색 · 크기 · 종류 · 재질과 직업 · 취미 · 기후 · 환경 및 신발과의 관계를 조사 · 탐구 · 표현하고 아울러 자기 발과 신발의 관리 방법도 학습하게 되리라 봅니다. |
| '신발'에 관한 교육목표 | • 지식 · 정보적 측면<br>① 신발은 여러 가지 재료로 만들어진다는 것을 안다.<br>② 하는 일, 기후를 비롯한 환경 조건에 따라 신는 신발이 다르다는 것을 안다.<br>③ 신발은 잘 정리, 보관해 주어야 한다는 것을 안다.<br>④ 신발을 세는 단위는 '켤레'라는 것을 안다.<br>⑤ 신발의 치수는 mm, 호 등으로 표시된다는 것을 안다.<br>• 감성 · 정서적 측면<br>① 신발을 만든 분, 신발을 신을 수 있도록 해 준 분들께 감사하는 마음을 갖는다.<br>② 내 신발뿐 아니라 다른 사람 신발도 소중히 생각하는 마음을 갖는다.<br>• 태도 · 실천적 측면<br>① 발과 신발을 늘 깨끗이 하고 다닌다.<br>② 실내에 들어올 때 신발을 바르게 정리하는 습관을 들인다.<br>③ 실외로 나갈 때는 먼저 신발을 바르게 잘 신은 후 나서도록 한다.<br>④ 자기 신발뿐 아니라 친구, 가족 등 주변 사람들의 신발도 바르게 정리한다 |
| 주요 어휘 | • 신발 – 발에 신는 물건(가죽 · 고무 · 비닐 · 헝겊 · 나무 · 짚 등으로 만듦)<br>• 제화점 – 구두를 만드는 곳<br>• 수선소 – 낡거나 망가진 것을 고쳐 주는 곳<br>• 장식 – 겉모양을 아름답게 꾸미는 것<br>• 치수 – 신발 크기를 나타내는 것 |

| 구분 | | 내용 |
|---|---|---|
| **학습 내용 예상** | 교사 주제망, 활동예상안, 자원 목록을 참고하세요. 이 내용은 유아들과의 프로젝트 진행 상황에 따라 조정되면서 이루어질 예정입니다. 여기에 대해서는 매주 알려드리도록 하겠습니다. | |
| **가정에서 도와주세요** | 유아들과 함께해 주세요 | ① 신발에 관심을 갖도록 도와주세요(신발에 관한 이전 경험 이야기 나누기, 신발 가게 방문…).<br>② 가족들의 여러 신발을 탐색하도록 도와주세요(가족들 신발 수 세기, 신발장 정리…).<br>③ 신발에 관한 질문을 할 때 함께 생각하고 이야기 나누어 주세요.<br>④ 유아가 하고자 하는 활동을 적극적으로 도와주세요(발 치수 재기…). |
| | 자원 협조 | • 뒷장에 부착된 자원 목록을 보시고 있으시면 연락 주세요.<br>• 이외에 '신발'과 관련된 어떤 자원도 환영합니다. |
| | 전문가 자원 봉사 | ① 신발에 관련된 직업을 가지신 분을 전문가로 초대합니다. 혹, 주위에 계시면 연락 주십시오(제화점, 구두 수선소, 신발 공장에 다니는 분 또는 신발 디자이너…).<br>② 제화점, 구두 수선소, 기타 신발과 관련된 견학에 도움(장소 섭외, 보조 교사로서 참여)을 주실 수 있으신 분은 연락 바랍니다. |
| **특별 행사/ 공지 사항** | 구두 수선소, 스포츠 센터 견학 예정 | |

## 바. 환경 구성

프로젝트 전 주말, 교사는 유아들의 '신발'에 대한 흥미를 유발할 수 있도록 흥미 영역별로 기본 환경을 구성하였다. 이렇게 준비단계 때의 환경 구성은 전적으로 교사에 의한 것이었으나 프로젝트 시작단계, 전개단계 등으로 흘러가면서 교사-유아-부모에 의한 환경 구성으로 변화되었다. 관련하여 그 변화 과정을 한두 영역만 예로 들어 보면 〈표 7-4〉와 같다.

**표 7-4** 주 경과별 환경 구성 및 자원 충원표

| 흥미 영역 | 제공자 | 자원 / 기간 | 기본 환경 구성<br>프로젝트 준비단계 | 추가한 내용<br>1주 | 2주 | 3주 | 4주 |
|---|---|---|---|---|---|---|---|
| 언어 | 교사 | 책 | 신데렐라, 구두구두 걸어라, 맥 아저씨 구두는 한짝, 구두 만드는 할아버지<br><br>테이프 : 빨강 구두 | 난쟁이와 구둣방 할아버지, 장화 신은 고양이, 줄리앙과 위고, 부자와 구두방 아저씨, 빨강 구두, 구두 발자욱 | 토끼 무늬 느랑 장화, 운동화와 짚신, 장화가 줄었어요, 낡은 구두 한짝 무엇일까? | 신발 많은 아기 지네, 나도 어른이 되면, 짚신장수와 나막신 장수, 동·서양의 복식, 한국 복식 | •전시회 준비를 위한 쓰기 자료(여러 종류의 종이, 사인펜 등)<br><br>•인형극을 위한 녹음 준비 |
| | | 교구 | 기본 어휘 단어 카드 (신발, 밑창, 굽, 장식, 제화점) | 어휘 단어 카드 추가 (수선소, 치수, 슬리퍼, 샌들, 실내화) | 어휘 단어 카드 추가 (축구화, 등산화, 골프화, 볼링화, 작업화, 군인화) | | |
| | | 벽면 | 신발 관련 단어, 문장 :<br>•오른발, 왼발 걸어요<br>•신발을 정리해요<br>•내 신발은 깨끗해요 | •아장아장 걸어요<br>•씩씩하게 행진해요<br>•사뿐사뿐 걸어요<br>•펄쩍펄쩍 뛰어요 | 교사·유아 공동 주제망<br>•뚝딱뚝딱 굿을 박아요<br>•드르르륵 재봉질 해요<br>•싸악싸악 구두 닦아요<br>•색바랜 구두를 염색해요 | 〈신발 가족〉<br>동시 결과물 | 이전 경험, 느낌, 조사 내용 적은 것 |
| | 유아·부모 | | | 책 : 장화 신은 고양이(원근), 신데렐라,부자와 구둣방 아저씨(수연), 난쟁이와 구두방 할아버지, 장화 신은 고양이(현섭) | 우리는 달라요(고은)<br>스포츠 신발책(현준)<br>아기 신발 속의 팸플릿(상아) | 골프하는 사진(형준 아빠)<br>세계 여러나라의 신발책(영달 아빠) | |
| 조작 | 교사 | 실물·교구 | •여러 가지 신발 퍼즐<br>•신발 크기 순서대로 놓기<br>•신발 끈 끼우기 | •신발 그림과 이름 짝 짓기<br>•신발 주제망 교구 | •신발 만드는 과정, 수선하는 과정 순서 맞추기<br>•직업에 갖는 옷, 신발 입히고 신기기 | •각종 스포츠 그림과 스포츠화 연결하기 | |
| | | 벽면 | | •각종 신발 팸플릿 | | •각종 스포츠화 팸플릿 | |
| | 유아 | | | •여러 가지 종류의 신발끈(상아 엄마) | •'새 신발로 고쳐요' 등 공동으로 만든 게임판 | •개별 게임판(진섭, 영규) 추가 | |

## 2. 시작단계

이전 경험 표현, 교사-유아 공동 주제망 구성, 질문 작성이 중심이 된 프로젝트 시작단계는 약 일주일에 걸쳐 진행되었다. 같은 기간 중에 '꼬까신' 노래 배우기, '보람이네 신발 가족', '난쟁이와 구둣방 할아버지' 동화 듣기, '친구와 서로 발 그려 주기' 등의 교사 계획 활동도 전개되었다. 교사 계획 활동은 교사가 준비단계에서 작성한 활동예상안에 근거하여 행해진 것이다. 이제 이전 경험 표현 과정부터 자세히 살펴보고자 한다.

### 가. 이전 경험 표현 및 결과물 공유

#### 1) 교사와 유아의 이전 경험 표현

교사가 먼저 '구두'에 관한 자신의 경험을 소개한 후 뒤이어 몇 유아가 경험을 발표하였다. 교사의 경험 발표 내용은 다음과 같다.

교 사 : 어제 선생님은 친구 결혼식에 신고 갈 새 구두를 사기 위해 시내에 나갔었단다.
유 아 : 어느 가게에 갔는데요?
교 사 : 구두가 많이 있는 가게에 가면 예쁘고 발이 편한 구두를 쉽게 고를 수 있을 것 같아서 간 곳이 있지. 어디일 것 같니?
유아 1 : 아! 랜드로바요?
교 사 : 그래, 랜드로바에서도 신발을 파는구나. 그런데 신발 가게가 여러 곳 함께 있는 곳으로 갔었거든.
유아 1 : 아! 그럼 백화점이요?
교 사 : 그래, 맞았어. 백화점에 갔단다.
유아 2 : 나도 그 전날 백화점에서 신발 샀는데….
교 사 : 그런데 어제 처음 구두를 신고 다녔더니 이렇게 발뒤꿈치가 까졌단다. (양말을 벗고 발뒤꿈치를 보여준다.) 아휴! 아파라.
유아 3 : 우리 엄마도 새 구두 샀는데 뒤가 벗겨져서 대일 밴드 붙이고 다녔는데….
유아 2 : 나도 그때 발 아팠다.

교 사 : 그랬구나. 새 구두를 사면 조심해서 신어야겠어.
유아 4 : 그런데 산 구두 어디 있어요? 오늘 신고 왔어요?
교 사 : 그럼~! 자 여기 있어요. 짠~.
유아들 : 와, 예쁘다!
교 사 : 아직 더워서 샌들을 살까 하다가 곧 가을이 될 거라서 막힌 구두를 샀어요.
유아 5 : 9월이라 이젠 가을이지요?
교 사 : 그래, 이젠 점점 날씨가 서늘해질 거야. 너희들도 신발 산 적이 있니? 누가 한 번 이야기해 볼까?
유아 1 : 나는요. 엄마랑 슬리퍼 샀는데요. 여름에 휴가 갈 때 샀는데요. 물에 들어갔는데 벗겨져서 주우려고 하다가 넘어졌어요.
교 사 : 그래, 슬리퍼는 뒤에 조여 주는 끈이 없으니까 잘 벗겨질 거야.
유아 1 : 그런데 아주 시원해요.
유아 2 : 내 신발은 운동화예요. 다간 운동화요. ㅇㅇ에서 샀어요. 근데 야광이에요.
교 사 : 야광? 야광이 무엇인지 아니?
유아 2 : 밤에는 빛나는 거예요.
교 사 : 그렇구나. 밤에 빛나면 멋지겠네.
유아 6 : 내 신발은 샌들인데요. 엄마가 내 꺼랑 동생 꺼랑 사왔어요. 노란색이요.
교 사 : 그래, 슬리퍼, 운동화, 샌들 여러 가지를 샀네. 자, 그러면 우리 이렇게 생각나는 것들을 말로만 할 게 아니라 그림으로 그려 볼까? 글씨를 써도 좋고. 잘 생각이 안 나는 친구는 오늘 신고 온 신발을 그려 보아도 좋아.
유아 7 : 선생님. 신발 가게 그려도 돼요?
교 사 : 그럼.

교사와 몇몇 유아의 이전 경험을 들은 후 전체 유아들은 신발에 관한 자신의 경험을 그림으로 그리기, 글로 쓰기 등을 하였다.

### 2) 표현 결과물 공유

신발에 관한 이전 경험을 표현해 본 후 유아들은 각자 자신의 표현 결과물을 가지고 전체 공유 시간을 가졌다. 이렇게 하는 동안 교사-유아, 유아-유아들 간에는 활발한 논의와 탐구거리 찾기, 문제 해결, 다음 활동 선정 등이 이루어졌다. 예를 들면 다음과 같다.

### 가) 사례 1 : 활발한 논의와 탐구거리를 찾은 예

유아 1 : 이건 우리 엄마 구두 그린 거야. 또각또각 소리가 나.
유아 2 : 우리 아기 신발은 삑삑 소리가 나는데….
유아 3 : 우리 아빠 신발은 쿵쾅쿵쾅 한다.
교 사 : 그래, 신발마다 다른 소리가 나는구나. 왜 그럴까?
유아 4 : 그건요. 신발 밑에 뭐가 달려 있어서 그래요.
유아 3 : 야, 내 신발은 안 달려 있어. (유아들 간에 왜 그런지에 대해 의견 분분)
교 사 : 선생님 생각에 왜 그런지 알아보면 좋겠다. 왜 다른 소리가 나는지, 또 신발 밑바닥에 소리를 나게 하는 뭐가 달려 있는지 말이야.
유아들 : 좋아요.
교 사 : 자, 잊지 않게 선생님이 여기 적어 놓을게. (칠판 한쪽에 적는다.)

### 나) 사례 2 : 문제 해결이 된 예

유아 1 : 선생님. 전 슬리퍼 만들려고 했는데요. 잘 안 돼요.
교 사 : 왜? 안 되었을까?
유아 1 : 발이 안 그려져요. 내가 이렇게 (자기 발을 종이에 대고 그리는 시늉) 하는데 자꾸 나가요.
교 사 : 그래? 발 뒤를 잘 못 그리겠다는 이야기구나. 그러면 어떻게 하면 좋을까? 혼자 그리는 것이 어려운 것 같은데….
유아 2 : 선생님. 그러면 친구끼리 그려줘요.
교 사 : 어떻게?
유아 2 : 내가 얘 그려 주면 얘가 나 그려 주면 돼요.
교 사 : 와, 그거 좋은 생각이다. 너희들도 그렇게 생각하니?
전체 유아 : 네. 그렇게 해요.
교 사 : 그러면 내일 우리 두 명씩 짝이 되어서 서로 친구 발 그려 주기 해 보자.
유 아 : 맨 발이요?
교 사 : 응, 맨 발이 그리기 좋을 거야.
유아 3 : 윽! 발 꼬랑내.
교 사 : 깨끗하게 씻으면 안 나지. 내일 올 때는 발을 더 깨끗이 씻고 와야겠다.

### 다) 사례 3 : 다음 활동이 유도된 예

유아 1 : 이건 내 신발을 보고 그린 거야. (자기 운동화 그린 것을 보여준다)
교 사 : 색칠까지 했네. 그런데 숫자도 쓴 것 같구나. 무엇을 쓴 거니?
유아 1 : 내 신발에 써져 있어요. '190' 이렇게요.
교 사 : 어디 신발을 좀 가져와 볼래? (가져 온 신발을 유아들에게도 보여주며) 으음, 여기에 있구나. 이게 무엇을 나타낸 걸까?
유아 2 : 그건요. 발 표시예요.
교 사 : 발 표시?
유아 2 : 그거 보고 발에 맞는 신발 사야 돼요. 엄마가 그때 그랬어요.
교 사 : 아, 알았어. 신발을 살 때 발 크기에 맞는 신발을 고르도록 표시를 해 둔 거야. 치수라고 하지. 그런데 친구들 신발에 모두 같은 숫자가 적혀 있을까?
유아 3 : 선생님. 내 신발 보고 올게요.
유아 4 : 나도요. (몇몇 유아들이 보고 오겠다고 나선다)
교 사 : 잠깐. 한꺼번에 나 가는 것보다 다섯 명씩 가서 자기 신발에 어떤 숫자가 써 있는지 보고 오면 좋겠다.

## 나. 교사-유아 공동 주제망 구성하기

교사-유아 공동 주제망 구성은 사흘에 걸쳐 이루어졌다. 교사는 5세 유아들에게 생각 모으기, 친구 찾기, 주제망 그리기 과정이 하루에 이루어지면 지루할 수 있다고 판단하였으므로 세 부분으로 나누어 하루씩 진행하였다.

### 1) 생각 모으기

생각 모으기 과정을 구체적으로 소개하면 다음과 같다.

### 가) 교사의 흥미 유발

교 사 : 얘들아. 여기 좀 보렴. (벽 쪽으로 돌려져 있던 칠판을 앞쪽으로 돌려놓자, 멋진 성 그림이 보인다)

그림 7-5 생각 모으기 흥미 유발을 위한 '신모성'

유아 1 : 야! 성이다.
교 사 : 그래, 멋진 성이지? 이 성 이름은 '신모성'이래. 원래 성 이름은 '신발에 대한 모든 것 성'인데 줄여서 그렇게 부른대나?
유아 2 : 신모성?
교 사 : 이 성에 들어가면 신발에 관한 모든 것을 볼 수 있다고 해서 붙여진 이름이란다.
유아 3 : 뭐든지 다요?
교 사 : 응, 신발에 대한 모든 것.
유아 4 : 샌들도 있어요?
교 사 : 물론이지.
유아 5 : 그럼 우리 아기 샌들도 있겠네.
유아 6 : 구둣방 할아버지는요?
교 사 : 다 볼 수 있대. 그래서 우리가 이 성에 들어가서 무엇을 볼 수 있을지 생각해 볼 거야.

교사의 아이디어인 '신모성'은 유아들의 생각을 촉진하는 자극제가 되었다. 이 사례를 통하여 한 가지 중요한 사실을 추출할 수 있다. 생각 모으기 과정에서 유아들의 생각을 자극하고 촉진하며 이 활동을 더욱 흥미롭게 하기 위해서 교사가 재미있는 이야기와 매체(여기서는 '신모성')를 활용하는 것이 효과적이라는 사실이다. 단, 이것은 어디까지나 생각을 촉진하는 매개체일 뿐이므로 너무 길게 하거나 세부적인 묘사는 필요하지 않다.

### 나) 조 구성

조가 구성되는 과정부터 살펴보면 다음과 같다.

교 사 : 자, 그러면 우리가 신모성에서 무엇을 볼 수 있을지 생각을 해야겠는데 어떻게 할까?
유아 1 : 지번 '물' 할 때처럼 조별루 해요. (여러 유아들이 찬성한다.)
교 사 : 좋아, 그런데 조를 어떻게 짜면 좋을까?
유아 2 : 신발도 여러 가지가 있으니까 구두조, 운동화조 이렇게 해요.
유아 3 : 나는 고무신조 하고 싶은데….
유아 4 : 선생님 롤러 스케이트도 신발이에요?
교 사 : 글쎄….
유아들 : (신발이다-발에 신으니까. 신발처럼 생겼으니까, 신발 아니다-바퀴가 있으니까. 걸어 다닐 수가 없으니까 등 의견이 분분하다.)
교 사 : 그것도 알아보면 좋겠구나. 여기에 적었다가 알아보자. (칠판에 적어 준다.)
유아 6 : 나는 샌들조 하고 싶어요. 내 신발은 다간 샌들이에요. (이후에도 몇 개의 신발 이름이 더 나왔다.)
교 사 : 자, 이 중에서 다섯 가지만 골라 조를 짜기로 하자. 4명씩 한 조가 되면 좋을 것 같거든. (조 이름 결정 후 교사는 유아들이 원하는 조로 가도록 하는 동시에 글씨를 쓰는 유아와 못 쓰는 유아, 적극적인 유아와 소극적인 유아가 함께 조원이 될 수 있도록 조금씩 조정해 주었다.)

위 예를 보면 '조별 생각 모으기'라는 방법의 채택이나 조별 이름 정하기에 유아들의 의견과 교사의 판단이 중요하게 작용하고 있다. 이와 같이 교사는 생각 모으기의 구체적 방법인 '교사와 전체 유아가 함께하는 방법', '조별로 하는 방법', '유아 개별로 하는 방법' 중에서 자기 반의 상황에 가장 적절한 방법을 판단하여 선택하여야 한다. 또한, 이 과정이 즐겁고 효과적으로 이루어질 수 있도록 할 필요가 있다. 위 사례에서는 조별 생각 모으기를 '신모성'으로 이끌어 주었는데 이외에도 '아이 엠 그라운드, ○○ 대기'와 같은 게임, 간단한 손인형 등이 활용될 수 있다.

### 다) 조별 작업

조별 작업 과정을 '샌들조'를 통해 살펴보면 다음과 같다.

유아 1 : 신모성에 신발장이 있을 거야.
유아 2 : 크게 그려. 우리가 가져온 신발 다 넣게.
유아 3 : 애기 신발 가져와야지. 영화(동생 이름)에게 신기면 잘 걸을 수 있어.
유아 1 : 난 스키도 그려야지.
유아 4 : 난 축구 신발 가져와야지.
유아 2 : 난 지퍼 달린 신발이 좋아.
유아 3 : 난 샌들 좋아해.
유아 4 : 나도 샌들 좋아해.
유아 3 : 야, 하나씩만 그리는 거야. 넌 딴 거 생각해. 내가 샌들 그릴게.
유아 4 : 그럼 롤러 스케이트 그릴래.
유아 2 : 성 안에 신발 만드는 아저씨도 살 거야.
유아 4 : 그럼 구두 파는 아저씨도 있어야지. 그건 내가 그릴게. 신발 가게도 있을 거야.
유아 1 : 구두 닦는 아저씨도 있어야지. 신발이 반짝반짝 빛나지.
유아 3 : 찢어진 구두는 구두 병원에 보내야 돼. 난 구두 병원을 그려야지.
유아 1 : 그럼 내가 바늘 그릴게. 나, 그때 구두 병원 갔는데 바늘로 꿰매는 거야.
유아 2 : 굽도 갈아야 해. 난 굽 그릴래.
유아 4 : 운동화조 애들은 뭐 생각했는지 보고 와 봐. (유아 1, 2 보고 온다.)
유아 1 : 운동화조는 많이 그렸어.
유아 2 : 장화도 그렸더라. 얼른 그려. 우리 더 많이 해야지.
유아 3 : 아, 생각났다. 수영할 때도 신발 신어. 오리발.
유아 4 : 오리발? 그것도 신발이야? 선생님, 오리발도 신발이에요?
교 사 : 아이고, 선생님도 잘 모르겠다. 알아보아야겠는걸.
유아 3 : (얼른 질문 종이를 가져온다.) 그럼 여기에 써 주세요. 궁금이 상자에 넣게.
교 사 : 알았어. (질문 내용을 적어 준다.)
유아 1 : 더 이상 생각이 안 난다. 생각이 다 떨어졌나 봐. 이제 선생님이 글씨 안 쓴 거 써 주세요.
교 사 : (유아들이 부르는 대로 그림 옆에 적어 준다.)

이 사례를 보면 조별 생각 모으기 과정이 단순히 각 개별 유아의 생각을 조별로 모아 보는 데 그치지 않는다는 것을 알 수 있다. 조원들 간에 서로의 경험과 지식을 나누도록 하면서 동시에 상호 생각을 촉진하는 기회도 되는 것이다. 관련하여 효과적인 조별 생각 모으기가 되도록 하기 위해 교사의 유의 사항을 몇 가지 짚어 보면 다음과 같다.

첫째, '생각 모으기' 과정 중 교사의 적절한 개입이 필요하다.

둘째, 전 조원들의 고른 참여 및 활발한 의사 교환이 되도록 조정해 준다.

셋째, 무조건 많이 생각해 내야 한다는 부담을 갖게 하거나 조끼리 지나친 경쟁이 되게 해서는 안 된다.

#### 라) 조별 작업 공유

생각 모으기가 끝난 후에는 공유 시간을 통해 소별로 어떤 생각을 했는지 발표하도록 하였다. 유아들은 다른 조 아이들이 자기 조에서 생각한 것과 똑같은 것을 말할 때마다 '우리도 그것을 생각했다.'며 즐거워하였다. 이와 같이 유아들 간에 결과물을 공유하도록 함으로써 다른 사람들과 생각을 비교해 보고 다음 활동을 위한 보다 나은 방법을 발견할 수 있다.

### 2) 친구 찾기

생각 모으기가 이루어진 다음 날 프로젝트 활동 시간에 교사는 유아들을 다시 조별로 모여 앉도록 하였다. '친구 찾기' 장면을 살펴보면 다음과 같다.

교 사 : 얘들아. 여기 칠판에 선생님이 무엇을 붙이는지 잘 보렴. (미리 준비해 둔 노란 장화 모양을 붙인다.)

유 아 : 장화지요?

교 사 : 맞아. 장화야. 그런데 하나만 있는 게 아니야. 짠! 이번엔…. (분홍색 장화를 붙인다.)

유 아 : 야~! 예쁘다. 분홍색 장화야.

### 가) 친구 찾기 과정

교 사 : 어제 조별로 생각 모으기를 해 보았지요? 오늘은 친구 찾기를 해 보려고 해. 그래서 장화를 이렇게 여러 개 준비한 거란다. 자, 그럼 먼저 노란 장화에는 어떤 친구들을 모아 줄까?

유아 3 : 선생님. 바퀴 달린 것끼리 친구해요.

교 사 : 어떤 신발이 바퀴가 달렸는데?

유아 4 : 롤러 스케이트는 바퀴가 달렸어요.

유아 5 : 우리 조는 롤러 블레이드도 생각해 냈어요.

교 사 : 그렇구나. 롤러 스케이트, 롤러 블레이드 모두 바퀴가 달려 있네! 그런데 바퀴 달린 것은 두 개밖에 없는 것 같은데 너무 외롭겠지? 이것들은 왜 바퀴가 달렸을까?

유아 6 : 재미있게 굴러가라구요.

유아 7 : 잘 놀라구요.

교 사 : 그래, 그래서 여기는 우리가 재미있게 놀고 운동하고 할 때 신는 신발을 다 모아 주면 좋을 것 같아.

유아 8 : 그럼 축구 신발도 같이 친구해요?

교 사 : 그렇지. 운동할 때 신는 신발은 모두 친구해 주면 신발들이 좋아할 거야. 자, 너희들이 생각한 것 중에서 그런 것은 모두 찾아 가지고 여기다 붙여 보렴.

유아들 : (조별로 둘러앉아 생각 모으기 한 것 중 '운동할 때 신는 신발'을 찾아낸 후 가지고 나와 칠판에 붙인다. 만일 다른 조가 똑같은 것을 먼저 붙였으면 그 위에 덧붙이도록 교사가 조정해 주었다.)

교 사 : 자. 모두 잘했구나. 이제 여기에 제목을 붙여 주어야겠는데 어떤 제목을 붙여 주는 것이 좋을까?

유아 9 : 스포츠 신발이요.

유아 10 : 즐거운 놀이 신발이요.

유아 11 : 운동 신발이라고 해요.

교 사 : 너희들 생각은 어떠니? (다수결로 하여 '스포츠 신발'로 소제목이 결정되었다.)

여기서 교사가 9가지 색깔의 장화 모양을 붙인 것(두 개는 예비로 더 준비해 놓았으나 칠판에 붙이지는 않음)은 교사가 사전에 작성한 주제망이 9개의 소주제였기 때문이다. 대부분의 경우 유아의 생각은 교사의 생각 정도를 벗어나지 못한다.

그래서 위의 예에서와 같이 교사가 언어적 자극을 주면서 유도해 주다 보면 교사의 주제망에 많이 근접되는 것을 알 수 있다. 단, 친구 찾기 과정에서 교사 주제망과 똑같이 무리하게 이끌 필요는 없다. 또, 유아들이 유목화를 어려워할 경우, 교사가 전체적으로 해 놓고 특성이 분명하게 드러나는 몇 가지 항목만 남겨 두었다가 다음 날 유아들과 마무리하면서 유목화를 경험해 보도록 한다. 이렇게 점차 유아들의 참여 정도를 늘려가다 보면 어떻게 하는 것인지 이해하게 된다. 유아들의 발달, 경험 및 이해 정도를 고려한 변형 적용이 필요한 것이다.

### 3) 주제망으로 그리기

#### 가) 조별로 그려 보기

다음 날 교사는 유아들에게 프로젝트 활동 시간을 이용하여 칠판에 붙여 놓은 친구 찾기 결과물을 보면서 조별로 주제망을 그려 보도록 하였다. 이렇게 한 이유는 유아들로 하여금 친구 찾기 결과를 확인해 보도록 하고 아울러 각각의 소제목에 속해 있는 항목들에 대하여 더욱 관심을 갖도록 유도하기 위함이었다. 교사의 예상대로 이 과정을 통해 다시 한 번 조원들 간에 주제에 대한 생각 나누기와 활발한 논의가 이루어졌다. 예를 들면 '야, 저기 『꼬까신』 책에 옛날 신발 더 있어. 선생님, 그거 옛날 신발에 더 그려도 되지요?'라든가 '야, 우리 조는 아직 장소 안 적었는데 재네는 장소도 적었어. 장소에 뭐 들어 있지?' 하는 식의 이야기가 오고 가는 것을 볼 수 있었다. 이후 모두가 모여 앉아 조별 주제망 그린 결과물을 보면서 어떤 조가 새로운 항목들을 생각해냈다면 어제의 친구 찾기 결과물에 덧붙이는 작업을 하였다.

#### 나) 전체 주제망으로 완성

다음 날 자유선택활동 시간에 교사는 원하는 유아 몇 명과 함께 유목화된 결과물을 가지고 교사-유아 전체 주제망으로 완성시켰다. 종이 크기는 반 전체 유아들이 함께 볼 수 있도록 전지를 사용하였다. 유아들이 이미 조별 주제망 그리기 작업을 경험한 뒤였으므로 이 작업은 쉽게 이루어졌다. 그 결과물은 다음과 같다.

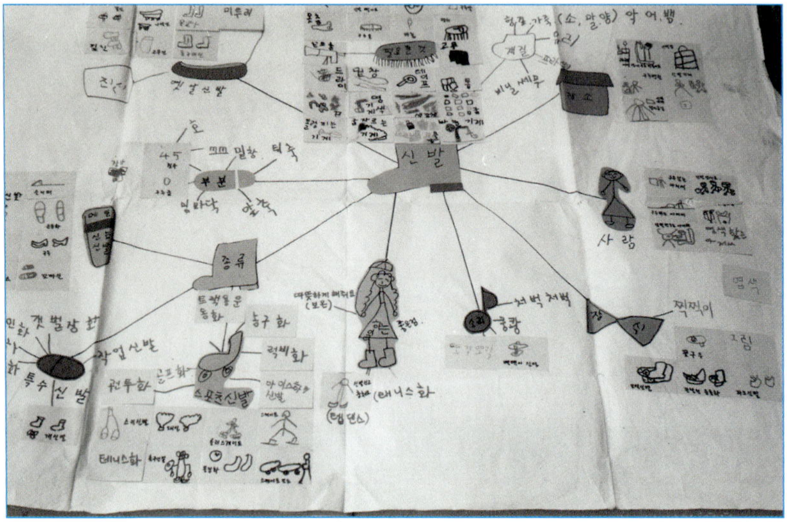


그림 7-6 신발' 교사-유아 공동 주제망

### 다) 완성된 주제망의 교구화

주제망이 완성된 후 교사는 이 주제망을 모델로 하여 [그림 7-7]과 같은 교구로 만들어 유아들에게 제시하였다. 이 교구는 '신발' 주제망의 중심 골격인 소주제까지는 적혀 있으나 각 소주제에 속하는 항목들은 접시에서 찾아내 붙이도록 고안되어 있다. 각 항목은 앞은 그림, 뒤는 글씨가 있어 글씨를 알지 못하는 유아들도 쉽게 찾아 붙일 수 있도록 되어 있다. 또한, 소제목을 적은 종이 색깔과 똑같은 색깔로 각 소제목에 속하는 항목을 만들어 활동 결과 후 맞게 했는지 스스로 확인해 볼 수 있도록 하였다. 예를 들어 '장식'이란 소제목 색이 노란색이라면 '리본', '반짝이' 등의 항목은 노란색 종이로 만들어 놓았다.

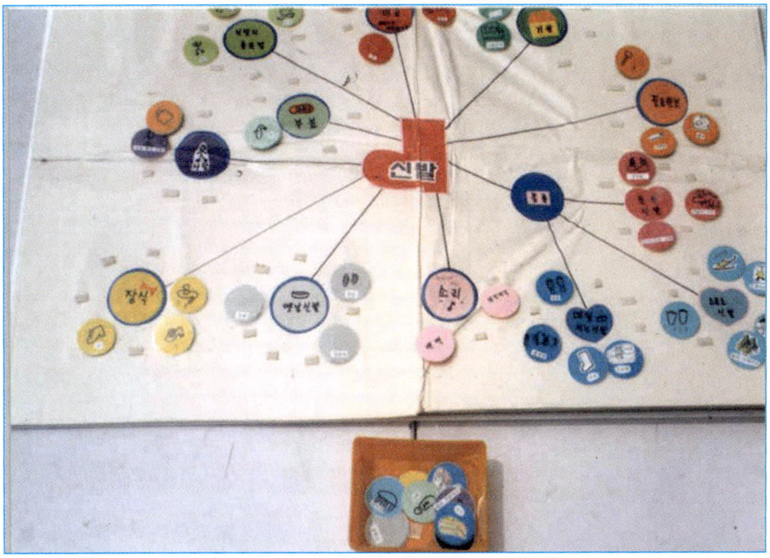


그림 7-7 '신발' 주제망 교구

## 다. 질문 찾기와 조사·표현 활동

질문 찾기는 주제망 구성 후에만 이루어지는 것은 아니다. 또, 프로젝트 시작단계에서만 이루어지는 것도 아니다. 주제망 구성 이전의 생각 모으기나 친구 찾기 중에도, 프로젝트 전개단계 중 조사 활동을 위해 책을 보거나, 자원에 대한 소개를 듣는 중, 또는 활동 결과물을 공유하면서, 또 집에 가서도 관련된 질문이 생길 수 있다.

'신발' 프로젝트의 경우도 이미 프로젝트 시작 첫날부터 질문이 나오기 시작하여 1주일 정도가 경과되었을 무렵에는 많은 질문들이 제기된 상태였다. 그리고 이 중 몇 개의 질문에 대해서는 이미 조사 활동이 진행되고 있었다. 제기된 질문들을 살펴보기로 하자.

### 알고 싶어요

양말도 신발이에요?

신발에서 왜 냄새가 나요?

신발에 왜 숫자가 써 있어요?

신발에 왜 끈이 있어요?

등산화에 왜 쇠고리가 있어요?

구두는 왜 반짝반짝해요?

신발 안, 밖 색깔이 왜 달라요?

신발에서 왜 다른 소리가 나요?

신발에 왜 글씨가 써 있어요?

신발에 왜 지퍼가 있어요?

신발에 왜 찍찍이가 있어요?

우리 반에서 누구 신발이 제일 커요?

신발 안에 옷감을 붙였어요?

신발(털신)에 왜 털이 있어요?

이 질문들은 물론 S원이라는 특정 기관, 그중에서도 5세반에서 제기된 질문들이고, 다른 연령의 다른 반이라면 이와는 다른 질문들이 나올 것이다. 즉, 이 반에 지퍼가 달린 신발이 자원으로 모아지지 않았다면 '신발에 왜 지퍼가 있어요?' 하는 질문은 나오지 않았을 것이다. 또 같은 자원이라 해도 교사가 언제 그 자원을 제공하며 어떤 언급을 하는가에 따라 유아들이 관심을 갖고 질문을 하게 되기도 한다. 그런가 하면 그 주제에 관한 특별한 경험을 한 유아가 흥미 있는 발표를 할 때 그쪽으로 쏠린 질문이 여러 개 나올 수도 있다. 그러나 시작단계 때 나오는 질문들은 대체로 질문의 정도나 내용이 단순하다. 자원으로 들어온 신발들을 보면서 막연하게 '왜 신발에 찍찍이가 있어요?', '왜 털이 있어요?'와 같이 질문한 경우도 이런 유형에 속하는 질문이다. 이렇게 시작단계 때의 질문 내용이 단순하다

고 해도 그 질문에 기초하여 이런저런 활동들이 이루어지면서 점차 심화·확장된 활동으로 진행될 수 있기 때문에 유아들의 질문은 중요한 의미를 갖는다. 이에 관한 구체적 사례는 프로젝트 전개단계에서 보다 자세히 소개하기로 하겠다.

## 라. 교육계획안과 일과 진행

### 1) 교육계획안 작성

프로젝트 첫 주의 교육계획안은 준비단계에서 교육과정 조직안 및 활동예상안을 작성한 후 바로 하게 된다. 활동예상안에 프로젝트 첫 주에 하면 좋을 활동들을 이탤릭체나 밑줄 긋기, 다른 색으로 표시 등 특별한 표시를 해 놓고 그것들을 참고하여 작성하는 것이다. 예를 들어 '신발' 활동예상안을 보면 프로젝트 첫 주에 하면 좋으리라고 예상한 활동들로 이야기 나누기에 '신발의 기능'이 있으며, 조형 활동으로 '신발에 관한 이전 경험 그리기', 가정학습 과제로 '신발장에 내 신발 몇 켤레인지 찾아보기'가 표시되어 있다. 프로젝트 시작단계인 첫 주에 교육계획안을 작성하면서 고려한 사항은 다음과 같다.

#### 가) 프로젝트 단계별 중심 사건

프로젝트 시작단계의 중심 활동은 이전 경험 표현, 교사-유아의 주제망 구성, 질문거리 찾기이다. 따라서 프로젝트 첫 주에는 이런 활동들을 하면서 주제에 대한 유아의 흥미, 관심, 이해 정도 등이 드러나도록 한다.

#### 나) 학습 내용의 순서 고려

'신발' 활동예상안의 〈이야기 나누기〉 소재로 '여러 종류의 신발', '신발의 기능', '다른 나라 사람들의 특별한 신발', '신발 물려주고 받기' 등이 있다고 하자. 여기서 먼저 다룰 내용은 '신발의 기능'이나 '여러 종류의 신발'이 될 것이다. 처음부터 '다른 나라 사람들의 특별한 신발'을 다루는 것은 내용 전개상 적합하지 않기 때문이다.

#### 다) 교사의 교육적 의도

프로젝트 첫 주에 교사는 '아! 이것을 아이들에게 보여주면 흥미를 많이 느끼겠구나.' 또는 '재미있는 조사활동이 되겠구나.' 하는 의도를 가지고 자원이나 활동을 소개한다. 예를 들어 '신발' 주제라면 '원에 근무하는 선생님들의 걷는 모습을 무릎 아래로만 동영상으로 찍어 보여주자. 그러면서 각각 누구 발인지 알아맞혀 보도록 하면 신발 모양, 걷는 모습 등에 큰 관심을 불러일으킬 수 있겠다.'라는 의도를 가지고 프로젝트 첫 주에 그 동영상 보기 활동을 넣은 것이다.

### 2) 일과 진행

전술한 교육계획안 작성 원리에 의해 '신발' 프로젝트 시작단계에 작성된 일일 교육계획안과 그 진행 결과를 예시해 보면 〈표 7-5〉와 같다. 먼저, 프로젝트 진행 상황을 전체적으로 점검한 후 활동을 예상하고 필요한 자원을 준비하여 활동을 진행한다. 그리고 활동 결과와 각 활동 결과로부터 제기된 사항을 정리하여 다음 활동으로 연계시키는 것이다.

**표 7-5** '신발' 프로젝트 시작단계 하루 일과 예상 및 활동 결과

<table>
<tr><th colspan="3">프로젝트 주제: 신발</th><th colspan="3">일시 : ○○년 ○○월 ○○일</th></tr>
<tr><td colspan="2">프로젝트 진행 상황</td><td colspan="4">이전 경험 표현이 말하기와 그리기를 중심으로 이루어졌다. 교사의 이전 경험 표현인 '새 구두를 사 신었다.'는 것과 유아들이 각자 자기 신발 이야기를 하면서 신발의 이름, 신발에 인쇄되어 있는 숫자, 신발들이 내는 소리에 관심이 모아지고 있다. 관찰뿐 아니라 관찰한 사실을 기록해 보도록 해 주어야겠다.</td></tr>
<tr><th>시간</th><th>활동명</th><th>예상 활동</th><th>필요자원</th><th>활동 결과, 평가 및 반성된 내용</th><th>제기된 사항</th></tr>
<tr><td rowspan="4">8:30<br>~<br>10:00</td><td rowspan="4">자유 놀이</td><td>• 언어 영역 : 신발에 관한 책 보기</td><td>〈장화 신은 고양이〉 외 신발 관련 동화책</td><td>고양이가 어떻게 장화 신고 걸을 수 있는지 질문 개는 신발 신을 수 있다면서 고양이도 신발 신는지 논란</td><td>개 신발과 함께 고양이 신발도 있는지 조사해 보기로 함</td></tr>
<tr><td>• 수 · 과학 영역 : 친구들 신발 조사 – 신발에 적힌 숫자, 글자 관찰하기 및 기록하기</td><td>유아들 신발</td><td>신발에 적힌 숫자뿐 아니라 영어 글씨에도 관심을 보임 신발 크기 순서대로 놓는 것은 가능하나 숫자로만 비교하는 데는 어려움을 느낌</td><td>신발에 적힌 글씨를 이용한 개사하기 음률 활동 시도해 볼 것</td></tr>
<tr><td>• 역할놀이 영역 : 다양한 신발 신고 역할 놀이하기</td><td>장화, 욕실화, 실내화, 발레 슈즈</td><td>발레 슈즈 등 용도를 알지 못해 다양한 역할놀이가 이루어지지 않음</td><td>관련 동영상 보여줄 필요</td></tr>
<tr><td>• 조형 영역 : 슬리퍼 만들기</td><td>부직포, 가위, 장식용 끈</td><td>끈 길이 조정 등을 어려워함</td><td>소집단 지도 필요</td></tr>
<tr><td>10:00<br>~<br>10:30</td><td colspan="5">정리정돈 및 화장실 다녀오기/ 간식</td></tr>
<tr><td>10:30<br>~<br>11:00</td><td>자원 소개 및 활동 공유</td><td>교사와 자원 가져 온 유아의 자원 소개/ 자유선택활동 시간에 한 활동과정 및 결과 공유</td><td>교사의 볼링화 여러 유아들의 책, 실물 자원</td><td>교사가 볼링화 신고 볼링하는 모습을 보여주자 여러 아이들이 동작을 따라 함 골프화를 가져온 아이가 골프 하는 모습을 보이자 여러 아이들이 흉내 내며 큰 관심을 보임</td><td>신발에 대한 단순한 관찰에서 신발의 용도, 역할놀이로 확장될 가능성 높아짐</td></tr>
</table>

| 시간 | 활동명 | 예상 활동 | 필요자원 | 활동 결과, 평가 및 반성된 내용 | 제기된 사항 |
|---|---|---|---|---|---|
| 11:00 ~ 11:30 | 바깥 놀이 | 운동화, 슬리퍼 신고 달려 보기 | 교사, 유아 운동화, 슬리퍼 | 신발을 신고 벗는 중에 한 유아가 신발에서 냄새 난다고 하자 모두 신발 냄새를 맡아 봄<br>운동화 신었을 때 훨씬 더 잘 달릴 수 있다고 함 | 운동화 빨아 보기 활동을 원 에서 먼저 해 보아야 겠음<br>신발의 기능, 용도에 대한 조사, 탐구 활동으로 이끌 것 |
| 11:30 ~ 12:00 | 교사-유아 주제망 구성 | 조별 활동 후 대집단 활동 | 포스트잇, 조별 생각 모으기 판 | 조별 생각 모으기에 어느 정도 익숙해져 있음 | 조별로 궁금한 것도 정리해 보도록 해 볼 것 |
| 12:00 ~ 1:00 | 화장실 다녀오기 및 점심 먹기 | | | | |
| 1:00 ~ 1:30 | 자유 놀이 | 오전 자유놀이 | | 교사는 소집단 활동 지도 | |
| 1:30 ~ 1:50 | 동화 듣기 | **보람이네 신발 가족** | 그림동화 | 신발이 내는 소리에 관심 높아짐 | '신발 밑창 조사' 가정학습 과제 |
| 1:50 ~ 2:00 | 일과 정리/평가 | 연계된 가정학습 과제 함께 정하기 | | 식구들 신발 중 안 신는 것 가져오기, 밑창 그려보기 | |
| 교사 정리 → 다음 활동으로 연계 | 1. 개 신발과 함께 고양이 신발도 있는지 조사 : 현장 견학 시 질문으로 돌릴 것<br>2. 신발에 적힌 글씨를 이용한 개사하기 음률 활동 시도해 볼 것 : 먼저 '꼬까신' 새 노래 지도할 것. 다음 주에 시도할 것<br>3. 발레 슈즈 관련 동영상 : 인터넷 검색하여 내일 보여줄 것<br>4. 신발의 기능 및 용도에 대한 조사, 역할놀이 : 역할놀이 활성화되도록 액세서리 준비해 줄 것(보조교사)<br>5. 운동화 빨아 보기 : 보조 교사 도움 받을 것(내일)-자기 신발을 빨아보고 싶은 아이는 갈아 신을 신발 가져 오기<br>6. '신발 밑창 조사' : 가정학습 과제 점검하여 신발 기능과 연계시킬 것 | | | | |

〈표 7-5〉에 제시된 하루 일과 중 유기적 연계를 이루며 계속 심화 확장된 2가지 활동—'친구들 신발 조사'와 '〈보람이네 신발가족〉 동화 듣기'—을 차례로 소개하면 다음과 같다.

## 가) 친구들 신발 조사

### (1) 신발에 적힌 숫자와 글자 조사

유아들은 각자 신발장에 가서 자기 신발에 적힌 숫자를 보고 이어 친구들 신발에는 어떤 숫자가 적혀 있나 비교해 보기도 하였다. 이 활동을 하는 중 유아들은 신발에 숫자뿐 아니라 글자(영어와 한글)도 적혀 있으며, 같은 글자와 다른 글자가 있다는 사실을 발견하였다. 그런가 하면 친구들 신발 모양이 똑같은 것도 있지만 다른 것도 있으며 어떤 신발에서는 좋지 않은 냄새가 난다는 점도 발견하였다.

### (2) 공유 시간에 조사 내용 발표

새로운 사실 발견

① 신발마다 170, 180, 190 … 등의 숫자가 씌어 있다.

② 영어 글씨 MICKEY, DAGAN 등이 씌어 있다.

③ 신발에서 나는 냄새가 비슷한 것도 있고 다른 것도 있다.

④ 신발에 인쇄되어 있는 글씨와 숫자가 같은 것도 있고 다른 것도 있다.

⑤ 야광 신발인 것도 있고 아닌 것도 있다.

### (3) 새로운 질문, 논의거리 발생 및 해결 과정

(가) 신발에 어떤 숫자가 인쇄되어 있나? 누구 신발에 있는 숫자가 제일 큰가?

(나) 신발에서 어떤 글자를 볼 수 있나?

교사가 칠판에 전지를 붙여 놓고 〈표 7-6〉과 같은 양식을 만들어 줌. 각자 자기 신발에 적혀 있는 글씨와 숫자를 써 넣어 보기로 함.

표 7-6 신발에 있는 숫자, 글자

| 수, 글 / 이름 | 숫 자 | 우리 글 | 영 어 |
|---|---|---|---|
| 권 영 기 | 200 | | |
| 김 규 리 | | | |
| 손 영 상 | | | |
| ⋮ | | | |

(다) 신발에서 왜 냄새가 날까? 왜 어떤 신발에서는 다른 냄새가 날까?

- 각자 자기 신발 냄새 맡아 보기 → 서로 느낌 말하기
- 냄새가 나지 않게 하려면 어떻게 하면 좋을지 이야기 나누기(→ 신발을 깨끗이 빨아요)
- 신발을 며칠에 한 번씩 빠는지 조사하기(표를 어떻게 만들지 의논하여 교사가 크게 그려줌. 〈표 7-7〉 참조): 조사가 끝나고 표를 살펴본 후 앞으로 신발을 일주일에 한 번씩은 꼭 빨아 신기로 약속, 우리글과 영어 확인 → 신발 실제로 빨아 보기 계획

표 7-7 신발 빠는 정도 조사

| 기간 / 이름 | 삼 일 이내 | 일주일 | 이주일 | 한 달 | 한 달 이상 |
|---|---|---|---|---|---|
| 권 영 기 | | | | | |
| 김 규 리 | | | | | |
| 손 영 상 | | | | | |
| ⋮ | | | | | |

- 신발 빨기: 다음 날 자유선택활동 시간에 원하는 유아 신발(운동화 종류)을 빨기로 함–신발 빠는 방법 및 필요한 물건 조사하기, 신발 빠는 순서표 만들기([그림 7-8] 참조), 교사가 신발을 빠는 데 필요한 물건을 구해 놓기로

함, 몇몇 유아들이 집에서 못 쓰는 칫솔을 하나씩 가져와 신발 빨 때 쓰기로 함.

- 신발 빠는 데 필요한 물건: 솔 또는 칫솔, 비누 또는 세제, 빨래판, 대야
- 신발 빠는 순서표

그림 7-8 신발 빠는 순서표

(라) 어떤 신발이 야광 신발인가?

- 야광 신발 조사하기, 그림 그리기

### (4) 추후 활동

추후 활동은 바로 이어 이루어질 수도 있고, 다음 날 활동으로 연결될 수도 있으며 또는 여러 날에 걸쳐 지속적으로 이루어질 수도 있다. 어떻게 할 때 가장 효과적이라고 보는가에 관한 교사의 판단, 자원 충원 여부, 유아의 참여 및 반응 정도에 따라 달라지는 것이다. 전술한 질문들과 연관된 추후 활동은 크게 세 가지로 나타났다. 이를 소개하면 다음과 같다.

(가) 활동 1: 발이 제일 큰 친구가 키도 제일 큰지 조사

제일 발이 큰 유아가 누구인지 밝혀졌을 때 한 유아가 "발이 제일 크면 키도 제일 커요?"라고 질문을 하였다. 이 질문 해결을 위해 먼저 친구들 키를 잰 후 〈표 7-6〉에 있는 '신발 숫자 적는 칸 옆에 빨간 볼펜으로 적었다. 결과적으로 키가 큰 친구가 대체로 발도 크지만 언제나 그런 것은 아니라는 사실을 밝혀내게 되었다.

(나) 활동 2: 식구들 발 크기 조사

원에서 발 크기 조사 활동이 계속되는 동안 유아들은 다른 사람들의 발 크기와 키에 많은 관심을 보였다. 이런 과정에서 교사가 가정학습 과제로 내 준 '식구들 신발 크기 알아보기', '발 그려 보기', '누구 발이 제일 큰지 조사하기' 등의 활동 결과는 [그림 7-9]와 같다. 왼쪽 작품은 발표되면서 문제점이 지적(위에서부터 거꾸로 붙임)되어 다시 수정되었다.

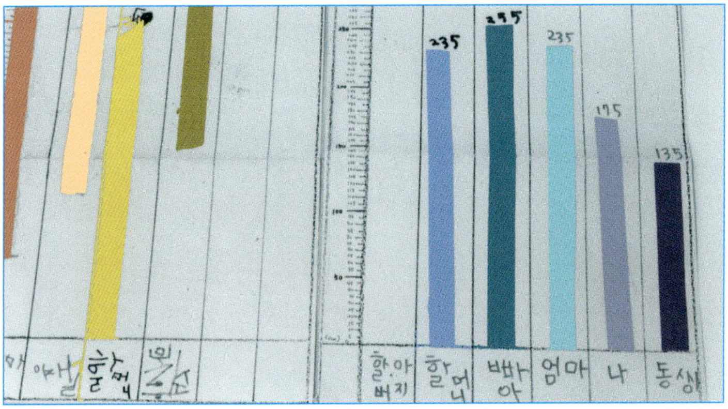


그림 7-9 식구들 발 크기를 조사한 도표(수정 전과 후)

(다) 활동 3: 신발에 있는 글자에서 신발 이름 찾아낸 후 '그 이름 빙고'에 신발 이름(미키, 미니…) 넣어 노래 부르기

### 그 이름 빙고

예 옆집에 사는 영호 신발 미키라지요

MICKEY MICKEY MICKEY 그 이름 미키.

앞집에 사는 영주 신발 미니라지요

MINNY MINNY MINNY 그 이름 미니.

### 나) 동화 듣기: 『보람이네 신발 가족』 그림동화

교사가 『보람이네 신발 가족』 동화 듣기 활동을 계획하게 된 의도는 다음과 같다.

첫째, 전날의 프로젝트 진행과 관련지어 유아들에게 여러 종류의 신발이 있다는 사실과 신발 종류에 따라 다른 소리가 난다는 것을 알려주고자 하였다.

둘째, 신발 바닥과 굽이 무엇으로 만들어졌는가에 따라 다른 소리가 난다는 사실에 관심을 갖게 하고자 하였다. 실제로 이후 활발하게 신발 바닥 조사 활동이 이루어졌다.

셋째, 신발이 흐트러졌을 때, 또는 외출 후에는 신발들을 신발장에 잘 정리해 주어야 한다는 사실을 알려주고자 하였다.

이 동화 듣기 후 우리 집 신발장 조사, 우리 가족의 신발조사, 신발장 정리 방법에 대한 활동 등이 이루어졌다. 동화 내용은 다음과 같다.

제목: 〈보람이네 신발 가족〉

1. 또각또각!

이게 무슨 소리일까요?
이 소리는 높은 굽을 뽐내며 들어오는 엄마 구두예요.
소리만 들어도 보람이는 엄마 구두인지 금방 알지요.

2. 씽~ 씽~

바퀴 달린 신발은 누구 것일까요? 그건 바로, 보람이가 제일 좋아하는 롤러 스케이트랍니다.
신이 나면 씽 씽 소리를 더 잘 내지요.

3. 우당탕 퉁탕~

아이구, 깜짝이야!
보람이 운동화가 뛰어 들어오네요.
흙이 잔뜩 묻어 있는 걸 보니 신나게 뛰어놀았나 봐요.

4. 소곤소곤!

우산이랑 사이좋게 이야기하는 저 신발은?
네! 맞아요.
개나리 빛 색깔의 노란 장화랍니다.
장화와 우산은 비 오는 날만 기다리지요.

5. 뚜벅뚜벅!

점잖게 들어오는 이 소리는?
아! 우리 집에서 제일 큰 아빠 구두군요.
아빠 구두에서는 반짝반짝 윤이 나요.

6. 엉금엉금!

쉿! 이건 신발 소리가 아니에요.
아기가 기어오는 소리에요.
아기는 신발들을 보더니 방긋 웃어요.

7. "아야야, 아이고 어지러워!"

큰일 났어요.
아기가 신발들을 마구 집어 던지네요.
"도와주세요, 도와주세요."
신발들이 이리저리 나뒹굴며 소리질렀어요.

8. "무슨 소리지?"

보람이가 이쪽으로 통통 뛰어와요.
신발들 소리를 들었나 봐요.
보람이는 마구 흩어진 신발들을 신발장에 잘
정리해 주었어요.
"휴! 다행이다."
신발들은 안심하고 코오~ 잠이 들었어요.

## 마. 가정과의 연계[29)]

부모(또는 보호자)와의 긴밀한 협조와 연계가 프로젝트의 중요한 성공 요인이 된다는 사실은 이미 앞에서 밝힌 바 있다. 그렇기 때문에 원에서는 프로젝트 진행 상황이 어떠한지, 유아들의 흥미나 반응은 어떠한지, 부모들의 협조를 바라는 사항은 어떤 것인지를 부모들에게 구체적으로 알려줄 필요가 있다. 관련하여 교사가 부모들에게 보낸 '프로젝트 1주 경과 원에서의 활동 내용'은 〈표 7-8〉과 같다.

**표 7-8** 프로젝트 1주 경과 원에서의 활동 내용

| 프로젝트 주제 | 신 발 | 시간 경과 : (1)주 | 유아 이름 | ○○○ |
|---|---|---|---|---|
| 원에서의 활동 내용 | • 동화 : 『운동화와 짚신』, 『보람이네 신발 가족』, 『맨발이 더 좋아』<br>• 음률 : 새 노래 – 꼬까신, 비 오는 날, 신체 표현 – 신발이 되어 보자.<br>• 미술 작업 : 내 신발 그리기, 신발 바닥 무늬 찍기, 신발 바닥 베껴 내기<br>• 조별(희망에 따라 4명씩) 주제망 짜기가 이루어졌습니다.<br>• 개별, 소집단 활동(예 친구끼리 발 그려 주기, 신발 가게 놀이, 구두 광내기, 신발 치수 조사, 신발 빠는 횟수 조사…)도 다양하게 이루어졌습니다. | | | |
| 이번 주 유아들의 질문 내용 | • 양말도 신발이에요?<br>• 신발에서 왜 다른 소리가 나요?<br>• 신발에서 왜 냄새가 나요?<br>• 신발에 왜 글씨가 써 있어요?<br>• 신발에 왜 숫자가 써 있어요?<br>• 신발에 왜 지퍼가 있어요?<br>• 신발에 왜 끈이 있어요?<br>• 신발에 왜 영어가 써 있어요? | | • 신발에 왜 찍찍이가 있어요?<br>• 등산화에 왜 쇠고리가 있어요?<br>• 우리 반에서 누구 신발이 제일 커요?<br>• 구두는 왜 반짝반짝해요?<br>• 신발 안에 옷감을 붙였어요?<br>• 신발 안, 밖 색깔이 왜 달라요?<br>• 신발(털신)에 왜 털이 있어요?<br>• 왜 신발 바닥 무늬가 달라요? | |
| 다음 주 활동 예상 | 다양한 종류의 신발에 대한 탐색(모양, 색, 디자인, 신발에 쓰인 글자, 숫자…)이 이루어질 것입니다(신발은 기능과 용도에 따라 다른 재질과 모양으로 만들어진다는 것 중심). 그리고 금요일에는 구두 수선소로의 견학이 있을 예정입니다. | | | |
| (지수)의 활동 및 반응 | 스포츠화 중 테니스화를 즐겨 신고 테니스 치는 역할놀이를 즐김<br>신발에 관한 여러 항목들을 놓고 특성별로 분류 가능 | | | |
| 집에서의 활동 또는 이야기 나눌 내용 | 1. 가족 신발의 크기와 밑바닥 무늬 비교를 해 보세요.<br>2. 신발장 청소를 아이와 함께해 보신 후 고쳐야 할 신발이 있는지 살펴 봐 주세요(색이 낡은 구두, 찢어진 구두, 끈 갈아야 할 신발 등).<br>3. 아빠 구두, 엄마 구두를 반짝반짝 닦을 수 있도록 준비해 주세요. | | | |
| 필요 자원 | 1. 여러 종류의 신발 – 직업(예 작업화), 스포츠와 관련된 신발(예 골프화), 기타 수선이 필요한 신발(예 새로 염색해야 할 구두)<br>2. 신발 가게 및 백화점 신발 코너 찍은 동영상 자료 | | | |

한편, 교사는 유아들이 가정에서 이전에 그 주제와 관련하여 어떤 경험을 하였는지, 프로젝트 과정 중 유아들은 집에 돌아가서 어떤 말과 행동을 하는지, 부모들과 이야기 나누거나 함께 활동한 내용은 무엇인지를 파악하고 있을 때보다 효과적인 지도가 가능하다. 〈표 7-9〉는 이런 점들을 파악할 수 있도록 매주말 각 유아의 가정으로 보내어 부모들로 하여금 기록하도록 한 유아 관찰 기록지이다. 주말에 기록 후 월요일에 다시 유아 편에 보내도록 하였다.

**표 7-9** 가정에서의 유아 관찰 기록지

<table>
<tr><th colspan="2">프로젝트 주제</th><th colspan="2">신 발</th><th colspan="2">유아 이름</th><th>○○○</th></tr>
<tr><td colspan="2">이전 경험</td><td colspan="5">작년 4세반일 때 친구가 ◯◯의 신발을 잘못 신고 가서 많이 울었던 경험이 있습니다. 자기 신발 중 특히 노란색 슬리퍼를 좋아합니다. 지난 주말에는 신발에 관한 프로젝트를 한다고 하면서 신발장에서 여러 가지 신발을 찾아보았습니다(신지 않는 동생 신발을 엄마가 함께 챙겨 줌).</td></tr>
<tr><td colspan="2">시간 경과<br>유아 반응</td><td colspan="2">프로젝트 1주</td><td>프로젝트 2주</td><td>프로젝트 3주</td><td>프로젝트 4주</td></tr>
<tr><td rowspan="2">주제에 관한<br>특별 행동이나<br>질문</td><td>행동</td><td colspan="2">1. 신발에 관한 노래를 많이 부름.<br>2. 동생과 함께 거실 한쪽에 신발 가게를 차려 놓고 엄마 구두도 갖다 놓고 신어보기도 함.<br>3. 집 식구들의 신발 크기 순서대로 신발을 나란히 정리해 놓고 아빠, 엄마, 할머니에게 자랑을 함.</td><td></td><td></td><td></td></tr>
<tr><td>질문</td><td colspan="2">"아빠, 이 신발(등산화)은 왜 이렇게 무거워요? 바닥은 왜 이래요?"<br>"할머니 신발에는 왜 장식이 없어요?"<br>"이건(목욕탕 신발) 왜 구멍이 나 있어요?"</td><td></td><td></td><td></td></tr>
<tr><td colspan="2">부모님들의 의견, 아이디어<br>(혹은 건의 사항)</td><td colspan="2"></td><td></td><td></td><td></td></tr>
</table>

29) 부모들과의 연계 역시 프로젝트 시작단계~마무리단계까지 모두 필요한 부분이나 시작단계 때의 것을 대표적으로 예시한 것이다.

## 3. 전개단계

프로젝트 첫 주를 지내고 나면 교사와 유아의 주제에 대한 경험, 관심 방향, 이해 정도 등이 밝혀지고 조사해 보아야 할 질문들이 정리되면서 본격적인 조사·탐구 활동들이 이루어지게 된다. 그러면서 활동의 유기적 연계, 유아의 흥미 및 탐구 내용이 다음 활동 계획의 중요 준거로 작용하게 된다. 즉, 학습 내용 선정이나 방법이 프로젝트 첫 주 때의 교사 주도 쪽에서 교사-유아 공동 주도 쪽으로 확실하게 무게 이동하게 되는 것이다.

보다 구체적으로 '신발' 프로젝트 전개단계에 소요된 시간은 약 2주 정도이다. 이 기간 동안 유아들은 시작단계에서 제기된 질문을 중심으로 한 다양한 조사·탐구·표현 활동, 구두수선소 및 스포츠 센터로의 현장 견학, 현장 견학 후 이에 기초한 표현 활동과 심화된 조사·탐구 활동, 전문가로서 군인(군화와 관련)과 취미로 골프를 하는 유아 아빠(골프화와 관련) 만나기 등 다양한 활동을 전개하였다.

여기에서는 '신발' 프로젝트 전개단계에서의 활동들이 어떻게 시작되어 어떤 과정을 거치면서 심화되었으며 각 활동은 어떤 의미를 가지고 있는가를 분석해 보는 것에 중점을 두었기 때문에 목차상의 순서인 '질문에 기초한 조사 탐구, 현장 견학, 현장 견학 후 활동, 전문가 방문'의 순으로 정리하지 않고 '활동의 연계 및 심화 과정, 활동 심화 과정에서 나타난 세부 사항'의 두 부분으로 모든 것을 묶어 서술하였다.

## 가. 활동의 연계 및 심화 과정

유아들의 질문 내용 중에는 '신발(털신)에 털이 있어요?', '왜 신발에 리본이 달려 있어요?' 등과 같이 내용이 단순하여 그 자리에서 쉽게 해결되는 질문도 많이 있었다. 그러나 어떤 질문은 활동으로 연결되면서 여러 가지 다른 질문을 낳기도 하고, 자원의 보충이나 새로운 아이디어의 첨가로 인해 더 확장된 활동으로 발전되는 등 계속 심화·확장되었다. 그런가 하면 개별 또는 소집단으로 시작된 활동이 대집단 활동으로 전이되기도 하고 반대로 대집단 활동이 개별, 소집단 활동으로 연결되면서 보다 심화된 활동 형태로 나타나기도 하였다.

여기서는 '신발들은 왜 다른 소리가 나요?'라는 하나의 질문에서 비롯된 소집단 활동이 어떻게 다른 종류의 대·소집단 활동들로 심화·확대되었는지를 분석해 보고 아울러 각 활동의 구체적 장면을 살펴봄으로써 프로젝트 전개단계에서의 깊이 있는 탐구 활동 과정이 어떤 식으로 진행될 수 있는가를 살펴보고자 한다. 활동의 전개과정을 살펴보면 다음 [그림 7-10]과 같다.

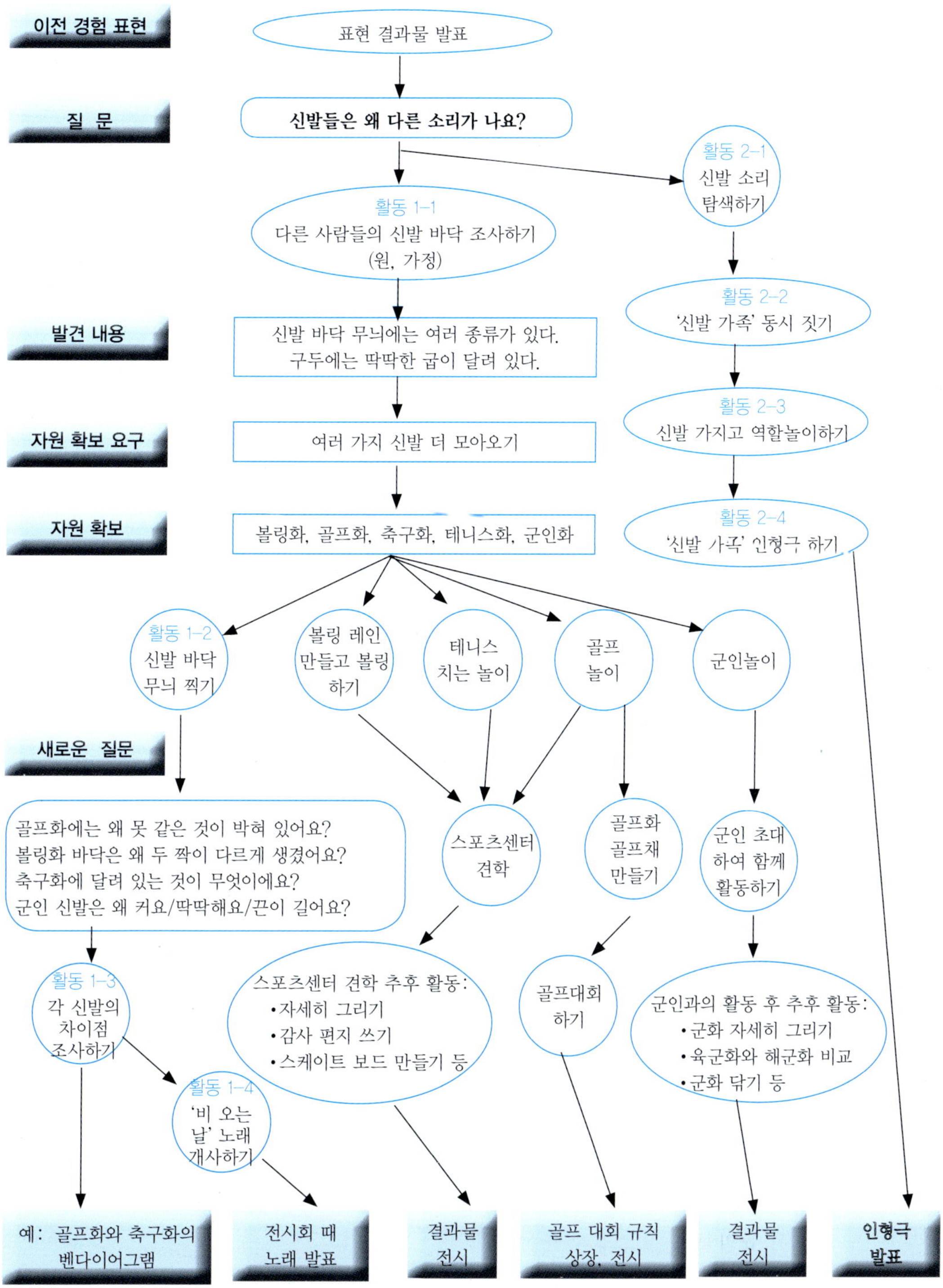


그림 7-10 '신발' 프로젝트 시 활동의 전개과정

프로젝트 시작단계에서의 이전 경험 발표 시간을 통해 비롯된 '신발들은 왜 다른 소리가 나요?' 하는 질문은 [그림 7-10]에서와 같이 두 가지 소집단 활동, 즉 '다른 사람들의 신발 바닥 조사하기'와 '신발 소리 탐색하기'의 조사 활동으로 연결되었다. 이후 이 두 조사 활동에서 각기 다른 활동들이 계속적으로 파생되었다. 이를 정리해 보면 다음과 같다.

### 1) 다른 사람들의 신발 바닥 조사하기

이 활동은 집에 가서 식구들 신발 조사하기 활동에서부터 여러 가지 종류의 신발(볼링화, 골프화, 자전거화, 군화 등) 관찰하기, 각 신발 바닥 무늬찍기, 볼링 레인 만들고 볼링하기, 테니스 치는 역할놀이하기, 군화 신고 군인놀이하기 등의 활동으로 확장되었다. 이 과정에서 여러 가지 질문이 생기고 새로운 흥미가 발생되면서 또 다른 활동으로 연결되었다.

한 예를 들면, 골프화 관찰과 바닥 찍기 중 "왜 골프화에는 못 같은 것이 있어요?" 하는 질문이 나왔다. 골프화 바닥은 다른 신발들과는 다르게 뾰족한 것이 삐죽삐죽 붙어 있다는 것이었다. 이 질문 해결을 위해 한편으로는 골프를 쳐 본 경험이 있는 한 유아의 아빠에게 질문하기, 골프에 관한 동영상 보기, 책 찾아보기, 볼링화나 군화와 같은 다른 신발들과 비교해 보기 등을 하였다. 그 결과 골프화는 '풀밭에서 미끄러지지 않고 다니면서 골프를 치도록 하기 위해 그렇게 만들어졌다'는 사실을 새롭게 알게 되었다. 이 과정에서 골프화를 자세히 그려 보기, 다른 신발들과 비교하여 벤다이어그램 작성하기, 골프 대회 하기 등의 활동이 이루어졌다. 그리고 음률 활동으로 '비 오는 날' 곡에 골프화에 대해 새롭게 알게 된 사실을 가사로 만든 후 노래 부르기 활동도 진행되었다.

### 2) 신발 소리 탐색

신발 소리 탐색 후 '신발 소리 가족' 동시 만들기 활동이 이루어졌으며 여기서 다시 '신발 인형 만들기'를 거쳐 '신발 인형극' 활동으로까지 확산되었다. 이 인형극 역시 유아들의 희망에 따라 전시회 때 발표되었다.

## 나. 활동 심화 과정에서 나타난 세부 사항

[그림 7-10]을 보면 한 활동에서 다음 활동으로 어떻게 연계 및 심화·확장되는지를 어느 정도 파악할 수 있다. 이를 보다 분명히 제시하기 위해 여기서는 〈신발 바닥 무늬찍기〉와 〈신발가족 동시 짓기〉를 예로 들어 보고자 한다. 여기서 '유아 활동'은 소집단으로 이루어진 경우라도 '활동 결과'는 반 전체가 공유했다는 점과, '활동 장면'은 꼭 필요한 경우에만 제시하였음을 밝혀 둔다.

### 1) 활동 1-1 : 다른 사람들의 신발 바닥 조사하기

<table>
<tr><td>활동유형</td><td colspan="2">소집단 활동 → 전체 활동</td></tr>
<tr><td rowspan="2">활동내용</td><td>유아활동</td><td>친구들과 교사가 신고 온 신발 바닥 관찰하기, 그리기, 만져 보기</td></tr>
<tr><td>교사활동</td><td>• 조사 내용(무늬, 딱딱한 정도, 굽), 방법(관찰하기, 베껴 그리기, 굽 만져 보기), 조사 결과 표현 방법(쓰기, 그리기, 말로 하기, 비교하여 보여주기)에 대해 유아들과 의견 나누기<br>• 공유 시간(조사 결과 발표)을 통해 전체 유아들이 여러 종류의 신발에 대해 관심 갖도록 유도</td></tr>
<tr><td>활동결과</td><td colspan="2">• 여러 가지 사실에 대한 학습<br>-신발 바닥 무늬에는 여러 가지가 있다.<br>-신발 밑창에는 여러 종류가 있다(예 구두에는 딱딱한 굽이 달려 있다)는 사실을 알게 됨<br>• 신발 바닥 조사하기 활동의 확산 → 전체 유아들이 가정에서 식구들 신발 바닥 조사하기를 해 보기로 함.<br>• 여러 종류의 신발에 대한 흥미 고조 → 주변에서 여러 가지 특수한 신발 모아 오기(볼링화, 골프화, 테니스화 등의 스포츠 신발, 군화, 다이어트 신발 등)<br>• 새로운 활동 유발 : 신발 바닥 무늬 찍기, 볼링하기, 테니스 놀이하기, 골프 놀이하기, 군인 놀이하기 등</td></tr>
</table>

### 2) 활동 1-2 : 신발 바닥 무늬찍기

<table>
<tr><td>활동유형</td><td colspan="2">개별 · 소집단 활동</td></tr>
<tr><td rowspan="2">활동내용</td><td>유아활동</td><td>• 볼링화, 골프화, 군화, 자전거화 등 신발 바닥 물감 찍기<br>• 결과 놓고 모양 비교해 보기</td></tr>
<tr><td>교사활동</td><td>• 물감, 찍기 종이 등 자원 마련<br>• 활동 과정 중 차이점에 대해 유아들과 함께 이야기 나누기<br>• 공유 시간을 통해 자원으로 모아진 여러 가지 신발을 가지고 할 수 있는 놀이 함께 생각해 보기</td></tr>
<tr><td>활동결과</td><td colspan="2">• 볼링화, 골프화, 군화, 자전거화 등은 겉모양, 신발 밑바닥이 다르다는 사실 확인<br>• 새로운 질문 유발<br>-골프화에는 왜 나사처럼 생긴 것이 박혀 있는가?<br>-볼링화 바닥은 왜 두 짝이 다르게 생겼는가?<br>-축구화에 달려 있는 것이 무엇인가?<br>-군인 신발은 왜 크고, 딱딱하며 끈이 긴가?<br>• 새로운 활동 유발 : 여러 가지 신발 기능 조사해 보기<br><br>그림 7-11 여러 가지 신발 탐색<br>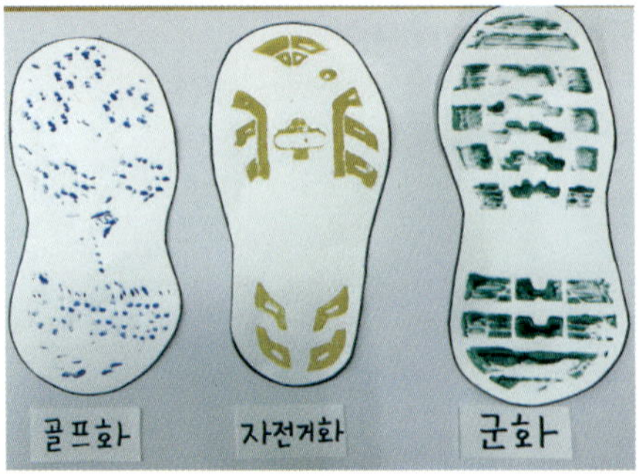<br><br>그림 7-12 신발바닥 무늬 찍기</td></tr>
</table>

### 3) 활동 1-3 : 각 신발의 차이점 조사하기

<table>
<tr><td>활동유형</td><td colspan="2">소집단 활동</td></tr>
<tr><td rowspan="2">활동내용</td><td>유아활동</td><td>• 책 찾아보기, 또는 부모나 주변 사람들에게 묻기 등을 통해 각 신발 모양이 다른 이유 조사<br>• 친구들과 각 신발 비교하며 차이점 찾기<br>• 신발 특성 자세히 표현하기<br>• 벤다이어그램(예 축구화와 골프화) 작성하기<br>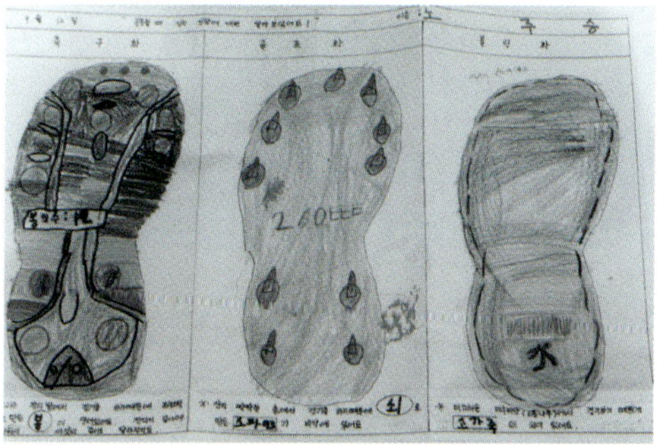<br>그림 7-13 신발 바닥 자세히 그리기<br>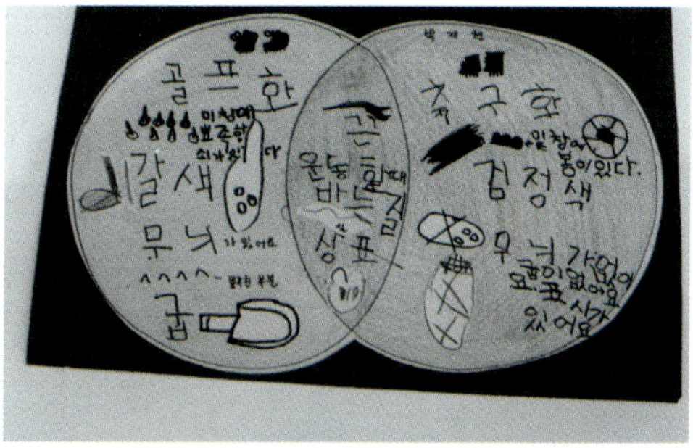<br><br>그림 7-14 축구화와 골프화의 벤다이어그램</td></tr>
<tr><td>교사활동</td><td>• 조사 활동에 필요한 자원 보충<br>• 각 신발의 차이점을 살펴보고 표현해 보도록 유도<br>• 차이점 표현 방법 같이 정하기</td></tr>
<tr><td>활동결과</td><td colspan="2">• 운동 종류에 따라 신발 모양이 다르다는 사실 학습(예 골프화는 잔디밭을 잘 걸으라고…)<br>• 자원으로 모아진 신발과 관련된 스포츠에 대한 관심 유발</td></tr>
</table>

### 4) 활동 1-4 : '비 오는 날' 노래 개사하기

<table>
<tr><td>활동유형</td><td colspan="2">전체 활동 → 개별 · 소집단 활동</td></tr>
<tr><td rowspan="2">활동내용</td><td>유아활동</td><td>• 각 신발(군인화, 골프화, 볼링화, 등산화) 등의 특징 이야기하기<br>• 각 신발의 특징에 맞도록 재미있게 말로 표현하기<br>• 함께 노래 부르기</td></tr>
<tr><td>교사활동</td><td>• 이전에 배운 '비 오는 날' 노래에 맞추어 개사해 볼 것을 제안<br>• 그동안 이루어져 온 활동을 상기시키고 각 신발의 특징을 표현해 보도록 유도<br>• 어색한 표현을 다듬어 함께 노래 부름</td></tr>
<tr><td>활동결과</td><td colspan="2">• 군인화, 골프화, 볼링화, 등산화 등에 관한 노래 나옴([그림 7-15] 참조)<br>• 개사하지 않은 다른 신발(예 축구화)에 대해서도 개별적으로 가사를 만들어 보려는 시도 보임</td></tr>
<tr><td>활동장면</td><td colspan="2">〈볼링화에 대한 가사 만들기〉<br><br>유아 1 : 선생님. 볼링화는 두 짝이 짝짝이에요.<br>교 사 : 어떻게 짝짝이니?<br>유아 3 : 한쪽은 안 미끄럽고 한쪽은 미끄러워요.<br>교 사 : 어? 신발 바닥이 서로 다르게 생겼구나! (볼링화를 들어 전체 유아에게 바닥을 확인시켜 준다.) 그런데 왜 이렇게 만들어졌을까?<br>유아 4 : 볼링 잘 치라고요.<br>유아 5 : 이렇게 (볼링 스텝 밟는 시늉을 한다.) 하나, 둘, 셋 하고 치는 거예요. 안 미끄러지고….<br>교 사 : 그래. 한 짝은 잘 미끄러지라고 그렇게 생긴 거구나.<br>유아들 : (따라 하면서 볼링 공 굴리는 흉내를 내기도 한다.)<br>교 사 : 그럼 우리 그것을 '비 오는 날' 곡에 맞게 노랫말로 만들어 보자.<br>유아 7 : '볼링 아저씨 볼링 잘 쳐요.' 이렇게 해요.<br>교 사 : 그래, 그거 좋겠는데… '볼링 아저씨 볼링 잘 쳐요.' (한 번 불러 본다. 유아들도 따라 부른다) 그럼 그 다음은 어떻게 하지?<br>유아 8 : '짝짝이 신발 신고' 이렇게 해요.<br>교사 · 유아들 : (같이 불러 본다. 그런데 음과 노랫말이 맞지 않았다.)<br>교 사 : 그렇게 하니까 음에 잘 안 맞는데… 그리고 그렇게 하면 사람들이 짝짝이로 다른 신발을 신었는 줄 알면 어떻게 하지?<br>유아 8 : 그럼 '미끄럽고 안 미끄러운 볼링화 신고' 해요.<br>유아들 : 좋아요. (몇 명은 박수를 친다.)<br>교 사 : 자, 그럼 다 같이 불러 보자.<br>교사 · 유아들 : (한 번 불러 본다. 유아들 '미끄럽고~' 부분을 크게 부르면서 웃는다.)<br>교 사 : 음, 그런데 볼링은 아저씨만 치는 것이 아니니까 이번에는 '볼링 아주머니' 이렇게 해서 불러 볼까? (이후 유아들의 의견에 따라 할아버지, 할머니, 또는 자기들 이름을 넣어 다시 불러 봄.)</td></tr>
</table>

**활동장면**

'비 오는 날' 원래 악보와 이 곡에 의해 개사한 노래인 1절 '볼링 아가씨', 2절 '등산 아줌마', 3절, '군인 아저씨', 4절 '골프 할아버지', 개사의 예는 다음과 같다. 이후 아줌마, 할아버지 등 다른 단어를 넣어서도 불러 봄.

### 비 오는 날

유경순 작사
나운영 작곡

1절: 볼링 아가씨 볼링 잘 쳐요. 미끄럽고 안 미끄러운 볼링화 신고
단풍나무 레인 위로 공을 굴려요.

2절: 등산 아줌마 산에 잘 가요. 등산화 신고 산에 오르면 발가락이
하하 호호 웃는대요.

3절: 군인 아저씨 씩씩해요. 전투화 신고 세퍼드처럼 재빠르게 달려가요.

4절: 골프 할아버지 골프 잘 쳐요. 뾰족뾰족 나와 있는 골프화 신고
처벅처벅 잔디밭을 걸어가요.

그림 7-15 '비 오는 날'을 개사한 '볼링 아가씨', '등산 아줌마'

### 5) 활동 2-1 : 신발 소리 조사하기

<table>
<tr><td>활동유형</td><td colspan="2">소집단 활동 → 가정에서의 개별 활동</td></tr>
<tr><td rowspan="2">활동내용</td><td>유아활동</td><td>• 여러 가지 종류의 신발 신고 걸어 보기, 손에 끼고 두드려 보기<br>• 소리가 어떻게 다른지 주의해서 듣기<br>• 집에서 신발장의 신발들 살펴보고 소리 듣기<br>• 소리를 그림으로 표현해 보기</td></tr>
<tr><td>교사활동</td><td>• 다른 소리가 나는 신발 자원 제공<br>• 소리를 듣고 그림으로 표현해 보도록 격려</td></tr>
<tr><td>활동결과</td><td colspan="2">• 신발 바닥의 종류와 굽에 따라 걷는 소리가 다르다는 것 학습<br>• 신발 소리 표현 기술(의성어 사용, 그리기 등) 신장<br><br>그림 7-16 신발에서 나는 소리를 그림으로 표현</td></tr>
</table>

### 6) 활동 2-2 : '소리 신발 가족' 동시 짓기

<table>
<tr><th>활동유형</th><td colspan="2">대집단 활동</td></tr>
<tr><th rowspan="2">활동내용</th><th>유아활동</th><td>신발마다 다른 소리 표현해 보기</td></tr>
<tr><th>교사활동</th><td>유아들이 표현한 소리들을 정리하여 운율이 맞도록 함</td></tr>
<tr><th>활동결과</th><td colspan="2">

- '소리 신발 가족' 동시
- 신발 손에 끼우고 역할놀이하는 활동 증가

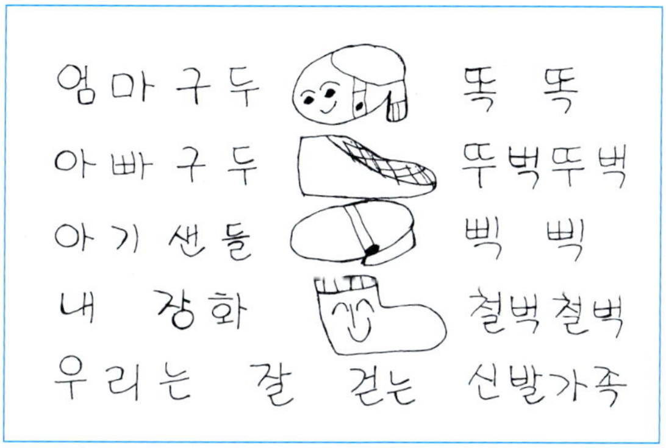

그림 7-17 소리 신발 가족

</td></tr>
</table>

### 7) 활동 2-3 : 신발 가지고 역할놀이하기

| 활동유형 | 소집단 활동 | |
|---|---|---|
| 활동내용 | 유아활동 | • '신발 소리 가족' 동시 짓기 이후 '아빠 왔다. 뚜벅뚜벅', '엄마 왔다. 똑똑', '아저씨 아기 샌들 주세요. 삑삑 소리 나는 것으로요.' 등의 표현을 사용하는 역할놀이 횟수 증가<br>• 제화점 팸플릿에서 오려 낸 구두에 막대를 붙여 인형을 만들고 이를 역할놀이에 이용 |
| | 교사활동 | • 구두 막대 인형을 이용한 역할놀이가 활성화되도록 언어적으로 자극(예 아빠는 어디 갔다 오시는 길이니? 구두 신고…)<br>• 실제 구두에 눈알, 코, 입을 달아 인형처럼 만든 후 보여줌 |
| 활동결과 | • 역할놀이의 소재가 다양하게 발전<br>• 구두를 이용한 인형 만들기 활동이 활발해짐<br>• 진짜 인형극으로 하자는 의견이 나옴 | |

### 8) 활동 2-4 : '신발 가족' 인형극 하기

| 활동유형 | 소집단, 대집단 활동 병행 | |
|---|---|---|
| 활동내용 | 유아활동 | • 신발 특성에 맞게 인형으로 꾸미기(예 아기 운동화는 아기처럼 꾸미기)<br>• 인형극 대사와 인형의 움직임 함께 정하기<br>• 역할 정하기<br>• 인형극하기 |
| | 교사활동 | • 인형 만드는 재료와 아이디어 보완<br>• 인형극 내용 함께 정하기<br>• 인형 만드는 과정 돕기<br>• 인형극 무대(책상 이용), 조명(전기 스탠드 이용) 마련하기<br>• 인형극 하는 모습과 관람하는 모습 동영상 촬영하기<br>• 전체 유아들과 함께 동영상 보며 평가하기 |
| 활동결과 | • 신발 가족 인형들 | |

활동장면

• 유아들이 며칠째 구두를 가지고 역할놀이에 열중하고 있다.

교 사 : (신발 인형을 뒤로 숨겨 가지고 다가간다.) 너희들 재미있게 놀고 있구나. 그런데 오늘은 선생님께서 새로운 것을 가져오셨단다.
유아들 : 뭔데요?
교 사 : 뭘까? 나와라. 얏! (할아버지로 꾸민 신발 보여줌)
유아 1 : 어? 신발이 변했네!
유아 2 : 머리도 있고, 입도 있어.
유아 3 : 눈도 있고….
유아 4 : 선생님. 한 번 움직여 봐요.
교 사 : 에흠! 난 할아버지 신발이란다. 요즘은 빨리 걸으면 숨이 차서 천천히 걸어 다녀야 한단다. 하~나, 두~울, 세~엣, 네~ 엣 이렇게 말이야. 신발도 이렇게 편하게 만들어졌지. 너희들은 운동화나 샌들 신고도 빨리 뛰어다닐 수 있지? 한참 걸어왔더니 힘이 드는구나. 휴우! 나는 이만 가야겠다.
유 아 : 야! 신기하다.
교 사 : 얘들아. 할아버지 신발이 좀 힘드신가 봐. 금방 들어가 버리셨네.
유아 5 : 와! 재미있다. 난 엄마 구두에다 인형 만들래.

그림 7-18 효도화를 이용해 만든 할아버지 신발 인형

(이렇게 하여 유아들이 엄마 구두, 아빠 구두, 아기 운동화, 오빠 장화, 발레 슈즈를 이용한 인형을 만들었다.)

교 사 : 와! 이제 여러 가지 재미있는 인형들이 만들어졌네.
유아 1, 2, 3, 4, 5 : 이건 엄마, 이건 아빠, 이건 형, 이건 누나, 이건 아기예요.
다른 유아들 : 손, 발도 있네. 잘 만들었다.
교 사 : 얘들아. 우리 이것을 가지고 무엇을 하면 재미있을까?

**활동장면**

유 아 : 인형극해요.

교 사 : 좋아. 그럼, 우리 아빠 구두부터 할까? 아빠는 뭐라고 말하면 좋을까?

유아 1 : 여보 나 왔어. 뚜벅뚜벅.

유 아 : 그래, 재미있구나. 그렇게 인형들이 하는 말을 만들어 볼 수 있겠다. (이후, 각 신발의 특성에 맞는 대사들이 만들어짐. 전체 모임 때에 다른 유아들의 의견이 덧붙여져 대사 완성)

그림 7-19 '신발가족' 인형극하는 모습

이상에서 하나의 질문에서 비롯된 두 가지 활동이 프로젝트 전개단계에서 어떻게 다양한 후속 활동들로 연결되었는지, 그 각각의 후속 활동들은 어떻게 계속적으로 심화·확장되었는지를 상세하게 살펴보았다. 그럼으로써 유아의 질문 내용이 구체적인 활동으로 연결되고 이 활동이 또 다른 활동으로 전이·확장·심화되는 유기적 관계, 이 과정에서의 교사와 유아의 역할을 밝히고자 하였다.[30)]

30) 이외에도 프로젝트 전개단계에서는 다양한 활동들이 개별, 소집단 및 대집단 활동으로 이루어졌지만 여기서는 프로젝트 전개단계 때 활동의 심화 과정을 보여주는 데 목적을 두었으므로 그 모든 활동을 일일이 기술하지는 않았다.

## 4. 마무리단계

'신발' 프로젝트 마무리단계에 소요된 시간은 일주일 정도로 전시회 및 발표회 개최를 중심으로 활동이 이루어졌다. 활동과정은 준비, 시행, 마무리 활동이다.

### 가. 준 비

그동안 진행해 온 프로젝트 전 과정을 돌아본 후 교사와 유아들은 전시 및 발표를 하기로 결정하고 날짜를 정하였다. 그리고 무엇을 전시하면 좋을지, 발표는 어떤 내용으로 할지, 누구를 초대할지에 대해 조별로 논의한 후 전체가 다시 모여 조정, 결정하였다.

그 결과는 다음과 같다. 우선 전시는 벽과 책상을 배열하여 하기로 하였다. 먼저 벽에는 프로젝트 시작단계에서 나온 주제망과 이전 경험 표현 결과물, 전개단계에서 나온 신발 비교에 따른 벤다이어그램, 동물들은 왜 신발을 안 신는지 조사한 것, 자세하게 신발 그림 그린 것 등 여러 표현 결과물들을 전시하기로 하였다. 다음으로 책상에는 현장 견학 전후로 게임판 만든 것, 신발 만든 것(롤러 블레이드, 슬리퍼, 미래의 신발 고안한 것 등), 신발 인형 만든 것, 책 만든 것 등을 종류별로 배열하기로 하였다. 여기에 덧붙여 교사의 제안에 따라 역할놀이 영역은 신발 수선소로 꾸미되, 전시회에 오신 부모님들 중 원하는 몇 분의 신발을 닦아 드리기로 하였다.

이와 같은 논의 및 준비 과정에서 유아들은 창의적인 생각을 많이 해 냈다. 예를 들면 전시를 위해 교실을 어떻게 꾸밀까 논의하는 자리에서 한 유아는 "우리가 신발 프로젝트했으니까 책상 놓는 것도 신발모양이 되게 해요."라는 의견을 내놓았다. 이 말을 교사와 다른 친구들이 얼른 알아듣지 못하자 그 유아는 칠판에 [그림 7-20]과 같이 그림을 그렸다.

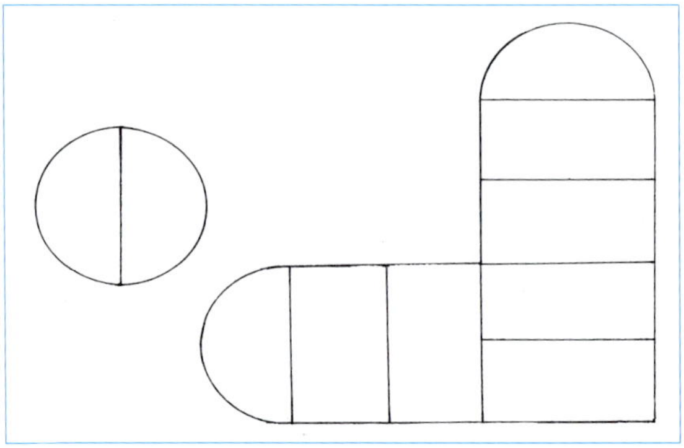

그림 7-20 전시를 위해 신발모양으로 책상 배열('장화신고 공 차는 모습')

교사와 모든 유아들이 전적으로 동의하여 책상 배열은 그렇게 하기로 결정되었다. 전시할 항목과 교실 꾸미기에 대한 의견이 모아지고 난 후 '우리가 보여줄 것', 즉 발표할 내용에 대해 구체적으로 논의하였다. 그 결과 전시회가 끝나고 나면 2부는 신발 노래 만든 것 부르기, 신발 가족 인형극, 신발쇼를 하기로 하였다. 이렇게 하여 최종적으로 결정된 내용은 [그림 7-21]과 같이 세 부분, 즉 '교실에 전시할 것', '교실 꾸미기', '우리가 보여줄 것'으로 정리하여 벽에 게시해 놓음으로써 준비에 차질이 없도록 하였다.

그림 7-21 전시회를 위한 준비표

발표를 위해 논의되고 준비된 내용은 다음과 같다. 먼저, 신발 노래 만든 것 노래 부르기는 '비 오는 날' 곡에 맞추어 개사한 1절 볼링 아가씨, 2절 등산 아줌마, 3절 군인 아저씨, 4절 골프 할아버지를 다 함께 부르기로 하였다.

다음, 그동안 준비해 온 신발 가족 인형극의 경우 교사는 보는 사람들의 주의를 조금 더 집중시킬 수 있도록 조도가 높은 전기스탠드로 조명을 마련해 주기로 하였다. 그리고 손님들 앞에서 인형을 조작하면서 직접 대사까지 하는 것이 유아들에게 무리가 된다고 판단하여 미리 녹음을 해 놓도록 도와주었다.

마지막으로 신발쇼에서는 그동안 학습한 다양한 신발들 중에서 자기가 원하는 신발을 신고 나와 그 기능을 몸으로 표현하기로 하였다. 이때 한꺼번에 여러 친구들이 나오면 복잡하니까 두 명씩 순서를 정해 나오기로 하였다(〈표 7-10〉 참조). 이렇게 세부적인 계획이 세워진 후 신발쇼에 나오기로 한 유아들은 자기가 맡은 신발의 기능을 어떻게 하면 가상 잘 나타낼 수 있을지에 대해 친구들과 의견을 나누고 소품을 준비하였다. 예를 들어 군화를 맡은 유아는 군복을 입고 군인 모자를 쓰고 나와서 행진곡에 맞추어 씩씩하게 행진하기로 하였다. 또 잠수화를 맡은 유아는 몸에 꼭 맞는 까만 옷을 입고 물안경을 끼며 등에는 산소통처럼 만든 것을 메자는 것이었다.

신발쇼의 원활한 진행을 위해 교사는 무대로 두 명씩 나오는 순서를 조정해 주고 나오는 신발 순서에 따라 음악을 알맞게 준비해 주었다. 예를 들면 육군화, 해군화를 신은 유아들이 등장할 때는 '군대행진곡 ♪♬'을, 엄마, 아빠 구두를 신고 나오는 유아를 위해서는 '뽀뽀뽀'와 같은 식이었다. 이렇게 준비에 임하는 한편, 교사는 부모님들이나 동생 반 유아들에게 '신발쇼'라는 이름보다 의미를 더 분명하게 전달할 수 있는 말이 없을까에 대해 유아들과 의견을 나누었다. 한동안의 논의 끝에 결정된 제목은 '신발이 나가신다. 길을 비켜라!'였다. 나중에 이 제목은 신발쇼 무대 앞에 크게 써서 붙여 놓아 분위기를 더욱 돋우는 역할을 하였다.

준비를 위한 마지막 작업인 교실 꾸미기와 초대장 쓰기는 다음과 같이 진행되었다. 먼저, 교실 꾸미기는 교실 문에 환영의 글 써 붙이기, 입구에 풍선 달기, 신발 모빌 만들어 천장에 달기, 어느 쪽으로 진행하며 볼 것인지를 알려주는 화살

표 그려 바닥에 붙이기가 주된 활동 내용이었다. 초대장 모양은 [그림 7-22]와 같으며, 초대장 안의 내용은 〈표 7-10〉[31]과 같다.

그림 7-22 '신발' 전시회 초대장

표 7-10 초대장 안 내용

**'신발' 프로젝트**

| '신발' 프로젝트는 이렇게 진행되었어요 | '신발' 프로젝트 전시회 및 발표회 | |
|---|---|---|
| 1주 : 프로젝트 시작단계<br>• '신발' 주제망 조별로 짜기<br>• 신발 경험 표현하기<br>• 궁금한 것 모으기<br><br>2주 : 프로젝트 전개단계<br>• 다양한 신발 신고 놀이하기<br>• 다양한 신발의 기능과 특성 알기<br>• 신발 특성 나타내는 노래 만들기(우리가 만든 노래는 초대장 뒷면에 있어요.)<br>• 궁금한 것 또 모으기<br><br>3주 : 프로젝트 전개단계<br>• '퐁' 골프대회하기<br>• 구두 수선소로 현장 견학 가기<br>• 신발 인형극하기<br>• 군인 아저씨와 활동하기<br><br>4주 : 프로젝트 마무리단계<br>• 무엇을 전시하고 보여줄까 계획하기<br>• 교실 배열하고 장식하기<br>• 맡은 역할대로 준비, 연습하기<br>• 초대장 만들기 및 알리기 | 전시회 | ■ 시 간 : 5:00~5:20<br>■ 전시물<br>• 책 만든 것 : 신데렐라, 신발 질문책, 새 옷을 입은 내 신발 등<br>• 신발 만든 것 : 내가 신고 싶은 미래 신발(롤러 블레이드 만든 것 등<br>• 조사한 것: 우리 가족 신발 수, 발 크기, 축구화 · 볼링화 · 등산화 특징, 육군화와 해군화 차이 비교한 것, 동물은 왜 신을 안 신는지<br>• 그림과 글 : 신발 자세히 그린 것, 신발 바닥 찍은 것, 군인 아저씨와 구두 수선 아저씨께 감사 편지 쓴 것, 골프대회 상장…<br>• 그리고 또 전시하는 것 많아요. |
| | 발표회 | ■ 시간 : 5:30~5:50<br>■ 발표 순서<br>1. 신발 노래: 우리 반 전체<br>2. '신발 가족 나들이' 인형극<br>지ㅇㅇ, 김ㅇㅇ… (중략)<br>3. 신발쇼 : '신발이 나가신다. 길을 비켜라'<br>• 육군화 : 김ㅇㅇ, 해군화 : 진ㅇㅇ<br>• 축구화 : 이ㅇㅇ, 야구화 : 김ㅇㅇ<br>• 잠수화 : 박ㅇㅇ, 오리발 : 신ㅇㅇ |

31) 초대장 안의 내용은 지면관계상 일부만 제시하였음.

## 나. 시 행

전시 및 발표회는 두 차례에 걸쳐 이루어졌다. 한 번은 동생 반 유아들을 위해 그리고 한 번은 부모님들과 프로젝트에 도움을 준 현장 사람들을 위한 것이었다. 부모님들을 위한 전시회에서는 그 모든 과정이 끝나고 난 후 유아들과 함께 모여 앉아 신발 프로젝트 전 과정을 찍은 사진 및 동영상 기록을 보는 시간을 가졌다. 각 장면에 대해서는 교사가 짧은 설명을 곁들여 부모들의 이해를 도왔다. 전시된 항목 중 몇 가지를 살펴보면 [그림 7-23]~[그림 7-24]와 같다.

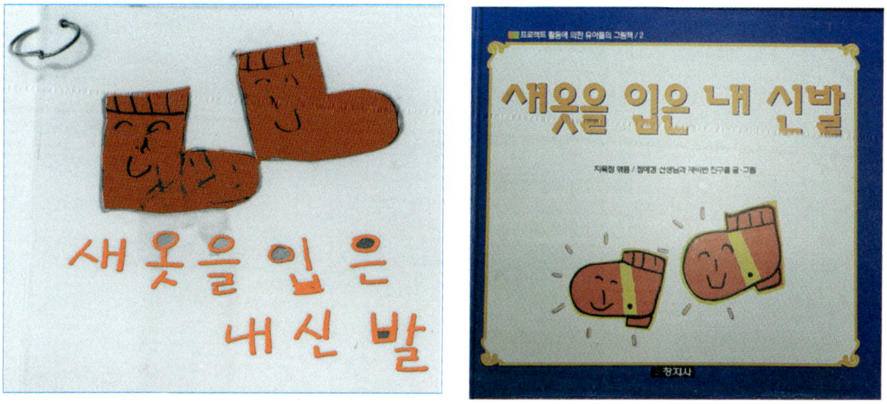


그림 7-23 프로젝트 결과물인 '새 옷을 입은 내 신발'과 이후 책으로 출판된 책[32)]

32) '구두 칼라 세탁소'로 현장 견학을 다녀 온 후 만들어진 책이다. 내용은 주리의 낡은 주황색 헌 구두가 염색 후 예쁜 빨간색 구두로 바뀌게 되는 사실적 과정을 나타내고 있다. 이 결과물은 프로젝트 종료 후 『새 옷을 입은 내 신발』이라는 동화책(책 표지 참조)으로 출판되었다.

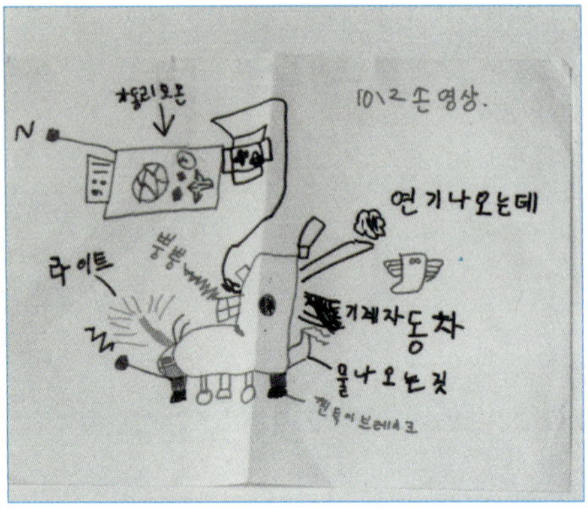

그림 7-24 내가 발명하고 싶은 신발 / '새 신발로 고쳐요' 게임판[33)]

## 다. 마무리

다음 날 교사와 유아들은 전시되었던 것을 떼어 내고 책상을 재배치하며 각자의 작품들을 정리하였다. 이때 다시 쓸 수 있는 물건과 버릴 것을 구분하여 처리하였다. 그리고 마지막으로 사진 및 동영상을 보면서 전시 및 발표한 것에 대해 평가하는 시간을 가졌다.

이상에서 '신발' 프로젝트 전 과정을 살펴보았다. 활동이 어떻게 심화·확장될 수 있는가 하는 것에 중점을 두고 기술하였기 때문에 프로젝트 마무리단계에 대한 내용은 간략하게 기술하였다. 다음 장에서는 '종이' 프로젝트를 살펴보기로 하자.

33) 주사위를 던져 구두 수선소(예 구두 굽 갈이, 염색, 끈갈이 등)를 통과하여 목적지인 새 구두가 놓여 있는 곳까지 오면 새 구두를 하나씩 떼어 갈 수 있도록 고안된 게임판이다. 말이 통과하는 자리들은 그동안 유아들이 알게 된 다양한 신발 밑창 무늬들로 나타낸 것이다.

CHAPTER 8

# '종이' 프로젝트

THE PROJECT APPROACH

## 1. 프로젝트 배경

'종이' 프로젝트는 환경기념일 중 하나인 4월 4일 '종이 안 쓰는 날'을 기념하는 의미로 최근 몇년 간 3월 중순~4월 중순까지 8개 유아교육기관이 진행한 프로젝트이다. '종이 안 쓰는 날'은 우리나라만의 환경기념일로서 식목일 하루 전인 4월 4일에 기념한다. 주변에 당장 나무를 심기 어려운 도시인들의 경우, 종이 사용량을 줄임으로써 나무 심는 것과 같은 효과를 내자는 의미에서 만들어진 기념일이다(지옥정, 2014b).

충북자연사랑유아교육연구회에 속한 8개 유아교육기관(가경·무궁화·수림·아이림·BK유치원과 근로복지공단 수안들·미평·영광어린이집)의 원장과 각 원별 2명씩의 교사들은 필자와 함께 프로젝트 학습공동체 모임을 오랜 동안 지속하였다. 이런 모임 과정 중 바로 이 '종이 안 쓰는 날'과 관련하여 '종이' 프로젝트를 지속가능발전교육 차원에서 수행해 보기로 결정하였다. 일단 프로젝트 주제 선정 준거에 비추어 볼 때 '종이'는 유아들의 일상생활과 밀접한 관련이 있고, 유아들도 주변에서 자원을 쉽게 구할 수 있으며, 가정과의 연계 측면이나 지역사회와의 협조 측면 등 여러 면에서 적합하다고 보았기 때문이다. 그런가 하면 '종이'라는 소재가 지속가능발전교육의 환경적, 경제적, 사회적 측면과 충분히 연계될 수 있다는 점도 고려하였다.

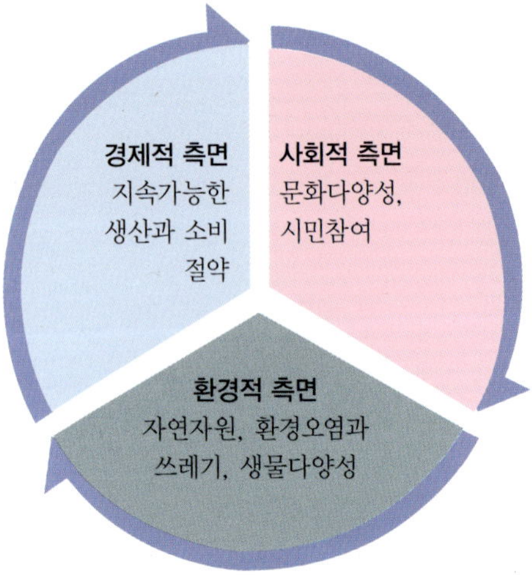


그림 8-1 '종이' 의 지속가능발전교육 소재 측면

8개 원이 같은 주제인 '종이' 프로젝트를 시행하였으나 프로젝트 과정 중 동일한 내용을 동일한 방법으로 진행한 간 것은 아니다. 프로젝트 시작단계, 전개단계, 마무리단계라는 진행 절차는 동일하게 밟아갔으나 원의 물리적 여건과 상황, 프로젝트 참여 3주체인 교사, 유아, 부모가 서로 달랐으므로 심층적으로 다루어진 내용 및 방법, 프로젝트 기간(원에 따라 4~6주 사이)은 다를 수밖에 없었다. 구체적으로 8개 원의 '종이' 프로젝트 진행 결과, 보다 심도 있게 확장되어 나간 내용은 다음과 같다.

- 가경유치원: 재생 종이를 사용해요.
- 무궁화유치원: 우리가 쓰는 종이, 이렇게 다양해요.
- 수림유치원: 안 보는 책들, 어떻게 할까요?

- 아이림유치원: 종이팩
- BK유치원: 다 사용한 종이도 이렇게 또 쓸 수 있지요.
- 근로복지공단 수안들어린이집: 종이컵
- 미평어린이집: '종이 안 쓰는 날'
- 영광어린이집: '종이 만드는 곰 아저씨'는 어떻게 되었을까요?

이런 점을 전제해 놓고 '종이' 프로젝트에 대해 구체적으로 살펴보기로 하자. 7장 '신발 프로젝트'에서 프로젝트 시작단계부터 마무리단계까지의 중심 사건, 교사-유아 상호작용 등에 대해 상세히 소개하였으므로 8장 '종이' 프로젝트에서는 준비과정과 함께 프로젝트 시작단계, 전개단계, 마무리단계 과정을 전체적으로만 요약하여 소개하려고 한다. 이때 주제망 구성부터 부모들에게 알리기까지의 준비단계 과정은 8개 원이 대동소이하게 신행되있고, 주제망이나 자원목록도 크게 다르지 않으므로 1개 원의 사례[34) ]만 대표적으로 제시하고, 프로젝트 시작부터 마무리단계까지의 전 과정에 대해서는 3개 원의 사례를 각각 제시함으로써 같은 주제라도 프로젝트 과정 중 심층적으로 전개되는 내용은 달라질 수 있음을 보여주고자 한다.

## 2. 프로젝트 준비단계

S원 사례를 중심으로 주제망, 교육목표, 활동예상안, 자원목록을 살펴보면 다음과 같다.

34) 수림유치원 사례

## 가. 교사 예상 주제망

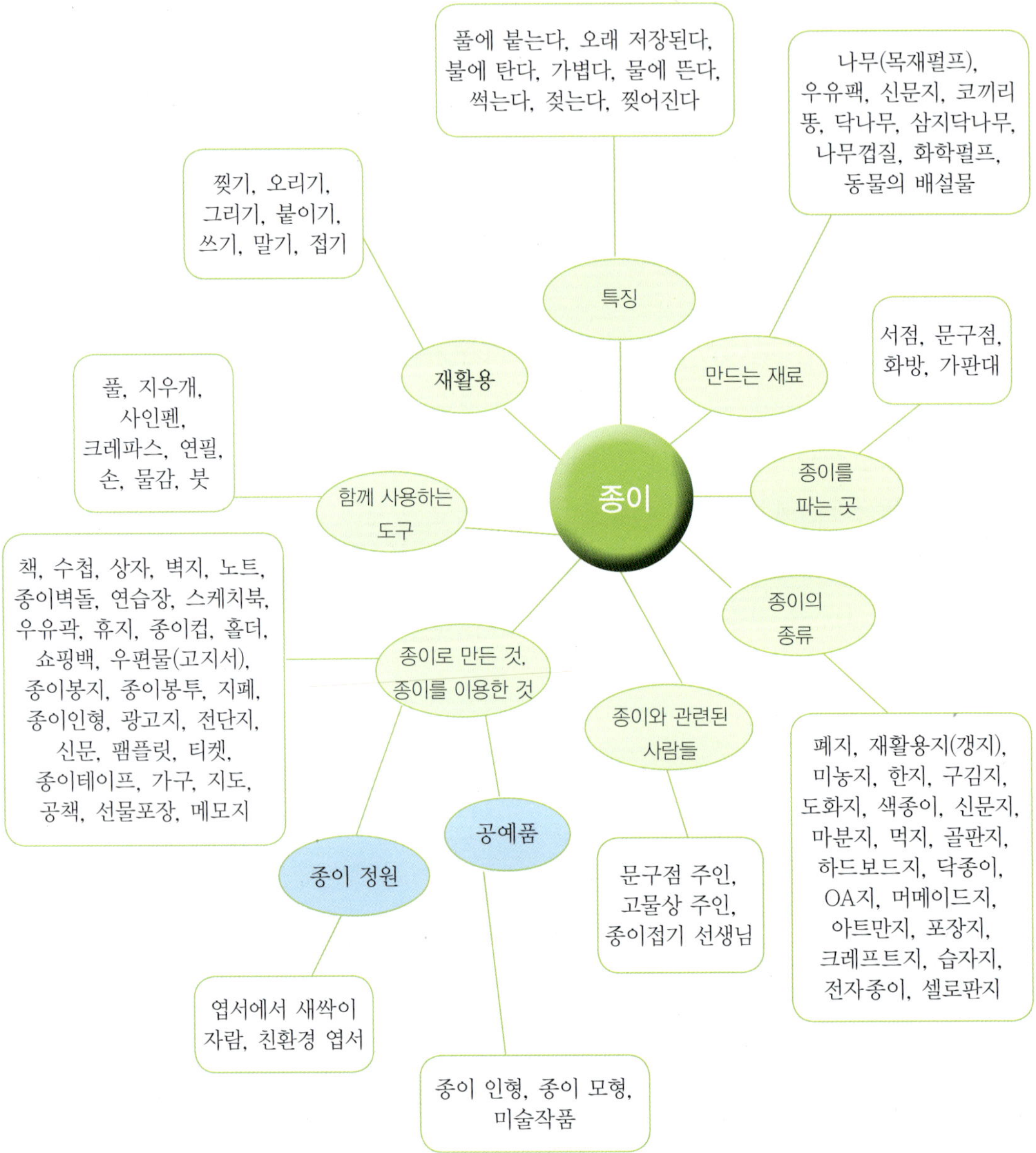


그림 8-2 '종이' 교사 주제망

## 나. 교육목표

### 1) 지식·정보적 측면

- 종이가 우리 생활에서 다양하게 쓰이고 있음을 안다.
- 종이가 만들어지는 과정을 안다.
- 종이를 재활용할 수 있음을 안다.
- 종이, 책 등을 조심히, 소중히 다루어야 함을 안다.

### 2) 감성·정서적 측면

- 종이는 소중한 자원임을 느낀다.
- 종이를 만들어주시는 분들께 감사한 마음을 갖는다.
- 책을 아끼고 사랑하는 마음을 갖는다.
- 다른 사람들을 배려하고 더불어 살아야 함을 느낀다.

### 3) 태도·실천적 측면

- 종이를 낭비하지 않는다.
- 종이를 재활용한다.
- 종이, 책 등을 조심히, 소중히 다룬다.
- 배려와 나눔을 실천한다.

## 다. 교육과정 조직안 및 활동예상안 구성

교육과정 조직안 구성을 위해 교사는 먼저 교사 주제망과 2019 개정 유치원 교육과정을 같이 놓고 교육과정 내용영역별로 어떤 내용이 다루어질 수 있을지 예상하여 적어 보았다. 다음으로 그렇게 적은 내용을 기초로 활동예상안을 작성하였다. 이때 어떤 활동은 교육과정 조직안에 적은 내용을 그대로 옮겨 적고(예 고물상 현장견학), 어떤 활동은 영역 내 통합이나 영역 간 통합을 통해 담임 반 유아들에게 가장 적합하다고 보는 활동으로 전환하였다. 같은 영역 내 통합과 영역 간 통합을 통해 활동로 전환한 예는 [그림 8-3]과 같다.

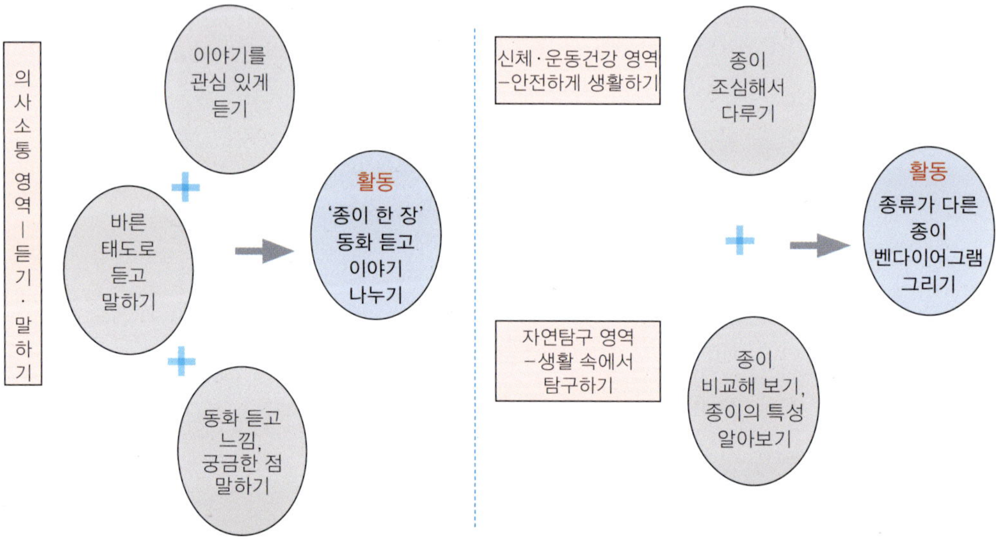


그림 8-3 영역 내 통합과 영역 간 통합 거쳐 활동으로 전환

이런 과정을 거쳐 다음과 같은 활동예상안을 작성하였다.

**종이**

### 동화 · 동시

〈동화〉
- *종이 한 장*
- *약한 종이, 강한 종이*
- 나무가 종이로
- 종이 만드는 곰 아저씨

〈동시〉
- 내가 나무라면
- 내가 만든 책
- 재활용

### 음률/새 노래

- *종이접기*
- 산에 나무가 없으면
- 작은 조각 종이
- 고마운 책

### 미술

- *이전 경험 그리기*
- *'종이'하면 생각나는 것*
- 한지 물들이기
- 종이 옷 만들기
- 우유팩 딱지 만들기
- 북 아트
- 헌 책 수선하기
- 재활용 종이 작품 전시회

### 신체표현 · 게임

〈신체표현〉
- 나무가 종이로 되는 과정 표현하기
- 새 책에서 헌 책 되어 보기
- 헌 책이 수선되는 과정 표현하기

〈게임〉
- *입 바람으로 종이 날리기*
- *신문지로 놀아요*
- 우유팩 딱지치기
- 종이를 분리배출해요
- 나무를 심어요

### 요리

- 종이컵 계란빵

### 관찰 · 실험

〈관찰〉
- *다양한 종류의 종이 비교하기*
- 우리 반에서 하루 사용하는 종이 종류와 양 알아보기
- 재생 종이와 새 종이, 헌 책과 새 책 비교하기(벤다이어그램)

〈실험〉
- *빨리 젖는 종이와 젖지 않는 종이*
- 새싹 엽서 키우기(종이정원)
- 신문지로 재생종이 만들기

### 가정학습 과제

- *집에 있는 종이 알아보기*
- 이면지 사용하기
- 폐지 활용하기
- 분리배출하기
- 종이 아껴 쓰기
- 안 보는 책 물려주기

### 현장 체험 학습

- 충북대 목재종이학과
- 청주 고인쇄 박물관
- 문구점
- 고물상

### 동영상

- 종이가 만들어지는 과정
- 미래과학연구원 –내가 만드는 작은 종이
- 종이는 숲이다

### 이야기 나누기

- *종이를 조심히 다루어요*
- *우리 반에 있는 다양한 종이*
- 종이가 만들어지는 과정
- 종이로 할 수 있는 일
- 종이를 발명한 사람–채륜
- 종이를 아껴 쓰는 방법
- 종이 아껴 쓰기 캠페인(토의)
- 종이 안 쓰는 날

※ ***이탤릭체***는 첫 주에 하면 좋겠다고 교사가 판단한 활동들임.

그림 8–4 '종이' 활동예상안

## 라. 자원목록

<table>
<tr><td rowspan="3">1차적 지원</td><td>실물</td><td colspan="4">다양한 종이(재생종이, 신문지, 구김지, 색종이, 한지, 골판지 등), 종이로 만든 물건(휴지, 상자, 우유곽 공책 등.), 다양한 종류의 책(신문, 잡지, 만화책, 동화책, 헌 책), 닥나무 껍질, 종이 분리배출 마크</td></tr>
<tr><td>사람</td><td colspan="4">충북대 목재종이학과 교수, 종이(한지) 만드는 사람, 고물상 주인</td></tr>
<tr><td>현장 견학 장소</td><td colspan="4">충북대 목재종이학과, 흥덕사지(고인쇄 박물관), 청원 벌랏한지마을, 기적의 도서관, 서점, 문구점, 고물상</td></tr>
<tr><td rowspan="23">2차적 지원</td><td rowspan="15">정보를 주는 책</td><td>책명</td><td>저자</td><td>출판사</td><td>출판 연도</td></tr>
<tr><td>달팽이 과학 동화–약한 종이, 강한 종이(동)</td><td>보리편집부</td><td>보리</td><td>2012</td></tr>
<tr><td>한지돌이</td><td>이종철</td><td>보림</td><td>2009</td></tr>
<tr><td>나무가 종이로</td><td>김영이</td><td>한국가우스</td><td>2012</td></tr>
<tr><td>종이는 힘이 세다</td><td>남궁담</td><td>현암사</td><td>2012</td></tr>
<tr><td>종이 한장</td><td>박성선</td><td>비룡소</td><td>2008</td></tr>
<tr><td>오려 봐, 정말 재미있는 종이 오리기(미)</td><td>이시카와 마리코</td><td>이세기</td><td>2014</td></tr>
<tr><td>종이로 사라지는 숲 이야기</td><td>앤디 하기스</td><td>상상의 숲</td><td>2009</td></tr>
<tr><td>파피루스부터 신문지까지 종이의 역사</td><td>오딜 리무쟁</td><td>비룡소</td><td>2007</td></tr>
<tr><td>이야기가 있는 종이 박물관</td><td>김경</td><td>김영사</td><td>2007</td></tr>
<tr><td>나무를 돌려줘</td><td>박준형</td><td>딜라이트리</td><td>2017</td></tr>
<tr><td>행복한 종이상자</td><td>이수미</td><td>진선아트북</td><td>2010</td></tr>
<tr><td>종이 비행기</td><td>고바야시 미노루</td><td>한림출판사</td><td>2008</td></tr>
<tr><td>신문지 놀이</td><td>신순재</td><td>웅진주니어</td><td>2007</td></tr>
<tr><td>코끼리 똥으로 종이를 만드는 나라는?</td><td>마르티나 바트슈투버</td><td>시공주니어</td><td>2009</td></tr>
<tr><td rowspan="8">동화책</td><td>종이 한 장(동)</td><td>박정선</td><td>비룡소</td><td>2008</td></tr>
<tr><td>종이 봉지 공주</td><td>로버트 먼치</td><td>비룡소</td><td>1998</td></tr>
<tr><td>커다란 종이 한 장(동)</td><td>이혜승</td><td>드림피그</td><td>2014</td></tr>
<tr><td>못 말리는 종이 괴물</td><td>루이 트롱댕</td><td>아이세움</td><td>2000</td></tr>
<tr><td>종이 인형 다섯 자매</td><td>마거릿 마이</td><td>비룡소</td><td>2012</td></tr>
<tr><td>종이 친구</td><td>엘렌 몽타르드르</td><td>주니어김영사</td><td>2011</td></tr>
<tr><td>로로는 종이를 먹어요</td><td>김주현</td><td>자람</td><td>2013</td></tr>
<tr><td>신기한 마법의 종이</td><td>잉그리드 샤베르</td><td>엔이키즈</td><td>2016</td></tr>
</table>

| 구분 | 자료 | 책명 | 저자 | 출판사 | 출판 연도 |
|---|---|---|---|---|---|
| 2 치적 지원 | 동화책 | 종이 인간 | 페르난도 알롱소 | 아침햇살 | 2002 |
| | | 똥으로 종이를 만드는 코끼리 아저씨(동) | 투시타 라나싱헤 | 책공장 더불어 | 2013 |
| | | 종이 한 장의 마법지도 | 류재영 | 길벗어린이 | 2006 |
| | | 종이밥 | 김중미 | 낮은산 | 2002 |
| | | 흰 종이 수염 | 하근찬 | 대림 | 2013 |
| | | 종이에 싼 당나귀 | 서정오 | 한림 출판사 | 2007 |
| | | 종이 옷 입은 사람 | 김진경 | 문학동네 어린이 | 2005 |
| | | 발명가 매티 | 에밀리마얼드 맥컬리 | 비룡소 | 2007 |
| | | 종이 아빠 | 이한준 | 한울림 어린이 | 2012 |
| | | 조각 종이로 꾸미는 세상 | 에드 엠벌리 | 고슴도치 | 2000 |
| | | 종이 인형의 달나라 여행 | 진선주 | 통큰세상 | 2014 |
| | | 신문지로 만든 내 친구 | 김정하 | 서광사 | 2010 |
| | 사진 및 그림 자료 | 종이 만드는 과정 사진, ***종이를 이용한 물건들의 사진***, 한지 만드는 과정 사진, 종이 박물관 사진, 재활용 종이로 만든 물건 사진 | | | |
| | 팸플릿 | 종이로 만든 조형물 관련 전시회 팸플릿, 청주 직지축제 팸플릿, 청주 고인쇄 박물관 팸플릿, 종이 접기 작품 전시회 팸플릿 | | | |
| | 영상 자료 | 종이 만드는 과정 동영상, 재생 종이 만드는 과정 동영상, 종이는 숲이다(환경 캠페인), 녹색연합-재생종이, 내가 만드는 작은 종이(실험영상), close by energy(캠페인 영상) | | | |
| | CD | ***다양한 종이 소리(종이에 글자 쓰는 소리, 종이 접고 찢고, 구기는 소리, 바람에 휘날리는 소리), 다양한 재질의 종이 소리,*** 종이관련 노래 mp3 파일 | | | |
| | 인터넷 사이트 | • 대승한지마을(www.hanjivil.com)<br>• 청원 벌랏한지마을(bulat.go2vil.org)<br>• 한국 종이팩 자원 순환협회(www.pack.or.kr)<br>• 퍼니페이퍼 그린가이아(www.funnypaper.co.kr)<br>• 한국제지공업 연합회(www.paper.or.kr)<br>• 재활용 만들기 나라(www.makeart.co.kr)<br>• 녹색연합(www.greenkorea.org)<br>• 환경실천 연합회 http://www.ecolink.or.kr/2013_new/index.htm<br>• 종이팩 수거함 신청서 http://www.ecolink.or.kr/2009_new/popup/paper_pack06.html | | | |

* 동: 대그룹-동화 활동, 미: 미술영역에 제시하면 좋을 것 같은 책 표시임.
* ***이탤릭체***는 첫 주에 제시해 줄 자원들을 표시한 것임.

## 3. 프로젝트 전개과정

동일 주제로 진행한 프로젝트이지만, 3개 유아교육기관에서 보다 깊이 있게 다룬 부분은 서로 달랐다. 이 부분에 초점을 맞추어 살펴보면 다음과 같다.

### 가. S원의 사례[35)]

프로젝트 준비단계에서 원장과 교사들은 몇 차례의 논의를 거친 후 이번 '종이' 프로젝트에서는 헌 책 꾸러미를 연결시켜 보기로 하였다. 당시 헌 책 꾸러미들이 새 학기 준비과정 중 모두 정리되어 유치원 창고에 쌓여 있던 상태였기 때문이다. 헌 책 꾸러미 속에는 교사나 유아들이 잘 안 보는 책, 너무 오래된 책, 찢어진 책들이 포함되어 있었다. 그 전까지는 그런 꾸러미들이 나오면 원 창고에 쌓아 두었다가 고물상에 넘기곤 하였는데, 이번에는 유아들과 새롭게 접근해 보기로 한 것이다. 그래서 교사는 프로젝트 시작단계에서 유아들과 이전 경험 나누기, 주제망 구성, 질문 모으기를 할 때 '책' 부분을 조금 더 강조하여 짚어 주고 또 동화책을 읽어줄 때도 그것이 종이로 만들어졌음을 한 번 더 상기시켜 주었다. 이때 교사가 파악한 '책'에 대한 유아들의 인식은 '종이로 만든다.' '찢으면 안 된다.' 정도였으며, 헌 책이나 오래된 책을 수선한다거나 다른 식으로 활용할 수 있다는 생각은 대부분 하지 못하는 상태였다.

2주 정도의 프로젝트 시작단계와 '종이 안 쓰는 날' 관련 활동들을 거치고 나서 4월 중순경 5세반 교사는 유아들을 데리고 의도적으로 원의 창고로 갔고, 거기 있는 헌 책 두 꾸러미에 관심을 갖도록 유도하였다. 그리고는 이 책 꾸러미들을 교실로 가져와서 함께 살펴보면서 약 일주일 정도에 걸쳐 책을 세 범주로 나눠 보는 활동을 진행하였다. 책들을 어떻게 분류할 것인가 하는 준거 설정도 이 기간에 여러 차례의 토의를 거쳐 정해졌다.

35) 수림유치원 사례

책 분류

범주 1: 완전히 헌 고물 책
(준거: 표지와 속이 다 낡았다.)
범주 2: 수선 가능한 책
(준거: 표지는 깨끗한데, 군데군데 파손된 곳이 있다. 우리가 좋아하는 책이라 다시 보고 싶다.)
범주 3: 아직 새 책
(준거: 안 보는 책이긴 하나 겉과 속이 다 깨끗하다.)

그림 8-5 책 상태와 내용을 보며 범주별로 분류

이어 프로젝트 4주째는 범주별로 분류된 책 처리를 어떻게 할 것인가 하는 것을 중심으로 활동이 이루어졌다. 결과적으로 범주 1에 속하는 책은 교사와 유아들이 고물상에 직접 가서 팔기, 범주 2에 속하는 책은 당장 다 수선할 수는 없으므로 우선 '우리가 제일 좋아하는 책'으로 6권만 골라 수선하고(4명씩 6조) 나머지는 차차 수선하기, 범주 3에 속하는 책은 장애우들의 작업장인 '춤추는 북카페'에 기증하기로 하였다. 북카페는 사실 교사들이 프로젝트 준비 중 자원목록 작성을 할 때는 몰랐던 곳이었다. 그런데 프로젝트가 시작되고 얼마 지나지 않아 S원 원장이 알게 되고 그곳 사람들과 상호 협력하기로 이야기가 잘 되면서 긴밀한 연계가 이루어진 곳이다. 범주별 책 처리 관련 그림은 아래와 같다.

**범주 1: 완전히 헌 고물 책**
고물상에 팜
고물상 주인에게 책을 넘기고 돈을 받음

**범주 2: 수선 가능한 책**
책 수선
오려 붙이거나 글을 써서 수선

**범주 3: 아직 새 책**
북카페에 기증
북카페에 전시된 책들

그림 8-6 범주별로 책 처리

이렇게 하여 범주 1인 '완전히 헌 고물 책' 판 돈 25,000원은 토의를 거쳐 당시 지진 피해로 고통받는 네팔 어린이들을 돕기로 하였다. 이때 조금 더 많은 돈을 보냈으면 좋겠다는 유아들 의견에 따라 가정과의 연계(유아가 집에서 종이를 아껴 쓰는 행동을 하면 500원씩 주기)와 원장을 포함한 전 교직원의 참여로 약 90만 원 정도를 유니세프에 기부할 수 있었다. 다음 범주 2인 '수선 가능한 책'은 처음 계획에는 수선 후 동생반 유아들에게 선물로 줄 예정이었다. 그러나 동화책을 수선하는 과정에서 그 책들에 굉장한 애정을 갖게 되어 완전히 주지는 말고 1주일간만 빌려주기로 계획을 수정하였다. 수선이 끝나 동생반에 책 6권을 빌려주러 가서도 책을 수선한 유아들은 '책 넘길 때나 볼 때 책이 망가지지 않도록 조심해야 한다.'는 당부를 동생반 아이들에게 여러 차례 하였다. 마지막으로 범주 3인 '아직 새 책' 관련해서는 가정과 연계하여 '새 책이지만 안 보는 책'을 며칠간 원에서 모았다. 덕분에 북카페에 약 100권 정도의 책을 기증할 수 있었다.

북카페 측에서는 유아들로부터 책을 기증받은 경우는 처음이라면서 북카페를 방문한 유아들에게 주스 대접하기, 유아들이 그린 포스터("책을 소중하게 다루어요.")를 북카페 벽면에 붙여놓기, 북카페 한편에 유아용 책 코너 구성하기 등을 하였다. 카페 현장 방문을 통해 교사와 유아들은 책을 기증한 것뿐 아니라 거기 있는 책 중에서 보고 싶은 책을 정가보다 훨씬 싼 값(1권당 500원)에 사오는 경험까지 하게 되었다. 다음은 관련 사진이며, 이렇게 하여 약 6주간의 프로젝트가 끝났다.

| 유니세프에 기부 | 동생반에 빌려준 수선된 책 | 북카페에서 사려고 고른 책 |
|---|---|---|

그림 8-7 프로젝트 마무리단계 결과 장면

## 나. I원의 사례[36)]

I원의 원장과 교사들은 전년 프로젝트의 경험에 비추어 2년째 다시 하는 종이 프로젝트에서는 '종이팩 분리배출 및 휴지로 바꾸기'를 좀 더 확대해서 해 보기로 하였다. 환경적 측면에서 종이팩 분리배출, 사회적 측면에서 가정 및 지역사회와의 연계, 더불어 살기, 협력하기, 경제적 측면에서 종이팩을 휴지로 바꾸어 보기 등을 다루면서 지속가능발전교육이 되도록 해 보고자 하였기 때문이다. 그래서 준비단계 때에 무엇보다도 신경을 써서 지역사회에서 협력할 수 있는 인적 자원을 찾아내고 필요한 연락을 해 놓았다. 예를 들어 쓰레기 관련 업무를 맡아 하는 시청 자원정책과 주무관에게 전문가로 원을 방문해 줄 것 요청, 우유팩을 휴지로 바꾸어 주는 사업을 시청으로부터 위임받아 수행하고 있는 청주 YWCA 담당자하고 유아들의 방문 시간 맞추기 등이다.

시작단계에서 교사는 유아들이 '종이팩'에 관심을 가질 수 있도록 우유를 간식으로 주문하고 이를 함께 마시면서 우유팩에 관심 갖도록 유도하기, 다 마신 우유팩을 활용하여 활동하면서 우유팩이 다른 종이와 어떻게 다른지 경험해 보게 하기, 우유팩 외에도 다양한 종이팩을 제공해 주면서, 그런 종이팩들이 다른 종이와 어떻게 다른지 탐색해 보도록 지원하였다. 그리고 주말에는 가정학습 과제로 유아들 가정에서 우유팩이나 종이팩을 분리 배출하는지 조사해 보도록 하는 활동도 해 보도록 하였다. 이런저런 활동을 하면서 유아들의 종이팩에 대한 관심과 질문이 많아졌는데 그렇게 흥미가 높아진 전개단계 첫 주에 시청 자원정책과 주무관을 전문가로 초청하였다.

그 주무관은 사전에 교사와 몇 차례의 전화 통화, 전자 메일, 공문을 통해 활동의 목적을 충분히 숙지하고 있었다. 그랬기 때문에 원에 올 때 유아들과의 활동에 대비해 우유팩, 주스팩을 직접 준비해 왔고, 그것을 이용해서 유아들과 약 40

36) 아이림유치원 사례

분에 걸쳐 종이팩 분리 배출 관련 활동을 하였다. 활동 내용은 우유를 마신 후 어떻게 그 팩을 처리하면 좋은지 시범 보이기(다 마시고 난 후 물에 한 번 씻기–평평하게 펴기–말리기), 왜 그렇게 해야 하는지, 모인 종이팩들이 어디로 가는지 등 유아들이 궁금해하는 것에 답해 주기, 종이팩을 모으면 휴지로 바꾸어 주는데, 청주에서는 어디서 그런 일을 하는지 알려주기, 시청에서 제작한 '쓰레기 vs 자원' 동영상 보여주고 보충설명해 주기 등을 하였다.

그림 8-8 시청 주무관과 '종이팩이 휴지로 변신' 활동/ 유아들에게 보여준 동영상 자료

'종이팩은 공장에서 휴지로 변신'할 수 있고, 이를 위해 청주 YWCA에서 종이팩을 모아 공장으로 보낸다는 사실, 시민들이 종이팩을 모아오면 YWCA에서 휴지로 바꾸어 주니 '종이팩을 따로 모아 휴지로 바꾸어 보자'는 자원정책과 주무관의 설명에 크게 고무된 유아들은 원에서는 물론이고 가정에서도 열심히 종이팩 모으기를 하였다. 집안에 종이팩 모으는 상자를 따로 만들어 놓고 온 가족이 종이팩을 모으는가 하면, 어떤 엄마는 자녀가 하도 졸라서 일부러 동네 커피숍에 가서 빈 우유팩을 얻으면서 우유팩이 더 나오면 모았다가 달라는 부탁까지 하고 왔다고 하였다. 또, 어떤 아빠는 외식 후 소주팩을 따로 챙겨오기도 하였다. 이렇게 하여 약 2주 정도의 짧은 기간에 종이팩이 13Kg이나 모였다. 교사와 유아들은 이것을 가지고 그 당시 우유팩을 휴지로 바꾸어 주는 일을 하던 청주 YWCA로 가서 종이팩 1Kg당 휴지 한 롤씩 하여 13개를 받아왔다. 그렇게 바꾸어 온 휴지는

동생반에도 하나씩 선물로 주었는데, 자기들이 힘들여서 휴지로 바꾸어 온 것이니 아껴 쓰라는 당부를 여러 차례 하였다. 또 원내에 설치해 놓은 종이팩 모으는 통에 동생반도 꼭 종이팩들을 갖다 넣으라고 당부하였다.

종이팩을 휴지로 바꾸어 본 경험을 실제로 해 본 유아들은 이런 좋은 정보를 다른 사람들에게도 널리 알려주면 좋겠다고 하였다. 그래서 교사의 주선으로 학습공동체로 모이던 다른 7개 원에 그림 편지를 보내 그 정보를 알려주었다. 이것이 직접적 계기가 되어 그 원들에서도 종이팩 모으기가 확산되었다. 결과적으로 그 다음 달에 열린 YWCA 아나바다 장에는 I유치원을 비롯한 8개 유아교육기관의 유아와 부모들이 참여하게 되었고 이때 모아 온 종이팩을 휴지로 바꾸기, 사용하지 않는 물건들을 교환하거나 싸게 팔기, 바른 먹을거리인 콩버거 시식하기 등이 함께 이루어졌다.

그림 8-9 우유팩을 휴지로 교환/ 다른 원에 보낸 정보

프로젝트 마무리단계에서는 '종이팩은 따로 모아요'를 알리기 위한 주민 대상 길거리 캠페인, 동생반을 대상으로 하는 간단한 발표회 등이 이루어졌다. [그림 8-10]은 주민 대상 캠페인 때 머리에 쓰려고 신문지를 이용해 만든 모자와 발표회 날 부른 개사 노래이다. 이 노래는 유아녹색성장교육 프로그램에 나오는 '오늘 새 종이 안 쓰는 날(교육과학기술부, 2012, 189)'의 곡을 이용한 것이다.

**종이팩을 휴지로 바꾸는 날**

오늘 종이팩 가져가는 날
내일은 분리배출 하는 날
종이팩을 가져가면 휴지로 바꿔줍니다
종이팩를 분리배출하면
종이팩이 휴지가 되고
종이팩을 모으면 휴지를 만들 수 있어

그림 8-10 캠페인을 위해 신문지로 만든 모자/ 개사한 노래

참고로 〈오늘은 새종이 안 쓰는 날〉 악보(교육과학기술부, 2012, 189)는 다음과 같다.

## 오늘은 새 종이 안 쓰는 날

작사 : 장정애
작곡 : 이기영

한편, 프로젝트 중 전문가로 원을 방문했던 시청의 자원정책과 주무관은 유아들과의 활동을 통해 유아환경교육의 필요성과 교육효과를 절감하였다고 하였다. 초등학교 고학년만 되어도 쓰레기 분리 배출에 대해 말해 줄 때 잘 들으려 하지 않는데, 유아들은 매우 열심히 듣고, 덩달아 부모들까지 종이팩 모으기에 열심이며, 알게 된 것을 다른 원으로까지 확산시키는 것을 보고 크게 감명받았다는 것이다. 더구나 YWCA 아나바다 장에 많은 유아들과 그 부모들이 참여하는 것을 확인하고서는 유아환경교육을 적극적으로 지원하기로 결정하였다. 그 결과가 2가지 형태로 나타났다. 첫째는 특별 예산을 편성하여 청주시 유치원과 어린이집에 나누어 줄 '쓰레기 vs 자원' DVD를 더 제작한 것이다. 둘째는 유아 대상의 재활용 선별센터(청주시 휴암동 소재) 견학 프로그램을 새로 만들어 다음 해 가을부터 시행하게 되었다.[37] 참고로, 이 프로그램은 전국 최초로 시도된 것이다. 한편, 유치원 근처의 아파트 단지에서는 원장을 포함한 교사진, 유아들, 부모들, 시청 주무관 등의 노력에 의해 우유팩 분리 배출함이 쓰레기장에 따로 놓이게 되었다.

그림 8-11 재활용 선별센터/ 아파트 쓰레기장에 놓인 종이팩 분리배출함

37) 당시 "청주시, 어린이 자원재활용 분류배출 체험교육. 3일부터 하반기 자원재활용 분류배출 체험교육 실시(청주일보. 2015. 9. 3.)"와 같은 신문기사들이 게재되었다. 재활용선별센터에서 하는 일 중 하나는 수집된 재활용품들을 유형별로 분류하는 일이다. [그림 8-11]에서 볼 수 있듯이 그 일을 하는 사람들은 두 줄로 늘어서서 컨베이어 벨트 위를 통과하는 재활용품 중 플라스틱은 플라스틱대로, 병류는 병류 대로 일일이 분류해 낸다. 우리가 처음부터 쓰레기를 유형별로 잘 분리 배출하였다면 하지 않아도 될 일을 하고 있는 것이다.

## 다. G원의 사례[38]

G원에서는 '종이컵'에 좀 더 초점을 맞추기로 하였다. 최근 환경오염이나 생태계 파괴 문제가 날로 심각해지고 있음에도 사람들이 일상생활에서 너무 쉽게 예쁘고 탄탄한 종이컵을 그저 한 번만 쓰고 버린다는 점, 용도에 따라 종이컵의 크기나 모양, 색깔, 용도 등이 매우 다양하기 때문에 버려지는 종이컵을 잘 모은다면 유아들과 다양한 활동이 가능하리라는 점, 원 주변에 종이컵을 많이 사용하는 커피 전문점이 여럿 있고 큰 슈퍼마켓도 있어 현장견학이 용이하리라는 점, 종이컵이라는 소재는 교사, 유아, 부모 모두 익숙한 소재이므로 모두가 주체적으로 참여하는 좋은 프로젝트가 될 수 있으리라고 판단했기 때문이다. 특히 지속가능발전교육 차원에서 환경적인 면, 경제적인 면, 사회적인 면을 아울러 다룰 수 있을 것이라는 점도 고려하였다.

교사들이 준비단계에서 한 중요한 일 중 하나는 동네 커피 전문점 점주와 만나 유아들과 하게 될 '종이' 프로젝트의 의미에 대해 설명하고 협조를 구한 것이다. 이때 손님들이 마신 후 버리고 가는 종이컵들을 한 번 씻어 모아줄 것, 전문가로서 유아들이 방문하면 대화에 응해줄 것을 특별히 부탁하였다. 그런 준비를 하는 한편, 교사들은 인터넷을 통해 다양한 종이컵 사진, 종이컵을 이용한 재미난 연주 동영상 파일, 인근 슈퍼나 결혼 축하연 등에서 종이컵 챙겨 오기 등 '종이컵'에 관한 다양한 자원을 최대한 모았다.

프로젝트 시작단계에서 교사는 종이컵에 대한 교사와 유아의 이전 경험 표현, 공동 주제망 구성, 질문 모으기를 통해 모든 유아들이 종이컵 사용을 해 본 경험이 있다는 점, 식구들과 외식이나 기타 야외활동 시 종이컵을 많이 사용하고 있다는 점, 어떤 유아 가정에서는 집에서도 종종 종이컵을 사용한다는 사실도 파악하였다. 또, 유아들이 '책을 나무로 만든다'는 사실까지는 알고 있는데 반해, 여

38) 근로복지공단 수안들어린이집 사례

러 색과 모양의 종이컵은 무엇으로 어떻게 만들어지는지 잘 모르고 있고, 종이컵을 많이 사용하면 경제적으로 무엇이 문제이며, 종이컵이 버려져 땅에 묻히면 썩는 데 얼마나 오래 걸리는지 등 환경적 지식은 거의 없다는 점도 확인하였다. 이에 일단 다양한 종류의 종이컵을 자원으로 내 주어 흥미를 가지고 탐색하게 하는 동시에 종이컵에 관한 짧은 동화("땅속 종이컵 나이는 몇 살?")(지옥정, 2014)를 통해 종이컵을 포함한 쓰레기와 환경오염의 상관관계에 관심을 가지도록 유도하였다.

그림 8-12 다양한 종이컵 탐색

이어 전개단계에서는 시작단계에서 나온 질문인 '종이컵은 무엇으로 만드는지?', '종이컵을 많이 볼 수 있는 곳은 어디인지?', '엄마, 아빠는 언제 종이컵을 사용하는지?', '종이컵을 사용하지 않으려면 어떻게 하면 좋은지?' 등을 중심으로 조사·탐구·표현 활동을 하였다. 그런 중에 준비단계 때 협력하기로 한 동네 커피전문점을 방문하여 점주 및 종업원과 대화를 나누었다. 그리고 거기서 사용하는 종이컵 살펴보기 및 점주가 특별히 유아들을 위해 2주일간 모아놓은 종이컵을 받아 가지고 왔다.

이후 재활용 차원에서 그 종이컵들을 가지고 다양한 활동을 하였다. 예를 들면 종이컵 화분 만들기, 종이컵 연주해 보기, 종이컵 제기차기, 종이컵의 동그란 밑면만 활용한 브로치 만들기 등이다. 이 활동들은 처음 단순한 형태로 출발했으나 점차 활동내용이나 방법에 변화를 시도하고 규칙을 새롭게 추가하는 등 발전해 갔다. 예를 들어 종이컵 연주하기의 경우, 처음에는 동영상에서 본 대로 따라하였으나 점차 창의적으로 종이컵들을 2개, 3개 겹쳐 놓기도 하고, 바로 놓고 뒤집어 놓으며 종이컵 개수 및 놓는 방식과 소리의 변화 관계를 연결시켜 보기도 하고, 혼자 연주하다 둘이 같이 하기도 하는 등 소리 변화를 탐색해 나가는 다양한 시도들을 하게 된 것이다. 그런가 하면 종이컵을 작업에 재활용하는 방법도 처음에는 종이컵 그대로 작업에 이용하였으나 점차 용도에 맞게 잘라서 사용하기, 코팅된 것을 벗겨 재생종이 만들기 등 재활용에도 변화를 시도하였다.

[그림 8-13]은 종이컵 제기차기 모습과 종이컵 밑면을 활용하여 만든 브로치이다. 여기서 중요한 점은 그럴싸한 제기나 브로치를 만들었다는 사실 자체가 아니라 그것을 만드는 과정에서 아이디어 내기, 문제 해결방안을 다양하게 모색해 보기, 교사와 유아, 유아와 유아 간 사고의 교류를 통한 능동적 학습과정이며, 이를 통해 지력이 강화되었다는 점이다.

그림 8-13 재사용 종이컵으로 만든 제기차기/ 종이컵 밑면만 이용한 브로치

프로젝트 마무리단계에서는 4월 4일 '종이 안 쓰는 날'을 모방한 '종이컵 안 쓰는 날'을 정해 원과 가정에서 함께 실천하였다. 또한, '종이컵 사용을 줄여요', '종이컵은 휴지되게 따로 모아요'라는 안내문을 만들어 부모님들의 직장 방문과 동네 주민들 만나기를 하였다. 이때 유아들의 글과 그림으로 제작한 에코 스티커를 가

져다 드리기도 하고, 허락받은 후 프린터기나 음료수 자판기 옆에 붙이기도 하였다.

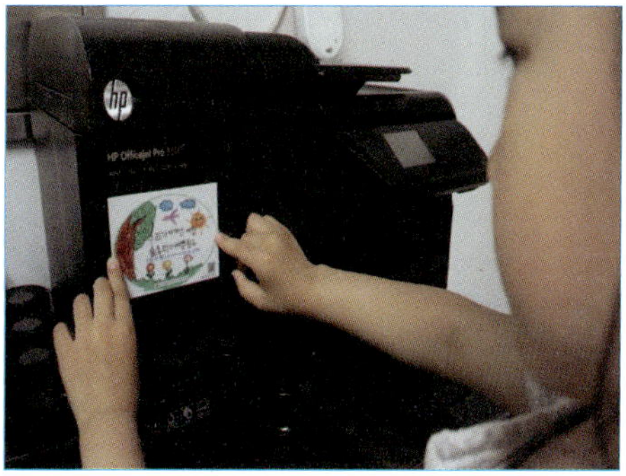

그림 8-14 종이컵 사용을 줄여요 / 프린터기에 에코 스티커를 붙여요

전술한 세 원의 사례는 전개된 내용 면에서는 각기 다르지만, 동시에 다음과 같은 공통점도 가지고 있다. 첫째, 프로젝트 진행 절차에 따라 수행되었다. 이때 프로젝트 준비단계를 거쳐 1주차의 활동은 대체로 교사가 예상해 놓은 활동(활동예상안에 이탤릭체로 표시)대로 진행되었으나 점차로 유아들의 의견이나 아이디어 반영 비율이 높아져 갔다. 둘째, 프로젝트 진행과정에서 가정 및 지역사회와의 연계가 활발하게 이루어졌다. 이로 인해 자원 충원뿐 아니라 부모 및 지역사회 주민들의 유아교육에 대한 인식 변화가 이루어졌고, 특히 지역사회 내에서 유아교육을 위한 새로운 시도들(예 유아교육기관에 배부하도록 '쓰레기 vs 자원' DVD 특별 제작, 유아들을 위한 재활용 선별센터 견학 프로그램 신설)을 하게 되었다. 셋째, '종이' 프로젝트를 통해 세 원 모두 지속가능발전교육의 세 가지 측면–환경적, 사회적, 경제적 측면–을 연계하여 다룰 수 있었다. 그럼으로써 지속가능발전교육에서 추구하는 7R(Respect: 존중하기, Reflect: 반성하기, Rethink: 다시 생각하기, Reuse: 다시 쓰기, Reduce: 줄여 쓰기, Recycle: 재활용하기, Redistribute: 재분배하기)을 실천할 수 있었다.

PART IV

# 프로젝트 평가 및 효과적 적용을 위한 고려

THE PROJECT APPRO

CHAPTER 9

# 프로젝트 평가

THE PROJECT APPROACH

프로젝트에 의한 학습 효과의 검증은 표준화된 성취도 검사를 통해서도 어느 정도 이루어질 수 있다. 그러나 이것만 가지고는 프로젝트에 관한 진정한 평가는 어렵다. 진정한 평가는 사회적 맥락 속에서의 다양한 자료 수집에 기초할 때 가능하기 때문이다. 이런 관점에서 프로젝트에 대한 평가를 어떤 식으로 접근해야 하는지를 살펴보도록 하자.

우선 전제되어야 할 사실은 다른 학습 활동과 마찬가지로 프로젝트에 의한 학습 활동에도 평가가 필수적으로 요구된다는 점이다. 그리고 바른 평가가 이루어지기 위해서는 Mcaffe & Leong(1997, 28)의 제안처럼 왜 평가하는가, 무엇을 평가하는가, 언제 평가하는가, 어떻게 평가하는가가 분명하여야 하며 이 요인들은 유기적으로 밀접하게 연관되어야 한다([그림 9-1] 참조)는 점이다.

그림 9-1 Mcaffe & Leong이 제안한 평가 순환 과정(assessment cycle)

이제 프로젝트 학습에서의 평가 목적 및 의미, 평가 대상, 평가 시기와 방법 및 정보의 활용에 대해 살펴보기로 하자.

## 1. 평가 목적 및 의미

이 책에서는 왜 평가하는가 하는 평가 목적 및 의미를 두 가지 차원에서 논하고자 한다. 그 첫째는 평가 유형 차원이고 두 번째는 평가 대상 차원이다.

### 가. 평가 유형에 따른 평가 목적 및 의미

#### 1) 프로젝트 전 평가

본격적인 프로젝트에 들어가기 전 교사는 유아들과 프로젝트 주제에 대한 상호 경험 나누기, 생각 모으기, 질문거리 찾기 등을 한다. 이를 통해 교사는 유아들이 현재 프로젝트 주제에 대해 어느 정도의 지식과 개념을 가지고 있으며, 잘못 알고 있는 부분은 없는지, 흥미의 방향과 정도는 어떠한지 등을 파악하고 이후의 교수·학습 내용이나 방법을 조정해 나가게 된다. 즉, 프로젝트 전 평가는 학습자인 유아들의 주제에 대한 개념이나 이해 정도, 흥미, 경험 등을 사전 점검함으로써 이후 각 유아에게 보다 유의미한 교육으로 만들어 나가고자 하는 것이다.

### 2) 프로젝트 중 평가

'프로젝트 중 평가'는 프로젝트 과정 중 이루어지는 평가로서 다시 두 가지 측면으로 나누어 볼 수 있다. 그 하나는 유아에 대한 평가이다. 그 의미는 현재 유아가 프로젝트에 어떻게 참여하고 있는지, 문제를 만날 때 어떻게 대처하는지, 학습하고자 하는 성향은 어떠한지, 친구들과의 상호 작용을 포함한 사회적 역량은 어떠한지 등을 수시로 평가하여 각 유아를 보다 적절하게 돕고자 하는 데 있다. 다른 하나는 진행되고 있는 프로젝트 과정에 대한 평가로, 과연 프로젝트가 단계별로 바르게 시행되고 있는지 반성, 평가해 보면서 보다 발전적인 프로젝트로 만들어 가고자 하는 것이다.

프로젝트 진행 과정에서 그때그때 이루어지는 적절한 평가는 이후의 활동 내용이나 방법의 개선 및 보완으로 연결되고 이런 과정이 되풀이되면서 보다 발전적이고 효율적인 프로젝트, 각 유아에게 바람직한 영향을 미칠 수 있는 프로젝트로 형상화되기 때문에 프로젝트 중 평가도 프로젝트 후 평가에 못지않은 의미가 있다.

### 3) 프로젝트 후 평가

'프로젝트 후 평가'란 프로젝트가 종료되고 난 후 달성하고자 하는 교육목적은 얼마나 성취되었는지, 프로젝트는 과연 잘 진행된 것인지, 문제점은 무엇이고 다음 프로젝트에서는 어떤 점에 더 유의하여야 할지, 교사와 유아 및 부모는 프로젝트 진행 과정에서 요구되는 역할을 바르게 수행하였는지를 평가해 보는 것이다. 그렇게 함으로써 시행된 프로젝트에 대한 반성과 함께 앞으로 시행하게 될 프로젝트를 보다 효과적으로 수행하고자 하는 것이다. 보다 구체적으로는 하나의 프로젝트가 종료된 후 전 과정을 반성하고 그 효과를 확인하는 '프로젝트 직후 평가'와, 한 학기 또는 일 년의 프로젝트 시행 기간을 거친 후 학년 초에 행해진 프로젝트와 학기 말 또는 학년 말에 이루어진 프로젝트를 놓고 발전 상태를 비교 평가해 보는 '프로젝트 간 평가'로 나누어 생각해 볼 수 있다.

평가 시기와 관련하여 전술한 프로젝트 평가 목적 및 의미를 간단히 정리하면 〈표 9-1〉과 같다.

**표 9-1** 프로젝트 평가 목적과 의미

<table>
<tr><th colspan="2">평가 유형</th><th>평가 시기</th><th>평가 목적 및 의미</th></tr>
<tr><td colspan="2">프로젝트 전 평가</td><td>프로젝트<br>시작단계 초기</td><td>• 주제에 대한 각 유아의 지식, 개념, 흥미, 경험 정도 점검<br>• 이후 교수 · 학습 내용이나 방법 조정</td></tr>
<tr><td colspan="2">프로젝트 중 평가</td><td>프로젝트<br>진행 중 시행</td><td>• 진행 중인 프로젝트의 보다 발전적 형상화<br>• 활동에 참여하고 있는 각 유아의 학습 효과 극대화</td></tr>
<tr><td rowspan="2">프로젝트 후 평가</td><td>프로젝트 직후 평가(1)<br>프로젝트 직후 평가(2)<br>프로젝트 직후 평가(3)<br>…</td><td>하나의<br>프로젝트가<br>종료될 때마다<br>시행</td><td>• 진행된 프로젝트에 대한 반성<br>• 각 유아에 나타난 학습 효과 평가</td></tr>
<tr><td>프로젝트 간 평가<br>(프로젝트 직후 평가 1과 2, 2와 3, 1과 3 등을 비교)</td><td>여러 프로젝트<br>종료 후 시행</td><td>• 프로젝트 수행 시기 차에 따른 학습 효과 및 프로젝트 수행 발전 정도 파악<br>• 수행된 프로젝트들에 대한 반성 및 효과적 프로젝트 수행을 위한 요인 분석, 검출</td></tr>
</table>

### 나. 평가 관련자에 따른 평가 목적 및 의미

평가 목적 및 의미를 교육의 3주체인 유아, 교사, 부모 측면으로 나누어 살펴보면 다음과 같다(Puckett & Black, 1994; Mcaffe & Leong, 1997; 이정환·박은혜, 1999; 황해익, 2015).

### 1) 유아 측면

#### 가) 유아 스스로 자신의 진보 확인

프로젝트 평가 주체는 교사에 한정되는 것이 아니다. 유아들도 자신의 활동 과정이나 결과물에 대한 평가 주체가 될 수 있다. 자신의 파일에 첨가시킬 작품을 선정하기 위해 유사한 여러 작품을 늘어놓고 어떤 것이 가장 나은지 평가해 본다든지, 교실 벽에 전시할 작품을 고른다든지, 프로젝트 시작단계에서의 작품과 마무리단계에서의 작품을 비교, 평가해 보는 활동 등을 통해 유아들 스스로 자신의 진보를 확인하게 된다.

#### 나) 비판적이고 분석적인 사고 능력 함양

전시를 위해 작품을 비교, 평가, 선정하고 이를 전시하는 과정을 통해 어린이들은 초인지 과정(meta cognitive process)을 경험하게 된다. 자신들의 성취 의미를 정관할 수 있는 기회를 통해 학습의 주역이면서 동시에 비평자의 위치에서 볼 수 있게 되는 것이다(Rinaldi, 1998).

#### 다) 이후 학습 내용 및 방법 선택에 도움

프로젝트 진행 중 전체 공유 시간을 통해 교사와 다른 친구들과 함께 현재 수행 중인 또는 일단락된 활동에 대해 서로 보고하고 평가해 보는 시간을 가짐으로써 유아들은 차후 진행될 학습 내용 및 방법 선정을 보다 효율적으로 할 수 있게 된다.

#### 라) 최선의 작업을 하도록 하는 강한 동기 유발

프로젝트 평가를 위해서는 유아의 활동 과정 및 결과물에 대한 교사의 세심한 기록과 이의 보관이 필요하다. 이런 과정에서 유아들은 자신의 활동이 세심하게 기록될 뿐만 아니라 완성된 작품 또한 매우 중요하게 취급된다는 것을 알게 되고, 그러면 더 열심히 활동 과정에 참여하게 된다. 이는 레지오 에밀리아의 유아교육

사례를 통해서도 확인해 볼 수 있는 사실이다.

### 2) 교사 측면

#### 가) 주제에 대한 깊이 있는 탐구 활동이 이루어졌는가 확인

프로젝트가 '한 명, 소집단, 또는 반 전체 유아들이 이행하는 특정 주제에 대한 깊이 있는 탐구 활동'이라면 평가의 주 초점은 과연 '깊이 있는 탐구 활동'이 효과적으로 이루어졌는가 하는 점에 맞추어져야 할 것이다. 교사는 프로젝트 준비 과정에서부터 프로젝트 시작·전개·마무리단계까지 중심 사건과 자신의 역할 등을 되짚어 보고 반성함으로써 프로젝트 본래 의미대로 '깊이 있는 탐구 활동'이 이루어졌는가를 평가할 수 있다.

#### 나) 유아의 성취 및 진보 정도 파악

프로젝트를 통해 학습 목적의 전 영역인 지식, 기능, 성향, 느낌에 어느 정도나 성취와 진보가 있었는지를 파악하는 것이다. 프로젝트 준비단계에서 작성해 둔 활동예상안, 선정해 놓은 중심 개념 등을 기본 준거로 하고, 프로젝트 진행 과정에 따른 유아들의 표현 결과물 변화, 가정과 원에서의 유아 관찰 기록 등을 중심으로 하여 성취 및 변화된 정도 파악이 가능하다.

#### 다) 문제 진단 및 정보 획득

하나의 프로젝트가 종료되었을 때에 어떤 문제점이 있었는가를 평가하고 개선안을 마련하여 다음 프로젝트에 반영하는 것은 물론이고, 프로젝트 중에도 활동 진행 상황을 수시로 평가함으로써 다음 활동을 어떤 내용으로, 어떤 식으로 이끌어 갈 것인가에 대한 유용한 정보를 얻을 수 있다. 이렇게 끊임없이 이전 활동을 반성해 보고 이에 기초하여 추후 활동을 조정해 나갈 때 교사로서의 전문적 발달에도 큰 도움을 얻을 수 있다.

#### 라) 유아들을 효과적으로 돕기

프로젝트 활동 중에는 구체적인 목적 하의 개별 또는 소집단 활동도 종종 이루어진다. 이런 활동이 효과적으로 이루어지려면 교사의 지속적 관찰 및 평가에 기초하여야 한다. 유아 평가에 기초하여 활동내용이나 방법을 조정해 주는 것이다. 예를 들어 표를 스스로 만들지 못하는 유아에게 표 형식을 주고 스티커를 붙여 보는 정도로 하게 한다든지, 쓰기 기능은 발달되어 있으나 생각은 잘 못하는 유아와 생각은 잘하지만 아직 쓰기는 잘 못하는 유아가 짝이 되도록 해 주는 것 등이다.

#### 마) 보고와 의사소통을 위한 정보 수집

질 높은 유아교육의 실현을 위해서는 부모 및 관계된 모든 사람들과의 지속적인 의사소통이 필요하다. 다양한 정보를 수집, 기록하고, 그 해석 정보를 가지고 관계된 사람들에게 학습의 증거로서 보고하고 의사소통하는 자료로 활용함으로써 보다 질 높은 교육을 도모할 수 있기 때문이다.

### 3) 부모 측면

#### 가) 학습 진행 정도 파악 및 교육과정 목표 달성 확인

원에서 어떤 학습 내용이 어떤 과정을 통해 진행되고 있으며 아울러 어떤 성과가 있었는지를 알게 됨으로써 부모들은 원의 교육 방침을 더욱 신뢰하고 따르게 된다.

#### 나) 교사와의 능동적 상호 작용을 하도록 하는 동기 유발

프로젝트 진행 과정 및 마무리단계에서 부모들이 평가의 과정에 직접, 간접으로 참여함으로써 유아들의 학습 성취 정도를 체감하고 보다 능동적으로 교사와의 상호 작용에 참여하게 된다. 이와 같은 부모의 능동적 참여는 다시 교사의 보다 적극적인 수업 의욕을 불러일으키게 되는 선순환적 효과를 낳게 된다.

### 다) 교수·학습 과정에서 부모 역할에 대한 인식 강화

평가 정보를 교사, 유아와 공유하면서 교수·학습 과정에서 부모가 어떤 역할을 할 때 프로젝트가 활성화되는가를 인지하게 됨으로써 프로젝트 진행단계에 맞는 보다 적합한 도움을 줄 수 있다.

## 2. 평가 대상

평가의 초점을 유아에게서 나타나는 변화, 성취 정도를 살펴보는 데 둔다고 할 때 평가의 주 대상은 물론 유아가 되겠지만 전술한 프로젝트 평가 목적과 의미에 비추어 볼 때 그 대상에는 교사와 부모도 포함되어야 할 필요가 있다. 그런가 하면 프로젝트 자체도 또 다른 차원에서 평가 대상이라고 할 수 있다.

## 3. 평가 방법 및 평가 정보 활용

프로젝트 평가의 의미를 제대로 살리기 위해서는 다양한 정보가 필요하다. 성공적인 유아교육의 대표적 사례로 인정받고 있는 레지오 에밀리아 유아교육에서 '기록'에 큰 의미를 부여하고 다양한 방법을 통해 정보를 수집하는 것은 바로 이런 맥락에서이다. 녹음, 사진 및 영상 기록물, 일화 기록, 유아 작품 등에 대한 교사 협의와 분석 등 다양한 형태의 기록 및 해석, 평가의 과정을 통한 다음 단계로의 이행 과정은 자발적이고 주체적인 학습자로서의 유아, 질 높은 교육과정의 구성 및 운영, 부모의 적극적인 참여를 가능하게 하는 중요 요인인 것이다. 같은 맥락에서 학습 증거로서의 다양한 '기록'이 갖는 가치를 강조한 Helm, Beneke, Steinheimer(2007)는 프로젝트와 관련하여 유아교육 현장에서 이루어질 수 있는 기록의 유형을 프로젝트 묘사(어린이·부모·전시를 위한 이야기, 교사일지, 교사진의 대화 기록), 아동의 발달 정도, 다양한 결과물, 아동의 자기반성, 개별 포트폴리오(필수항목, 개별항목, 사진이나 동영상 기록 등)와 같은 다섯 가지 군(cluster)으로 제시한 바 있다.

이제 우리 유아교육 현실에서 적용이 가능하다고 보는 평가 방법, 더 정확히 표현하여 평가를 위한 다양한 증거 수집 방법과 수집된 정보의 활용에 대해 살펴보기로 하자.

## 가. 프로젝트 전 평가

본격적인 프로젝트에 들어가기 전 시작단계 초기에 이루어지는 프로젝트 전 평가는 교사나 유아 모두에게 사전 점검의 의미가 있다. 그 방법이 이전 경험 표현, 주제망 구성, 질문거리 모으기인 것이다. 이런 과정을 통해 교사는 프로젝트 주제에 대한 반 전체적인 흥미나 이해 정도에 대한 대략적 파악과 함께 각 유아의 프로젝트 주제에 대한 이해까지 파악하게 되는 것이다. 개별 유아의 이전 경험 표현 결과물, 생각 모으기 결과물, 질문 등을 모아 분석함으로써 각 유아에게 보다 의미 있는 프로젝트 활동이 되도록 도울 수 있는 것이다. 그 구체적 방법은 4장의 시작단계, 7장의 '신발' 프로젝트에서 제시한 바 있으므로 여기서는 생략한다.

## 나. 프로젝트 중 평가

'프로젝트 중 평가'는 프로젝트 과정 중에 행해지는 평가로서 현재 진행되고 있는 프로젝트가 보다 발전적이고 효과적으로 이루어지도록 하기 위한 목적과 이와 관련하여 활동 과정에서 각 유아에게 보다 적합하게 활동을 안내하고 지도하고자 하는 또 하나의 목적을 가지고 있다. 따라서 평가의 초점은 지금 행해지고 있는 활동이 적합한 것인가, 각 유아가 여러 학습 영역에서 어느 정도로 참여하는가를 파악하는 데 있다. 이를 평가하기 위한 주요 자료는 교사의 유아 관찰 및 기록, 교사와 유아(들)의 공동 평가, 교사 스스로의 반성, 바람직한 프로젝트 과정 준거에 비추어 본 분석 등이 될 것이다. 이를 각각 자세히 살펴보면 다음과 같다.

### 1) 유아 관찰, 대화 기록 등을 기초로 한 교사 평가

프로젝트 과정 중에는 개별, 소집단별로 활동이 진행되는 경우가 많이 있다. 이때 교사가 중요한 장면이라고 판단되는 유아들의 활동을 관찰·기록하거나 대화 내용을 녹음해 둔다면 각 유아에 대한 평가를 하는 데 유용한 정보가 될 수 있다. 다음은 '과자' 프로젝트 중 아이들의 대화 내용을 기록하여 평가 자료로 덧붙인 경우이다.[39)]

상 황 : (몇 명의 아이들이 '개미가 과자를 더 좋아하나 아니면 사탕을 더 좋아하나?'에 대해 이야기를 나누고 있다. 이를 해결해 나가는 과정은 다음과 같았다.)

아 영 : 개미는 과자를 더 좋아해. 과자 먹으려고 언제 우리 아파트에 왔었어. 아주 개미가 뽀글뽀글 있었어.
영 호 : 아니야. 사탕을 더 좋아해. 사탕 있으면 싹 몰려온단 말이야.
주 리 : 내가 모래놀이할 때 개미가 떨어진 과자를 들고 갔다.
상 희 : 개미가 과자를 어떻게 들고 가니?
주 리 : 정말로 들고 갔어. 전에 만화 영화에 나왔어.
상 희 : 물고 가는 거지. 입으로….
영 호 : 우리 개미 잡아다 과자랑 사탕 줘 보자.
아 영 : 개미를 어떻게 잡아?
영 호 : 막대에 꿀을 발라 놓으면 되지.
상 희 : 그럼 어떻게 들고 와? 손에 꿀이랑 개미가 다 묻을 텐데….
영 호 : 그럼 막대를 병에 넣어 두지. 그리고 개미가 많이 다니는 데 놓으면 개미가 많이 올 거야.
상 희 : 그럼 병 밖으로 또 개미가 나오면 어떡해?
영 호 : '해님 달님'처럼 병에 기름을 발라 놓으면 돼. 그럼 미끄러져서 못 나오잖아. (영호의 아이디어에 모두가 손뼉을 치며 그렇게 하기로 한다.)

39) 한 가지 일화 기록만 가지고 각 유아에 대해 정확히 평가할 수는 없다. 일화 기록들이 계속적으로 누적될 때 각 유아의 지식, 기능, 성향, 느낌 등을 부분적으로 파악할 수 있기 때문이다. 여기서 하나의 자료를 통한 유아 평가를 시도한 이유는 이런 식으로 평가에 활용할 수 있음을 보여주기 위함이다.

이후 상황은 실제 개미를 잡아다 '과자와 사탕 중 어느 것을 더 좋아하나?'를 알아보는 실제 실험으로 연결되었다. 교사는 이 실험이 '과자' 프로젝트의 활성화에 도움을 주리라고 판단하였기 때문에, 실험이 제대로 이루어지도록 유아들이 원하는 병과 막대를 구해 주고 막대에 꿀을 묻히는 작업을 도와주었다. 그리고 각 유아의 발달 상황에 따라 역할을 조금씩 조정해 주었다. 예를 들면, 영호에게는 실험 결과를 표현하는 데 있어 주도적 역할을 담당하도록 하였으며 주리에게는 개미에 대한 자세한 관찰을 해 보도록 장려해 주었다. 이 실험이 계기가 되어 '과자' 프로젝트는 과자와 사탕의 재료 및 만드는 방법에 대한 조사, 과자·사탕 실제 만들어 보기 활동 등으로 확장되었다. 한편, 이 실험은 '개미는 냄새를 잘 맡는지?', '개미는 사탕 먹고 이빨을 안 닦아도 되는지?', '흙 묻은 사탕을 개미는 먹어도 배가 안 아픈지?' 등 개미에 대한 관심도 부쩍 높여 주는 계기를 만들었다.

2) 활동 공유 시간을 통한 교사-유아 공동 평가

반 전체가 하나의 주제에 대한 프로젝트를 하고 있다고 해도 개별, 소집단별로 다른 활동을 하는 경우가 빈번하기 때문에 매일 활동 공유 시간을 통해 서로 활동 내용과 결과를 보고하는 자리는 프로젝트 전개에 매우 중요한 의미를 갖는다. 이 시간은 중요한 학습 시간으로서 정보를 공유하는 자리이자 학습 과정이나 결과에 대한 자연스러운 평가의 자리가 되기도 하기 때문이다.

다음 사례는 '과자' 프로젝트 전개단계 중 나타난 '유아 한 명에 의한 과자 광고 만들기' 활동이 공유 시간을 통해 '반 전체 유아들이 참여하는 광고 만들기' 활동으로 확장된 경우를 소개한 것이다.

상 황 : 자유선택활동이 끝나고 반 전체가 함께 모여 앉아 있다. 상희가 자신이 만든 텔레비전을 소개한다. 큰 상자의 가운데를 잘라내고 텔레비전 모양을 만든 것인데 이를 이용해 치토스 광고를 한다고 했다.

상 희 : 이건 텔레비전인데 내가 나올 거야.
병 수 : (상자 한쪽에 길게 붙어 있는 줄을 보고) 그 줄은 뭐 하는 거야?
상 희 : 전기 코드를 꽂아야 텔레비전이 나오잖아.
교 사 : 상희가 만든 멋진 텔레비전으로 무엇을 할 건지 보자.
상 희 : 내가 텔레비전에 나오려고 해요. (얼굴과 한 손가락을 상자 밖으로 내밀며, "치토스 어디에 숨겼지? 찾았다. 너무 맛있는 치토스 넌 내 꺼야." 한다.)
교 사 : 그렇게 하니까 꼭 치토스 선전에 나오는 치타 같구나! 너희들 생각은 어때?
민 근 : 치토스 과자 봉지도 들고 해요. 그래야 먹고 싶다는 생각이 들지.
진 수 : 그리고 텔레비전도 더 크게 만들어. 손에 들고 하면 어렵잖아!
유아들 : 야, 트럭도 있어야 돼! 트럭에 싣고 쓰레기통으로 가잖아.
교 사 : 너희들 생각이 참 많구나. 그런 생각을 다 집어넣어서 다시 한 번 광고를 만들어 보아도 좋겠다. 어때? 상희야.
상 희 : 그럼 누가 트럭 운전할래?
민 근 : 나….
상 희 : 그래, 좋아!
교 사 : 광고 만들려면 해야 할 일이 많구나.
요 한 : 선생님 나는 더 맛있는 것 광고할 수 있어요. '익사이팅 껌'이 제일 멋져요. 박찬호가 나와요.
교 사 : 익사이팅 껌은 어떻게 광고를 하는데? 어디 한 번 친구들에게 소개해 보자.
요 한 : (야구 선수가 공을 던지듯 팔을 내밀며) 이건 맛있는 껌이에요. 자 받으세요.
영 규 : 모자도 쓰면 더 멋있겠어요.
교 사 : 그래. 모자도 쓰고 박찬호 선수처럼 야구복도 입으면 더 멋있겠구나.
우 정 : 선생님, 저 오늘 야구모자 쓰고 왔어요.
상 희 : 우리 집에는 야구복도 있어요.
교 사 : 그럼 다음에 그 모자와 옷 입고 광고놀이하면 더 재미가 있겠구나!
아이들 : 네 좋아요. 선생님 우리도 껌 광고하고 싶어요.
예 슬 : 아~ 나는 '레모나' 광고 하고 싶어요.
요 한 : 저는 '익사이팅 껌' 광고 할래요.
동 석 : 저는 '썬칩'이요.
범 수 : 저도 '썬칩' 하고 싶어요.

교 사 : 그럼 자기가 하고 싶은 광고를 정하자. 그리고 그 광고를 몇 명이 할 것인지도 정해야겠어.
정 대 : 그럼 텔레비전도 더 크게 만들어야 되잖아요.
교 사 : 그래 친구들이 모두 나오려면 더 크게 만들면 좋겠다. 무엇으로 만들지?
재 열 : 벽돌블록으로 만들면 돼요. 쭈욱 붙여서요.
교 사 : 그래? 그럼 그렇게 한 번 해 보렴.
요 한 : 저하고 태영이는 '익사이팅 껌' 광고 할래요.
교 사 : 그럼 예슬이가 하고 싶어 하는 '레모나' 광고에는 몇 사람이 나오면 좋겠니?
아 영 : 세 명이요. 저도 할래요.
예 지 : 저도 하고 싶어요.
교 사 : 그래 세 명이 되었구나!
정 대 : 선생님 저는 치토스 광고 할래요.
명 근 : 저두요.
주 리 : 저는 '새우깡' 할래요. 그런데 새우깡 하려면 사람이 많이 필요해요.
교 사 : 그럼 칠판에 선생님께서 너희들이 말한 것들을 적을 테니까 하고 싶은 사람들끼리 모여 보자. 자, 새우깡(몇 명의 아이들이 손을 들고 교사는 그 아이들 이름을 적는다.) 레모나 … (이렇게 하여 자연스럽게 조가 구성되었다.) 이제 어떻게 하면 좋을지, 어떤 물건이 필요한지는 같은 광고를 하는 친구들끼리 의논을 하렴.
유아들 : (광고를 같이 만들기 원하는 유아들끼리 모여 광고 기획을 한다.)

이 일화 기록을 통해서도 부분적으로나마 각 유아의 개별적 성향을 평가해 볼 수 있다. 단, 전술한 바와 같이 이런 기록이 누적될 때 비로소 보다 정확한 평가 근거가 될 수 있을 것이다.

교사는 광고 만들기 활동이 여러 가지로 유아들에게 좋은 자극이 될 것 같아 장려해 주었고 더 나아가 다음 날 '과자 선전'만 모은 동영상을 보여주었다. 그 후 유아들의 광고 만들기 활동은 며칠에 걸쳐 활발하게 전개되어 재미있는 광고 대사 만들기, 몸동작하기, 광고에 맞게 옷이나 소품 준비하기 등으로 점점 정교하게 다듬어졌다. 이와 같은 연계 활동 속에서 며칠 후 이루어진 '양갱 만들기' 활동에서는 '우리가 만든 양갱'에 대한 광고를 만들자는 의견이 자연스럽게 나와 조별 광고 만들기 활동이 이루어진 것이다.

3) 일지를 통한 교사의 매일 평가

교사는 프로젝트 진행 과정에 대한 일지를 쓰면서 유아들의 반응 및 흥미를 점검하고 하루 일과를 반성, 평가하는 가운데 다음 날 활동 방향을 이전 활동과 유기적으로 연계시켜 계획하는 동시에 보다 효과적으로 자원 준비에 임할 수 있다. 다음은 하루 일과 내용에 대한 교사의 평가와 이에 기초하여 다음 날 활동을 구체화시킨 예를 제시한 것이다. 이해를 돕기 위해 하루 일과를 세부적으로 기술하였다.

가) 등원 및 자유놀이(8:30~10:00)

'과자' 주제가 시작된 지 이틀째 되는 날이다. 어제 활동에서 많은 자극을 받았는지 여러 아이들이 과자를 들고 등원한다. 가져온 과자를 자랑하면서 어디에서 샀는지, 누가 사주었는지 등에 대해 이야기 나누는 모습을 곳곳에서 볼 수 있다. 어제 친구들이 가져온 과자를 보고 맛본 것에 영향을 받았는지 같은 종류의 과자를 가져온 아이들이 많았다.

미술 영역에서는 과자 봉지에 나오는 만화 그리기, 과자 그리기 등이 이루어지고 있고 수·과학 영역에서는 어제에 이어 돋보기로 과자 표면 관찰하기가 이루어지고 있다. 그러나 아직 관찰한 결과를 그림이나 글씨로 표현하려는 시도는 보이지 않는다.

나) 출석 부르기 및 자원 소개(10:10~10:30)

**(1) 출석 부르기**

이 시간 이후에 '과자'에 대한 '생각 모으기'를 할 예정이라서 출석을 점검할 때 '과자로 대답하기'를 시도해 보았다. 재미있는 과자 이름이 나오면 손뼉을 치며 웃는가 하면 '빵', '껌' 등이 나오면 '과자다, 과자가 아니다'라는 논란이 일어나기도 한다. 그 자리에서 명확한 해결이 되지 않은 사항에 대해서는 모든 아이들이 볼 수 있도록 칠판에 적어 주고 이후에 알아보기로 하였다.

(2) 자원 소개

여러 아이들이 가져온 과자 소개에 이어 민근이가 가져온 책 『배고픈 돼지』가 소개되었다. 민근이가 제목만 말하고 들어간 후 교사가 책 내용을 간략히 소개할 때 과자의 냄새와 맛에 관한 내용을 강조해 주었다.

### 다) 프로젝트 활동 : 생각 모으기(10 : 50~11 : 40)

(1) 교사와 유아의 방법 논의 및 조 구성

교사는 아이들이 '과자'에 대한 생각 모으기를 보다 재미있게 할 수 있도록 간단한 동화 자료를 준비해 다음과 같이 들려주었다.

교 사 : 랄랄라. 선생님과 제비반 친구들이 소풍을 갔어요. 민근이, 아영이, 예슬이, 모두 모두 신나게 노래를 부르면서 숲 속으로 갔지요. 그런데 숲 속을 한참 걷다 보니 짜잔~ 앗! 이게 무엇일까? (융판의 나뭇잎을 떼어 내고 '과자성'을 보여준다.) 이런 숲 속에 멋진 성이 있었다니… 어! 성문에는 과자가 그려져 있네. 이 성 안에는 누가 살고 있을까? 똑똑똑. (성문이 열리며 요리사 복장을 한 아저씨가 두 손으로 과자가 담긴 판을 들고 급하게 나온다.)

그림 9-2 과자성의 아저씨

아저씨 : 안녕! 나는 지금 과자를 만드느라 너무 너무 바쁘답니다.
교 사 : 잠깐만요. 이 성 이름은 뭐예요? 이 성 안에는 누가 살고 있지요?
아저씨 : 이 성은 '과자성'이에요. 이 안에 들어오면 과자에 관한 모든 것을 볼 수 있답니다. 궁금하면 언제든지 들어오세요. (들어가려다 말고 다시 돌아선다.) 참, 과자성 문을 열 때는 이런 암호를 외워야 해요. '자과. 자과. 거꾸로!' 그러면 문이 저절로 열리지요. 안녕! 우리 '과자성'에 놀러 오세요.
교 사 : (아이들을 보며) 자, 이 성 이름이 과자성이라지? 이 안에 들어가면 무엇을 볼 수 있을까? 이제부터 문을 열고 들어가는 거야. 참, 암호 외우고…. (아이들과 함께 암호를 외친다.) 삐걱! 문이 열렸어. 이제 너희들 조원들끼리 과자 성문을 열고 들어가면 무엇을 볼 수 있을지 지금부터 생각 모으기를 해 보는 거야. 과자에 관한 모든 것을 볼 수 있다는 말 잊지 말고….

#### (2) 조별 생각 모으기

교사는 4명씩 한 조가 될 수 있도록 조정해 준 후 4절지(생각 모으기 결과물 모을 종이)를 조당 한 장씩 나누어 주었다. 조 구성은 글씨를 쓰는 정도, 활동에 대한 적극성의 정도를 고려하였다. 조원이 결정되고 난 후 유아들끼리 자기들 조 이름을 정하여 종이 상단에 적어 넣었다. 그리고 각자 생각나는 것을 포스트잇에 적어 4절지 안에 붙여 넣는다. 각자 생각을 적거나 그리는 중에 경험을 나누기도 하고 한 아이가 말하면 다른 아이는 글씨를 쓰기도 한다. 조 활동 중에 교사는 조 사이를 다니며 활동을 촉진해 주었다. 다 끝난 조는 일단 결과물을 교사에게 내도록 하였다.

### 라) 교사 계획 활동(11 : 40~12 : 00) : 새 노래 배우기 – '장난감 기차'

#### (1) 도 입

장난감 기차로 주의 집중(네 량이 연결된 기차를 만들어 융판에 붙인다. 기차에 과자와 사탕 실려 있는 것이 보이도록 해 놓는다.)

그림 9-3 장난감 기차

(2) 전 개

노래 가사 소개하기, 함께 부르기, '과자와 사탕' 부분에 아이들이 알고 있는 실제 과자 이름 넣어 부르기

♪♬~ **장난감 기차가 칙칙 떠나간다**
**과자와 사탕을 싣고서**
**엄마 곁에 있는 우리 아기한테**
**갖다 주러 갑니다.**

(3) 정 리

과자와 사탕 종류가 무척 많다, 맛과 색·냄새가 다르다, 과자 이름도 다 다르다는 사실을 확인하는 것으로 정리함.

**마) 전체 공유 시간(12:00~12:25)**

조별로 과자에 대한 '생각 모으기'한 것을 발표하고 공유하였다. 한 조가 발표한 것을 예로 들면 다음과 같다.

**마하고고, 오리온, 치토스, 피자 맛 치즈, 딸기콘, 양파링, 새콤달콤, 초코파이, 계란과자**

- **연관된 질문:** 초코파이도 과자예요?

### 바) 활동 마무리

개별·소집단별로 내일 할 활동 확인: 오늘 이루어진 활동과의 연계하에 계속해야 할 활동과 새롭게 할 활동을 함께 정한다.

'일지를 통한 교사의 매일 평가'를 유아교육 현장에서 활용 가능한 양식으로 간단히 정리해 보면 〈표 9-2〉와 같다. 이 기록 양식은 예상 활동과 활동 결과, 그런 활동 결과로부터 제기된 사항을 하나의 표 안에 함께 정리할 수 있도록 고안된 것이다. 여기서 활동 간 유기적 연계를 가능하게 하는 것은 '제기된 사항 정리 및 준비'로서 하루 활동 과정에서 제기된 사항들을 모두 정리한 후 그것을 누가, 언제 어떻게 활동에 반영할 것인가를 요약해 놓은 것이다. 이런 방식으로 프로젝트 과정 중 내내 활동을 계획하고, 그 결과를 평가, 반성하며 여기서 제기된 사항을 다음 활동 과정에 반영한다면 프로젝트 과정 중 이루어지는 활동들은 서로 유기적 연계를 맺으면서 의미 있게 진행될 수 있을 것이다.

**표 9-2** 예상 활동, 활동 결과 및 제기된 사항 기록 양식

| 시 간 | 활동명 | 예상 활동 | 필요 자원 | 활동 결과, 평가 및 반성된 내용 | 제기된 사항 |
|---|---|---|---|---|---|
| 8:30 ~ 9:50 | 자유 놀이 | 언어 영역: 과자 봉지에서 볼 수 있는 글자, 수, 상징 등 그리기, 적어 보기 등 | • 유아들이 좋아하는 과자 봉지, 연필과 가는 펜 | • 좋아하는 과자, 과자를 산 곳, 사준 사람 등에 대한 이야기가 활발하게 이루어지고 있다. | • 좋아하는 과자에 대한 막대그래프 그리기를 시도해 보아도 될 것 같다. 반 전체가 참여하는 '내가 좋아하는 과자' 막대그래프 시도해 볼 것-스티커 붙이기→*막대그래프 용지와 스티커 준비* |
| | | • 수·과학 영역: 과자 특성 관찰하기 | • 크기, 무게 등 뚜렷이 구분되는 과자 종류 5가지 정도 | • 과자 표면 관찰하기는 이루어지고 있으나 그 결과를 기록해 보려는 시도는 나타나지 않음 | • 관찰 결과를 기록으로 남겨 보도록 장려해 줄 것→*기록 방법에 대한 소집단 지도* |
| | | • 미술 영역: 과자 무늬 찍기 | • 표면 무늬가 구분되는 다른 종류의 과자, 물감 | • 과자 무늬에 대한 흥미가 높아짐. 과자에 어떻게 무늬를 넣는지 궁금해함 | • 과자 만드는 법으로 연계시키기 전 좀 더 다양한 과자 무늬를 경험시킬 필요→무늬가 다른 과자 더 구해줄 것 |

| 시 간 | 활동명 | 예상 활동 | 필요 자원 | 활동 결과, 평가 및 반성된 내용 | 제기된 사항 |
|---|---|---|---|---|---|
| 9:50 ~ 10:10 | 정리 정돈 | • 교사와 유아들 정리 정돈 | | | |
| 10:10 ~ 10:30 | 출석 부르기 및 자원 소개 | • 출석 부를 때 '과자 이름으로 대답하기' | • 이름표 | • 빵이나 껌도 과자인지 논란이 일어남 | • 빵이나 껌도 과자인지 알아볼 것→*교사가 인터넷 검색 후 유아들 수준에 맞도록 조사할 내용 재조정해 줄 것* |
| | | • 교사와 유아들의 자원 소개 | • 일본, 미국 과자 | • 자원으로 들어온 『배고픈 돼지』 통해 과자 냄새에 대한 흥미 유발 | • '냄새'에 대한 경험 나누기 *→어느 정도 인식하고 있는지 확인 후 대처할 것* |
| 10:30 ~ 10:50 | 간식 | • 길쭉한 과자 1개, 동그란 과자 1개 : 과자 모양에 대해 관심 갖도록 유도 | | | |
| 10:50 ~ 11:40 | 동화 듣기와 조별 생각 모으기 | • 교사가 동화 들려주기로 유아들의 '과자'에 대한 생각 자극 | • '과자성' 그림 동화 자료(과자 굽는 요리사 복장의 아저씨가 튀어 나오도록 만든 자료) | • '과자성'이 진짜 있는지 질문. '자과, 자과 거꾸로' 주문을 재미있어 함 | • 조별 활동 전 생각 모으기 소개 방법 개발 필요→*'성'이라는 비슷한 이야기가 반복되지 않도록 새로운 방법 모색할 것* |
| | | • '과자' 조별 생각 모으기 | • 4명 한 조로 생각 모으기 | • 글씨 쓰는 유아들의 활동 주도 경향 | • 역할 분담이 적절히 이루어지도록 교사의 지도 필요 |
| 11:40 ~ 12:00 | 새 노래 배우기 | • 장난감 기차 | • 노래 가사판: 융판으로 만든 기차 모양 | • 좋아하는 과자 이름을 넣어 개사하기를 즐김. 새로운 과자 이름이 나오면 먹어 보고 싶다고 함 | • 과자를 너무 많이 먹지 않도록 지도할 필요→*과자를 많이 먹으면 어떻게 되는지 동화 찾아 읽어 주고 토론 필요* |
| 12:00 ~ 12:25 | 전체 공유 시간 | • 조별 생각 모으기 전체 공유 | • 조별 생각 모으기 결과물, 칠판 | • 생각 모으기 결과물이 과자 이름 위주였음 | • 프로젝트 과정 중 생각이 확장될 수 있도록 *언어적 자극, 자원 제공할 것* |
| 제기된 사항 정리 → 다음 활동으로 연계 | 1. 막대그래프 용지와 스티커 준비 : 교사(내일)<br>2. 인터넷 검색 후 유아들 수준에 맞도록 조사할 내용 재조정해 줄 것 : 교사(일주일 이내)<br>3. 과자 냄새 어느 정도 인식하고 있는지 확인 후 대처할 것 : 교사(2~3일간 계속)<br>4. '성'이라는 비슷한 이야기가 반복되지 않도록 새로운 방법 모색할 것 : 교사회(다음 프로젝트 때까지)<br>5. 역할 분담이 적절히 이루어지도록 교사의 지도 필요: 교사(계속적 지도)<br>6. 과자를 많이 먹으면 어떻게 되는지 동화 찾아 읽어 주고 토론 필요 : 교사(2~3일 안)<br>7. 프로젝트 과정 중 생각이 확장될 수 있도록 언어적 자극, 자원 제공할 것 : 교사와 유아들 공동(교사는 내일 과자 만드는 기구 제공해 주고 유아들에게는 과자 관련 자원 찾아보도록 가정학습 과제 줄 것) | | | | |

### 4) 준거를 통한 활동 과정 평가

'준거를 통한 활동 과정' 평가는 프로젝트 과정 중 구체적인 목표하에 이루어지는 다단계적 활동에 적용될 수 있다. Chard(1994a, 지옥정 역, 1995)의 평가 준거는 이를 위한 것으로 활동의 초기 아이디어부터 최종 결과물 산출에 이르기까지 단계별 준거를 다음과 같이 제시하고 있다.

**표 9-3** 구체적 목표하의 다단계적 활동 평가 준거

| | 평 가 항 목 |
|---|---|
| 초기 아이디어 | 1) 이것은 유아(들)의 학습에 어떤 가능성이 있는가?<br>2) 이 아이디어는 얼마나 분명한 것인가?<br>3) 이 아이디어의 규모는 어느 정도인가?<br>4) 이 아이디어는 얼마나 복잡하며 어떤 자원들을 필요로 하는가?<br>5) 이는 얼마나 독창적이고 창의적인가?<br>6) 이 프로젝트를 위하여 이 아이디어는 얼마나 적합한가? |
| 계 획 | 1) 이 작업 진행을 위해 어떤 활동 순서를 계획하였는가?<br>2) 필요로 하는 자원의 목록은 얼마나 상세한가?<br>3) 참여하고 있는 작업에 대해서 어린이가 가지고 있는 아이디어는 얼마나 분명한가?<br>4) 계획은 얼마나 세부적으로 짜여졌나?<br>5) 어린이가 어떤 조사 · 탐구를 하리라고 예상하는가?<br>6) 수립된 계획은 어린이의 능력에 얼마나 잘 부합하는가? |
| 실행 및 기록 | 1) 어떻게 그 활동이 진전되고 있는가?<br>2) 어떤 질문들이 제기되고 있는가?<br>3) 책을 통해서나 서로 간의 협의를 통해서 어떤 조사가 이루어지고 있나?<br>4) 조사 결과가 그 작업에 얼마나 통합되고 있나?<br>5) 작업의 진보는 어떻게 기록되고 있나?<br>6) 어린이는 이 작업에서 자신이 가지고 있는 기본적인 학문적 기능을 얼마나 잘 적용하는가? |
| 토 의 | 1) 토의되고 있는 것의 목적은 무엇인가? 의사 결정? 아이디어의 탐색? 협의? 조언?<br>2) 토의의 초점은 분명한가?<br>3) 토의에 기초해서 어떤 결정을 내리는가?<br>4) 토의의 결과는 어떻게 기록되고 실행되는가? |
| 최종 결과물 | 1) 최종 결과물은 처음의 아이디어를 얼마나 반영하고 있는가?<br>2) 아이디어들이 얼마나 명확하게 제시되고 있는가?<br>3) 아이디어들이 최종 성과에 얼마나 독창적이고 창의적으로 실현되어 있는가?<br>4) 최종 결과물은 어린이의 사고 발달을 얼마나 잘 반영하고 있는가? |

예를 들어 '개' 프로젝트 중 '101마리 개 인형극하기'가 제안된 바 있다. '개'라는 큰 프로젝트 안에서 발현된 작은 프로젝트인 셈이다. 처음 이 아이디어는 전체 모임 시간에 한 유아가 이야기한 것인데 그 이야기를 들은 여러 유아가 같이 하고 싶다고 동의하였다. 그런데 교사가 '초기 아이디어' 평가 준거에 비추어 보니 아이디어와 목적은 분명하나 그 규모가 너무 커서 몇 명의 유아가 하기에는 무리라는 것을 알 수 있었다. 아이디어대로라면 101마리 강아지와 엄마개, 아빠개 인형까지 만들어야 하는데 그렇게 다 만들 수도 없고 의미도 없다고 판단되었기 때문이다. 그래서 협의를 거쳐 '세 마리 강아지 인형극하기'로 조정되었다.

다음 '계획단계'에서는 유아들의 처음 계획인 '인형극'보다는 동극으로 표현될 때 강아지의 특성이 더 잘 표현될 수 있고 다른 유아들에게 보다 효과적으로 전달될 수 있으리라는 판단 하에 동극으로 계획을 조정하였다.

'실행 및 기록'과 '토의단계'에서는 교사의 판단뿐 아니라 활동에 참여하고 있는 유아들 자신이나 친구들에 의한 평가가 이루어졌다. 전체가 모여 활동의 진행 과정에 대해 서로 보고하고 의견을 교환할 때 자연스럽게 평가가 이루어지면서 더 나은 방안이 제시된 것이다.

'최종 결과물'이 나왔을 때는 교사뿐 아니라 직접 활동에 임한 유아들과 활동에 임하지 않은 다른 친구들까지 모두 평가 과정에 참여하였다. 이를 위해 동극이 완성되었을 때 교사가 동영상으로 찍어 두었다가 다음 날 유아들과 함께 보는 시간을 가졌다. 동영상을 보기 전 교사는 유아들 계획을 상기시켜 주고 처음 계획대로 잘 되었는지, 계획대로 되지 않았다면 왜 그런지, 어떤 부분이 특히 재미있었는지, 다음에 동극을 더 잘하려면 어떤 점을 고치면 좋을지 등에 대해 이야기를 나누었다. 그리고 그 결과를 글로 적어 벽에 붙여 주었다.

이와 같이 이 평가 준거는 프로젝트 진행과정에서 발현되는 일련의 연관된 활동을 분석해 볼 수 있는 틀이 된다. 이 틀에 비추어 보며 교사는 진행되는 활동 내용이나 방법을 유아(들) 수준에 맞도록 조정해 줄 수 있고 쓸데없는 노력을 기울이고 있는 경우 활동 방향을 재조정해 줄 수도 있다.

## 다. 프로젝트 후 평가

프로젝트 후 평가는 프로젝트가 마무리되고 난 후 준비단계에서부터 마무리단계에 이르기까지 과연 바르게 잘 수행되었는지, 프로젝트를 통해 유아들에게서 나타난 학습 효과는 무엇인지, 프로젝트 각 단계별 중심 사건에 비추어 볼 때 교사는 역할을 바르게 수행하였는지, 부모들은 요구되는 역할을 얼마나 잘 감당하였는지 등을 점검해 보는 것이다. 하나의 프로젝트가 끝날 때마다 평가해 놓고 학기 말이나 학년 말에는 그간 이루어진 여러 프로젝트 평가 결과를 놓고 프로젝트 간 평가를 할 수 있다. 이를 통해 프로젝트가 진행된 횟수에 비례하여 얼마나 더 발전적으로 수행되었는지 점검해 보는 것이다.

프로젝트가 얼마나 효과적으로 이루어졌으며 유아들에게서 나타나는 효과는 무엇인지를 파악하는 가장 분명한 방법은 프로젝트 준비단계에서부터 마무리단계까지를 드러내 줄 수 있도록 계속적인 기록을 해 놓은 후 이에 기초하여 평가에 임하는 것이다. 이를 위해 교사와 각 유아를 위한 파일, 또는 폴더를 준비해 놓고 일정 기간(예 일주일 단위)마다 자료를 정리하도록 한다. 유아 파일은 학기말 또는 연말에 각자 집으로 보내야 하기 때문에 나중 참고 자료로써 활용하려면 교사 파일을 따로 만드는 것이 바람직하다. 유아 파일에는 유아의 표현 결과물 위주로 정리가 이루어지는 반면, 교사 파일에는 준비단계에서 교사가 작성한 여러 자료와 프로젝트 진행 과정 중 나온 유아들의 작품, 교사의 일지까지를 시간 순서별로 정리하면 좋다. 이렇게 해 놓으면 프로젝트 준비에서부터 마무리에 이르기까지 어떤 경로로 활동이 진행되었는지 전체적인 파악과 평가가 가능하다. 누적된 교사 기록 자료에 기초한 평가 외에 프로젝트 수행 능력 평가 준거를 이용하여 유아들의 변화 정도를 평가해 볼 수도 있다. 이를 자세히 살펴보면 다음과 같다.

### 1) 교사 및 유아 파일에 기초한 평가

#### 가) 교사 파일에 기초한 평가

##### (1) 주제망과 교사-유아 공동 주제망

프로젝트 준비단계 때에 교사가 구성해 놓은 주제망과 프로젝트 시작단계 때 구성한 교사-유아 공동 주제망, 그리고 프로젝트 마무리단계에 와서 여러 가지 내용이 추가된 교사-유아 공동 주제망을 비교하면서 프로젝트가 어떻게 전개되었는지, 어디까지 내용이 확장되었는지, 주별로 추가된 내용은 어떤 것인지를 전체적으로 평가해 본다. 이를 위해 교사-유아 공동 주제망의 경우 주별로 색이 다른 포스트잇에 추가, 확장되는 내용을 적은 후 붙이도록 한다. 즉, 처음 프로젝트 시작단계에서 교사-유아 주제망에 노란색 포스트잇을 사용하여 생각 모으기를 하였다면 그 후 프로젝트 2주째에 추가되는 내용은 하늘색, 3주째는 파란색, 4주째는 분홍색 등으로 색깔에 구분을 준다. 이렇게 해 놓으면 프로젝트 마무리단계 때의 교사-유아 주제망은 시작단계 때에 작성되었던 것과는 다르게 여러 가지 색깔의 포스트잇이 붙어 있어 주별로 어떤 내용이 다루어졌는지를 확인할 수 있게 해 준다. 다시 말해 주별로 프로젝트가 어느 쪽으로 얼마나 확장되었는가를 평가해 볼 수 있는 하나의 준거가 되는 것이다.

##### (2) 자원 목록과 환경 구성표

프로젝트 마무리단계에 이르렀을 때의 자원 목록은 교사가 준비단계 때 처음 작성해 놓은 것과는 많이 다르다. 프로젝트 진행 중 교사 자신이나 그 반 유아들 그리고 부모나 기타 관계자들에 의해서 준비단계 때는 예상하지 못했던 새로운 자원이 많이 추가되었고 교사가 그럴 때마다 그 자원명을 목록에 기록해 왔기 때문이다. 자원의 확보와 충원 정도는 프로젝트 활성화의 정도와 직결되기 때문에 마무리단계에서의 자원 목록표는 그간 프로젝트가 얼마나 활발하게 진행되어 왔는가를 가늠해 볼 수 있는 하나의 평가자료가 된다.

이 자료와 함께 환경 구성표를 참고하면 더 자세한 분석을 할 수 있다. 자원 목록이 1차적 자원과 2차적 자원으로 나누어 필요 자원을 정리한 것이라면 환경 구성표는 프로젝트 경과에 따라 흥미 영역별로 어떻게 자원이 충원되었는지를 보여주는 표이다(219쪽 참조). 1, 2차적 자원으로 어떤 것들이 더 충원되었는가를 확인할 수 있는 자원 목록보다 더 상세하게 각 영역별로 어떤 자원이 누구에 의해 보충되었는가까지를 확인할 수 있는 것이다. 즉, 프로젝트에 들어가기 전에 교사가 각 영역별로 어떤 자원을 비치해 주었는지, 이후 프로젝트가 1주, 2주 지나면서 각 영역별로 누가, 어떤 자원을 충원시켰는지를 한눈에 파악할 수 있다.

자원 충원에 관한 경우 유아들 스스로도 평가자가 될 수 있다. 유아들이 직접 참여할 수 있도록 고안된 특별한 자원 목록표를 [그림 3-10](66쪽 참조)과 같이 교실 벽에 게시함으로써 어떤 자원이 활용되었는지, 누가 자원 수집에 참여하였는지 유아들이 확인해 볼 수 있기 때문이다. 단, 여기서 유의할 점은 자원 목록표 게시 목적이 누가 어느 정도로 자원 수집에 참여하였는가를 비교·평가하는 것이 아니라 유아들로 하여금 '프로젝트 주제에 보다 관심을 갖고 주변을 보다 유심히 살펴보도록 하는 데 있음'을 잊지 말아야 할 것이다.

### (3) 교육목표, 교육과정 조직안 및 활동예상안

프로젝트 중 다루어진 내용은 무엇이며(주별로 색깔을 달리하여 표시하는 한편, 다루어진 활동 옆에는 날짜를 적어 놓음), 활동의 심화는 어떤 과정을 거쳐 이루어졌는지, 새롭게 발현된 내용은 무엇인지, 또 어느 정도의 깊이 있는 탐구 활동이 이루어졌는가를 평가할 수 있다. 이때 평가의 준거로서 교육목표, 교육과정 조직안 및 활동예상안을 활용할 수 있다. 즉, 준비단계에서 교사가 예상했던, 그리고 기대했던 내용과 실제로 전개된 활동의 차이는 무엇인지, 실제로 교육과정 각 영역별로 다루어진 내용은 무엇인지, 과연 통합적인 교육과정 운영이 되었는지 등을 확인·평가해 보는 것이다.

반 전체적인 평가 외에 유아 개별적인 평가도 이루어질 수 있다. 이때 평가 자료가 되는 것은 유아 작품, 교사 관찰 기록, 유아와 이야기 나눈 내용, 부모의 기록 및 면담 내용 등이다.

### (4) 유아에 대한 관찰 기록, 녹음, 사진, 표본 작품들

프로젝트 시작단계에서부터 유아들에 대한 관찰 기록, 녹음, 사진, 표본 작품 등의 수집·분석·기록을 통해 프로젝트가 얼마나 효과적으로 확장되었는지 평가해 볼 수 있다. 이를 위해 교사는 계속 자료를 수집하는 한편, 유아 활동에 대해 메모하는 습관을 갖는다. 만일 부피가 큰 개별 작품이나 공동 작품의 경우 사진으로 남겨 두어 평가에 활용하도록 한다. 한편, 일화 기록이나 관찰된 사실 기록 옆에는 가능한 한 유아들의 실제 작품이나 복사물 또는 사진 등을 끼워 넣음으로써 프로젝트가 어떻게 전개되어 나갔는지를 구체적으로 확인해 볼 수 있도록 한다.

### (5) 특정 양식을 이용한 교사와 부모의 기록

73쪽의 〈표 3-6〉에서 제시한 '가정에서의 유아 관찰 기록'(주별로 부모가 기록하여 매주 초 교사에게 보냄)이나 74쪽의 〈표 3-7〉에서 제시한 '프로젝트 경과별 기록'(주별로 교사가 기록하여 매주말 부모에게 보냄)도 평가 자원이 된다. '프로젝트 경과별 기록'에서는 프로젝트의 전체적인 활성화와 각 유아별로 나타나는 변화를 동시에 평가해 볼 수 있다. 각 유아에게서 나타나는 변화는 교사가 일주일 단위로 정리·기록할 때 주별로 부모들에게 통지가 가능하고 프로젝트 종료 후 그동안 기록한 것을 모아 보면서 각 유아에 대한 평가 자료로 활용할 수 있다. '가정에서의 유아 관찰 기록'을 통해서도 과연 유아들이 얼마나 그 주제에 몰입하였는지를 간접적으로 확인해 볼 수 있으며, 프로젝트 경과에 따라 가정에서 어떤 변화가 있었는지 점검해 볼 수 있다.

### (6) 프로젝트 진행 과정을 담은 사진, 동영상

프로젝트 과정을 시간 순서대로 사진과 동영상으로 찍어 놓고 이를 평가에 활용한다. 이 자료는 누구와 언제 보느냐에 따라 교사 스스로의 반성 자료로, 교사와 유아의 공동 평가 자료로, 또 부모 교육 자료로도 활용될 수 있다. 만일, 전시회 및 발표회를 하는 날 부모들에게 이 자료를 보여준다면 부모들은 어떻게 해서 지금 눈앞에 보이는 결과물이 나오게 되었는지, 즉 프로젝트 진행 과정을 더 잘 이해하게 된다.

전시회 및 발표회까지 찍은 동영상은 교사와 반 전체 유아가 프로젝트 전 과정을 돌아보면서 함께 평가하는 데 좋은 자료가 된다. 특히 유아들이 주체적인 평가자가 되도록 하는 데 크게 도움을 준다. "저 때, 인형극할 때 하나만 움직여야 되는데 다 움직였어요."라든가 "광고할 때 너무 소리를 조그맣게 해서 안 들려요. 더 크게 해야 되는데…." 등은 유아들 스스로 자신들의 활동에 대한 반성적 평가를 한 예이다. 교사는 그런 내용을 기록, 정리해 두었다가 다음 프로젝트 때 유아들에게 상기시켜 주고 더 발전적 형태로 활동하도록 돕는다.

이 자료 확보를 위해 보조 교사가 동영상 촬영을 도와줄 수 있다면 좋겠지만 보조 교사가 없는 경우라도 교사가 프로젝트 진행 과정을 부분적으로 찍는다면 평가의 중요한 자원이 될 수 있다. 여러 가지 사정으로 프로젝트 진행 과정 중에는 동영상 촬영이 어렵다면 전시회 및 발표회하는 날만 찍어 평가에 활용하는 것도 가능하다. 전시회 및 발표회에서는 프로젝트 전 과정을 요약해서 볼 수 있으며 각 유아가 참여하는 모습을 생생하게 담을 수 있기 때문이다. 단, 전시회 및 발표회 날은 교사가 유아들을 통제하는 한편, 부모들과 이야기를 나누면서 동영상으로 모두 기록하기에는 무리가 있으므로 주변 관계자들의 도움을 얻는 것이 바람직하다.

사진이나 동영상 자료를 통한 평가의 경우 평가 준거를 명확하게 문서화하기는 어려우나 대체로 프로젝트의 각 단계별 중심 사건이 활발하게 이루어졌는지, 중심 사건에 따른 교사의 관심과 역할이 제대로 수행되었는지, 유아가 활동에 잘 참여하였는지 등을 준거로 하여 평가해 볼 수 있을 것이다.

### (7) 부모와의 면담 결과 및 부모의 직접 평가

정기적인 부모 면담을 통해서나 부모들의 비정기적인 원 방문, 또는 SNS, 전자우편, 전화 등을 통해서도 프로젝트의 진행에 대한 부모들의 의견 및 평가에 관해 들을 수 있다. 부모들이 어떻게 느끼는지, 왜 그렇게 느끼는지 등과, 프로젝트가 진행될수록 부모들의 참여 정도가 더 진지해지고 높아지는지 그렇지 않은지 등을 분석해 봄으로써 간접적인 프로젝트 평가가 가능하다.

특히 마무리단계 때의 전시회 및 발표회 때에는 부모들이 직접 와서 평가에 참여할 수 있는데 이때 직접 교사에게 이야기해 주는 방법 외에도 의견 또는 느낌을 적도록 할 수 있다. 즉, 다 둘러보고 난 후 어떤 느낌을 받았는지 또는 더 바람직한 프로젝트 활동이 되도록 하기 위해 제안하고 싶은 것은 없는지 등을 메모하여 준비된 통에 담도록 하는 것이다.

### 2) 유아 개별 프로젝트 파일 또는 포트폴리오에 근거한 평가

1990년대 이후 포트폴리오 평가는 유아의 학습과 발달을 평가할 수 있는 대안적 방법으로 큰 기대를 받아 왔다. 몇 학자들의 주장을 보자, 먼저 이정환과 박은혜(1999)는 1990년대에 들어서 유아교육과정에서 주제를 중심으로 통합하는 프로젝트 접근법이 지지되고 있으며 이에 따른 대안적 평가에 대한 요구가 높아지게 되었다고 설명한다. 그리고 그 한 방안으로 포트폴리오에 기초한 평가를 제시하였다. Mcaffe & Leong(1997)은 포트폴리오의 의미와 목적에 대해 '시간에 따라 아동이 어떻게 발달하고 학습하는가를 기록하는 조직적이고 목적적인 증거들의 모음'으로서 '평가를 위한 기초를 제공하고 이후 학습과 발달을 위한 안내를 제공한다.'고 하였다. Puckett & Black(1994) 역시 참 평가를 위한 방안으로 포트폴리오에 의한 평가를 이야기하면서 이를 바람직하게 시행하기 위해서는 교사-아동-가족이 협력하여야 한다고 주장하였다. 이현옥과 김지영(1999)은 포트폴리오가 유아의 수행 정도를 보여주는 진정한 기록이 되기 위해서는 각 작품이 지니는 사회적 맥락, 작업의 진행 과정, 유아의 의도, 교사의 판단 등이 가능한 한 기록되어 있어야 한다는 점을 강조하였다.

이렇게 볼 때 프로젝트 과정 중 나오는 결과물, 교사의 기록, 부모의 언급 및 기록 등은 유아 학습의 증거물로써 평가를 위한 직접적이고 타당한 자원이 된다. 그러므로 유아 개별로 파일을 만들거나 포트폴리오를 구성하여 평가에 활용하는 것이 바람직하다. 즉, 바른 포트폴리오 평가를 위해서는 교사, 행정가, 학부모가 유아 평가에 대한 공유된 이해와 열린 의사소통을 바탕으로 함께 의미를 만들어

가야 한다(이진희, 2007). 이런 점을 전제하면서 프로젝트 개별 파일 또는 포트폴리오의 내용이 될 수 있는 것과 이것이 평가에 어떻게 활용될 수 있는지를 살펴보면 다음과 같다.

### 가) 유아 작품 : 개별, 조별 작품

#### (1) 주제망과 관계된 결과물

프로젝트 이후 그 주제에 대한 유아들의 생각이나 개념 정도가 얼마나 발전되었는가를 확인하는 한 가지 방법은 프로젝트 종료 후 한 번 더 동일 주제에 관한 생각 모으기와 친구 찾기를 해 보는 것이다. 개별 유아의 평가를 염두에 둔다면 조별 생각 모으기를 하는 경우에도 그 전에 먼저 개별로 생각 모으기를 해 보도록 한 후 그 결과물을 복사해 놓고 조별 활동에 들어가도록 한다. 이렇게 해보면 프로젝트 시작단계에서 각 유아가 주제에 관해 생각할 수 있는 정도는 어느 정도였는데 프로젝트 종료 후 생각하는 정도가 얼마나 확장되었는지를 평가해 볼 수 있다.

#### (2) 시작단계 때의 이전 경험 표현물

프로젝트 시작단계 때의 결과물로서 그림, 글로 쓴 것, 만들기 한 것의 사진 등은 이후 프로젝트가 전개되는 과정에서 나오게 되는 미술적 표현, 언어적 표현, 수학적 표현 등과의 결과물 비교에 활용된다.

#### (3) 질문 종이

주 경과에 따라 다른 색깔의 질문 종이를 마련해 주고 각각의 질문 종이에는 날짜와 이름을 적는 난을 둠으로써 유아 개개인이 주별로 얼마나 많은 질문을 하였는지, 질문의 내용은 어떻게 변화되었는지를 확인·평가한다.

#### (4) 전개단계, 마무리단계 때의 표현 결과물

프로젝트 시작단계 때의 표현 결과물과 프로젝트 전개, 마무리단계에서 나온 표현 결과물을 비교·평가해 볼 수 있으며 같은 프로젝트 전개단계 안에서도 현장 견학 전과 후, 실험하기 전과 후, 토의에 임하기 전과 후 등의 작품을 놓고 비교할 수 있다. 예를 들어 한 유아의 경우 현장 견학 가기 전 그림에서는 소젖을 8개로 표현해 놓았으나 현장을 다녀온 후는 늘어진 젖에 젖꼭지는 4개를 그려 넣음으로써 '소'에 대한 유아의 인식이 바뀌었음을 나타내 주고 있다. 따라서 유아의 표현 결과물은 그 변화 과정을 알 수 있도록 날짜별로 정리하는 것이 바람직하다.

참고로 프로젝트 과정 중에 나올 수 있는 표현 결과물 유형은 다음과 같다.

- 언어적 표현 : 자기가 직접 쓴 글과 교사나 친구의 도움을 빌려 작성한 글, 말로 표현한 것에 대한 녹음 파일 등. 내용적으로는 노래 개사, 동시, 동극이나 인형극의 대본, 느낌, 여러 가지 조사 내용, 활동에 대한 평가 등
- 미술적 표현 : 그림 그린 것, 만든 것(사진), 문지르기, 찍기 등
- 수학적 표현 : 수나 측정 단위를 사용하여 나타낸 것, 벤다이어그램, 막대그래프 등
- 사회·과학적 표현 : 지도 그린 것, 순서도 그린 것, 단면도 그린 것 등
- 게 임 : 자신이 만든 게임판 및 게임에 대한 유아의 설명, 게임이 나오게 된 배경
- 음악과 극 : 개사하거나 창작한 노래 녹음 테이프, 창의적 신체 표현에 대한 동영상, 인형극이나 동극에 대한 동영상 등

여기서 유아의 작품 수집 및 포트폴리오 정리와 관련하여 두 가지 유의할 사실이 있다.

첫째, 프로젝트 과정 중 유아들에게 동일 작업을 하도록 하여 상대적인 비교에 필요한 자료를 얻도록 한다. 상대적인 서열화를 위함이 아니라 동일한 연령대의 다른 아이들과는 어떤 차이가 있는가에 관한 자료를 얻기 위함이다. 시작단계 때

에 주제에 대한 개별 생각 모으기를 한다거나 이전 경험을 모두 그림으로 표현해 보도록 하는 것, 현장 견학 전에 현장에 가면 보게 될 대상을 예상하여 미리 그림으로 나타내 보도록 하는 것 등 공통 과제를 주는 것이 이에 속한다. 그 구체적인 예로 [그림 9-4]는 '신발' 프로젝트 시 교사가 '내가 가지고 있는 신발'이라는 일정한 양식을 나누어 주고 모든 유아들에게 개별로 해 보도록 한 것을 들 수 있다.

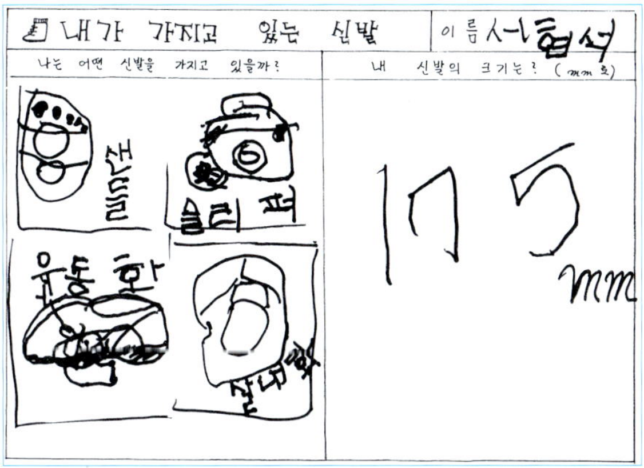


그림 9-4 교사가 내 준 동일 양식의 활동지 : '내가 가지고 있는 신발'

둘째, 파일 또는 유아의 포트폴리오 정리에 교사뿐 아니라 가능하면 유아도 참여하도록 기회를 주는 것이 바람직하다. 반 전체 유아들한테서 프로젝트 과정 중에 나오는 수많은 관련 자료들을 교사 혼자서 정리하는 것은 무리가 있을 뿐 아니라 유아가 정리에 함께 참여할 때 어느 것이 더 나은가, 무엇을 기록으로 남길까 등 스스로 평가의 과정에 임하는 것이기도 하기 때문이다. 이는 프로젝트 파일 또는 포트폴리오 구성의 중요한 한 가지 의미이다.

그렇게 하기 위해 수시로 나오는 여러 평면적인 결과물(※ 입체적인 것은 교사가 사진을 찍어 놓음)들을 각각 개인함에 넣었다가 매주말 일정 시간을 정해 교사와 유아가 함께 개별 파일에 정리하도록 한다. 교사가 전체적으로 어떻게 정리할 것인지를 알려주고 도움을 주되 유아들이 보관할 작품을 직접 골라 보는 기회를 줌으로써 자신의 작품에 대한 평가를 경험해 보게 하는 것이다. 이때 교사가 10명

이상의 유아를 데리고 하면, 작품을 늘어놓고 끼우고 교사가 개별적인 도움을 주고 하는 과정에서 혼란이 야기될 수 있으므로, 전체 유아를 두세 그룹으로 나누어 하도록 한다. 그런데 대체로 만 5세 미만, 특히 남아들의 경우는 파일에 작품을 끼우는 것 자체에 어려움을 많이 느끼므로 유아들이 어느 정도 익숙해질 때까지 주변 사람들(예 부모, 교생, 보조 교사 등)의 도움을 받아 함께하도록 하는 것이 바람직하다.

#### 나) 교사의 기록

유아의 파일 또는 포트폴리오에는 유아의 작품뿐 아니라 교사의 기록도 함께 정리될 때 훨씬 더 타당한 평가 자료로서의 가치를 지닐 수 있다. 교사 기록의 예로는 다음과 같은 것을 들 수 있다.

(1) 또래와 상호 작용하는 것에 대한 관찰 및 대화·일화 기록
(2) 현장 또는 기타 외부에 나갔을 때에 나타나는 각 유아의 성향에 대한 기록 또는 사진
(3) 개별 또는 조별 구성물 사진
(4) 특정 시간에 유아가 선택하는 활동 기록
(5) 체크 리스트 또는 평정 척도
(6) '프로젝트 경과별 기록': 복사를 해서 교사 파일과 유아 파일에 따로 정리한다.

#### 다) 부모의 보고

매주 '가정에서의 유아 관찰 기록'도 복사해 교사와 유아 파일에 각각 정리한다.

### 3) 프로젝트 수행 능력 측정에 의한 평가

유아의 프로젝트 수행 능력을 측정하기 위한 도구는 Leith(1982)가 아동용으로 개발한 '프로젝트 평가지(Project Assessment Sheet)'를 저자가 Chard(1994a)의 프

로젝트 수행 과정 및 평가에 관한 견해를 참고하고, 우리나라 실정과 유아의 발달 수준에 맞도록 일부 문항 표현 및 내용을 수정하여 유아용으로 수정, 보완한 것이다.[40)]

검사는 프로젝트 각 단계별 중심 활동을 축으로 하여 5개의 하위 요소, 총 30문항으로 구성되어 있다. 각 하위 요소의 주요 개념과 평가의 주안점은 다음과 같다.

#### 가) 주제망 구성 능력(아이디어 창출 및 조직)

주제망 구성 능력이란 프로젝트 주제와 관련된 아이디어를 창출하고 그것을 유목화하거나 구조화하는 능력을 말한다. 이를 통해 교사는 유아의 주제에 관한 생각이나 개념의 정도, 아이디어 창출 및 조직 능력을 파악할 수 있다. 아이디어 창출 및 구성을 하는 데 있어 글씨를 아직 쓰지 못하는 유아들은 그림으로 표현할 수도 있다.

#### 나) 활동 계획 능력

주제망 구성이 이루어진 후, 그 주제에 관하여 제기된 여러 가지 소주제를 탐구하기 위한 활동 계획을 수립하고 필요한 자원은 무엇인지 결정하는 능력을 말한다.

#### 다) 정보 추출 능력

구체적인 활동 계획이 수립된 후, 이를 수행하는 데 필요한 정보를 수집하는 능력을 말한다. 여기에는 주의 깊게 듣기, 관찰하기, 읽기, 쓰기, 면담 혹은 질문하기 등의 기능이 포함될 수 있다.

#### 라) 정보나 아이디어 표현 능력

유아들이 수집한 정보나 아이디어 또는 활동 결과를 다양한 방법으로 표현할

40) 이 도구는 저자의 박사논문 작성 당시 신뢰도와 타당도를 검증한 바 있으나 이후 현장 교사들과의 협의를 거쳐 다시 한 번 일부 조정되었기 때문에 학위논문에서 사용하고자 할 때는 다시 한 번 신뢰도와 타당도를 검증해 보는 것이 필요하리라고 본다.

수 있는 능력을 말한다. 여기에는 미술적 표현, 언어적 표현, 수학적 표현, 사회·과학적 표현, 음률적 표현 등이 포함된다.

**마) 활동 마무리 및 평가 능력**

활동을 마무리하고 처음의 계획에 비추어 자신이나 타인의 활동 과정이나 결과물을 비교·평가하는 능력을 말한다.

검사 방법은 각 문항에 대하여 검사자가 피검사자의 프로젝트 활동 과정 관찰 및 결과물에 근거하여 5단계 평정척도를 사용하여 아래의 평가 기준에 따라 1점에서 5점으로 평가하도록 되어 있다.

**표 9-4** 프로젝트 수행 능력 평가

유아의 이름 : ____________________

※ 다음을 읽고 그에 따라 표시하시오.

- 0점 : 전혀 못한다(전적으로 교사나 친구의 도움에 의존한다).
- 1점 : 잘 못하는 편이다(시도는 하지만 교사나 친구의 도움에 대부분을 의존한다).
- 2점 : 보통이다.
- 3점 : 잘하는 편이다.
- 4점 : 아주 잘한다(전혀 도움을 필요로 하지 않는다).

A. 프로젝트 시작단계 (주제망 구성 능력)

| 평가 횟수 : | 1회 | 2회 | 3회 | 4회 | 5회[41] |
|---|---|---|---|---|---|
| 주제의 예 : | 아기 | 집 | 개 | 물 | 신발 |
| 1) 어린이는 브레인스토밍할 수 있는가? | | | | | |
| 2) 어린이는 주제에 관한 여러 가지 사항들을 유목화(categorize)할 수 있는가? | | | | | |
| 3) 어린이는 주제망을 구성할 수 있는가? | | | | | |

### B. 프로젝트 전개단계 (활동 계획 및 이행 능력)

(1) 활동 계획 능력

| | 아기 | 과자 | 물 | 신발 | 공원 |
|---|---|---|---|---|---|
| 1) 스스로 활동 내용을 정하는가? | | | | | |
| 2) 합리적인 활동 계획을 세우는가? | | | | | |
| 3) 활동에 필요한 자원을 스스로 결정하는가? | | | | | |

(2) 정보 추출 능력

어린이는 다음과 같은 기능을 활용하여 정보를 추출할 수 있는가?

| | 아기 | 과자 | 물 | 신발 | 공원 |
|---|---|---|---|---|---|
| 1) 주의 깊게 듣기 | | | | | |
| 2) 관찰하기 | | | | | |
| 3) 읽기 | | | | | |
| 4) 면담 혹은 질문하기 | | | | | |

(3) 정보와 아이디어의 표현

어린이는 정보와 아이디어를 표현하는 데 있어 다음과 같은 방법들을 사용할 수 있는가?

| | 아기 | 과자 | 물 | 신발 | 공원 |
|---|---|---|---|---|---|
| 1) 미술적 표현 : | | | | | |
| • 스케치(또는 그림 그리기) | | | | | |
| • 평면적 구성(예 콜라주) | | | | | |
| • 입체적 구성(예 모형 만들기) | | | | | |
| 2) 언어적 표현 : | | | | | |
| • 말하기 | | | | | |
| • 글로 적기 | | | | | |

41) 프로젝트 평가지 한 장에 계속적으로 기록해 나가면 프로젝트가 거듭될수록 프로젝트 수행 능력이 어떻게 발전해 가는지 확인 가능하다.

| 3) 수학적 표현 : | 아기 | 과자 | 물 | 신발 | 공원 |
|---|---|---|---|---|---|
| • 분류하기 | | | | | |
| • 숫자로 표현하기 | | | | | |
| • 막대그래프 그리기 | | | | | |
| • 순서도 그리기 | | | | | |
| • 측정 단위(예 손뼘이나 cm)로 나타내기 | | | | | |
| • 벤다이어그램(비교 도표) 그리기 | | | | | |
| 4) 사회 과학적 표현 : | | | | | |
| • 위치 나타내기(지도 그리기) | | | | | |
| • 단면도 그리기 | | | | | |
| • 망(web)으로 나타내기 | | | | | |
| 5) 음률적 표현 | | | | | |
| • 노래로 표현하기 | | | | | |
| • 소리(악기 포함)로 표현하기 | | | | | |
| • 창의적 신체 표현하기 | | | | | |

### C. 프로젝트 마무리단계 (활동 마무리 및 평가 능력)

| | | | | | |
|---|---|---|---|---|---|
| 1) 어린이는 전시 및 발표를 위한 계획을 표현할 수 있는가? (말, 그림, 글) | | | | | |
| 2) 전시 및 발표를 위한 작품 선정을 할 수 있는가? | | | | | |
| 3) 전시 및 발표회 때 자기 역할을 잘 이행하는가? | | | | | |
| 4) 전시 및 발표 후 마무리 과정 (마무리 토의 및 정리 정돈)에 참여하는가? | | | | | |

이 평가 도구는 프로젝트 직후 평가와 프로젝트 간 평가 모두에 활용할 수 있다. 즉, 하나의 프로젝트가 끝났을 때 여러 가지 자료를 참고하면서 평가함으로써 유아 개개인의 프로젝트 수행능력을 점검해 볼 수 있다. 또한, 처음 실시한 프로젝트와 학기 말에 실시한 프로젝트, 학년 말에 실시한 프로젝트에 대한 평가를 실시하여 시간 경과에 따라 유아들의 프로젝트 수행 능력이 얼마나 발전되었는가를 비교해 볼 수 있다.

#### 4) 학습 목표에 비추어 본 평가

〈표 9-5〉는 프로젝트에서 추구하는 4가지 학습 목표 영역인 지식, 기능, 성향, 느낌에 '실천'을 더한 후 우리나라 실정에 맞도록 구체화하여 프로젝트 간 유아의 진보 상태를 파악할 수 있도록 고안한 평가 도구이다. 여기서 기능, 성향, 느낌에 따른 세분화된 목표는 프로젝트명이 바뀌어도 바뀌지 않는다. 예를 들어 프로젝트 주제가 '사탕'이건, '밥'이건 인어적 기능의 세분화된 목표인 '타인의 말을 듣고 그에 맞게 자신의 생각을 표현할 수 있다'는 그대로 가는 것이다. 그러나 지식, 실천에 따른 세분화된 목표는 프로젝트 주제에 따라 바뀌게 된다. 프로젝트 주제에 따른 중심 개념이 무엇이냐에 따라 달라지는 것이다. 예를 들어 '사탕'인 경우 '당 과잉 섭취가 우리 몸에 미치는 영향을 안다'가 그 하나라면, '밥'인 경우 '밥을 어떤 과정으로 짓는지 안다'가 세분화된 목표에 속할 수 있다. '지식'과 마찬가지로 '실천' 부분도 프로젝트마다 달라진다. 예를 들어 '사탕'이면 '음식, 특히 단 음식을 먹고 나면 양치질하기'가 세분화된 목표 중 하나로, '밥'은 '밥 먹기 전 음식 만든 분에게 감사합니다라고 말하기'가 세분화된 목표 중 하나로 들어갈 수 있는 것이다. 그렇기 때문에 프로젝트가 바뀔 때 지식과 실천 부분은 그에 맞는 내용을 따로 만들어서 포스트잇을 붙이듯이 계속 덧붙여 가며 활용하도록 한다. 다시 말해 1년 동안 프로젝트를 5개 하였다면 기능, 성향, 느낌 부분은 평가지 한 장에 다 표시가 되지만 지식과 실천 부분은 마치 달력처럼 5장을 넘겨 가며 확인할 수 있을 것이다.

유아교육 현장에서 활용한다고 할 때 기능, 성향, 느낌 부분은 그 프로젝트가 종료된 시점에서 유아의 수준이 10점 만점 중 어느 정도 수준에 와 있는가를 가늠하여 수로 나타낸다. 물론 평가 수치가 교사의 주관적 판단에 의한 것이므로 시험 점수처럼 객관적 평가라고 하기는 어렵다. 하지만 교사가 프로젝트 과정 중 계속 관찰·기록해 온 자료, 유아들의 작품 결과물 등을 참고한다면 어느 정도 유아 평가에 참고할 수 있는 자료를 얻을 수 있을 것이다.

한편, 지식과 실천 부분은 10점을 만점으로 하고 프로젝트 시작 시점(괄호 안에 적음)과 프로젝트 종료 시점(괄호 옆에 적어 괄호 안 숫자와 비교해 볼 수 있게 함) 비교가 가능하도록 두 개의 숫자를 나란히 적도록 하였다. 프로젝트 시작 시점에서 유아의 주제에 대한 지식 정도는 생각 모으기나 이전 경험 표현 결과물 등을 통해 일정 부분 파악이 가능하다. 여기에 더해 교사가 유아(들)의 프로젝트 주제에 대한 지식 정도를 파악할 수 있도록 말로 질문하거나 질문지를 만들어 평가 자료로 활용할 수 있다. 예를 들어 '사탕은 어떻게 만들까요?', '사탕을 매일 10개씩 먹는다면 우리 몸은 어떻게 될까요?' 등의 질문지 등이 그것이다. 종료 시점에서는 프로젝트 과정 중 교사 관찰, 유아들의 작품 결과물, 유아들 대화 내용, 활동지 등을 근거로 평가한다.

프로젝트명 옆의 '개인적 특성'이란 각 프로젝트 과정 중 나타난 두드러진 개인적 특성을 간단히 기록하는 난이다. 이렇게 함으로써 숫자로 표시할 수 없는 부분을 보완하도록 하는 동시에 각 유아에 대한 이해를 좀 더 심층적으로 할 수 있도록 하였다.

〈표 9-5〉[42]의 적용 사례로 든 '사탕'은 M원에서 1학기 중 약 4주에 걸쳐 진행한 프로젝트명이며, '밥'은 같은 원에서 약 3주에 걸쳐 행한 프로젝트명이다. 2학기에는 1개의 프로젝트를 더 하였기 때문에 옆으로 평가 칸이 하나 더 추가된다. 이런 식으로 하여 만일 어떤 원에서 1년에 5개의 프로젝트를 한다면 그에 따라 칸을 5개까지 계속 덧붙여 가며 평가에 활용할 수 있다. 단, 이 평가 도구로만 유아의 진보 정도를 파악하거나, 평가 결과를 유아들 간 비교 자료로 활용하는 일은 절대 금해야 할 것이다.

42) 기능, 성향, 느낌, 지식, 실천에 대한 평가 모두 가장 높은 수준을 10점 만점으로 보고 평가해 보도록 한 것이다. 이때 필히 옆 칸에 개인적 특성을 진술함으로써 각 유아에 대한 평가가 점수에 의해서만 획일적으로 되지 않도록 유의하여야 한다.

**표 9-5** 학습 목표 영역별 평가 내용

유아명 : ○○○

| 학습 목표 영역 | | | 세분화한 목표 | 사탕(3.31 ~4.30) | 개인적 특성 | 밥(6.16 ~7.4.) | 개인적 특성 |
|---|---|---|---|---|---|---|---|
| 기능 | 학문적 기능 | 언어 | • 타인의 말을 듣고 그에 맞게 자신의 생각을 표현할 수 있다. | 5 | 주제 관련 책 읽고 새로운 정보를 친구들에게 말해 주는 것을 특히 좋아함 | 6 | 질문을 글로 옮겨 보려는 시도가 부쩍 늘었음 |
| | | | • 여러 자원의 글을 읽을 수 있다. | 5 | | 5 | |
| | | | • 받침 있는 단어를 쓸 수 있다. | 3 | | 4 | |
| | | | • 창의적으로 이야기를 꾸며 말할 수 있다. | 4 | | 5 | |
| | | 수 | • 수를 사용하여 정보를 표시할 수 있다. | 6 | 자료를 표로 정리는 못하지만 막대그래프 만들기 활동자체는 매우 흥미 있어 한다. | | |
| | | | • 자료를 표(예 막대 그래프, 비교도표)로 정리할 수 있다. | 3 | | | |
| | | | • 도구(자, 계량스푼, 저울)를 사용하여 측정할 수 있다. | 3 | | | |
| | | | • 측정 단위(예 손뼘, cm, g)로 나타낼 수 있다. | 2 | | | |
| | | | • 종류에 따라 유목화할 수 있다. | 4 | | | |
| | 미술 표현 | | • 사물의 특성을 그림 으로 표현할 수 있다. | 5 | 비교적 구체적으로 그릴 수 있으나 입체적 구성은 약함 | | |
| | | | • 입체적 구성물로 표현할 수 있다. | 3 | | | |
| | 음률 및 신체 표현 | | • 박자와 음에 맞게 노래를 부를 수 있다. | 3 | 다른 활동에 비해 노래 부르기를 즐겨하지 않는 편이다. | | |
| | | | • 곡에 맞게 개사하기를 할 수 있다. | 3 | | | |
| | | | • 느낌이나 생각을 창의적으로 신체 표현할 수 있다. | 4 | | | |
| | 과학적·기술적 기능 | | • 세밀하게 관찰할 수 있다. | 4 | 도구 사용이 또래에 비해 미숙하다. | | |
| | | | • 가위, 칼 등 도구를 사용할 수 있다. | 3 | | | |
| | 사회적 기능/인간 관계 | | • 2명 이상의 소집단에서 협동하면서 자기 역할을 수행할 수 있다. | 6 | 조별 활동 시 주로 주도적 역할을 한다. | | |
| | | | • 문제 상황에서 자기 주장을 할 수 있다. | 7 | | | |
| | | | • 다른 사람을 배려한다. | 5 | | | |

| 학습 목표 영역 | 세분화한 목표 | 사탕(3.31 ~4.30) | 개인적 특성 | 밥(6.16 ~7.4.) | 개인적 특성 |
|---|---|---|---|---|---|
| 성향 | • 다른 사람을 도와 주려는 성향을 갖는다. | 5 | 동화, 게임판 만들기 등에 관심이 많으며 능동적으로 참여한다. | | |
| | • 새로운 아이디어를 산출하고 시도해 보고자 한다. | 5 | | | |
| | • '왜?' '어떻게?' 탐구 성향이 강하다. | 6 | | | |
| 느낌 | • '우리 반' '우리 원'이 라는 공동체 의식을 갖고 있다. | 6 | '우리'라는 말을 많이 사용한다. 그러나 아직 다른 사람의 작품을 소중히 하는 태도는 보이지 않는다. | | |
| | • 자신이나 타인의 생각 표현 결과 등을 소중히 생각한다. | 4 | | | |
| | • 학습에 대한 유능감이 있다. | 4 | | | |

※ 다른 주제에 대한 프로젝트를 할 때마다 지식과 실천 부분은 포스트잇 붙이듯 계속 덧붙여 나감. 가장 최근에 한 프로젝트가 가장 앞쪽에 붙게 됨.

| | | | | |
|---|---|---|---|---|
| 사탕 | 지식 | • 사탕을 어떻게 만드는지 안다. | (2)9 | 동생반 양치하는 것도 참견하려 할 정도로 이를 꼭 닦아야 한다고 말한다. 과자나 사탕을 먹을 때마다 봉지에 적힌 성분을 확인한다. |
| | | • 당 과잉 섭취가 우리 몸에 미치는 영향을 안다(이 썩음, 당뇨병, 뼈 약해짐). | (1)7 | |
| | | • 음식, 특히 당 섭취 후 이를 닦아야 하는 이유를 안다. | (3)5 | |
| | 실천 | • 음식, 특히 단 음식을 먹고 나면 양치질하기 | (7)9 | 가정에서 사탕이나 아이스크림을 먹는 횟수가 눈에 뜨게 줄었다고 한다. |
| | | • 일주일에 1회 이상 탄산음료 안 마시기 | (1)6 | |
| | | • 몸에 유익한 음식인지 생각해 보고 먹기 | (6)8 | |
| | | • 음식을 함부로 버리지 않기 | | |

CHAPTER 10

# 프로젝트 접근법의 효과적 적용을 위한 고려

THE PROJECT APPROACH

## 1. 프로젝트를 통한 유아중심, 놀이중심 구현

이야기를 풀기 위해 먼저 프로젝트 하나를 살펴보자. '행복한 우리 반 프로젝트'이다. 이 주제는 2019년 9월 중순, 프로젝트 학습공동체[43]에서 토의를 거쳐 정해진 것이다. '행복'이란 개념이 추상적이라 지금까지 해 오던 프로젝트 주제와는 상당히 다른 결이었지만, 그래도 한번 도전해 볼 만한 가치가 있다고 구성원들 간에 합의하였다. 중심목표는 유아의 자율성을 증진시키고, 협동적인 반 분위기를 조성하는 데 두기로 하였다. 교사들은 이 기회를 통해 '과연 유아들이 원에서 언제 가장 행복하고, 즐거운지' 알아보면 좋겠다고 하였고, 이 프로젝트를 통해 2019 개정 누리과정에서 강조하는 유아중심, 놀이중심을 실현해 보고 싶다는 의욕도

43) 7개원(원래 8개원이었으나 당시 1개원은 빠짐)에서 온 각 2명씩의 교사 14명과 필자까지 15명이 모인 프로젝트 학습공동체이다.

내비쳤다.

프로젝트 시작 시점은 14명의 교사 모두 동일하게 9월 마지막 주 월요일로 하기로 하고, 약 4주 정도의 프로젝트 기간을 예상하였다. 단, 마무리 시점은 각 반별로 프로젝트 상황에 따라 융통성 있게 정하기로 하였고, 결과적으로 5주까지 프로젝트가 진행된 반, 또 아주 길게는 6주까지 간 경우도 있었다. 여기서는 그 중 한 반인 가경유치원 만 5세반에서 4주간에 걸쳐 행해진 '행복한 우리 반' 프로젝트의 일부만 기술해 보고자 한다.

프로젝트 2주차에 들어선 화요일 아침, 이야기 나누기 시간에 교사와 전체 유아들은 '반에서 무엇을 하면 제일 신나고 행복한가?'를 소재로 서로의 의견을 들어보는 시간을 가졌다. 이런저런 의견들이 나왔는데, 그중 모두가 동의한 것은 두 가지였다. 하나는 '실컷 놀기만 하고, 장난감을 치우지는 않기'와 다른 하나는 '재미있는 것을 친구들과 만들어 놀기'였다. 이렇게 하여 〈그림 2-2〉 왼쪽 사진은 '장난감을 치우지는 않고 그냥 하루 종일 놀기만 한 결과'이다. 이날 유아들은 '장난감 치우지 않기'라는 '평소와는 너무 다른, 특별한 색이 입혀진 새로운 하루'에 엄청난 흥미를 보여 주었다. 이날, 유아들은 노는 것보다 장난감들을 치우지 않고 그냥 자리를 떠나는 데 더 재미를 느끼는 것 같았다. 장난감을 일부러 흩트려 놓고 신나게 웃어 대던 유아들은, 그런데 채 2시간도 지나지 않아 불편한 상황에 마주하게 되었다. 교실이 이루 말할 수 없이 어질러져 버렸기 때문이다. 그럼에도 치우지 않고 어쨌든 그날은 그대로 하원하였다. 교사도 유아들이 스스로 느끼도록 이 상황에 최소한으로만 개입하였다.

다음 날 아침, 교실에 들어온 유아들은 바로 여러 가지로 불편한 상황들에 난감해 하였다. 여기저기 널려진 장난감을 밟고 미끄러질 뻔하기도 하고, 필요한 물건을 찾기도 어려웠기 때문이다. '더럽다'고 표현하는 유아들도 있었다. 그러다 보니 모두가 당장 문제 해결을 해야 한다고 느끼게 되었다. 오전 이야기 나누기 결과, '우리 반 모두가 행복하려면 오히려 정리를 잘 해야겠구나'로 결론을 다시 내리게 되었다. 이어 이미 존재하는 '우리 반의 치우기 규칙'에 대해 이야기 나누기를 하게 되었다. 그렇게 하여 교사와 유아들은 규칙 중 더 보완해야 할 것과 고쳐으면 하는 내용을 반영한 '우리 반 치우기 규칙'을 새로 만들게 되었다. 여기서 끝난 것이 아니다. 한 걸음 더 나아가 〈그림 10-2〉 사진 오른쪽과 같은 '우리 반 행복규칙'을 만들기까지 나아갔다. 유아중심, 놀이중심으로 프로젝트를 하면서 '행복하려면 서로를 배려하고, 함께 정한 규칙을 스스로 잘 지켜야 한다.'는 것을 깨닫고 실천하게 된 것이다. 교사는 이 전체 과정에서 최대한 유아들의 의견을 존중하고, 스스로 문제를 깨닫도록 하며 이후 함께 문제를 해결해 나갔다.

"안 치우고 놀기만 해요. 그럼 아주 행복할 거예요."
"야, 너 왜 치우고 가? 오늘 안 치우는 날이잖아. 캬하하!"

출처: 가경유치원

그림 10-1 '행복한 우리 반'을 위한 규칙 만들기

그런가 하면 다음은 '친구들과 재미있는 것 만들어 놀기' 관련이다. 먼저, '무엇을 만들어 놀면 재미있을까?'에 대한 아이디어 나누기부터 4명씩 해 보았다. 이때 조건은 '폐품을 이용한 만들기'였다. 재미있는 악기, 원하는 것은 다 들어 있는 냉장고, 화산과 레이저빔을 피하는 게임판 등 재미있는 아이디어들이 나왔다. 이 아이디어들을 좀 더 구체화시킨 후 조별 만들기가 진행되었다. '행복한 우리 반 프로젝트' 중 구체적 목표를 갖는 조별 프로젝트가 진행되게 된 것이다. 이때 교사는 마치 오케스트라의 지휘자처럼 조별 상황에 따라 함께 아이디어를 보완하기도 하고, 유아들과 함께 자원 충원을 하는가 하면, 필요에 따라 직접 도움을 주기도 하였다.

그 결과 중 하나로 〈그림 10-3〉은 '원하는 것은 다 들어 있는 냉장고'이다. 여기서 왼쪽 사진은 처음 아이디어 단계에서 나온 그림이고, 오른쪽 사진은 그 냉장고를 만들어 가는 과정이다. 주재료는 복사지를 담았던 빈 상자, 휴지심 등이었다. 이 조는 만들기 마지막 단계에서 다른 조 친구들의 의견과 도움도 받았다. 냉장고 문을 열 때마다 안의 내용물이 쏟아져 나오는 문제를 해결하는 데 어려움을 느꼈기 때문이다. 결과적으로, '문을 열어도 끄떡없는 냉장고'를 최종 완성할 수 있었다. 완성 후 한동안 이 냉장고는 유아들의 상상이 더해지면서 또 다른 기능(예 요리도 됨)을 보여주는 상징(예 빨갛고 동그란 모양)이 덧붙여지곤 하였다. 이후 역할놀이에서뿐 아니라 창의적인 이야기 짓기의 소재로 활용되었다.

냉장고 처음
아이디어 그림

냉장고 문을 열 때마다 안의 물건이 떨어짐 ⇨ 딱딱한 판 붙이기, 높이 조절하기 등 다양한 시도 끝에 문제 해결

출처: 가경유치원.

그림 10-2 냉장고 만들기 발전과정

정리해 보자. 프로젝트는 유아중심, 놀이중심을 구현할 수 있는 바람직한 교육방법이다. 단, 프로젝트의 본질에 충실할 때 그렇게 될 수 있다. 그럴 때, 같은 기관 동일 연령반에서 같은 주제로 프로젝트를 한다고 하여도 각각 고유한 무늬와 색을 갖는 프로젝트로 직조해 나갈 수 있는 것이다. 물론 이 모든 것이 효과적으로 되기 위해서는 교사의 바른 역할 수행이 매우 필요하다. 그런 맥락에서 '프로젝트 각 단계별 교사 역할'에 대해 살펴보고자 한다.

## 2. 프로젝트 중 교사 역할

교사의 바른 역할 수행은 프로젝트 활성화에 큰 영향을 미친다. 특히 장기 프로젝트인 경우[44] 더욱 그러하다. 일단 프로젝트 준비단계에서 교사는 주제에 대한 주제망 구성부터 환경 구성에 이르기까지 준비에 임하는데, 이때 교사가 이 과정을 얼마나 충실히 이행했는가는 프로젝트 성패를 가르는 첫 번째 관문이다. 준비를 잘하고 나면 교사부터 프로젝트 주제에 대한 흥미와 관심이 높아짐은 물론, 자신감까지 생기면서 프로젝트를 유아들과 빨리 해 보고 싶다는 의욕으로 가득 차게 된다. 이런 교사의 마음가짐과 자세는 반 유아들에게 알게 모르게 전달되어 유아 역시 프로젝트 주제에 대한 흥미와 기대하는 마음이 더 커진다. 모름지기 프로젝트가 순항할 수 있는 강력한 토대가 형성되는 것이다.

프로젝트 과정 중에 교사는 관찰사, 기록자, 관찰 및 기록 분석에 기초한 활동 지원자, 함께하는 학습자 등과 같은 역할을 담당한다. 여기서는 장기 프로젝트라는 가정하에 교사 역할을 '교육계획안 작성과 일과 운영'과 '프로젝트 단계에 따른 역할'이란 각도에서 조명해 보고자 한다.

### 가. 교육계획안 작성과 일과 운영

프로젝트를 약 4주 정도 예상했을 때 그 첫 주의 주안은 상당히 구체적으로 구성해 볼 수 있다. 프로젝트 시작단계의 중심 사건(이전 경험 표현, 교사와 유아의 주제망 구성, 질문거리 찾기)과 반 유아들의 프로젝트 주제에 대한 흥미 유발이라

44) 4주 이상의 프로젝트를 예측할 때 장기 프로젝트라고 한다. 단기 프로젝트는 2시간 정도에 끝나기도 한다. 단기 프로젝트는 구체적인 목표를 갖는 활동인 경우가 많은데, 이때도 본질은 학습자 스스로 목표를 세우고 문제를 해결해 나가면서 주체적으로 학습에 임하는가이다. 이런 단기 프로젝트는 장기 프로젝트일 때와 같은 교사의 준비단계를 거치지 않는다.

는 두 축을 중심으로 계획하면 되기 때문이다. 프로젝트 전개단계라고 할 수 있는 2, 3주차 때의 주안도 미리 활동을 다 짜 놓을 수는 없지만 어느 정도 예측은 가능하다. 프로젝트 전개단계의 중심 사건(질문에 대한 조사·탐구·표현 활동, 현장견학, 전문가 만나기 등)과 그전까지 진행되어 온 프로젝트 전개과정, 그 주 유아들의 질문 내용, 교사의 의도 등을 종합하여 다음 주에는 어떤 내용을 다루어 보면 좋을지 대충 그림을 그려 볼 수 있기 때문이다. 이렇게 주안을 구성해 보는 것은 교사에게 '이번 주 유아들에게서 나온 질문, 또는 관심을 다음 활동에 어떻게 반영할 것인지, 활동들 간의 유기적 연계를 이루기 위해 다음에는 무엇을 하면 좋을지 계획'해 보는 효과와, 유아들에게 무엇을 하게 될지 알려주는 효과, 그리고 부모들에게는 '프로젝트 진행 상황에 대해 알리고 그때그때 필요한 협조'를 얻도록 하는 효과가 있다.

'그림책' 프로젝트를 예로 들어 '간단한 양식의 주간교육계획안(이후 주안으로 기술)'과 '보다 상세한 양식의 주안' 두 가지로 제시해 보면 다음과 같다. 각 교사가 처한 상황에 따라 이 양식 중 어느 하나를 선택적으로 사용하거나 조금 변형시켜 사용할 수 있을 것이다. 이 양식은 이 책 79쪽에서 매주 부모들에게 보내도록 고안한 '프로젝트 경과보고 및 다음 주 활동예상' 양식에 기초하여 만들어진 것이다.

**표 10-1** 간단한 양식의 주안

| 주제 | 그림책 | 프로젝트 3주 주안 |
|---|---|---|
| 이번 주(2주) 프로젝트 진행 경과 및 유아들의 반응 | | – 그림책 내용을 노래극으로 만든 〈효성스러운 호랑이〉를 보았음. 보고 난 후 또 보았으면 좋겠다고, 재미있다고 하는 등 유아들의 흥미가 매우 높음.<br>– 그림책 작가, 노래극에 대한 유아들의 질문들이 많아짐. |
| 이번 주 유아들의 질문 내용 | | – 그림책 작가는 어떻게 그림책을 만드나? 작가는 어디 사나? 작가가 그림책 값을 정하나? 글 작가와 그림 작가는 친구인가? 등<br>– 노래극은 누가 만들었나? 우리도 노래극 하고 싶다. |
| 다음 주 활동 예상 | | – 〈으악 도깨비다〉의 작가인 유애로 씨가 중앙 도서관에 강연차 온다고 하여 작가와의 만남 예정: 강연 후 만나기로 결정됨.<br>– 〈효성스러운 호랑이〉를 우리 반만의 노래극으로 해 보려고 함. |
| 가정과의 연계 | | – 자녀와 함께 그림책을 읽을 때 글 작가와 그림 작가도 같이 보고 질문하면서 이야기 나누어 주세요.<br>– 그림책의 파라텍스트적 요소(예: 책 모양, 재질, 면지 등)도 함께 탐색해 주세요. |
| 필요 자원 | | 특별한 그림책(예: 헝겊책, 팝업북, 구멍 있는 그림책 등) |

**표 10-2** 주안의 상세한 양식[45)]

| 주제 | 그림책 | 프로젝트 3주 주안 |
|---|---|---|
| 이번 주(2주) 프로젝트 진행 경과 및 유아들의 반응 | | – 그림책 내용을 노래극으로 만든 〈효성스러운 호랑이〉를 보았음. 보고 난 후 또 보았으면 좋겠다고, 재미있다고 하는 등 유아들의 흥미가 매우 높음.<br>– 그림책 작가, 노래극에 대한 유아들의 질문들이 많아짐. |
| 이번 주 유아들의 질문 내용 | | – 그림책 작가는 어떻게 그림책을 만드나? 작가는 어디 사나? 작가가 그림책 값을 정하나? 글 작가와 그림 작가는 친구인가? 등<br>– 노래극은 누가 만들었나? 우리도 노래극 하고 싶다. |
| 다음 주 활동 예상 | | – 〈으악 도깨비다〉의 작가인 유애로 씨가 중앙 도서관에 강연차 온다고 하여 작가와의 만남 예정: 강연 후 만나기로 결정됨.<br>– 〈효성스러운 호랑이〉를 우리 반만의 노래극으로 해 보려고 함. |
| | | 주안 상세화 |

45) 주안은 고정된 활동과 변동이 가능한 활동으로 구성된다. 예를 들어 '작가와의 만남'은 일시가 고정된 것이지만, 게임이나 음률 등은 프로젝트 진행 상황에 따라 바뀔 수 있다.

| 활동 유형 | | 예상 활동 | 필요 자원 | 참고사항/비고 |
|---|---|---|---|---|
| 자유 놀이 | 언어 영역 | 여러 종류의 책 보기 | – 모양이 특별한 책: 기차 모양(『칙칙폭폭』), 바퀴 달린 도서(『뿌뿌 용감한 아기기차』) 등.<br>–『으악! 도깨비다』 등 유애로 작가의 책 | • 다양한 모양, 내용, 크기의 동화책 제시<br>• 유작가의그림책 『쪽빛을 찾아서』, 『갯벌이 좋아요』 구매 필요. |
| | 수 · 조작 영역 | 서점 가는 길 게임<br>동화 장면 순서대로 놓기 | 교구판, 말, 주사위<br>동화 『효성스러운 호랑이』 | • 유아들이 제작한 게임판의 장점, 문제점 찾아보도록 지원할 것<br>• 이야기를 기억하면서 맞추도록 지원할 것 |
| | 역할 · 쌓기 영역 | 서점놀이 | 동화책, 전시대, 계산대, 도서 홍보 포스터 | • 책에서 볼 수 있는 것(작가, 가격, 출판사 등)에 관심 갖도록 도울 것 |
| | 음률 영역 | 노래극 – 〈효성스러운 호랑이〉 | 노래 가사책, 소품(한복, 도끼, 톱, 지게 등) | • 노래극에 나오는 인물 역할 지원할 것 |
| | … 하략(예시의 의미로 몇 영역만 기술) … | | | |

| 활동 유형 | | 월 | 화 | 수 | 목 | 금 |
|---|---|---|---|---|---|---|
| 대집단 및 소집단 활동 | 이야기 나누기 | 주말에 본 그림책 소개하기 | | 도서관에서 지킬 공공 약속(대) | 작가와의 만남 준비: 질문거리 작성 및 역할 정하기(소) | 1. 도서관 체험(소) |
| 대집단 및 소집단 활동 | 동화 | | 『으악! 도깨비다』(대) | | | 2. 『으악! 도깨비다』의 유애로 작가와의 만남(대) |
| | 음률 | 노래극 〈효성스러운 호랑이〉에 나오는 인물들의 노래 불러 보기(소) | | | | |
| | 게임 | | 문장 만들고 돌아오기(대) | | 책 바르게 정리하고 돌아오기(대) | |
| | 관찰/실험 | 『으악! 도깨비다』처럼 글자 좌우 바뀐 글자 카드(*거울에 비출 때 바로 보임), 거울 | | | | |
| 특별 유의점 | | 작가와 사전 연락하기(유아들의 질문 내용 알리기), 도서관 사전 답사 및 담당자 만나기 | | | | |
| 가정과의 연계 | | – 자녀와 함께 그림책을 읽을 때 글 작가와 그림 작가도 같이 보시고 질문하면서 이야기 나누어 주세요.<br>– 그림책의 파라텍스트적 요소(예: 책 모양, 재질, 면지 등)도 함께 탐색해 주세요. | | | | |

이렇게 하여 작성된 주안은 일일교육계획안(이후 일안으로 기술) 구성의 기본 틀이 된다. 이때 일안의 경우, '예상활동'과 '필요자원'뿐 아니라 '활동결과'와 '제기된 사항'을 함께 기록하도록 양식을 만들어 놓으면 유용하다. 제기된 사항을 매일 정리하여 다음 활동에 연계시킬 때 활동들 간의 유기적 연계를 훨씬 더 탄탄하게 이룰 수 있기 때문이다. 그 예는 이 책 p. 241의 '〈신발〉 프로젝트 하루 일과 예상 및 활동 결과' 표를 참조하기 바란다.

## 나. 프로젝트 각 단계별 교사의 역할

프로젝트 접근법에 따라 교육과정을 운영하고자 할 때 교사의 역할은 미리 계획한 안대로 진행하는 경우보다 다양하고 역동적일 수밖에 없다. 프로젝트 각 단계별 특성에 따라 교사의 역할이 달라져야 하며, 동시에 프로젝트 전체 과정에 걸쳐 각 유아의 성숙 정도나 특성, 또는 활동 몰입 정도에 따라 적절하게 활동을 이끌어 주고 촉진시켜 주어야 하기 때문이다. 이와 관련하여 Hendrick(1998)[46]은 프로젝트 접근법 이론 형성에 많은 영향을 미친 Vygotsky의 견해를 빌려 '교사와 유아가 함께 만들어 가는 창의적인 교육과정'인 경우 특히 학습자에 대한 '민감한 관찰자와 안내자로서의 교사 역할'이 중요하다는 점을 강조하고 있다. 이런 역할 외에도 교사는 필요에 따라 전체 유아 대상으로 새 노래 가르치기, 동화 들려주기 등도 해야 하고, 활동 장면도 가능한 한 관찰·기록해 두어야 한다. 한 마디로 몹시 분주하고 신경 써야 할 것도 많다. 이런 점을 전제하면서 각 단계별로 보다 주의를 기울여야 하는 교사의 역할을 정리해 보면 〈표 10-3〉과 같다. 이 표는 4주

46) Hendrick은 교육과정 접근법 유형을 정보 접근법(The information approach), 발현적인 창의적 접근법(The emergent creative approach), 전통적 접근법(The conventional approach)의 세 가지 유형으로 나누었다. 이 중 프로젝트 활동과 관련된 '발현적인 창의적 접근법'은 교사와 학습자가 함께 가능성 있고 흥미 있는 주제를 논의·결정하고, 활동이 진행되는 중에는 학습자의 언급과 질문을 조심스럽게 관찰·분석하여 가장 생산 가능성이 높은 활동을 선택하는 과정을 계속함으로써 교육과정을 조정해 나가는 방법이다.

정도의 장기 프로젝트를 가정하고 만든 것인데, 프로젝트 종료 후 교사 자기평가 표로도 활용할 수 있다.

표 10-3 프로젝트 단계별 교사 역할

| 프로젝트 단계 | 교사 역할(총 30문항) | 5점 만점 | 개선점 |
|---|---|---|---|
| 준비 단계 | ① 주제망 구성, 목표 선정, 교육과정 조직안 및 활동예상안, 자원목록 등을 유기적으로 연계 | | |
| | ② 적합한 목표 선정 | | |
| | ③ 자원 목록 작성 및 필요 자원 준비 | | |
| | ④ 환경 구성을 유아들의 발달단계 및 흥미에 적합하도록 함. | | |
| | ⑤ 부모들이 프로젝트에 대해 관심을 갖도록 효과적으로 알림 | | |
| 시작 단계 | ① 주제에 대한 서로의 경험이나 지식에 대한 충분한 공유가 이루어지도록 함. | | |
| | ② 각 유아가 자신의 이전 경험을 다양한 방법으로 표현할 수 있도록 이끌어 줌. | | |
| | ③ 유아들의 경험 정도, 잘못 알고 있는 내용 등은 무엇인지 교사가 충분히 파악함. | | |
| | ④ 유아들의 성숙 정도나 프로젝트에 숙달된 정도를 고려하여 브레인스토밍, 유목화, 주제망 구성이 되도록 이끌어 줌. | | |
| | ⑤ 유아들이 궁금해하는 것에 대해 적합한 해결방법을 모색하도록 안내해 줌. | | |
| 전개 단계 | ① 각 유아의 특성에 맞게 활동에 적극적으로 참여할 수 있는 동기를 부여함. | | |
| | ② 각 유아(또는 소집단)의 활동 내용이나 표현 방법을 잘 관찰하면서 적절한 지도를 함. | | |
| | ③ 필요한 자원 준비를 그때그때 해 줌. | | |
| | ④ 현장견학이나 전문가 면담 시에 적절한 사전 준비 과정을 거쳐 임함. | | |
| | ⑤ 프로젝트 진행이 바른 방향으로 이루어질 수 있도록 조정자, 촉진자, 중재자 역할을 함. | | |
| | ⑥ 필요시 체계적 교수를 통해 유아들이 적절하게 표현해 보도록 도움. | | |
| | ⑦ 활동 과정이나 결과물에 의견을 교환할 수 있도록 공유 시간을 효과적으로 운영함. | | |

| 프로젝트 단계 | 교사 역할(총 30문항) | 5점 만점 | 개선점 |
|---|---|---|---|
| 전개 단계 | ⑧ 조별 활동이 원활히 이루어지도록 과제 내용 선정이나 적절한 방법으로 안내함. | | |
| | ⑨ 각 유아에게 적합한 비계 설정을 해 줌. | | |
| | ⑩ 부모, 지역사회 기관 및 주민들과도 협조하여 프로젝트가 활성화되도록 함. | | |
| 마무리 단계 | ① 유아들과 주제망을 검토하고 어떤 내용이 다루어졌는지 확인함. | | |
| | ② 유아들이 계획 세운 활동들을 모두 잘 마쳤는지 점검함. | | |
| | ③ 프로젝트 마무리 행사를 잘 선정함 . | | |
| | ④ 적절한 역할 분담과 고른 참여로 마무리 행사가 준비되고 시행될 수 있도록 지도함. | | |
| | ⑤ 행사 후 작품 및 자원 정리까지도 유아들과 함께함. | | |
| 기 타 (* 위 항목들 체크 후 최종 기술) | 예<br>• 발표회를 준비하면서 앞서 있는 유아들이 뒤처진 유아들을 끌어 주고 도와주는 것을 볼 수 있었다. 교사가 개입하는 것보다 더 효과적인 경우가 많았다. → 유아들 간의 상호작용을 촉진할 수 있는 소집단 활동 기회를 늘려야겠다.<br>• 발표회 준비 중 유아들 역할이 분명해지니까 자기 역할에 충실하려는 의지를 나타냈다. → 목표를 분명히하고 자기 역할을 잘 알도록 돕는 것이 우선되어야겠다. | | |

## 3. 부모와의 협조 및 지역사회와의 연계

### 가. 부모와의 협조

프로젝트 활동을 해 나감에 있어 부모는 유아, 교사와 함께 '교육의 3주체'로 꼽힐 만큼 중요한 의미를 갖는다. 즉, 자원 공급에서부터 전문가로서 활동을 돕는 일, 아이디어 제공하기, 프로젝트 마무리 행사에 참여하여 의견을 나누는 것까지 부모들은 프로젝트 진행과정에서 직·간접적 도움을 줄 수 있기 때문이다. 무엇보다도 부모들의 참여는 교사에게 더 잘 하고자 하는 강한 동기 부여 요인으로 작용한다. 이와 관련하여 Katz(1994)는 부모 참여는 질 높은 교육에 의해 강하게 동기화되고, 부모의 적극적인 참여는 교사의 의욕을 고취시켜 더욱 질 높은 교육을 하도록 이끌며, 이렇게 되면 부모들은 더 적극적으로 열과 성을 다해 참여하게 되는, 즉, 강도를 더해 가는 순환적 관계로 설명하고 있다. 그 관계는 [그림 10-1]과 같다.

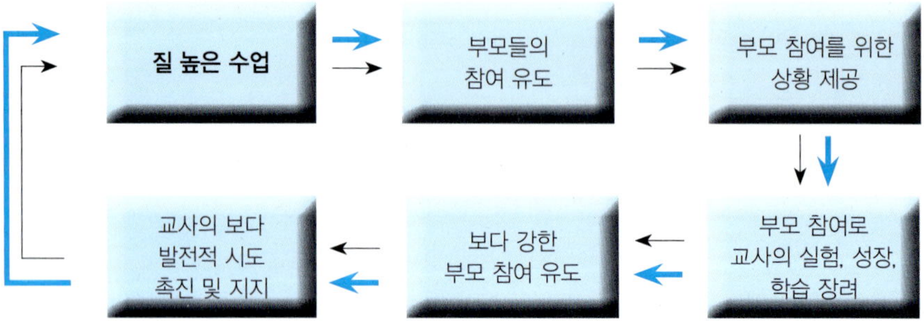


그림 10-3 부모 참여와 교육의 질과의 관계

이와 같이 하여 프로젝트 준비단계에서부터 마무리단계에 이르기까지 부모와의 협조 관계가 잘 이루어진다면 성공적인 프로젝트로 될 확률이 훨씬 더 높아진다. 이렇게 의미 있는 '부모와의 효과적인 협조 관계'를 위해 참고하여야 할 몇 가지를 살펴보면 다음과 같다.

첫째, 프로젝트에 의한 학습을 잘 이해하도록 하는 부모 교육이 선행되어야 한다. 이때 안내해 주어야 할 내용은 다음과 같다.

① 프로젝트 접근법에서 지향하는 전체적인 학습 목적(지식, 기능, 성향, 느낌의 통합적 발달을 통한 지력 강화)과 의의를 알려 준다.

② '관심 있는 주제에 대한 깊이 있는 탐구 활동'인 프로젝트가 유아교육을 위해 매우 효과적인 방법이며 그 효과는 장기적으로 나타난다는 점을 주지시켜 준다. 특히 스스로 문제를 해결해 보고자 하는 성향이나 적극적으로 학습하고자 하는 성향이 계발되어 초등학교에 가면 능동적이고 자신감 있게 학교생활에 임하게 된다는 점을 인식하도록 한다.

③ 학습 내용 선정 방법에 대해 알려 준다. 어떤 주제에 대한 깊이 있는 탐구 활동은 그 주제와 관련된 다양한 학습 내용과 연관되어 이루어지는 것이므로, 프로젝트 중심 교육과정을 운영해도 1년이 지나고 나면 국가수준 교육과정에서 제시하고 있는 모든 교육 내용을 다룰 수 있다는 점에 대해 확인시켜 줄 필요가 있다.

④ 프로젝트와 관련된 부모 역할에 대해 알려 준다. 프로젝트 활동이 어떤 과정과 단계로 이루어지며, 각 단계에서 부모는 어떤 역할을 수행해 주면 좋은지 등에 관해 구체적 자료(예 전년도 프로젝트 결과물)로 안내해 준다.

둘째, 교사가 부모, 조부모 및 기타 동거 가족에 대한 직업이나 취미 등을 자세히 알 때에 부모와의 협조를 통한 자원 마련에 많은 도움을 얻을 수 있다. 이를 위해 학년 초에 부모 교육을 통해 기본 취지를 충분히 설명한 후 가정환경 조사서에 되도록 자세하게 부모나 조부모 또는 동거 가족의 직업, 취미, 경력 등을 기재하도록 한다. 은퇴한 조부모나 전업 주부 엄마의 경우도 이전의 경력이나 취미 등에 대해 알 수 있다면 프로젝트 활동을 위한 전문가 확보에 많은 도움을 얻을 수 있다.

셋째, 그러나 지나친 협조 요청으로 부모들이 너무 부담을 느끼지 않도록 유의하여야 한다. 유아들이 부모들도 잘 모르는 내용에 대해 숙제라면서 자꾸 물어본다거나 구하기 힘든 자원을 수시로 구해 달라고 한다면, 특히 맞벌이 부부인 경우 부담을 느끼는 것은 당연하다. 그러므로 교사는 가정학습 과제를 내 줄 때 전문적 지식을 필요로 하는 내용보다는 부담 없이 함께할 수 있는 내용이 되도록 유의하여야 한다. 예를 들어 '개미 더듬이는 무슨 일을 해요?'와 같이 전문적 지식을 요하는 내용보다는 '나는 언제부터 걸을 수 있었어요?'와 같이 부모들이 특별하게 기억하고 있는 내용 관련 질문, '눈송이처럼 보이도록 꾸민 옷 만들어 오기'와 같이 시간과 노력을 많이 요하는 과제보다는 '우리 식구 중 누구 발이 제일 큰가 대보기'와 같이 별 준비 없이도 가족이 즐겁게 함께할 수 있는 과제일 때 부모들이 편하게 유아들과 대화를 나누면서 활동에 임할 수 있다.

또한, 자원 충원의 경우도 특별한 경우를 제외하고는 가정에서 부담 없이 구할 수 있는 것, 예를 들어 '과자'가 주제인 경우 '과자 한 봉' 정도를 부탁하거나 '아기'가 주제인 경우 특별히 아기가 있는 집에만 연락하여 유모차나 보행기 등의 협조를 구하는 것이 바람직하다.

넷째, 부모의 협조로 책이나 기타 실물 자원을 빌리게 될 때, 파손되거나 분실되지 않고 꼭 돌려줄 수 있도록 유의하여야 한다. 부모 입장에서는 신경을 써서 원에서 필요하다고 하는 자원을 구해 주었는데 이를 파손, 분실하거나 되돌려 주지 않을 경우 이후에는 자원 협조를 꺼릴 수 있다. 따라서 계속적인 자원 협조를 얻기 위해서는 이 자원을 돌려주어야 하는 것인지 아니면 기증하는 것인지를 부모들에게 묻고, 돌려주어야 한다고 하면 언제까지 돌려주어야 하는지를 확인한 후 유아들에게도 이를 알려서 약속이 잘 이행될 수 있도록 유의하여야 한다.

다섯째, 전시회나 발표회의 기회를 잘 활용한다면 부모 역할에 관한 간접적인 교육이 될 수 있다. 어떤 부모는 전시회에 와 보고 나서야 "아이들이 이렇게까지 생각할 수 있는지 처음 알았어요."라는 말로 유아의 학습에 대한 이해를 나타내기도 하고 "아, ○○ 아빠는 이렇게 글씨도 쓰고 그림까지 그려서 보내셨네. 다음에 나도 이렇게 해 주어야겠어."와 같이 다른 부모의 학습 협조를 보고 자극을 받기도 한다. 또는 자신이 구해 보낸 자원이나 그림을 그려 보낸 것 등이 유아 학습에 유용하게 활용되었다는 것을 직접 확인하면서 다음 번에는 어떻게 도울까를 구체적으로 생각할 수 있는 계기가 되기도 한다.

여섯째, 프로젝트 진행 과정에 대해 주별로 부모들에게 알린다면 부모들이 보다 쉽게 유아의 활동을 도울 수 있다. 프로젝트 시작 전에 부모들이 원에서 보낸 프로젝트 주제에 관한 가정 통신문(이 책 p. 75 참조)을 받았다고 해도 구체적인 프로젝트 진행 상황에 대해 부모들은 잘 모르기 쉽다. 그러므로 어느 단계까지 프로젝트가 진행되었는지, 현재 유아들이 가장 관심을 가지고 있는 내용은 무엇이며, 아직 다루어지지 않은 부분은 어떤 내용인지 등에 관해 교사가 부모들에게 매주 안내문(이 책 p. 79 참조)을 통해서나 홈페이지 또는 SNS를 통해 알린다면 유아의 학습 활동에 대해 더 깊이 이해하고 직접적인 도움을 줄 수 있을 것이다.

### 나. 지역사회와의 연계

효과적인 프로젝트를 위해서는 지역사회와의 긴밀한 연계 또한 매우 중요하다. 무엇보다도 지역사회의 여러 장소가 프로젝트 활성화에 있어 중추적 역할을 하는 현장견학의 장으로 활용될 수 있고, 또 지역사회를 통해 관련 자원을 다양하게 얻을 수 있기 때문이다. 그런가 하면 지역사회 구성원들이 자원봉사 또는 전문가로서 유아들과 함께 활동해 줄 수도 있다. 유아교육기관에서 연계할 수 있는 지역사회 기관을 유형별로 보면, 시청, 동사무소, 도서관과 같은 공공 기관, YWCA, 마을공동체 연구소와 같은 비영리 시민사회단체, 시장, 떡집, 구둣가게, 문구점과 같은 상점 등 다양하다.

실제로 협력한 경우를 몇 가지 들어 보자. 먼저, S어린이집에서 '불 끄는 날(Earth Hour)'을 주제로 프로젝트를 하면서 동사무소와 협력한 경우이다. 프로젝트 마무리단계에서 교사와 유아들은 지역사회 주민들에게 '불 끄는 날'에 대해 널리 알렸으면 좋겠다고 의견을 모은 후, '불 끄는 날 안내문'을 만들었다. 그리고 그 안내문을 동사무소 관계자와 협의하여 동사무소 게시판에 한 달 동안 게시하기로 하였다. 일을 보러 오는 지역사회 주민들이 들며 나며 보면 좋겠다고 생각했기 때문이다. 이를 위해 유아들이 동사무소를 방문하기도 하고, 동사무소 직원이 원을 방문하기도 하였다. 이런 과정을 거치면서 동사무소 관계자들이나 지역사회 주민들은 유아들이 어떻게 '불 끄는 날'과 같은 환경기념일을 알며, 또 그것을 다른 사람들에게 알려주면 좋겠다는 생각까지 할 수 있었냐며 놀라고 기특해하였다. 더불어 협력할 일이 있으면 언제든 또 돕겠다고 하였다. 참여한 유아들이 매우 뿌듯해하고 지역사회에 더 관심을 갖게 되었으며, 전기 절약을 생활 속에서 더 잘 실천하게 되었음은 물론이다.

그런가 하면 S유치원에서는 '떡' 프로젝트 중 시장 떡집과 협력한 바 있다. 이때 협력은 교사와 유아들의 떡집 방문(떡에 대한 질문하기, 떡 사 오기)뿐 아니라, 떡 만드는 기술자가 유치원으로 방문하여 함께 요리 활동을 하는 것으로까지 이어졌다. 떡집을 다녀온 후 유아들의 떡에 대한 질문이 오히려 더 많아졌고, 떡 만드는 재료나 방법에 대해 창의적인 생각도 여럿 내놓으면서 요리 활동의 필요성이 절실해졌기 때문이다. 이에 교사와 떡 만드는 기술자와의 사전 협의를 통해 유아들의 아이디어(우리가 좋아하는 바나나와 복숭아가 들어가는 떡)를 반영한 요리 활동을 하게 되었다. 떡 만드는 날은 마치 처음 요리 활동을 해 보는 것처럼 대단한 흥분과 몰입의 현장이 되었다.

프로젝트가 끝난 후 부모들은 이구동성으로 자녀는 물론, 자기들도 다양한 떡, 떡 만드는 재료, 떡 만드는 과정, 그리고 떡 만드는 기술자에 대한 관심까지 매우 높아졌다고 평하였다. 그런가 하면 떡집 관계자들도 유아들과의 활동 시간이 매우 즐겁고 보람있었다며 다음에도 기회가 되면 또 참여하겠다는 뜻을 전해 왔다.

그림 10-4 떡집 방문하여 질문, 전문가와 떡 만들기, 유아들의 아이디어로 만든 복숭아떡

출처: 수림유치원

조금 다른 각도에서 시청과 협력한 사례를 살펴보자. 프로젝트 학습공동체 8개원이 '종이 안 쓰는 날'과 연계하여 '종이 관련' 프로젝트를 시행할 때 일이다. 각 원마다 프로젝트 주제명은 조금씩 달랐는데, 예를 들면 I유치원의 주제명은 '종이팩'이었다. 프로젝트 중 시청 자원정책과 L주무관이 교사의 거듭된 요청으로 '종이팩 분리배출'을 유아들에게 알려주기 위해 하루 방문하였다. 사실, 유치원에서

의 지원 요청이 있기 전까지는 시청에서 시행하는 환경교육 대상에 유아는 포함되어 있지 않았지만, 특별히 방문해 준 것이다. 그런데 L주무관이 우유팩, 주스팩 등 실물 몇 가지를 가지고 와서 유아들에게 종이팩의 바른 분리배출 방법에 대해 설명할 때 유아들이 보여준 열렬한 반응에 L주무관은 크게 감명을 받았다. 유아는 어려서 환경교육을 해도 못 알아들을 줄 알았는데, 오히려 초등학교나 중학교 학생보다 더 집중하더라는 것이다. 이후 L주무관은 '유아들을 통해 부모들한테까지 교육 내용이 전달되었다'는 이야기를 담임교사에게 듣고 난 후 '유아들이야말로 가장 효과적인 환경교육 대상'이라고 같은 부서 사람들에게 주장할 정도가 되었다. 이후 L주무관이 속한 부서에서는 유아환경교육('찾아가는 어린이 환경학교') 긴급 계획을 세워 프로젝트 학습공동체에 속한 다른 원에도 전문가로서 방문하여 주었다. 학습공동체에서 I유치원 교사가 L주무관의 유치원 방문이 효과적이었음을 이야기하고 난 후 다른 원 교사들도 그런 방문 교육이 이루어지면 좋겠다는 요청을 한 결과이다.

시청과의 협력과 연계는 이것으로 끝난 것이 아니다. 현실적으로 시청 직원이 일일이 유아교육기관을 방문할 수는 없으니, 대신 관련 내용을 애니메이션으로 보여 주도록 DVD를 제작하여 시 전체 유아교육기관에 배부하기로 시에서 계획을 세운 것이다. 이는 시에서 예산을 추가로 편성하여 한 일로, 유아교육기관과 지역사회 기관과의 연계가 어디까지 확장될 수 있는가의 가능성을 보여준다. 그 증거로서 다음은 DVD 겉표지와 당시 시 자원정책과에서 작성한 결과보고서 중 일부이다.

**5 향후계획**

- ○ 청주시어린이연합회 및 관련단체에 동영상 CD 배포
- ○ 유치원연합회와 협력하여 쓰레기 줄이기 재활용 정착
- ○ 현장견학 추가 ⇒ 재활용선별센터 및 제지공장 방문
- ○ 언론매체를 통한 분리배출 시민홍보

그림 10-5 시에서 제작한 DVD/ 시의 결과보고서 중 향후 계획 부분

정리해 보면, 지역사회와의 협력은 프로젝트의 활성화에 도움을 주는 효과뿐 아니라 유아나 교사의 주민의식 증진의 효과, 그리고 지역사회 주민의 유아교육에 대한 이해 증진과 참여 의욕 고취를 가져온다. 그런가 하면 시청과의 협력 사례에서 보듯, 한 기관에서 시작된 지역사회와의 협력이 다른 기관들에까지 확장될 수 있음을 보여준다.

## 4. 프로젝트 학습공동체 참여

프로젝트 학습공동체는 프로젝트를 현장에서 적용하는 교사들로 구성된 모임이다. 그럼 왜 이런 학습공동체가 필요할까? 프로젝트 과정 중 교사 역할을 바르게 수행하는 것이 결코 쉽지 않기 때문이다. 이 점을 전제하면서 먼저 프로젝트 학습공동체 참여 의미부터 살펴보기로 하자.

### 가. 프로젝트 학습공동체 참여 의미

프로젝트 접근법에서의 프로젝트는 시작단계, 전개단계, 마무리단계라는 구조성을 가지고 있다. 이 구조성은 각 단계마다의 중심 사건(Katz, Chard, & Kogan, 2014)과 연결된다. 예를 들면 시작단계의 중심 사건은 이전 경험 표현하기, 주제망 구성하기, 질문거리 찾기이다(Chard, 1994a). 이와 같은 중심 사건은 프로젝트 중 교사가 활동을 선정하는 데 있어 일종의 준거로서의 역할을 한다. 그럼에도 불구하고 교사의 바른 역할 수행은 여전히 어렵다. 예상했던 내용보다 훨씬 심화된 내용으로 확산되어 나갈 때 이런 것을 유아기에 해도 되나 싶기도 하고, 유아의 관심이나 질문을 어디까지 받아줄 것인지 모호할 때도 있으며, 자원 충원의 한계를 느끼는 등 어려움을 종종 겪게 되기 때문이다. 그런가 하면 같은 주제로 프로젝트를 하는 다른 교사들은 어떻게 하나 궁금할 때도 있고, 내가 하는 것에 대해 다른 사람들은 어떻게 생각하나 의견을 듣고 싶을 때도 있다. 의욕은 앞서는데 잘 안 되어 의기소침해질 때도 있다. 프로젝트를 하는 대부분의 교사들이 느끼는 이 모든 염려, 의심, 불안, 문제점 인식 등이 프로젝트 학습공동체의 존재 의미이다. 그 의미를 사례와 함께 간단히 정리해 보면 다음과 같다.

**표 10-4** 프로젝트 학습공동체의 존재 의미와 관련 사례

| 존재 의미 | 관련 사례 | 관련 사진 |
|---|---|---|
| 1) 참여자 간에 관련 정보 및 아이디어 공유, 프로젝트 과정 공유 | 스마트폰 현미경으로 사진을 찍어 이것을 모비즌 미러링(Mibizon mirroring) 기법으로 확대해서 유아들과 보면 재미있는 심화, 확장 활동이 일어남. |  |
| 2) 프로젝트 자원 공유: 구하기 어려운 자원 나누기, 또는 서로 빌려 주기 | -'물' 관련 프로젝트 시 빗물을 통과시키는 투수 벽돌을 한 원에서 나누어 줌.<br>-'떡' 관련 프로젝트 시 떡메, 구절판 빌려 주기 |  |
| 3) 문제에 대한 최선의 해결 방안 공동 모색 | 프로젝트 마무리 행사에 참여하지 못하는 부모들이 많다는 문제점 - 유튜브 동영상, 또는 QR코드로 만들어 시청 가능하게 하는 방법 찾음<br>예 https://www.youtube.com/watch?v=udghEoEU-us |  |
| 4) 지역사회와의 효과적인 연계를 위한 협력 방안 모색 | -'종이' 프로젝트 시 청주 YWCA와 공동 연계: 종이팩을 우유로 바꾸기, 이후 YWCA와 프로젝트 학습공동체 구성원들이 지역사회 주민 대상 아나바다 장 공동 주최하기 |  |

| 존재 의미 | 관련 사례 | 관련 사진 |
|---|---|---|
| 5) 정서적 · 전문적 지원 주고받기 | 프로젝트를 하면서 느끼는 문제, 어려움 등을 나누면서 정서적 · 전문적으로 지원하기 |  |
| 6) 실천적 지식 공동 구성: 프로젝트 수업의 실제 상황이나 사례를 중요한 학습 근거 혹은 자원으로 삼아 공동 지식 구성 | 자연안내자로부터 배운 게임(예 곤충의 한살이)을 그대로 유아들에게 적용하는 것에 대한 반성, 문제점 검토: 유아 수준에 맞도록 변형 · 적용 방법 도출 |  |

정리해 보면, 프로젝트 학습공동체는 단지 학습공동체 참여 교사들 간 아이디어나 정보를 교환하는 자리로서의 의미로부터 공동으로 지식을 구성하는 의미에 이르기까지 프로젝트를 하는 교사들에게 다각도로 도움을 줄 수 있다. 그렇다면 어떻게 모임을 구성하고 운영할 때 이런 의미가 효과적으로 달성될 수 있을까? 이에 대해 살펴보자.

## 나. 프로젝트 학습공동체 구성과 모임 방법

### 1) 구성

프로젝트 학습공동체는 한 기관의 교사들로만 구성될 수도 있고, 다른 여러 기관의 교사들로 구성될 수도 있다. 한 기관의 교사들로만 구성될 때의 장점은 어느 때고 쉽게 모일 수 있다는 점과 서로 잘 아는 사이이다 보니 처음 모임부터 크게 긴장하지 않고 자연스럽게 참여할 수 있다는 점이다. 그런 한편, 같은 기관 교사들끼리의 모임이다 보니 정보와 아이디어의 교류나 자원의 공유 면에서 폭이 좁다는 한계가 있다. 이에 비해 여러 기관의 교사들로 구성된 학습공동체의 장점은 서로 다른 경험을 폭넓게 들을 수 있고 자원 공유도 다양하게 할 수 있다는 점이다. 반면, 단점으로는 공통 시간을 맞추어 특정 장소에 모이기가 쉽지 않다는 점과 상호 신뢰하는 관계 형성을 위한 시간이 어느 정도 필요하다는 점이다. 학습공동체 구성 방법이 어떠하든 집단의 크기는 10~15명 정도가 바람직하다. 5명 이하로 너무 작아지거나 20명 이상으로 너무 커지면 학습공동체 본연의 의미가 약화되기 때문이다.

프로젝트 학습공동체의 예로 '충북자연사랑유아교육연구회'을 들어 보겠다. 이 학습공동체는 7~8개 기관에서 각 2명씩 온 14~16명의 교사와 필자로 모임을 구성하였다. 프로젝트 전문가라고 할 수 있는 필자는 학습공동체에서 촉진자의 역할을 맡았으며, 경우에 따라 교사들에게 전문적인 조언을 해 주는 역할도 하였다. 이 학습공동체의 특별한 점은 교사 학습공동체와 별도로 원장 학습공동체가 운영되었다는 점이다. 원장의 의지나 원 운영 철학이 프로젝트 운영에도 절대적인 영향을 미친다고 보아 필자가 따로 원장 학습공동체를 구성하였기 때문이다. 원장 학습공동체는 원장 7~8명과 필자로 구성되어 있었는데, 모임에서는 프로젝트를 하는 교사를 어떻게 지원할 것인지와 지역사회와의 효과적인 협력 방안을 주로 다루었다(지옥정, 김경숙, 2021).[47]

### 2) 모임 방법

모임을 언제, 어느 정도로 가질 것이며, 어떤 형태로 할 것인가는 학습공동체의 질에 큰 영향을 미친다. 특히 다른 기관의 교사들끼리 모인 학습공동체의 경

47) 원장 학습공동체의 원래 목적은 각 원에서 프로젝트를 하는 교사들을 적절하게 지원하는 것이었는데, 10년 이상 함께하면서 교사에 대한 적절한 지원뿐 아니라 원장의 전문적 역량도 크게 향상되었으며, 지속가능한 지역사회 형성(예 청주 YWCA와 불끄는 날 협약 후 실천, 시청과 1기관 1공원 가꾸기 협약 후 공원 돌보기)에도 기여하게 되었다.

우, 먼저 구성원 간에 친밀감과 신뢰 형성이 되어야 하므로(김성희, 안효진, 2021; 지옥정, 2009; 최남정, 임부연, 2013) 모임의 리더는 이 점에 유의하여 모임을 끌어 나갈 필요가 있다.

예전에는 학습공동체 모임이 당연히 대면으로 이루어졌으나 코로나 시대 이후에는 ZOOM과 같은 비대면 방법도 종종 활용한다. 여기서는 대면이건, 비대면이건 상관없이 모임 시기와 모임 내용, 모임의 절차에 대해 간단히 제시해 보고자 한다. 먼저, 프로젝트 학습공동체는 프로젝트 운영 시기와 거의 같은 시기에 운영하는 것이 바람직하다. 각 교사가 운영하는 프로젝트 과정이 학습공동체 모임의 주요 학습 자원이 되어 주기 때문이다. 모임 시기는 크게 프로젝트 준비단계, 프로젝트 수행 중, 프로젝트 종료 후로 나누어 볼 수 있다. 여기서는 필자가 학습공동체 구성원으로 함께 참여한 '충북자연사랑유아교육연구회'[48]에서 행했던 방법 위주로 소개해 보고자 한다. 모임 시기, 모임 내용, 모임 진행 순서, 모임 리더의 유의점은 다음과 같다.

**표 10-5** 프로젝트 학습공동체 모임 시기와 내용

| 모임 시기 | 모임 내용 | 모임 진행 순서<br>(매회 2시간 정도) | 비고/ 모임 리더의 유의점 |
|---|---|---|---|
| 프로젝트 준비단계: 프로젝트 실시 1주 전쯤 모임 (1회) | • 각 원에서 준비단계를 거치면서 개발한 아이디어, 정보, 자원 공유<br>• 원 안에서 해결되지 못한 문제에 대한 이야기 나누기 및 토의 | • 인사 나누기: 어느 원 누구라고 각자 자기소개를 하면서 자기를 쉽게 기억할 수 있는 별칭 하나씩 대기, 서로 별칭 불러 보기(15분)<br>• 각 원에서 온 2명이 함께 자기 원의 사례 발표, 문제 제기 및 토의 (40분)<br>• 간식 및 친교 시간(15분)<br>• 듣고 질문하기, 다시 토의하기 (40분)<br>• 학습 결과 정리 및 발표하기(10분) | • 첫 모임인 경우 참여교사들이 혹 잘못 이야기하면 자기 원의 문제점만 드러내는 것이 아닌가 하며 긴장할 수 있으므로 편안하게 참여할 수 있도록 분위기를 조성하고 이끌어 줌. |

48) 학습공동체 모임에서 교사들이 활발하게 교류하며 학습할 수 있도록 프로젝트 주제를 모두 비슷하게 잡았다. 예를 들어 '종이 안 쓰는 날'과 관련하여 프로젝트를 하기로 학습공동체에서 정하고 난 후, 교사에 따라 유아들과 협의하여 '종이컵', '종이팩' 또는 '종이 만드는 곰 아저씨' 등과 같이 주제를 정했다.

| 모임 시기 | 모임 내용 | 모임 진행 순서 (매회 2시간 정도) | 비고/ 모임 리더의 유의점 |
|---|---|---|---|
| 프로젝트 시행단계: 프로젝트 실시 중 매주 1회 모임 (총 4~5회) | • 프로젝트 진행과정에 대한 이야기 나누기<br>• 각종 정보 및 아이디어 나누기<br>• 원 안에서 해결 못한 문제에 대한 이야기 나누기 | • 인사 나누기: 별칭으로 불러 보기 지난 주 각자 가장 기뻤던 일 소개하고 축하하기(약 10분)<br>• 각 원별로 프로젝트 진행 과정 보고 및 부딪힌 문제점 발표(약 40분)<br>• 간식 및 친교 시간(15분)<br>• 제기된 문제점 정리 및 토론, 해결 방안 모색하기(약 40분)<br>• 학습 결과 정리 및 발표하기 (약 10분) | • 교사 간 토론을 통한 공동 지식 구성보다 자칫 전문가의 의견에만 의존하려 할 수 있으므로 교사 간 토론을 적절하게 촉진해 주어야 함.<br>• 교사들의 프로젝트 과정 발표 시 유아들과 함께 했던 실물(예 게임 판 만든 것), 사진 등을 가지고 할 때 효과적이므로 참여자들에게 그렇게 준비해 오도록 하면 바람직함. |
| 프로젝트 종료 이후 모임 (1회) | • 프로젝트에 대해 정리한 것 발표하기와 전체 평가 | • 인사 나누기: (약 10분)<br>• 각 원별로 프로젝트 과정을 PPT로 정리한 것 발표. 더불어 잘했다고 보는 점과 아쉬웠던 점 발표 (약 50분)<br>• 간식 및 친교 시간(약 15분)<br>• 아쉬운 점 정리하면서 더 나은 방안 모색을 위한 토론, 정리(약 40분) | • 집단 반영적 성찰의 장이 되도록 유의할 것.<br>• 프로젝트를 이끈 교사들에 대한 격려, 인정의 자리가 되도록 할 것<br>• 원장들도 같이 참여하여 더 나은 방안을 함께 모색해 보도록 할 것. |

이상에서 프로젝트 접근법의 효과적 적용을 위한 고려 사항을 4가지로 나누어 살펴보았다. 마지막으로, 프로젝트 중심의 교육과정 운영을 하고자 하는 유아교사들에게 다시 당부하고 싶은 것은 프로젝트 접근법의 기본 취지대로 한편으로는 교사의 충분한 사전 계획 및 준비, 또 다른 한편으로는 유아의 흥미 및 관심을 적절하게 반영하라는 것이다. 그럼으로써 진정한 의미의 '유아중심 교육'이 이루어지기를 소망한다.

# 참 고 문 헌


건국대 인류세인문학단 지음(2020). 우리는 가장 빠르고 확실하게 죽어가고 있다(인간이 만든 절망의 시대, 인류세). 서울: 들녘.

교육과학기술부(2012). 유치원 교육과정 운영 지원을 위한 유아녹색성장교육 프로그램.

교육부(2015b). 2015 개정 초중등교육과정 총론.

교육부(2019). 교육부 고시 제2019-189호. 유치원 교육과정. 교육부.

교육부(2021.4.). 국민과 함께 하는 미래형 교육과정 추진 계획(안).

https://www.moe.go.kr/boardCnts/view.do?boardID=294&boardSeq=84176&lev=0&searchType=null&statusYN=W&page=1&s=moe&m=020402&opType=N

교육부, 보건복지부(2019). 2019 개정 누리과정 해설서.

교육부, 보건복지부(2020). 2019 개정 누리과정 놀이 운영 사례집: 만들어가는 놀이중심 유아교육.

http://www.mohw.go.kr/upload/viewer/skin/doc.html?fn=1577943132473_20200102143219.pdf&rs=/upload/viewer/result/202012/

김경식·신효영·이종록 편저 (1993). 교육사철학강요. 서울: 형설출판사.

김성희, 안효진(2021). 들뢰즈의 "공명"으로 학습공동체 되어가기-교사의 존재-인식론적 의미. 유아교육연구, 41(2), 259-284. http://dx.doi.org/10.18023/kjece.2021.41.2.010

김재복(1987). 통합교육과정의 이론과 적용. 서울: 교육과학사.

김태유, 김대륜(2017). 패권의 비밀. 서울: 서울대학교 출판문화원.

김현지(2021). 〈해바라기〉 프로젝트를 통한 초등학교 1학년 아동들의 자아존중감 향상. 대국교육대학교 교육대학원 석사학위논문.

노진호(1996). 존 듀이와 교육이론: 반성적 사고와 교육. 서울: 문음사.

대안교육을 생각하는 모임(1995). 새로운 학교 큰 교육 이야기. 서울: 내일을 여는 책

류태호(2017). 4차 산업혁명, 교육이 희망이다. 서울: 경희대학교 출판문화원.

박영숙, 제롬 글렌(2015). 유엔미래보고서 2045. 서울: 교보문고

박태호(2017). 유치원 교사를 위한 배움중심교육. 유치원교사 수업전문성 신장 직무연수교재. 충청북도단재교육원. 25-39.

보건복지부(2020). 제4차 어린이집 표준보육과정 고시문. 보건복지부.

서울대학교 교육연구소 편(1994). 교육학용어사전. 서울: 도서출판 하우.

서울대학교 창의성교육을 위한 교수모임(2018). 창의 혁명. 서울: 코리아닷컴(Korea.com).

여상한(2016). 초등학교 프로젝트중심학습 설계모형의 실행전략 개발. 계명대학교 대학 원 박사학위 논문.

윤은주(2013). 프로젝트 접근법에서의 도덕적 성취: 드러난, 잊혀진 그리고 숨겨진 목표. 초등도덕교육, 제43집. 264-284.

은용기 · 길형석(1992). 열린학교, 열린교육. 서울: 대한교과서주식회사.

이근영(2020). 유아중심, 놀이중심 교육과정 경험: 유아중심, 놀이중심 교육과정 경험. 학습자중심교과교육학회. 학습자중심교과교육연구, 21(3), 833-854.

이기숙(2000). 유아교육과정. 서울: 교문사.

이수천, 박진희, 조미애, 최윤석 (2013). 아동의 임파워먼트가 행복감에 미치는 영향: 지역아동센터를 중심으로. 학교사회복지, 25, 83-107.

이정환 · 박은혜(1999). 교사들을 위한 유아관찰 워크북 II. 한국어린이육영회.

이진희(2007). 질적 프로그램 평가를 이용한 포트폴리오 평가 과정의 조명. 유아교육연구, 27(5). 233-251.

이현옥 · 김지영(1999). 유치원 교사들의 포트폴리오 활용 실태. 유아교육연구, 19(1), 151-168.

지옥정(1996). 프로젝트 접근법 적용 사례 분석-'아기' 프로젝트를 중심으로. 한국 영유아보육학 8집, 61-97.

지옥정(2005). 프로젝트 학습공동체를 통한 프로젝트 접근법의 유아교육 현장 적용. 서울: 창지사.

지옥정(2007). 프로젝트 접근법을 활용한 유아기 자연친화교육. 서울: 창지사.

지옥정(2009). 프로젝트에 의한 유아기 환경교육을 지향하는 유아교사학습공동체의 변화양상분석. 생태유아교육연구, 8(3), 223-242.

지옥정(2011). "지속가능성을 위한 유아교육" 사례로서의 "무심천 프로젝트"에 나타난 유아들의 지역사회 참여 내용 분석. 열린유아교육연구, 16(6). 363-382.

지옥정(2013). 지속가능발전교육을 위한 '공원 프로젝트' 중 유아들의 공원에 대한 인식 변화 분석, 어린이미디어연구, 12(3). 373-396.

지옥정(2014a). 유아기 지속가능발전교육을 위한 '종이' 프로젝트에서 지역사회와의 연계가 연계 주체들에게 미친 영향. 어린이미디어연구, 13(3). 199-225.

지옥정(2014b). 환경기념일로 풀어 본 유아기 지속가능발전교육. 서울: 창지사.

지옥정, 김경숙(2020). 유아 행복 증진을 위한 '행복한 우리 반' 프로젝트에서의 교사 역량 향상에 대한 실행연구. 유아교육연구, 40(4), 109-133.

지옥정, 김경숙(2021). 유아교육기관장의 학습공동체 참여 경험의 의미. 한국유아교육연구 23(3), 116-141.

지옥정, 김수영, 정정희, 고미애, 조혜진(2022). 유아교육개론(5판). 서울: 창지사.

최남정, 임부연(2013). 유아교사 학습공동체의 성장과 발달에 관한 연구. 유아교육연구, 33(5), 401-429.

최재붕 (2019). 포노 사피엔스. 서울: 쌤앤파커스.

황소영(2020). 유아교사학습공동체 운영지원을 위한 놀이중심 보육과정 컨설팅 경험 탐색. 학습자중심교과교육연구, 20(21), 1213-1242.

황해익(2015). 유아교육평가의 이해. 서울: 정민사.

Bassey, M.(1978). *Nine hundred primary school teachers*. Slough: NFER.

Cadwell, L. B.(1997). *Bringing Reggio Emilia home*. NY: Teachers College.

Cadwell, L. B. & Fyfe, B. V.(1997). Conversation with children. In J. Hendrick(ed.), *First steps toward the reggio way*(pp. 84-100). NJ: Prentice Hall.

Caine, R. N. & Caine, G.(1990). Understanding a brain-based approach to learning and teaching. *Educational Leadership, 48*(2), 66-70.

Cassidy, D. J.& Lancaster, C.(1993). The grassroot curriculum: A dialogue between children and teachers *Young Children, 48*(5), 47-51.

Castagnetti, M. & Vecchi, V.(eds.).(1997). *Shoe and meter*. Reggio Emilia: Reggio Children.

Chard, S. C.(1992a). How do I integrate the curriculum using the project approach? In D. G. Murphy & S. G. Goffin(Eds.), *Project construct: A curriculum guide*(pp. 83-91). Missouri: Department of Elementary and Secondary Education.

__________.(1992b). *The project approach: A practical guide for teachers*. 프로젝트 접근법: 교사를 위한 실행 지침서(지옥정 역, 1995), pp. 1-91. 서울: 창지사.

__________.(1994). *The project approach: A second practical guide for teachers.* 프로젝트 접근법 : 교사를 위한 실행 지침서(지옥정 역, 1995), pp. 94–197. 서울: 창지사.

Collings, E.(1923). *An experiment with a project curriculum.* NY: Macmillan.

Corsard, W. A.(1985). *Friendship and peer culture in the early years.* Nerwood: Ablex.

Erikson, E.(1993). *Childhood and society.* NY: W. W. Norton & Company.

Firlik, R. J. (1994). Promoting development through constructing appropriate environment: Preschools in Reggio Emilia, Italy. *Day Care and Early Education, 22*(1), 12–20.

Fullan, M. G. & Miles, M. B.(1992). Getting reform right: What works and what doesn't. *Phi Delta Kappan. 73*(10). 744-752.

Gandini, L. & Edwards, C. P.(1988). Early childhood integration of the visual arts. *Gifted International, 5*, 14–19.

Gardner, H.(2006). *Multiple intelligences: new horizons.* NY: Basic Books.

Helm, J. H., Beneke, S. & Steinheimer, K.(2007). *Windows on learning: Documenting young children's work*(2nd). NY: Teachers College.

Hendrick, J.(1998). Helping children learn to think for themselves: Using the emergent approach. In *Total learning*(5th)(pp. 378–400). NY: Merrill.

Ji, O.(2015). Education for sustainable development in early childhood in Korea. *Young children and the environment: Early education for sustainability*(J. Davis, Ed.), London: Cambridge University Press, 276-286.

Kamii, S.(1992). Autonomy as the aim of constructivst education. In D. G. Murphy & S. G. Goffin(eds), *Project construct: A curriculum guide*(pp. 9–14). Missouri Department of Elementary and Secondary Education.

Katz, L. G.(1993). Dispositions and implications for early childhood practices. ERIC/EECE [monograph serial No. 4], 19–20.

__________.(1994). Images from the world. Reflection on the Reggio Emilia Approach. ERIC/EECE[monograph serial No. 6], 1–13

Katz, L. G., Chard, S. C., & Kogan, Y.(2014). *Engaging children's minds: The project approach*(3rd). Santa Babara: Praeger.

Kent, G.(1968). *Projects in the primary school.* London: Batsford.

Kilpatrick, W. H.(1919). *The project method*. NY: Teachers College, Columbia University.

Leith, S.(1982). Project work: An enigma. In B. Simon & Willcocks(Eds.), *Research and practice in the primary classroom*(pp. 55–64). London: Routledge & Kegan Paul.

Mcaffe, O. & Leong, D. J.(1997). *Assessing and guiding young children's development and learning*(2nd). Boston: Allyn and Bacon.

Papagianis, H.(2017). Augmented Human. 증강인간(문은주 역, 2018). 서울: 에이콘.

Plowden Committee(1967). *Children and their primary schools*(Vol. 1) London: Her Majesty's Stationary Office.

Puckett, M. & Black, J. K.(1994). *Authentic assessment of the young child*. NY: Macmillan College Publishing Company

Rance, P.(1968). *Teaching by topics*. London: Ward Lock Educational.

Rawciffe, F. W.(1927). *Practical problem projects*(1924–1927). Chicago: F. E. Compton & Company.

Rinaldi, C.(1998). The thought that sustains educational action. In Rechild No 2: Reggio Children Newsletter.

Rogoff, B.(1990). *Apprenticeship of thinking*. Oxford: Oxford University Press.

Rose, T.(2015). *The end of average*. 평균의 종말. (정미나 역, 2018). 서울: 21세기북스.

Schiller, M.(1995). An emergent art curriculum that fosters understanding. *Young Children, 50*(3), 33–38.

Schwab, K.(2017). *Shaping the fourth industrial revolution*. 클라우스 슈밥의 제 4차 산업혁명. (김민주·이엽 역, 2018). 서울: 새로운 현재.

Short, V. M.(1991). Childhood education in a changing world. *Childhood Education, 68*(1), 10–13.

Stephens, L. S.(1974). *The teacher's guide to open education*. 열린 교육의 이론과 실제(권낙원 편역, 1997). 서울: 현대교육출판.

Stewart, J.(1986). *The making of the primary school*. Milton Keynes: Open University Press.

Stuhmcke, S.(2015). The children's environment project: developing a transformative project approach with children in a kindergarten. *Young children and the environment: Early education for eustainability*(J. Davis, Ed.), London, UK: Cambridge University Press, 225-249.

Tanner, D. & Tanner, L. N.(1980). *Curriculum development.* NY: Macmillan.

UNESCO(2014). Shaping the future we want: UN Decade of Education for Sustainable development(2005-2014) final report. http://unesdoc.unesco.org/images/0023/002303/230302e.pdf(2016년 5월 5일 검색)

Vygotsky, L. S.(1978). Interaction between learning and development. In V. Steiner(Ed.), *Mind in society*(pp. 79-91). Cambridge: Harvard University Press.

Wallas-Wells, D.(2019). *The Uninhabitable Earth. 2050 거주 불능지구: 한계치를 넘어 종말로 치닫는 21세기 기 후 재난 시나리오*. (김재경 역, 2020). 서울: 추수밭.

Wing, L. A.(1992). The interesting questions approach to learning. *Childhood Education, 69*(2), 78-81.

Zimilies, H.(1987). The Bank Street approach. In J. L. Roopnarine & E. Johnson (Eds.), *Approaches to early childhood education*(pp. 163-178). OH: Merrill Publishing.

# 저 자 소 개


## 지 옥 정

이화여자대학교와 동 대학원에서 유아교육 전공으로 학사와 석사학위, 한국교원대학교 대학원에서 교육과정 전공으로 박사학위를 받았다. 방문교수로 미국 University of Illinois에서 '프로젝트 접근법'을, 호주 Queensland University of Technology에서 '지속가능성을 위한 유아교육(ECEfS)'을 연구하였다. 최근 관심 분야는 '프로젝트 접근법을 활용한 ECEfS'와 '부모-자녀 관계'이다. 현재 한국교통대학교 유아교육과 교수(2022년 3월 1일부터 명예교수)로 재직 중이다.


### 저 서

- 『프로젝트 접근법: 교사를 위한 실행지침서(번역서)』(1995)
- 『유아교육 현장에서의 프로젝트 접근법』(1997, 2000, 2009, 2017)
- 『프로젝트 접근법을 활용한 유아기 자연친화교육』(2007)
- 『환경기념일로 풀어 본 유아기 지속가능발전교육』(2014)
- 『지속가능성을 위한 유아교육연구(공동번역서)』(2015)
- 『지속가능발전지향 유아환경교육(공저)』 (2017)
- 『유아교육과 미디어 활용(공저)』(2018, 2020)
- 『지속가능한 사회를 위한 부모교육(공저)』(2022)

제5판

유아교육현장에서의

# 프로젝트 접근법

초 판 1쇄 발행 1997년 3월 27일
증보판 16쇄 발행 2009년 1월 21일
제3판 8쇄 발행 2016년 1월 8일
제4판 3쇄 발행 2020년 3월 13일
제5판 1쇄 발행 2022년 2월 18일

지 은 이 | 지옥정
펴 낸 이 | 김기섭
책임편집 | 조진주
펴 낸 곳 | 창지사 www.changjisa.com
08589 서울시 금천구 가산디지털 1로 83 파트너스타워 1차 9층
전화(02) 719-2211~3
팩스(02) 701-9386
등 록 | 1977년 4월 28일·제1-421호



ISBN 978-89-426-1513-1 (93370)

값 26,000원